纪念首都师范大学中国史专业创办三十周年

振翮集

中国史专业学生论文选

（上册）

邓京力 主编

首都师范大学出版社
CAPITAL NORMAL UNIVERSITY PRESS

图书在版编目(CIP)数据

振翮集：中国史专业学生论文选. 上册 / 邓京力主编. -- 北京：首都师范大学出版社，2025. 2. -- ISBN 978-7-5656-7922-3

Ⅰ. K207-53

中国国家版本馆 CIP 数据核字第 202540G8V9 号

ZHENHEJI ZHONGGUOSHI ZHUANYE XUESHENG LUNWENXUAN SHANGCE
振翮集：中国史专业学生论文选（上册）
邓京力　主编

责任编辑　钱　浩
首都师范大学出版社出版发行
地　　址　北京西三环北路 105 号
邮　　编　100048
电　　话　68418523(总编室)　68982468(发行部)
网　　址　http : //cnupn. cnu. edu. cn
印　　刷　北京印刷集团有限责任公司
经　　销　全国新华书店
版　　次　2025 年 2 月第 1 版
印　　次　2025 年 2 月第 1 次印刷
开　　本　710mm×1000mm　1/16
印　　张　19.5
字　　数　357 千
定　　价　60.00 元

版权所有　违者必究
如有质量问题　请与出版社联系退换

序　言

　　首都师范大学历史学专业创建于 1954 年，是建校后最早设置的专业之一，也是国内最早获得博硕士授权点的专业。1994 年成为教育部首批国家基础学科人才培养和科研基地，从此创建中国史基地专业。中国史作为一级学科，是北京市重点学科、高精尖建设学科。中国史专业先后成为省级一流本科专业建设点、国家级一流本科专业建设点、国家级基础学科拔尖基地 2.0。

　　中国史专业历经宁可、谢承仁等第一代创建者和四代教师的辛勤耕耘，依托历史学院中国史、世界史、考古学三个一级学科，现已建成在全国具有一定影响力的中国史专业人才培养团队。在第四轮学科评估中，中国史进入全国前十名之列，历史学专业核心竞争力明显提升。团队形成老中青结合、年龄与学缘结构合理的高水平师资队伍，在中国古代史、中国历史文献学、中国近现代史、史学理论及史学史、历史教育学、专门史、断代史等方向上，都具有自身显著的学术特色和育人优势。团队现有专任教师 36 人，其中教授 17 名、副教授 12 名、讲师 7 名，包括教育部和北京市教学名师、教育部长江学者特聘教授和讲座讲授、国家"万人计划"领军人才、百千万人才工程国家级人选、"马工程"首席专家、中宣部文化名家暨"四个一批"人才、教育部新世纪优秀人才、国务院享受特殊津贴专家、全国百篇优秀博士论文指导教师、全国百篇优秀博士论文获得者、北京市特聘教授、北京市宣传文化系统"四个一批"人才等各级各类高层次人才。另有一批中青年教师获得北京市青年教学名师、北京市青年拔尖人才、北京市高校青年教师基本功大赛、首都师大燕京学者及青年燕京学者、师德标兵、优秀主讲教师、优秀指导教师、最受学生欢迎教师、优秀班主任等各级各类奖项。

　　中国史团队突破传统教学模式，深度开展教学改革，广泛推进在线课程建设，优化各级各类教学资源，打造优质课程群。近五年出版 15 部规划教材，其中包括国家"十一五"规划教材、马克思主义理论研究和建设工程教材、教育部及北京市教委规划教材等。承担和完成省部级以上教改项目 13 项，校级教改项目 15 项，取得大量教学成果。建成 30 余门在线课程，其中 5 门入选中国大学慕课平台和北京市高校优质平台课程，形成线上和线下有机结合的教学新模式。

中国史专业为四年制本科专业，建设定位和目标是培养高水平的历史专业教学和科研人才，为研究生教育提供优质生源；为国家的重大发展战略、文化教育事业和首都北京"四个中心"、京津冀协同发展的建设事业培养优秀人才。团队重点围绕导师制、研修课、读书报告、学年论文、毕业论文、科研立项、专业实践等培养环节，强化学术实践能力的提升，使学生具备扎实的专业功底和较高学科素养，掌握史学研究的理论和方法。三十年来，中国史专业已培养出 400 余名毕业生，其中大批优秀学子被保送或考取国内双一流高校、科研院所，或者赴欧美、日本等地的海外名校继续深造。

为庆祝中国史专业创办三十周年，此次从 2014 级至 2018 级的本科优秀毕业论文中选取 21 篇，分为上（中国古代史）、下（中国近现代史）两册出版。从一个侧面反映中国史近五年的专业建设与人才培养成果。这些论文都是学生们在本专业就读期间，在老师们的悉心指导之下，从读书报告、学年论文到毕业论文的撰写，一点一滴地积累成文。其中有些论文是国家级或北京市级大学生科学研究与创新创业计划项目的研究成果，有的论文已正式发表，或参加过各类大学生论坛交流并获奖，有的还被评为北京市优秀本科毕业论文。这些论文的内容涉及历史文献学、政治史、思想史、社会史、社会文化史、女性史、阅读史、儿童史、北京史、东北亚研究等多学科多领域的专题。虽然这些论文的写作尚显稚嫩，或存在某些缺陷，但却是学生们不断钻研的成果。期待他们以此作为科研创新的基础，未来展翅高飞，开创一片新天地。

邓京力
2023 年 2 月

目 录

西汉德运说的演进 …………………………………… 王婧凝(1)

试论六朝时期官方意识形态中巫术与儒术的对抗 ………… 杨佳鸣(27)

从白江之战看唐高宗时期的东北亚秩序 ………………… 闫悦(50)

《资治通鉴》两汉部分书写体例研究
——基于史源学的考察 ………………………… 刘静怡(79)

西汉任侠的变与常 ……………………………………… 王芊蕴(117)

从依爵到据官
——魏晋谥号制度的变迁 ……………………………… 肖洋(153)

《夷坚志》生育故事研究
——与《太平广记》比较 ………………………… 张琦(195)

战国游士与汉儒先声
——陆贾《新语》的历史背景及其意义 ……………… 刘子瑄(232)

《晋书·八王列传》研究 …………………………… 杨馥玮(258)

宸心留眷：玄武门之变后宫府女眷的命运 ………… 高鹤轩(273)

西汉德运说的演进

作者：王婧凝　指导教师：田天*

一、绪论

（一）概述

五德终始说，是一种按照五行自然属性构建出来，用于说明社会政治历史发展和变化规律的体系，目的是对王朝更替或政权变迁做出根本解释，对帝国政权的正统性、合法性进行证明。西汉是短暂的秦王朝之后第一个延续时间较长的统一集权国家，但西汉的德制并非始终如一，其背后反映出时人对五德终始说以及本朝德运认识的不断演进。汉初多承秦制，同时继承了秦的水德。文帝时，随着西汉国力逐渐增强，以贾谊为代表的儒生提出汉应更秦之法，建立土德，虽当时未能成功，但在武帝时期，西汉由太初改制确立起土德制度。西汉中后期，"汉家尧后""尧后火德"等说法兴起，经王莽代汉的政治运作，这种说法又得到进一步强化。东汉大力宣扬本朝火德，易使后人误以为火德制在西汉同样一以贯之，从而对西汉德色认识产生偏差。本文以西汉的"尚赤"记载与德运关系考辨为中心，结合政治文化背景，梳理从汉初水德，到武帝确立土德，再到西汉中后期"火德说"兴起的演进过程，进而探究西汉时期对五德终始说的认识。

---

*　作者：王婧凝，首都师范大学历史学院中国史基地班2014级本科生，北京师范大学2018级中国史硕士研究生，现任北京师范大学出版社高等教育分社策划编辑；曾获首都师范大学优秀毕业生。该论文入选首都师范大学历史学院史学论坛，荣获2017年"挑战杯"课外学术科技作品竞赛校级三等奖。

指导教师：田天，曾任首都师范大学历史学院副教授，硕士生导师，荣获北京市优秀毕业论文指导教师。现任北京大学考古文博学院预聘制副教授。主要研究领域为先秦秦汉历史、史籍及出土文献。

（二）学术史回顾

自古以来，学者对汉代的德运问题有不少讨论，但对汉初的德制问题较少着意。这与汉初的相关史料稀缺、语焉不详有关。古代学者对西汉德制的讨论，往往从刘歆重新编排古史系统开始。不同于战国人邹衍从土德帝开始，以土德、木德、金德、火德这种五行相胜的顺序排列黄帝、夏、商、周的序位，刘歆的帝德谱从木德帝开始，并在木德帝与火德帝之间都安排了一个闰水位，即按照木德、闰水、火德、土德、金德、水德这种五行相生的顺序，大规模编排从太皞至汉高祖的历史，其中秦为闰水，汉为火德。刘歆的帝德谱对后世影响颇大，如司马光《资治通鉴·魏纪一》："秦焚书坑儒。汉兴，学者始推五德生胜，以秦为闰位，在木火之间，霸而不王，于是正闰之论兴矣。"[1]胡三省注引孟康曰："汉伐秦继周，木生火，故为火德"[2]，如此一来，汉初的德制湮没于"汉为火德"的论断之中，未能得到专门讨论。清人王懋弘的《汉火德考》[3]是第一篇比较系统地对西汉为火德提出疑问和试图辨析的文章，但较为浅显，未进一步深入研究。

今人对五德终始说进行了更具批判性的审视。在西汉后期，五德终始说与古史体系、今古文经学存在着紧密联系，而今古文经学又涉及中国近代学术史上沸沸扬扬的今古文经真伪之争，因此五德终始说在秦汉时期的发展，同样成了一个重要的学术问题。顾颉刚在《五德终始说下的政治与历史》中，第一次全面探讨了五德终始理论对秦汉政治制度及古史体系的影响，并对秦汉德制演变过程进行了揭示。顾颉刚对西汉初年尚赤现象本着"疑古"态度，认为《史记》所载汉初尚赤的材料都是后代作伪窜入的，由此"高祖斩蛇"故事中的"赤帝子斩白帝子"就不得不解释为汉属火、秦属金。[4]顾颉刚旨在破除"唯古是信"的观念，不惜认为《史记》被刘歆作伪；针对这一观点，钱穆指出，《史记》关于汉初尚赤的记载并非刘歆伪造，并指出汉廷五德服色前后有四变，即火德—水德—土德—火

---

[1] 《资治通鉴》卷六九《魏纪一》，北京：中华书局，2011年，第2230页。
[2] 同上。
[3] 饶宗颐：《中国史学上之正统论》，北京：中华书局，2015年。
[4] 顾颉刚：《五德终始说下的政治与历史》，《清华学报》，1930年第6卷第1期。

德，而秦襄公祠白帝，汉高祖称赤帝子，乃据五方色帝的传说，与始终五德说无涉。[①] 杨向奎亦持《史记》非作伪的观点，认为汉高祖习闻秦为白帝子的说法，故自号赤帝子而尚赤，但没有实行火德制度。[②] 杨向奎对汉初属德问题进行了梳理分析，关注的材料也较前人更为全面，但未对尚赤现象本身做出更进一步的解释。

"高祖斩蛇"是一个极具寓意的故事，不仅是刘邦起事时的吉祥之兆，也对两汉乃至后代王朝产生了重要影响。因此，讨论西汉初年德制问题的学者，多围绕这一问题有所阐释。杨权主要关注"尧后火德"问题，同时也对秦至西汉前期德制变化的过程进行了较为详细的梳理。他认为"赤帝子斩白帝子"出自五方帝或五色帝，并在此基础上进一步提出，在战国时代定型，见于《吕氏春秋》"十二纪"等文献中的五方帝或五色帝，是按五行相生的次序排列的，而"赤帝子斩白帝子"体现的关系并不是五行相生关系，因此"赤帝子斩白帝子"只是采用了五方帝或五色帝说中的方位或颜色，而没有采用五方帝或五色帝说中的关系。[③] 这类思路跳脱出五德终始说的框架，不再一味纠缠相生相胜、秦为何德等问题，开辟出一条新的思考途径。李培健另辟蹊径，从文本分析的角度进入，认为"高祖斩蛇"说在秦末和西汉经历三次变迁，进一步跳脱出前人多关注"高祖斩蛇"故事为何种相胜关系的思路，以兵阴阳学"因五胜"军事数术的理论，对此问题提供了新解。[④] 但"赤帝子斩白帝子"的背后，是否一定存在着五行相生或相胜的理论背景，则仍有可商榷之处。

记载西汉历史的传世文献以《史记》《汉书》为主，而秦汉之际的历史记载又以《史记》更详。汉初制度多承秦而来，据《史记》所载，秦始皇是第一位采用五德终始说的皇帝。《史记·封禅书》载秦诸畤祭祀对象为五色帝。关于此说的可信程度，及其背后是否有相应德制意识的问题，学者提出了不同的看法。钱穆认为，汉人只知有五方色帝而不知上帝，秦

[①] 钱穆：《评〈五德终始说下的政治和历史〉》，见顾颉刚编《古史辨》第五册，上海：上海古籍出版社，1982年。
[②] 杨向奎：《西汉经学与政治》，南京：独立出版社，1945年。
[③] 杨权：《新五德理论与两汉政治》，北京：中华书局，2006年。
[④] 李培健：《"汉高斩蛇"故事新解——兼论历史故事研究的方法论》，《史林》，2015年第4期。

始皇之前的所谓五帝祭祀乃《史记》以汉人观念追写之。① 田天在考察秦代国家祭祀时提出，秦诸畤是举行郊祭、祭祀上帝的场所，并不祭祀五色帝，秦人并无系统的五色帝祭祀。② 关于秦朝德制的研究也很多，学界一般认为秦行水德制是中国古代封建王朝首次将五德终始说实际应用于政治，并围绕水德含义和水德制对秦汉政治的影响及历史正统观进行研究。日本学者栗原朋信和镰田重雄对秦行水德制提出异议，认为秦没有真正采用五德终始说，《史记》的相关记载存在着后人窜改的问题。对此《剑桥中国秦汉史》认为，这个论题很难得到有说服力的证实，只能仍是一个有吸引力的可能的假设。③

此外，尚有从色彩意象的内涵切入的讨论。安子毓对秦汉尚黑渊源进行探讨，认为与五德终始说无关。④ 李培健对西汉赤黑二色进行了研究，尝试厘清西汉尚赤与火德之间的关系，认为西汉的尚色具有很强的稳定性，并且受到传统和民俗的影响，因此西汉的五德与当时所尚色并非合如符契。⑤ 陈启云从文化学的角度提出，火德说的出现是五色帝观念混入五德终始说所致，火德在西汉一直被视为内德，并未成为外德。⑥ 陈鹏在研究汉初服色"外黑内赤"时认为，这是刘邦集团先后采用楚俗、承袭秦制历史进程的结果，"色外黑内赤"与汉初政治格局中秦人、楚人势力的博弈相关。⑦ 此类色彩意象内涵分析的困难有二：其一，可供研究的材料过于零散；其二，不同场合中特定色彩的使用，可能有实际的需要，未必皆能对应特定理论。此外，服色还涉及与服制之间的关系，服制不同，相对应的服色也往往不同，因此相关推测显得更为复杂。

武帝太初改制建立土德制后，西汉未再正式改制，但"汉家尧后"说、"汉为火德"说乃至"尧后火德"说在西汉中后期逐渐兴起，并最终为王莽

---

① 钱穆：《周官著作时代考》，见钱穆著《两汉经学今古文平议》，北京：商务印书馆，2001年。
② 田天：《秦汉国家祭祀史稿》，北京：生活·读书·新知三联书店，2015年，第32—33页。
③ 崔瑞德、鲁惟一：《剑桥中国秦汉史》，北京：中国社会科学出版社，1992年，第114—115页。秦始皇帝陵k0007陪葬坑与水禽、池沼联系紧密，k0007陪葬坑位于秦始皇陵外城以北，张宁认为这与水德主在北方相应，是秦行水德制的体现，见张宁：《秦始皇帝陵k0007陪葬坑与秦之水德》，《文博》，2014年第6期。可备一说。
④ 安子毓：《"上黑"渊源考》，《史学月刊》，2007年第2期。
⑤ 李培健：《西汉五德实行论考》，南开大学博士学位论文，2013年，第175页。
⑥ 陈启云、李培健：《西汉火德疑案新解》，《理论学刊》，2012年第10期。
⑦ 陈鹏：《汉初服色"外黑内赤"考》，《史学月刊》，2015年第4期。

的"汉新禅让"说提供了理论基础。对于这段时期,学者多将目光聚焦于刘向父子的新帝德谱和探讨"尧后火德"问题,并对西汉后期实行火德制与否提出不同看法,就细节问题而言,仍可结合相关历史背景,进行更进一步的论证分析。谶纬文献同样被学者所注意,但讨论主要集中于汉高祖刘邦与火德属性相关的部分,或围绕谶纬中的帝德谱展开论述,因此有必要将视野稍作扩大,对谶纬中表现的西汉形象及西汉所属德运,进行更加全面的考察。

以上研究从不同角度推动了问题的深入,不过相关问题依然有进一步阐释的余地。本文拟基于前人研究成果,结合历史文献分析秦汉时期尚赤意象的含义,对尚赤和德制之间的关系进行考辨,进而梳理西汉时人对五德终始说认识的变化过程。前人多围绕五德终始说的理论发展过程及其与今古文经学之间的关系进行分析,但有时不免求之过深而失之穿凿。五德终始说的发展脉络与表现形式,主要以文本记载作为根据,而针对文献中某些记载的考证批判,容易引发对文献真实性的怀疑,如认为《史记》的"尚赤"记载为刘歆作伪窜入,或是认为《史记》中关于秦水德的记载为汉主土德者假托。文献学层面的文本真伪辨析,与对记述事件本身真伪的辨析,均不是笔者在本文中关注的重点,因此笔者暂且搁置对文本和事件真实性的考察,在"允许其存在"的基础上进行进一步讨论。

二、以《史记》《汉书》"尚赤"记载为中心的探究

在五德终始说的理论框架中,赤色与火德配伍,而在王朝的制度运作中,"尚赤"是否一定与火德相关,则有必要回归文本,进行更为客观具体的分析。《史记》《汉书》中关于"尚赤"的记述较为分散,难以归纳。相比较而言,几处较完整的记载显得更有详细分析的价值,现笔者在前贤研究基础上进行探究。

(一)秦汉之际

1."赤帝子斩白帝子"

汉高祖刘邦布衣出身,曾为秦泗水亭长,"以亭长为县送徒骊山,徒

多道亡。自度比至皆亡之，到丰西泽中，止饮，夜乃解纵所送徒"①，不久就发生了著名的"高祖斩蛇"之事。《史记》在斩蛇的记述之后，又记载一位老妪的言行，提及赤帝子和白帝子：

> 高祖被酒，夜径泽中，令一人行前。行前者还报曰："前有大蛇当径，愿还。"高祖醉，曰："壮士行，何畏！"乃前，拔剑击斩蛇。蛇遂分为两，径开。行数里，醉，因卧。后人来至蛇所，有一老妪夜哭。人问何哭，妪曰："人杀吾子，故哭之。"人曰："妪子何为见杀？"妪曰："吾子，白帝子也，化为蛇，当道，今为赤帝子斩之，故哭。"人乃以妪为不诚，欲告之，妪因忽不见。②

事后诸从者对刘邦"日益畏之"，老妪的叙述显然很能增加刘邦的神性和权威。刘邦本是寂寂无闻的小人物，在秦末动乱之世，从群雄逐鹿中脱颖而出。既然刘邦没有高贵的贵族血统，与其他人相比也没有特别超凡的资质，那么就只能以神性为之加冕，③ 体现出汉人试图将他们的开国皇帝取得的成功以天命进行解释，将刘邦权威化，也就加强了汉王朝的权威。

"高祖斩蛇"故事中最引人注目的"赤帝子斩白帝子"之说，显然隐喻汉能灭秦，"赤帝子"指汉，"白帝子"指秦；"斩"则意味着战胜和取代。"汉为火德"的说法在西汉中后期才逐渐流行，顾颉刚在先认定刘向父子以五行相生理论发明了汉为火德的前提下，将其代入五德终始理论，出现了"赤帝子—汉—火德"和"白帝子—秦—金德"的结果，但是以相生理论推论出的"汉为火德"无法适应于以相胜理论推论出的"火德取代金德"。与之类似的，五色帝或五方帝理论所遵循的五行相生关系也不适用于"赤帝子斩白帝子"所要着重突显的相克之意。前人提出的这两种解释模式，均是尝试调和相生说与相胜说，反而产生了新的矛盾。可以看出，如果仅用德运生胜理论进行解释，很难提出一个恰当的方案，反而容易为迎

---

① 《史记》卷八《高祖本纪》，北京：中华书局，2014年，第441页。
② 同上书，第442页。
③ 又如刘邦的感生神话："其先刘媪尝息大泽之陂，梦与神遇。是时雷电晦冥，太公往视，则见蛟龙于其上。已而有身，遂产高祖。"见《史记》卷八《高祖本纪》，北京：中华书局，第435页。

合"赤帝子斩白帝子"的逻辑而过度诠释，因此应跳出五德终始说另行考虑。

李培健试图摆脱五德终始说生胜理论的局限，将"赤帝子斩白帝子"看作一个文本，认为"这一观念隐寓的核心思想是火克金，即五行相克说"。① 刘邦举事期盼获胜，"战争最重取胜，故于五行说惟尚相胜说，它将事物的属性置换为五行，再以五行相克来克敌制胜，即'因五胜'也"②，反映出兵阴阳学的军事数术思想。这无疑提供了新的思考角度，不过更进一步来看，如果认为"赤帝子斩白帝子"对应着"火克金"，则默认其中存在着五行关系，而这种五行关系能否就这样归于兵阴阳学范畴，仍是值得考虑的，甚至"火克金"的五行关系究竟存在与否，也是存疑的。③ "赤帝子斩白帝子"之说的核心，是要表达"汉（能够）取代秦"，虽然蕴含相胜的意味，但在缺乏更多证据的情况下，很难将其归类于某种理论学说，④ 因此不妨就文本原义处理这个问题，可能更容易贴近事实。那么，为何汉是"赤帝子"，秦是"白帝子"呢？这或许可用秦楚二地所处的地理

---

① 李培健：《"汉高斩蛇"故事新解——兼论历史故事研究的方法论》，《史林》，2015年第4期。
② 同上。
③ 如杨权认为，"我们也不能与'火胜金'相对应，便认为'赤帝子斩白帝子'的故事体现了五行相胜的关系，'火胜金'格局的出现纯属方位巧合——如果刘邦的起兵之地是北方而不是南方，这个传说就会变成'黑帝子斩白帝子'；或者如果秦的统治中心在东方而不在西方，这个传说也会变成'赤帝子斩青帝子'"。这是一种比较客观的分析。杨权：《新五德理论与两汉政治》，北京：中华书局，第112页。
④ 除了顾颉刚和钱穆为代表的两类观点，还有《宋书·律历志》认为在"赤帝子斩白帝子"中，汉不为火而为土，原因是"赤帝子"与"赤帝"概念不同："汉若为火，则当云赤帝，不宜云赤帝子也"，因此"汉以土为赤帝子，秦以水德为白帝子"。这一说法同样是相生相胜并存，但沈约认为，"不得以相胜废相生，相生废相胜也。相胜者，以土胜水耳；相生者，土自火子，义岂相关"。见《宋书》卷一二《律历志》，北京：中华书局，1974年，第259—260页。沈约忽略的是，刘邦起事之初"帜皆赤"，是因为"所杀蛇白帝子，杀者赤帝子，故上赤"，和尚黄的土德无关。陈苏镇认为谶纬对此有一种解释。《五行大义》卷五引《录图》曰："东方苍帝……顺金授火，南方赤帝……顺水授土，中央黄帝……顺木授金，西方白帝……顺火授水，北方黑帝……顺土授木。""顺"指相胜，"授"指相生，周于秦、汉正是"顺金授火"。见陈苏镇：《〈春秋〉与"汉道"：两汉政治与政治文化研究》，北京：中华书局，2011年，第442页。但"赤帝子斩白帝子"的说法最早见于《史记》，而谶纬兴起的时间一般认为晚于《史记》，因此《史记》受谶纬影响的可能性很小。另外，还有观点认为三统说是"赤帝子斩白帝子"的理论依据，如汤其领：《秦汉五德终始初探》，《史学月刊》，1995年第1期。三统说作为一种表述古今变易的历史学说，它的创始人究竟是谁，现已无法确知。但从现有资料来看，对这一学说记述最为详尽的，当数董仲舒的《春秋繁露》一书，较"赤帝子斩白帝子"出现的时间为晚。且三统说中，汉为黑统，不符合"赤帝子斩白帝子"的表述。参见汪高鑫："三统"说与董仲舒的历史变易思想》，《齐鲁学刊》，2002年第3期。

方位进行解释。

五方与五色的配伍关系由来已久，如《墨子·贵义》："帝以甲乙杀青龙于东方，以丙丁杀赤龙于南方，以庚辛杀白龙于西方，以壬癸杀黑龙于北方"①，又如《周礼·考工记》："画绘之事，杂五色，东方谓之青，南方谓之赤，西方谓之白，北方谓之黑，天谓之玄，地谓之黄"②，直至《吕氏春秋》等文献中出现更加系统的五方色帝。据钱穆考证，"五帝"乃战国晚起之说，秦首创五帝祠，汉人则只知有五方色帝，不复知有原先唯一的上帝，《史记》也不免据后人的新观念追写前代史迹③，"赤帝子"和"白帝子"的说法便带有了五方色帝的色彩，但不意味着完全等同于五方色帝中的"赤帝"和"白帝"。按照地理位置来看，秦地位于西方，楚地居于南方，是汉人脑海中深刻鲜明的印象，甚至反映到星空格局中亦然："秦之疆也，候在太白，占于狼、弧"，"吴、楚之疆，候在荧惑，占于鸟衡"，《正义》谓"太白、狼、弧，皆西方之星，故秦占候也"，"荧惑、鸟衡，皆南方之星，故吴、楚之占候也"。④秦末起兵反秦的首倡之人和主要力量都在楚地，《史记·货殖列传》云："夫自淮北沛、陈、汝南、南郡，此西楚也。……彭城以东、东海、吴、广陵，此东楚也"⑤，则陈胜、项羽缘属东、西楚人。司马迁所谓三楚，大致相当于楚国全盛时期的版图。其中西楚除楚国本土外，还包括陈、蔡、宋等古老的华夏诸国的地盘。⑥故丰原为宋地，后入楚，刘邦也可以说是楚人。如此一来，楚与秦的敌对形势投射到地理空间并加以抽象，便形成了方位上的对峙，从而产生"赤帝子"和"白帝子"之说。

2. 汉帜尚赤

汉军从起事时就以赤旗为标志，"帜皆赤。由所杀蛇白帝子，杀者赤帝子，故上赤"⑦。"帜皆赤"一直延续到楚汉战争时期，《史记·淮阴侯列传》有明确提及。汉赵两军交战，韩信定计，"选轻骑二千人，人持一赤

---

① 吴毓江：《墨子校注》，北京：中华书局，1993年，第689页。
② 《周礼注疏》，阮元十三经注疏本，北京：中华书局，1980年，第918页。
③ 钱穆：《周官著作时代考》，第323—333页。
④ 《史记》卷二七《天官书》，第1603—1604页。
⑤ 《史记》卷一二九《货殖列传》，第3964—3965页。
⑥ 陈苏镇：《〈春秋〉与"汉道"》，第35页。
⑦ 《史记》卷八《高祖本纪》，第446页。

帜，从间道萆山而望赵军，诫曰：'赵见我走，必空壁逐我，若疾入赵壁，拔赵帜，立汉赤帜'"。又，"信所出奇兵二千骑，共候赵空壁逐利，则驰入赵壁，皆拔赵旗，立汉赤帜二千。赵军已不胜，不能得信等，欲还归壁，壁皆汉赤帜"。① 旗帜在两军交战时的基本功能是进行标志和区分，此处特别描写汉帜为赤，说明赵军旗帜颜色必定与汉军赤旗不同，至少汉军旗帜的赤色非常具有区别度，而汉军赤旗传统恰与楚俗一脉相承。

楚人尚赤，《史记·楚世家》中提到"楚之先祖出自帝颛顼高阳"，高阳后代为祝融，"重黎为帝喾高辛居火正，甚有功，能光融天下，帝喾命曰祝融"，"以其弟吴回为重黎后，复居火正，为祝融"②，掌管火政。许维遹注《吕氏春秋》谓，"祝融，颛顼氏后，老童之子吴回也，为高辛氏火正，死为火官之神"③。火的颜色是鲜亮的红色，深信自己为火神祝融后裔的楚人崇尚红色也就不足为奇。不过，这并不简单地等于楚地流行红色或以红色为主。红色在楚人的色彩观念中占据重要地位，以红色为贵④，刘邦起初响应陈胜起事，自然会遵循楚地旧俗"帜皆赤"；之后虽与项羽楚军成为敌对，但汉自居正统，因此"汉帜为赤"的楚制仍然得到沿用。

楚为刘邦集团之故国，其核心成员多为楚人，对楚有强烈的认同感⑤，尚赤是源于楚地身份的象征。刘邦在这一时期尚未有明确的德制观

---

① 《史记》卷九二《淮阴侯列传》，第3172—3173页。
② 《史记》卷四〇《楚世家》，第2039页。
③ 许维遹：《吕氏春秋集释》，北京：中华书局，2009年，第83页。
④ 夏晓伟认为，红色在楚地明确带有政治和社会功能，表现了鲜明的等级观念，是楚人上层社会的标志之一。见夏晓伟：《从楚墓出土丝织品的色彩看楚人"尚红"》，《江汉考古》，2003年第3期。崔云提出，红色对楚人来说尤为重要，他们认为红色是高贵的象征。见崔云：《楚服饰文化的主要特征与形成因素》，华中师范大学硕士学位论文，2014年，第37—38页。战国后期的河南淮阳马鞍冢楚墓中，二号车马坑南半部发现旌旗六面，其中尤以贝旗罕见。贝旗的旗面位于九号、十号车的中间。从旗镦的位置看，原来插竖在二十三号战车上。旗为红色，旗一面每组用八枚海贝，旗另一面每组用四枚海贝，用线缀成四瓣的花纹，排列整齐。此旗纹饰是由海贝缀成的，所以考古发掘人员称其为贝旗，并非原名。马鞍冢楚墓的红色贝旗或可作为楚人赤旗的一例旁证。见曹桂岑：《河南淮阳马鞍冢楚墓发掘简报》，《文物》，1984年第10期，第13页。
⑤ 李开元：《汉帝国的建立与刘邦集团》，北京：生活·读书·新知三联书店，2000年，第166—168页。

念,"十月至灞上,与诸侯平咸阳,立为汉王。因以十月为年首,而色上赤"①,仔细分析可知,"因以十月为年首"是对于刘邦"十月至灞上……立为汉王"这一标志性事件的纪念,"而色上赤"则是对尚赤楚俗的沿袭,因此不属于建立德制,更与火德无关。

(二)西汉初至武帝时期

1. 关于水德制与土德制的争论

据《史记》记载,西汉初年从秦,尚水德。汉朝建立后,最早自认水德的是刘邦,并且他自居黑帝,将黑帝与水德联系在一起:

> 汉兴,高祖曰"北畤待我而起",亦自以为获水德之瑞。虽明习历及张苍等,咸以为然。是时天下初定,方纲纪大基,高后女主,皆未遑,故袭秦正朔服色。②
>
> (汉)二年,东击项籍而还入关,问:"故秦时上帝祠何帝也?"对曰:"四帝,有白、青、黄、赤帝之祠。"高祖曰:"吾闻天有五帝,而有四,何也?"莫知其说。于是高祖曰:"吾知之矣,乃待我而具五也。"乃立黑帝祠,命曰北畤。③

张苍则用律历证明汉为水德:

> 张苍为计相时,绪正律历。以高祖十月始至霸上,因故秦时本以十月为岁首,弗革。推五德之运,以为汉当水德之时,尚黑如故。吹律调乐,入之音声,及以比定律令。若百工,天下作程品,至于为丞相,卒就之。④

张苍精于律历,"汉家言律历者,本之张苍。苍本好书,无所不观,无所不通,而尤善律历"⑤,"苍乃自秦时为柱下史,明习天下图书计籍,

---

① 《史记》卷二八《封禅书》,第1657页。
② 《史记》卷二六《历书》,第1505页。
③ 《史记》卷二八《封禅书》,第1657页。
④ 《史记》卷九六《张丞相列传》,第3249页。
⑤ 同上。

又善用算律历"①。《史记·十二诸侯年表》又说张苍"历谱五德",《索隐》案"张苍著《终始五德传》也"。②《汉书·艺文志》谓"《张苍》十六篇。丞相北平侯",并将之归于阴阳家。③"是时北平侯张苍为丞相,方明律历……丞相推以为今水德,始明正十月上黑事"④,可见张苍大概是从律历的角度来阐释五德终始的。不过,无论张苍是否能推算出汉为水德,汉为水德都是时势所趋。

首先,汉初能自认本朝为水德并沿袭至文景时期不改,说明刘邦集团此前缺乏关于德制建设的想法。其次,"汉承秦制"和"黄老无为"的因循思想风行是汉初的突出特点,其重要原因之一在于君臣出身低微少文,"布衣将相之局"决定了精密严谨的礼法制度一时难以实行。如初建礼仪,叔孙通"颇有所增益减损,大抵皆袭秦故。自天子称号下至佐僚及宫室官名,少所变改"⑤,对政治理论较少措意,也在情理之中。汉初百废待兴,"方纲纪大基,庶事草创",囿于种种客观条件,尚未形成独属于自己的政治文化。对于秦帝国的水德,汉初人采取的更多是接受和顺承,"袭秦正朔"是汉初君臣在当时的条件下顺理成章的选择。

水德之制沿用至文帝时期,此时国家整体情况已较为平定。贾谊在文帝即位之初提出改正朔、易服色:

> 贾生以为汉兴至孝文二十余年,天下和洽,而固当改正朔,易服色,法制度,定官名,兴礼乐,乃悉草具其事仪法,色尚黄,数用五,为官名,悉更秦之法。孝文帝初即位,谦让未遑也。⑥

五德终始理论认为土、木、金、火、水五行循环不已,每个正统王朝都与特定的"德"相对应,历史上每个朝代的产生,都是五德中某德的力量战胜前面一德的力量从而取得统治地位的结果。每个朝代的统治都

---

① 《汉书》卷四二《张周赵任申屠传》,北京:中华书局,1962年,第2093页。
② 《史记》卷一四《十二诸侯年表》,第648页。
③ 《汉书》卷三〇《艺文志》,第1733页。
④ 《史记》卷一〇《孝文本纪》,第543页。
⑤ 《史记》卷二三《礼书》,第1374页。
⑥ 《史记》卷八四《屈原贾生列传》,第3021页。

不是无限期的，一个王朝的德运走到尽头，便必然会出现改朝换代的局面，社会制度也必须进行相应改变。战国后期五德终始的循环理论关于周代火德已衰，必将为水德替代之说，论证了周必亡、新圣必兴。相类似地，汉也必须改秦制以自立。虽然贾谊持论甚得文帝之心，但年轻激进的贾谊受到高帝功臣的嫉恨，很快就被调离京师，改正朔之议论就此搁置。

　　文帝前元十四年，鲁人公孙臣重提此事："始秦得水德，今汉受之，推终始传，则汉当土德，土德之应黄龙见。宜改正朔，易服色，色上黄"①，张苍则以律历推算坚持汉为水德，驳斥了公孙臣的说法。这场正朔之争的主要原因是张苍与贾谊、公孙臣的知识背景与经历大相径庭，在他看来，汉得水德与天历时事两合，没有更改的必要；而对贾谊、公孙臣等儒者而言，改正朔关乎立国之本，不更秦则无以立汉。② 文帝这时已倾向于改制，不久就出现了"黄龙见成纪"，于是文帝借此祥瑞积极准备改制，张苍一派受到打击。虽然文帝最终因新垣平事件而废弃了改制之事，但已经为将来武帝的改革打下基础。

　　2. 汉初服色记载中的相关问题

　　易服色是改制中的重要环节之一，是五德终始说最直观的表现。关于汉初服色，张苍认为"年始冬十月，色外黑内赤，与德相应"，服虔对此解释为"十月阴气在外，故外黑；阳气尚伏在地，故内赤"③，或曰"十月百草外黑内赤"④，均显牵强。清人孙诒让综合多家意见对"三入谓纁，五入为緅，七入为缁"进行了细致分析，最后得出结论：

　　　　玄与缁同色，而深浅微别。其染法亦以赤为质，故毛、许、郑三君并以为赤而兼黑。玄于五行属水。《史记·封禅书》，张苍以为汉水德，年始冬十月，色外黑内赤，与德相应。是正玄以赤为质，而加染以黑之塙证。张苍与毛公时代相接，其言可互证也。⑤

---

① 《史记》卷二八《封禅书》，第1661页。
② 田天：《秦汉国家祭祀史稿》，第111—112页。
③ 《史记》卷二八《封禅书》，第1661页。
④ 《汉书》卷二五上《郊祀志上》，第1213页。
⑤ 孙诒让：《周礼正义》，北京：中华书局，1987年，第3316页。

由此可见，"外黑内赤"并非截然相分的两种颜色，而是黑色与赤色调和而成的玄色。① 五德终始理论作为证明王朝唯一合法性和正统性的政治理论，一朝一德，不会有"准德制"、"内德"和"外德"的区分，因此水德尚黑为"外德"、火德尚赤为"内德"的观点，难以成立。

祭祀服色与王朝德制尚色的对应关系同样值得重新考虑。《封禅书》提到，"秦以冬十月为岁首，故常以十月上宿郊见，通权火，拜于咸阳之旁，而衣上白，其用如经祠云"②，阎步克对此推测，"袀玄跟五色祭服，都是承秦而来的。汉初还经常使用赤色祭服，'汉氏承秦，俱玄冠绛衣'的说法，似乎与此有关。而秦朝郊祀，又曾使用白色的祭服，不知道那是否跟'白帝子''赤帝子'的传说有关"，"秦汉间流行五色祭服"。③ 祭服色与帝国德制尚色不一致的矛盾，可能恰恰说明祭服颜色的确具有特殊性，下文详论这一点。

秦时祭服尚白，大概仍和其所处的西方地理位置有关，上文已论。文帝因有司言"古者天子夏亲郊，祀上帝于郊，故曰郊"，故十五年夏四月"始幸雍，郊见五帝，以孟夏四月答礼焉"④，"衣皆上赤"⑤；十六年，"上亲郊见渭阳五帝庙，亦以夏答礼而尚赤"。⑥ 孟夏祭祀不同于古时的冬至祭和立春祭，钱穆认为这恰恰体现了文帝时期的稽古之疏。⑦ 魏相曾追述高祖作《天子所服第八》，"'令群臣议天子所服，以安治天下。'……相国臣何、御史大夫臣昌谨与将军臣陵、太子太傅臣通等议：'春夏秋冬天子所服，当法天地之数，中得人和。故自天子王侯有土之君，下及兆民，能法天地，顺四时，以治国家，身亡祸殃，年寿永究，是奉宗庙安天下

---

① 安子毓引《周礼·春官宗伯·司服》郑玄注"凡冕服皆玄衣纁裳"，认为"色外黑内赤"是先秦冕服制度之遗留。参见安子毓：《"上黑"渊源考》，《史学月刊》，2017年第2期。按，此处"服色"并未确指何种服制，而郑注明指"冕服"。"玄衣纁裳"则意味着衣色为玄、裳色为纁，显然与汉初服色的"外黑内赤"存在区别。
② 《史记》卷二八《封禅书》，第1655页。
③ 阎步克：《服周之冕——〈周礼〉六冕礼制的兴衰变异》，北京：中华书局，2009年，第166页。
④ 《史记》卷一〇《孝文本纪》，第544页。
⑤ 《史记》卷二八《封禅书》，第1661页。
⑥ 《史记》卷一〇《孝文本纪》，第544页。
⑦ 钱穆：《周官著作时代考》，第345页。

之大礼也。……中谒者赵尧举春，李舜举夏，兒汤举秋，贡禹举冬，四人各职一时。'"①可以看出，顺应四时的思想在汉初就具有一定影响，文帝的几次郊祀均在孟夏而祭服尚赤，两者之间可能具有一定联系，但因缺少更多证据，难以说明文帝孟夏祭祀尚赤的理论依据。

武帝时期，《史记》记载的祭衣尚黄有三例。第一例在元鼎四年，"有司与太史公、祠官宽舒议：'今陛下亲祠后土，后土宜于泽中圜丘为五坛，坛一黄犊太牢具，已祠尽瘗，而从祠衣上黄'"②，说明这次祭衣尚黄是根据特定的祭祀对象——后土所确定的，与德运没有直接关系。③ 第二例同在元鼎四年，"十一月辛巳朔旦冬至，昧爽，天子始郊拜太一。朝朝日，夕夕月，则揖；而见太一如雍郊礼。其赞飨曰：'天始以宝鼎神策授皇帝，朔而又朔，终而复始，皇帝敬拜见焉。'而衣上黄"④，此次郊见太一按照雍郊礼，但没有更多信息说明衣尚黄的原因。第三例在元鼎五年，"丙辰，禅泰山下址东北肃然山，如祭后土礼。天子皆亲拜见，衣上黄而尽用乐焉"⑤，此次祭祀按照祭后土礼而衣尚黄。以上分析或可说明，西汉前期的祭服色，与祭祀时令和祭祀对象的联系较为密切，但由于材料所限，只能根据各语境进行推测，很难更进一步总结规律。

3. 太初改制及"汉节纯赤"

若说文帝时期已具备重建德制的条件，到了武帝一朝，已有足够能力也有必要对本朝合法性、正统性做出全新解释。汉朝开始按照五德终始说的理论设计自己的政治蓝图，希望用土德取代水德来表明汉的独一无二、不可取代性。更具有象征意味的是，文帝希望祠出周鼎未成，而武帝在汾水得到了古鼎。太初元年，武帝正式改制。有趣的是，张苍当年主张汉为水德，是无意识地承袭秦制。武帝将本朝属德定为土，是有

---

① 《汉书》卷七四《魏相丙吉传》，第3139—3140页。
② 《史记》卷二八《封禅书》，第1669页。
③ 《汉书·礼乐志》载《后皇》谓："后皇嘉坛，立玄黄服。物发冀州，兆蒙祉福"，颜注曰："服，祭服也"，似指祭后土服色为玄、黄两色。武帝《郊祀歌》十九章中之《帝临》章则谓："后土富媪，昭明三光。穆穆优游，嘉服上黄"，与《封禅书》《郊祀志》的记载相合，故田天认为祭后土的服色也许仍以黄色为主，与土行色同。见《汉书》卷二二《礼乐志》，第1054、1065页；田天：《秦汉国家祭祀史稿》，第154—155页。
④ 《史记》卷二八《封禅书》，第1676页。
⑤ 《史记》卷二八《封禅书》，第1679页。

意识地希望将汉制与秦制分离，使秦水德成为汉土德取代的对象，其深意是要改弦更张、以土克水，从根本上摆脱秦人旧制。

即便如此，汉节的赤色并没有随土德制的建立而发生变化。征和二年的巫蛊之祸中，戾太子持赤节，刘屈氂在节上加黄旄以相别。杨权认为戾太子持赤节"毫无疑问是要把德制改为火德的意思；而朝廷方面'更为黄旄'，则是对本朝为土德朝的强调"①。后来霍光为刘贺列出的罪行中有"变易节上黄旄以赤"，杨权则认为"不与德制问题联系起来认识，的确不好理解"。②"初，汉节纯赤"③，汉节为何纯赤，与五德终始说有无关系、有何关系，文献记载语焉不详，很难说清。但王朝改德的内涵在于要从理论上证明取代前一政权的位置，就巫蛊之祸来说，戾太子并非谋划好想要推翻汉朝，同样地，刘贺及其昌邑旧臣也并非要将汉家改朝换代，观后世王莽代汉时重立土德制度，便可知二者之间的明显区别。且"荒淫迷惑，失帝王礼谊，乱汉制度"④是对刘贺罪行的总评，并非只针对"变易节上黄旄以赤"一条，因此大概很难说汉节颜色与王朝德制相关。⑤

（三）西汉中后期"火德说"的逐渐兴起

1. 元帝以来汉政转向的大背景

自从太初改制确立汉为土德以来，西汉再没有过正式的改制，直到王莽代汉建立新朝。但引人注目的是，"汉家尧后""汉为火德"乃至最终合流而成的"尧后火德"说，在西汉中后期逐渐兴起，并最终为王莽的"汉新禅让"提供了理论基础。⑥由此带来的问题是，为何西汉后期时人会逐渐倾向于并没有真正实行过的火德，连东汉也以继承汉家火德自居，而将当初武帝大张旗鼓确立的土德抛在脑后？

论者历来将宣、元之交作为汉政的又一分水岭，其重要原因在于儒

---

① 杨权：《新五德理论与两汉政治》，第142页。
② 同上。
③ 《汉书》卷六六《公孙刘田王杨蔡陈郑传》，第2881页。
④ 《汉书》卷六八《霍光金日磾传》，第2944页。
⑤ 沈钦韩曰："东京之世，皆承用黄旄，不敢改。至董卓始改赤。"《汉书补注》，上海：上海古籍出版社，2008年，第4625页。西汉武帝改行土德制度却仍用赤节，东汉行火德却用黄旄，节与王朝德制尚色显然不同，而董卓改赤旄也看不出和变易德制相关。
⑥ 许多学者已对其发展过程有过详细论述，主要可参见顾颉刚：《五德终始说下的政治与历史》，杨权：《新五德理论与两汉政治》第三章和第四章。

生的日益得势，改变了自武帝以来"霸王道杂之"的局面。与汉儒之复古化思潮并行而交融的，是一个强烈的神道化趋向，这种神道化的浪潮虽然也强调了君主的"受命于天"，但是在另一方面它却又直接动摇了君主的权威。① 更重要的是，在这个儒化的过程中，皇帝自身也未能"幸免"。被认为"持刑太深"的宣帝曾"师受《诗》《论语》《孝经》"，后又亲自主持石渠阁会议，元帝则更是"少而好儒，及即位，征用儒生，委之以政"。② 西汉中后期的君臣整体趋于儒学化，从而可以在同一语境平台上进行对话，这是武帝实行"独尊儒术"政策带来的必然结果，同时也是西汉中后期"火德说"兴起的大背景。

西汉后期，阴阳灾异说及其他方术日益兴盛，对皇帝的态度也有所影响。元帝初元三年诏："盖闻安民之道，本由阴阳。间者阴阳错谬，风雨不时。……有司勉之，毋犯四时之禁。丞相、御史举天下明阴阳灾异者各三人"③，成帝阳朔二年诏："今公卿大夫或不信阴阳，薄而小之，所奏请多违时政。传以不知，周行天下，而欲望阴阳和调，岂不谬哉！其务顺四时月令"④，体现出皇帝对阴阳灾异说的日益重视，反过来又助长了臣民对儒术的热衷。

另外，儒家"礼治"传统之"教"，原有所谓"下教上"之意。"师道"崇隆，学士臣民的规谏便也获得了充分的合法性。⑤ 西汉儒生们高悬了一个往古太平盛世以绳"汉政"，并把其政治文化理想贯注其中，而与这个太平极境相比，"汉政"就充分地显露了它的不完美。因此儒生时常对代表着西汉帝国事业顶峰的武帝与宣帝之政报以否定态度，甚至对"汉政"的整体评价都颇有保留。⑥ 昭帝元凤三年，泰山出现"大石自立"的奇事，眭弘以"汉家尧后"之语希望昭帝禅让，后因"妄设袄言惑众，大逆不道"而伏诛；宣帝时盖宽饶又"意欲求禅"，结果被迫自刎于北阙。儒生直言极谏的责任感，或许是眭弘和盖宽饶冒死直谏的精神支柱之一。"汉诏多惧

---

① 阎步克：《士大夫政治演生史稿》，北京：北京大学出版社，2015年，第347—348页。
② 《汉书》卷九《元帝纪》，第298页。
③ 《汉书》卷九《元帝纪》，第284页。
④ 《汉书》卷一〇《成帝纪》，第312页。
⑤ 阎步克：《士大夫政治演生史稿》，第311页。
⑥ 同上书，第331—332页。

词"则与"上书无忌讳"形成鲜明对比,西汉诸帝发布罪己诏数量大致为:文帝二、宣帝四、元帝十、成帝九、哀帝二、新莽一①,以元、成尤多。在君臣互动的过程中,儒生逐渐获得了比君主更强的道德优势,汉帝所代表的汉家,则在儒生理想化的准绳下显得江河日下,帝国的权威在无形中被逐渐削弱。

2."火德说"的产生

自元帝起,皇帝的道德话语主导权逐渐落于下风,皇帝对臣民的各种灾异警告不再排斥,甚至表示出信服。元帝建昭年间,京房问:"今陛下即位已来……《春秋》所记灾异尽备。陛下视今为治邪、乱邪?"元帝竟答曰:"亦极乱耳。尚何道!"②反观"颇修武帝故事",继承武帝喜好而迷恋方术祥瑞的宣帝,对本朝的宣扬可谓不遗余力,祥瑞数量之多为西汉诸帝之最。甘露元年,出现象征着土德祥瑞的"黄龙见新丰",二年诏"乃者凤皇、甘露降集,黄龙登兴,醴泉滂流,枯槁荣茂,神光并见,咸受祯祥",并为此改年号为"黄龙"。③ 宣帝的举动虽可被批评为浮华不实,但至少能看出其自信夸耀的心态,宣帝一朝也被公认为"中兴"之朝。而宣帝后的诸帝,则再未见主动宣扬祥瑞之事,而多代以谦惧之词,土德制的神圣也随之衰落。成帝鸿嘉二年出现了"黄龙见真定",却没有被认为是值得庆贺的祥瑞;④永始元年九月在东莱出现代表着汉的"黑龙"(根据三统说,汉为黑统),在谷永的叙述中则已成为象征着同姓之忧的灾异。⑤

如果仔细梳理西汉对德运做出不同"选择"的过程,可以发现,尽管出于各种不同的原因,但土德制与水德制曾面临的论证危机是同出一辙的。水德制更迅速地受到质疑和挑战,是因为采用水德本来就是权宜之计,其主要的支持者张苍以律历作为论据,而武帝太初改制采用太初历,于是水德制最主要的论证基础便彻底崩塌。西汉在太初改制之后,对土德制与刘汉的联系缺乏持续的、更进一步的论证,这些论证在之后兴起

---

① 吴青:《灾异与汉代社会》,《西北大学学报(哲学社会科学版)》,1995年第3期。
② 《汉书》卷七五《眭两夏侯京翼李传》,第3162页。
③ 《汉书》卷八《宣帝纪》,第269页。
④ 《汉书》卷一〇《成帝纪》,第316页。
⑤ 《汉书》卷八五《谷永杜邺传》,第3459页。

的"火德说"中，以彰显王朝开创者的自身神性、追溯皇室与古帝的血缘关系等形式呈现。① 西汉后期灾异频发，虽有一定客观因素，但更重要的恐怕是对灾异的主观认识发生转变。由于王朝和儒生的重视，过去不受注意的种种灾异现象被发现和记录，刺激了说灾异者的积极性；说灾异者又反过来促使新的灾异不断被发现和记录。两者互相推动促进，形成灾异频仍和说灾异者蜂起的局面。这一局面又与西汉后期的衰象互相促进：灾异愈频繁，衰象愈显著，显著的衰象又引出更多的说灾异者②，祥瑞书写也与之类似，或许能解释以宣帝朝为分水岭的西汉祥瑞与灾异形势变化。汉朝的由盛转衰，既是造成争说灾异风气的外因，又与之同为一波思想文化运动的结果。③ 因此，如果根据这些灾异记录便认为西汉后期遭遇了深重危机，恐怕不很确切，至少并未到足以彻底颠覆王朝统治的地步。但西汉的确日益需要一个更有力的新理论体系，刘向父子的"火德说"应运而生。

《汉书·郊祀志》赞曰：

> 刘向父子以为帝出于震，故包羲氏始受木德，其后以母传子，终而复始，自神农、黄帝下历唐、虞、三代而汉得火焉。④

刘向父子以五行相生为次，从木德伏羲开始，至火德汉朝结束，得出了一个全新的帝德谱，在对古史进行了大规模学术性梳理的同时，这份帝德谱也蕴含着独特的政治意义。西汉前期的政治史观以"革命"为重，辕固生与黄生辩论时即以汤武革命与西汉代秦相比拟。不过"革命"说在证明现政权合法性的同时，也可以证明它在特定时候将被取代或被推翻的

---

① 西汉中后期兴起并最终取代土德说的汉火德说，对汉家统治正统性的论证主要包括两方面。第一，在《史记》写作时代已有的、汉高祖刘邦的感生神话基础上，进一步丰富其内容，并开始强调其与生俱来的火德属性，即"汉为火德"，这方面突出的例子为谶纬。第二，以《左传》为据，将刘氏血统上溯至尧，以此来论证刘氏为王道圣统的绍述者，即"汉家尧后"，这方面突出的例子为刘向父子重排的帝德谱。此观点的论证详见后文。
② 陈侃理：《儒学、数术与政治：灾异的政治文化史》，北京：北京大学出版社，2016年，第111页。
③ 同上书，第107页。
④ 《汉书》卷二五下《郊祀志下》，第1270—1271页。

必然，使得帝国统治在理论上存在着贻人口实的不稳定因素，因此被相生为特征的理论逐渐取代便顺理成章。"汉为尧后"和"汉为火德"试图分别从宗法血缘和天道的角度证明汉具有绍述圣统的资格，后刘歆又将"汉为尧后"和"汉为火德"的学说合流，汇合成"尧后火德"说，将宣扬神圣性和权威性的目标合二为一，也对西汉正统地位给予了精致的证明。但既然火德说十分有利于刘氏的统治，西汉为何没有进行第二次改制呢？

成帝时甘忠可造《天官历》和《包元太平经》，谓"汉家逢天地之大终，当更受命于天，天帝使真人赤精子，下教我此道"[①]，被刘向奏"假鬼神罔上惑众"而下狱。哀帝时，曾受甘忠可传授的夏贺良等人，被刘歆以"不合'五经'"而否定，但经李寻帮助得以面见哀帝，陈说"汉历中衰，当更受命。……宜急改元易号，乃得延年益寿，皇子生，灾异息矣"。哀帝病急乱投医，迈出了尝试改制的第一步："汉兴二百载，历数开元。皇天降非材之佑，汉国再获受命之符，朕之不德，曷敢不通！夫基事之元命，必与天下自新，其大赦天下。以建平二年为太初（元将）元年。号曰陈圣刘太平皇帝。漏刻以百二十为度"[②]，后因无效而废除。

这次"改制"真的将西汉从土德制改为火德制了吗？观察哀帝诏书的内容，虽有改元易号，但缺少五德终始说的核心："改正朔，易服色"。从大臣对夏贺良等人"复欲妄变政事，争以为不可许"的反应看，哀帝这次失败的尝试也并不受欢迎。如果前溯，无论是汉初自认黑帝的高祖，还是积极改制土德的文帝和武帝，可以看出，皇帝的意愿在这些活动中占据决定性因素。尽管具体改制方案并不一定出自他们之手，甚至还会遭遇部分大臣的阻力，但皇帝始终处于主动，因此能较顺利地达到预定目标。但随着西汉的衰落，皇帝无论在现实还是精神领域都已失去以往的强势，无法再承担起领导改制的角色。因此火德说虽然对西汉十分有利，实际应用起来却为时已晚。如邓展所谓，"向父子虽有此议，时不施行，至光武建武二年，乃用火德，色尚赤耳"[③]，西汉始终没有真正实施火德制，造成了现实与理论的脱节。

---

① 《汉书》卷七五《眭两夏侯京翼李传》，第3192页。
② 《汉书》卷一一《哀帝纪》，第340页。
③ 《汉书》卷二五下《郊祀志下》，第1271页。

3. 王莽的新土德制

"汉为尧后"的理论为刘汉王朝树立神圣正统的同时，也隐含着"尧舜相禅"的信息，而终于被王莽所利用。不同于夏贺良等人的"旁门左道"，王莽严恪经学作为护身符，得到了众多支持。除此之外，王莽的新朝过渡得比较平和，甚至也是土德——尽管从理论上说与武帝的土德截然不同。随之而来的问题是，王莽如何与武帝的土德制相区别——至少在能够直观表现出来的方面——以及当初武帝的土德制虽然已经确定，但在具体细节，如服色、用具上的规定究竟有多严格？

武帝太初改制，"汉改历，以正月为岁首，而色上黄，官名更印章以五字，为太初元年"，"（其明年）乃令祠官进畤犊牢具，色食所胜，而以木禺马代驹焉"。① 王莽新建土德，"其改正朔，易服色，变牺牲，殊徽帜，异器制。以十二月朔癸酉为建国元年正月之朔，以鸡鸣为时。服色配德上黄，牺牲应正用白，使节之旄幡皆纯黄，其署曰'新使王威节'，以承皇天上帝威命也"。② 对比二者不同之处可发现，第一，王莽除了通常的"改正朔，易服色"外，在细节处更加严格和明确，如"节之旄幡皆纯黄"，不同于武帝虽是土德制而汉节纯赤。第二，牺牲色从相胜变成相生。除此之外，新莽官印印面一般为2.2—2.4厘米见方，印文多为5字，也有6字，个别出现9、10、11字的③，或许能说明在数字配伍方面，王莽基本继承了武帝的"官名更印章以五字"。④

王莽的"服色配德上黄"值得注意。武帝也曾宣布过"色上黄"，但既然王莽再次发布这一命令，说明武帝以来的服色依然存在可规范之处。《汉官仪》记"司空骑吏以下皂袴，因秦水德（行），今汉家火德（行），宜绛袴"⑤，

---

① 《史记》卷二八《封禅书》，第1683页。
② 《汉书》卷九九上《王莽传上》，第4095—4096页。
③ 牛济普：《汉代官印分期例举》，《中原文物》，1998年第1期。
④ 西汉晚期出现6字官印，有些军印由于职官名称文字多，不宜省文的也出现6字印。见牛济普：《汉代官印分期例举》。
⑤ 应劭：《汉官仪》，《汉官六种》，北京：中华书局，1990年，第116、124页。

◆西汉德运说的演进◆

说明即使在太初改制之后，西汉部分尚黑的服色也没有改变。① 并且王莽对官员服色非常重视，将尚黄的服色作为新朝与西汉的重要区分，如"莽更汉家黑貂，著黄貂，又改汉正朔伏腊日。太后令其官属黑貂，至汉家正腊日，独与其左右相对饮酒食"②，又如"杜陵便殿乘舆虎文衣废臧在室匣中者出，自树立外堂上，良久乃委地。吏卒见者以闻，莽恶之，下书曰：'宝黄厮赤，其令郎从官皆衣绛'"③。可见，相比于王莽对五德终始说配伍细节的执着，武帝土德制下的制度细节或许实行得并不严格。

与王莽类似的是，《史记·秦始皇本纪》的记载显示，秦始皇的水德制也相当精细，力求各方面都与水德配伍：

> 始皇推终始五德之传，以为周得火德，秦代周德，从所不胜。方今水德之始，改年始，朝贺皆自十月朔。衣服旄旌节旗皆上黑。数以六为纪，符、法冠皆六寸，而舆六尺，六尺为步，乘六马。更名河曰德水，以为水德之始。刚毅戾深，事皆决于法，刻削毋仁恩和义，然后合五德之数。于是急法，久者不赦。④

日本学者对此进行了细致的分析，认为秦水德说为汉主土德说者假托，塑造秦"刚毅戾深，事皆决于法，刻削毋仁恩和义"的形象并给予批判，才是汉人的真实目的。⑤ 虽然这种分析，的确可以在一定程度上解释

---

① 隋文帝诏书中提到："三正回复，五德相生，总以言之，并宜火色。垂衣已降，损益可知，尚色虽殊，常兼前代。其郊丘庙社，可依衮冕之仪，朝会衣裳，宜尽用赤。昔丹乌木运，姬有大白之旗，黄星土德，曹乘黑首之马，在祀与戎，其尚恒异。今之戎服，皆可尚黄，在外常所著者，通用杂色。祭祀之服，须合礼经，宜集通儒，更可详议。"虽不是秦汉时人语，却也能帮助我们体会王朝的尚色原则：服色制度多在前代的基础上继承损益，不同服制的服色不能混为一谈。见《隋书》卷一二《礼仪七》，北京：中华书局，1973年，第253页。有趣的是，不论服色实际情况是否与德运尚色相关，仅从这两例文献建构呈现出的内容来看，西汉末及东汉时人似乎"愿意相信"西汉前期的黑色服饰是继承秦代水德的表现，或至少认为这种黑色服饰不符合他们"需要"的德制，从而希望进行更符合本朝德制尚色的改变。
② 《汉书》卷九八《元后传》，第4035页。
③ 《汉书》卷九九下《王莽传下》，第4161页。
④ 《史记》卷六《秦始皇本纪》，第306页。
⑤ 参见田人隆：《鹤间和幸教授与秦代史的再构成——日本秦汉史研究的一个重要动向》，《中国史研究动态》，1996年第2期；栗原朋信：《秦水德説の批判》，《秦漢史の研究》第四章，東京：吉川弘文館，1969年。

21

汉初君臣对水德制表现出的陌生感,但《史记》中有多处细节表明汉初行水德是"承秦正朔"。另外,如果将武帝太初改制"汉改历,以正月为岁首,而色上黄,官名更印章以五字,为太初元年"的描写与秦始皇水德制的描写对比会发现,二者的主体核心内容是相同的,即确定历法正朔,以及与德运配伍的尚色与尚数。《封禅书》的描写显得更加简练,也更加接近对武帝改制的描述方式:"于是秦更命河曰'德水',以冬十月为年首,色上黑,度以六为名,音上大吕,事统上法。"[1]因此与其说秦水德为假托,不如更保守地说,秦行水德,但并不像《秦始皇本纪》中所写那样精细规范,可能是由司马迁根据武帝的土德制度建构后反推而成。

三、谶纬与史书中的德运史观

(一)谶纬中的秦亡汉兴

按照学界主流意见,谶纬兴起于西汉哀、平之际[2],由一些方士化的儒生假托孔子名义炮制而成,与《史记》和《汉书》这类正史相比,呈现出更加浓郁的神秘色彩。正因如此,谶纬可以为我们提供不同于正史的另一种历史认知面相。分析谶纬的相关记载,有助于我们更全面地了解西汉末的思想文化情况。更重要的是,谶纬对后世同样产生了重要影响,如《赤伏符》宣扬刘秀应当受命为帝,帮助刘秀建立起东汉王朝,在东汉时期,谶纬更是成为一种举足轻重的社会思潮,因此有必要对谶纬进行审视梳理。谶纬内容庞杂,在此简要讨论有关西汉形象及西汉所属德运的部分。

西汉诸帝的感生神话和出生祥瑞并不少见,但谶纬中只对汉高祖刘邦有所描述,并且衍生出三个版本。第一个是含始吞赤珠生刘邦,如"含

---

[1] 《史记》卷二八《封禅书》,第1643页。栗原朋信考证认为,黄河更名为"德水"的记载并非史实,见《河名を「德水」に更めたという傳えについて》,栗原朋信:《秦漢史の研究》第四章第三节。不过即使把这一条"不实信息"去掉的话,此处的结论也不受影响。

[2] 关于纬书的成书年代众说纷纭,汉代的张衡、桓谭认为起于西汉哀、平之际,近代的学者如陈苏镇认同谶纬大量形成于哀、平之际,而陈磐、葛兆光、李学勤等则认为纬书产生的年代更早,哀、平之际不过是纬书盛行的时期而已。综合前人看法,哀、平之际为谶纬大量形成与盛行时期应无争议,故暂且不论其成书年代,仅讨论谶纬本身内容。

始吞赤珠，刻曰玉英，生汉皇"①（《诗含神雾》）。第二个是媪感赤龙生刘邦，如"后赤龙感女媪，刘季兴"（《诗含神雾》）。第三个是媪感赤龙生执嘉，执嘉妻吞赤珠生刘邦，如"刘媪梦赤鸟如龙，戏己，生执嘉；执嘉妻含始游洛池，赤珠出，刻曰：'玉英吞此者为王客。以其年生刘季，为汉皇'"（《春秋握诚图》）。可以看出，这些描述在神化刘邦的同时，也在强调其与生俱来的火德属性。这一方面的谶纬，还有结合刘邦的容貌体态描述"隆准而龙颜，美须髯，左股有七十二黑子"进行改编的"赤帝体为朱鸟，其表龙颜，多黑子"（《春秋合诚图》），对此《史记正义》更是进一步发挥："左，阳也。七十二黑子者，赤帝七十二日之数也。木火土金水各居一方，一岁三百六十日，四方分之，各得九十日，土居中央，并索四季，各十八日，俱成七十二日，故高祖七十二黑子者，应火德七十二日之征也。"②

另有一类谶纬在描述刘邦神性的同时，强调其拥有仁、义、明等儒家理想君主应具备的特质，如"有人卯金丰，击玉鼓，驾六龙。其人日角龙颜，姓卯金刀，含仁义，戴玉英，光中再，仁雄出，日月角"（《春秋演孔图》），"帝刘季，日角，戴胜，斗胸，龟背，龙眼，长七尺八寸，明圣宽仁"（《河图》）。与此同时，对西汉建国功不可没的萧何和张良也被神化，"汉将萧何，昴星，生于丰，通于制度"（《春秋汉含孳》），张良则为"黄佐命"（《易纬通卦验》），"张握命图，授汉宝"（《诗含神雾》）。

与之相对的，谶纬中也有追溯秦史的内容。从"皋陶之苗为秦"（《尚书中候苗兴》），到"秦穆公出狩，至于咸阳，日稷庚午，天震大雷。有火下，化为白雀，衔录丹书，集于公车。公俯取其书，言缪公之霸也，讫胡亥秦家世事"（《尚书中候》），恰反映出刘歆的《世经》仅将秦归于"霸而不王"之列；而秦衰败的节点在于秦始皇：谶纬中多次出现"秦失金镜，鱼目入珠"，象征着秦丢失了明道，因为"始皇，吕不韦子，言乱真也"（《尚书考灵曜》）。血统平凡甚至并非秦正统苗裔的秦始皇，自然不受天佑，更何况还有"皇政毁道，散命名胡"（《易纬是类谋》），焚烧诗书，既

---

① 以下所有论及的谶纬，均出自安居香山、中村璋八辑：《纬书集成》，石家庄：河北人民出版社，1994年。

② 《史记》卷八《高祖本纪》，第438页。

不仁义也不圣明。因此"刘季握卯金刀，在轸北，字季，天下服。卯在东方，阳所立，仁且明。金在西方，阴所立，义成功。刀居右，字成章，刀系秦。枉矢东流，水神哭祖龙"（《春秋汉含孳》），汉以仁义明圣推翻秦朝获得天下归服，表明西汉的建立，乃是天命和德行双重加持的结果，秦亡汉兴，在此拥有了类似于武王伐纣的道德内涵。①

（二）简论《史记》与《汉书》德运史观的不同

西汉一朝的历史记载，以《史记》和《汉书》为主。不同的是，司马迁所处的时代"火德说"尚未兴起，武帝已明确规定德运为土德，司马迁还亲自参与了历法改制的工作，因此《史记》主观上没有"汉家火德"的倾向。班固作为东汉人，受"尧后火德"观念影响较大。汉朝亡而复兴，刘秀成为中兴之主，东汉人认为这是天命所归、民心所向。支持"尧后火德"，就是支持东汉的"更受命"，以此强调东汉政权建立的合法性。

《汉书》从头至尾都凸显着"尧后火德"这条主线。《汉书·叙传》载：

> 汉绍尧运，以建帝业，至于六世，史臣乃追述功德，私作本纪，编于百王之末，厕于秦、项之列，太初以后，阙而不录，故探纂前记，缀辑所闻，以述《汉书》。②

班固撰写《汉书》的目的是记述"汉绍尧运"的功业，主观火德倾向表现得非常明显。如《叙传》述《高纪》："神母告符，朱旗乃举"③；《高帝本

---

① 钱穆在观察政权与其所依赖的某种理论之间的关系时提出："一个政权的生命，必须依赖于某一种理论之支撑。此种理论同时即应是正义。正义授予政权以光明，而后此政权可以绵延不倒。否则此政权将为一种黑暗的势力，黑暗根本无可存在，必趋消失。"见钱穆：《国史大纲》，北京：商务印书馆，1991年，第213页。"光明"和"正义"表明，政权所依赖的这种理论应具备相当崇高的道德内涵，这样才能被信服和支持。相应地，如果想要证明某个政权的正统地位，就需要论证它具备这种崇高的道德内涵，谶纬构建出的秦亡汉兴图景即如是。谶纬常常描述代周者为汉，如"夫子素案图录，知庶姓刘季当代周，……麟者木精，薪采者，庶人燃火之意，此赤帝将代周"（《尚书中候日角》），显然没有将秦算为合法朝代，如此一来，似乎秦在五德运转中为闰水位理所当然。但谶纬又有时将秦与"金"相联系，如"秦金精坚，故秦俗亦坚"（《春秋说题辞》），"孔子表洛书摘亡辟曰：'亡秦者，胡也。丘以推秦白精也'"（《易纬通卦验》），因秦已为闰水位，此处的"金精"和"白精"不像是指五德中的金德，更像是将秦地位于西陲的特点当作其代表属性，如前文所述。

② 《汉书》卷一〇〇上《叙传》下，第4235页。

③ 《汉书》卷一〇〇上《叙传》下，第4236页。

纪》赞："由是推之，汉承尧运，德祚已盛，断蛇著符，旗帜上赤，协于火德，自然之应，得天统矣"[1]；《郊祀志》赞："故高祖始起，神母夜号，著赤帝之符，旗章遂赤，自得天统矣"。[2] 可以看出，班固认为西汉的水德制度以及土德改制均未得天统、顺时宜，只有得火德后，汉才算真正得到合乎天道的正统地位。由此可见，《史记》《汉书》对火德问题的不同认识，反映了史家在不同时代背景下的史观差异。

四、结论

秦汉之际，随着以楚人为主体的反秦力量的崛起，秦帝国很快土崩瓦解，刘邦打败西楚霸王项羽，最终一统天下，建立起西汉王朝。楚地位于南方且楚俗尚赤，围绕汉高祖刘邦的种种传说便多与尚赤相关。汉初承秦正朔自认水德，随着西汉国力的发展，意在改弦更张的土德制在武帝时期，终于以太初改制的方式正式建立。从西汉中后期开始，汉帝的道德权威逐渐衰落，土德制的正统色彩随之弱化，导致"汉家尧后""汉为火德"乃至"尧后火德"理论兴起，虽然从宗法血缘和天道的角度证明了刘汉具有绍述圣统的资格，但西汉衰落之势已难以挽回，哀帝改制的初步尝试以失败告终。因此，西汉从未实行过火德制度，造成了德制在观念与实际之间的脱节。王莽对五德终始说配伍细节的执着，反映出武帝土德制下的具体细节仍存在可完善之处，同时也促使我们重新反思秦始皇水德制度与《史记》书写之间的关系。以谶纬为代表的神秘思想强化了汉与火德之间的联系，并从天命和德行两方面建构出秦亡汉兴的神圣图景。《史记》《汉书》对火德问题的不同认识，则反映了史家在不同时代背景下的史观差异。

西汉时人对德制"选择"和论证的过程，反映出的是西汉对于五德终始说认识的演进过程，而后代对西汉德运的认识，往往以本朝情况为出发点，其看法不一定能反映出西汉德运的真实情况。"尚赤"与火德的关系，在文献的理论建构中常呈现为一系列规范对应，但实际运作时往往会基于更复杂的原因，使得尚赤和火德并无太大关联。关于西汉德制实

---

[1]《汉书》卷一下《高帝纪》下，第81—82页。
[2]《汉书》卷二五下《郊祀志》下，第1270—1271页。

行情况的材料较少,论述相关问题时往往需要进行推测,而这种推测可以进行到何种地步,则是本文反思的重点。

[导师评语]

有关西汉德运的记载数量有限,《西汉德运说的演进》这一选题有研究的空间,也有一定的难度。论文综合梳理了《史记》《汉书》中的相关记载,认为汉初以水德为本朝德运,至于武帝时方易为土德,西汉中后期,"汉家尧后"为火德等说法才兴起。

论文梳理史料详细、清晰,能够紧贴史料做出分析。文章对不同时期德运说的不同特点,都有较为妥当的认识,判断明确、可信。作者对一些比较复杂的问题,如高祖斩蛇、王莽时代的灾异与德运说等,也都能正面进行分析与研究,并提出自己的观点,这是尤为难得之处。此外,论文结构合理,写作规范,文笔流畅,是一篇优秀的毕业论文。

试论六朝时期官方意识形态中巫术与儒术的对抗

作者：杨佳鸣 指导教师：顾江龙[*]

一、绪论

（一）概述

魏晋南北朝是中国巫鬼信仰极为重要的发展时期。在这一时期，古已有之且一直活跃在政治舞台上的巫觋、巫鬼信仰，虽然受到蓬勃发展的本土道教和持续渗透社会生活的外来佛教的挤压，但仍旧与其他各种宗教信仰争夺着上层社会的受众，并对政治生活施加着重要影响。这一点不仅体现于各种使用巫术进行政治斗争、权力倾轧的事件中，更体现在巫觋参与的一些官方的仪式和场合中。由此足见，巫觋、巫俗因素与这一时期的政治生活、社会生活密不可分。

巫觋及巫术文化是中国社会文化生活史的重要方面。原始巫俗与自然崇拜在古早时期普遍存在于世界各地，然而西方文明从原始巫俗逐渐走向了宗教和科学的分途，中国的原始巫俗与鬼神崇拜却随着历史进程形成了对中华文化有着不同程度影响的大传统——"礼乐宗法"，和小传统——"民间信仰及淫祀活动"①。在中国的文化视野下，巫觋及其道术、文化有着极强的生命力，虽然历代都执行着不同程度的禁绝巫祠的政策，巫俗传统却一直存在并发展。随着时间的推移，巫觋文化逐渐汇入国家

---

[*] 作者：杨佳鸣，首都师范大学历史学院中国史基地班2014级本科生，2018级本院硕士研究生，现任北京市第二十二中学历史教师。本文系在读期间主持北京市级大学生科学研究和创业行动计划"试论巫觋、淫祀与魏晋南北朝时期的社会生活"的项目相关成果。

指导教师：顾江龙，历史学博士，首都师范大学历史学院副教授，硕士生导师。主要研究方向为魏晋南北朝史和政治制度史。

① 李泽厚：《说巫史传统》，上海：上海译文出版社，2012年。

意识形态和各种宗教的发展脉络中，许多淫祀演变为官方和民间的固定祭祀传统，甚至至今还有以巫觋、童乩谋生的社会人员。巫觋及巫俗文化延亘数千年仍未绝迹，足见其历史源流之久长、影响力之深远。

笔者对巫觋的研究将限定在六朝时期巫术与儒术在官方意识形态中的对抗这个范围内，主要有以下两点考虑：(1)六朝时期社会思想文化发生巨大转变，巫觋信仰是当时民间信仰的重要组成部分，道教、佛教都从其中吸纳了有利于自身发展的因素。研究巫觋信仰可以从更多元的角度透视当时的社会风气和心理，有助于我们进一步了解社会思想文化的整体风貌。(2)作为官方意识形态的儒家思想，其唯一性不是一蹴而就的，而是经历了一个与其他思想不断竞争、有进有退的动态发展过程。六朝时期由于儒术的影响力和信服力大大减弱，独尊地位下降，巫术与儒术之间就展现出互相抗衡的态势，但儒术正是在与巫术和其他宗教信仰的对抗过程中不断蓄力更新，直至完成复兴。研究这一时期巫术与儒术的此消彼长，有助于我们深化对六朝政治文化史的认识和理解。

(二)学术史回顾

关于中国巫俗的研究，我国学者自20世纪30年代至今陆续地从历史学、社会学、民俗学等领域发表了对中国巫俗与巫术的研究。80年代以来，我国对中国巫俗的研究涌现了许多十分重要的成果。

林富士《汉代的巫者》从宗教史的角度探讨了汉代巫者的政治、社会地位，重新评估了他们在汉代社会中的影响力，分析了他们在各个领域及各种事务中扮演的角色和担任的职能，解释并勾勒出了两汉巫者与巫道的大致面貌。[①] 宋兆麟《巫与巫术》提供了非常丰富的巫教研究史料，阐释了巫教的性质，梳理了巫与巫术的关系，并探讨了巫对古代科学文化发展的影响。[②] 张紫晨《中国巫术》将中国的巫与巫术进行了整体的梳理与考察，描述了各种生产生活活动中巫术的作用，研究内容涉及各民族的巫及巫术，从而探讨了中国巫术与中国文化的关系以及中国巫术对于中国文化发展的影响。[③] 韩国的文镛盛在《中国古代社会的巫觋》中全面系统

---

① 林富士：《汉代的巫者》，台北：稻乡出版社，1984年。
② 宋兆麟：《巫与巫术》，成都：四川民族出版社，1989年。
③ 张紫晨：《中国巫术》，上海：上海三联书店，1990年。

地梳理了秦汉时期巫觋的概念定义、社会活动、地域性特征,以及巫觋在政治与民间拥有的社会力量,并探讨了当时社会精神风气。①

研究中国古代巫俗的著作及论文还有很多,如梁钊韬《中国古代巫术:宗教的起源和发展》②、高国藩《中国巫术史》③、童恩正《中国古代的巫》④等,都对中国古代巫俗的历史流变进行了梳理和探讨。其中,童恩正《中国古代的巫》一文的价值尤为突出,其文对巫觋这一特殊社会团体的职能进行了考察,并认为巫觋集团既促进了祖先崇拜的制度化和宗庙系统的出现,也推动了文明与国家的形成。其文还对夏商周的巫觋社会地位升降进行了爬梳:夏代的巫觋构成了中国历史上第一个知识分子集团,由于他们的最高领袖为世俗的国王,所以他们既是政治上的统治者、经济的指导者,又是一切精神财富的保存者。追至西周,这一集团的政治地位开始下降,战国以后,随着早期文明史的结束,他们的特殊政治地位也就一去不复返了;而在民间,古老的巫则继续存在,但他们的活动已受到主流宗教的歧视和排斥。另外,如乌丙安《中国民间信仰》⑤、郑振满《民间信仰与社会空间》⑥、马新《中国古代民间信仰》⑦等著作,把巫觋和巫术放在民间信仰的重要组成部分的视角来进行研究,从巫觋的身份特征、巫术的表现形式、各类淫祀鬼神的特点以及巫俗禁忌等方面进行分析和探讨。当然,除上述论著之外,相关研究还有很多,但是与本文研究题目关联度较小,故不再逐一罗列讨论。

但就六朝时期的巫觋信仰与淫祀活动而言,较之中国学者,日本学者更早地注意到了这一问题并进行研究,宫川尚志分别于1948年和1961年发表了《民间の巫祝道と祠庙の信仰》《六朝时代の巫俗》两篇文章。⑧ 此后,中国学者也对此开始了深入的研究。

梁满仓《论六朝时期的民间祭祀》将六朝时期民间祭祀的对象分为三

---

① [韩]文镛盛:《中国古代社会的巫觋》,北京:华文出版社,1999年。
② 梁钊韬:《中国古代巫术:宗教的起源和发展》,广州:中山大学出版社,1999年。
③ 高国藩:《中国巫术史》,上海:上海三联书店,1999年。
④ 童恩正:《中国古代的巫》,《中国社会科学》,1995年第5期,第180—197页。
⑤ 乌丙安:《中国民间信仰》,上海:上海人民出版社,1995年。
⑥ 郑振满:《民间信仰与社会空间》,福州:福建人民出版社,2003年。
⑦ 马新:《中国古代民间信仰》,上海:上海人民出版社,2010年。
⑧ [日]宫川尚志:《六朝史研究——宗教篇》,京都平乐寺书店,1964年。

个方面、七种类别,又将七种类别根据民间性的强弱分为"由官民共奉到官方独祭"、"官民共奉"、"民间供奉之神"(即"淫祀");同时,文章又考察分析了官府对淫祀屡禁不止的原因和民间祭祀的文化心态。① 林富士《六朝时期民间社会所祀"女性人鬼"初探》依据六朝志怪小说,以六朝民间奉祀的四位女性人鬼为对象,探究其被奉祀为神的缘由及社会文化意涵;文章最后提出奉祀厉鬼、女鬼是江南地区在六朝时期形成的一种新的信仰趋势,同时林先生认为是巫觋推动了这种信仰风潮的兴起。② 孙开萍《六朝时期的民间信仰》通过探讨不同种类的民间信仰,提出六朝时期的淫祀与吴楚地区历来盛行的巫鬼风习、地区性自然条件有着密切关系,同时六朝淫祀有着强烈的功利色彩和明显的地域性痕迹。③ 林富士《中国六朝时期的巫觋与医疗》根据六朝时期的史料文献,证明巫觋在当时的社会生活中扮演着医疗者的角色,分析其主要的治疗方法和对疾病的看法,并略述了巫觋与当时整体社会医疗文化之间的关系。④ 同时他在《中国六朝时期的蒋子文信仰》中以年代顺序分析了19个有关蒋子文的故事,指出蒋侯信仰不是一种道教信仰而是一种巫觋信仰,强调巫者在六朝时期蒋子文信仰的形成与发展过程中扮演了非常重要的角色;最后文章还分析了这一信仰分布的地理空间与社会空间。⑤ 有关蒋子文信仰的其他研究还有:胡阿祥《蒋山、蒋州、蒋王庙与蒋子文崇拜》⑥、陈圣宇《六朝蒋子文信仰探微》⑦、姚潇鸫《蒋子文信仰与六朝政治》⑧等,然而所论范围不出林氏,故不一一列举。李文澜在《诸葛亮祭祀所见魏晋隋唐制祀的变化》中,通过诸葛亮身后官方祭祀与民间祭祀等问题的讨论来探究魏晋隋唐

---

① 梁满仓:《论六朝时期的民间祭祀》,《中国史研究》,1991年第3期,第64—72页。
② 林富士:《六朝时期民间社会所祀"女性人鬼"初探》,《新史学》,1996年第4期,第95—117页。
③ 孙开萍:《六朝时期的民间信仰》,《扬州大学学报》,1997年第4期,第55—58页。
④ 林富士:《中国六朝时期的巫觋与医疗》,《"中央研究院"历史语言研究所集刊》,第70卷第1期(1999年出版),第1—48页。
⑤ 林富士:《中国六朝时期的蒋子文信仰》,见傅飞岚、林富士主编《遗迹崇拜与圣者崇拜》,台北:允晨文化出版公司,2000年,第163—204页。
⑥ 胡阿祥:《蒋山、蒋州、蒋王庙与蒋子文崇拜》,《南京师范专科学校学报》,1999年第2期,第10—15页。
⑦ 陈圣宇:《六朝蒋子文信仰探微》,《宗教学研究》,2007年第1期,第165—169页。
⑧ 姚潇鸫:《蒋子文信仰与六朝政治》,《学术研究》,2009年第11期,第111—116页。

制祀的变化。① 吴成国《六朝巫术与社会研究》考察和分析了六朝巫风盛行之本原、六朝间的各类巫术及六朝巫道关系。② 储晓军《魏晋南北朝民间信仰研究》以志怪小说、考古材料为对象，从巫术活动、神灵崇拜以及生死、灵魂观念等方面努力"复原"魏晋南北朝时期的民间信仰的真实状态，进而为魏晋南北朝时期的文学研究提供更为广阔的精神层面的背景。③ 刘湘兰《淫祀的悖论——从六朝志怪小说看民间神仙信仰》主要说明了六朝造神运动的主要观念及统治者对于民间造神运动的限制和妥协。④

再者，同时论及儒术与巫术两者的研究，以笔者目的所及有：李泽厚的《由巫到礼，释礼归仁》，书中以"理性化了的巫史传统"为角度和线索，论述了儒家与道家皆源起于巫史，提出了巫作为中国文化大传统"礼乐"与小传统后世的大小宗教与民间信仰的滥觞的观点，从哲学的角度分析了巫俗（史）传统对于中华整体文化发展的影响和导向作用。⑤ 甘怀真《皇权、礼仪与经典诠释：中国古代政治史研究》的第一部分"礼观念的演变与儒教国家的成立"从儒家礼制入手分析唐代以前的政治权力流动，论证了郊祀——即最为重要的儒教国家祭祀与儒家经典的关系，指出了郊祀的责任是维护宇宙秩序的安定；提出了儒教国家祭祀礼制通过儒生的演绎而演变的过程与儒学信仰的逐步进化，大傩、禳祭等带有巫术因素的仪式在儒教国家祭祀中逐渐淡出的观点。⑥

总体来看，以上的大部分研究成果都是宏观整体地对中国巫俗进行研究，或从特定的断代与空间来研究巫俗传统，反映出巫俗在历史学、社会学、宗教学及民俗学等领域都具有重要的研究价值。但是，对于六朝时期这一断代中儒术与巫术的彼此对抗较量，缺乏比较系统的研究。因此，笔者拟从这个角度出发进行研究和解释。

---

① 李文澜：《诸葛亮祭祀所见魏晋隋唐制祀的变化》，《魏晋南北朝隋唐史资料》，2003年第20辑，第64—73页。
② 吴成国：《六朝巫术与社会研究》，武汉：武汉出版社，2007年。
③ 储晓军：《魏晋南北朝民间信仰研究》，西北大学博士学位论文，2009年。
④ 刘湘兰：《淫祀的悖论——从六朝志怪小说看民间神仙信仰》，《文史哲》，2012年第5期，第37—43页。
⑤ 李泽厚：《由巫到礼，释礼归仁》，北京：生活·读书·新知三联书店，2015年。
⑥ 甘怀真：《皇权、礼仪与经典诠释：中国古代政治史研究》，上海：华东师范大学出版社，2008年。

二、六朝时期巫术与儒术的对抗

巫术与儒术的对抗贯穿六朝始终，但研究者往往只针对此二者各自在六朝时期的表现进行探讨，却忽略了这一时期围绕巫术与儒术之间的此消彼长有着许多值得讨论和有待深入的问题，同时这些问题对于研究六朝官方意识形态的变化而言也十分重要。首先，六朝官方意识形态的主体是政治人物，当时的政治人物对巫术与儒术的态度能在一定程度上体现出二者对官方意识形态所施加的影响。其次，巫鬼淫祀是巫觋信仰的重要表现途径之一，而以郊祀为中心的一整套国家祭祀体系则是儒家政治理论的一个重要组成部分，巫鬼淫祀与儒家祭祀仪典共同存在于六朝时期的官方祭祀中。官方祭祀是表达官方政治信仰的主要活动，从巫鬼淫祀和郊祀体系对官方祭祀的不同程度的影响出发，探查巫觋信仰和儒学政治理论在官方祭祀中各自占据的地位，也能一窥二者在官方意识形态中的对抗关系。

（一）政治人物对巫术的矛盾态度

自东吴至南朝，巫觋及巫术屡屡出现于各类政治活动中，它们作为极具攻击性的武器常常被用于政治斗争，在宗王权臣谋篡、构陷政敌、后宫倾轧等各类事件中常常能看到巫觋、巫术的影响。

同时笔者发现，利用巫术进行政治活动的人物通常对于巫术的心态十分矛盾且微妙，一方面笃信巫觋的祝祷、厌胜或恶诅确有赐福、转运或降灾的力量，另一方面又将巫术看作难以宣之于众的微末左道。比如，宋孝武帝刘骏恢复了武帝刘裕废除的巫鬼淫祀之一蒋子文祭祀[1]，但在处置其弟竟陵王刘诞时，"上乃使有司奏曰：'……乃征引巫史，潜考图纬，自谓体应符相，富贵可期，悖意丑言，不可胜载。……每窥向宸御，妄生规幸，多树淫祀，显肆袄诅。'"[2]可见孝武帝认为巫术淫祀是邪门歪道，另外他还治罪于事奉巫女诅咒自己的庐江王刘祎。[3] 南齐明帝萧鸾崇信巫

---

[1] 《宋书》卷一七《礼志四》，北京：中华书局，1974年，点校本，第488页。
[2] 《宋书》卷七九《竟陵王诞传》，第2029页。
[3] 见《宋书》卷七九《庐江王祎》："公在江州，得一汉女，云知吉凶，能行厌咒，大设供养，朝夕拜伏，衣装严整，敬事如神，令其祝诅孝武，并及崇宪，祈皇室危弱，统天称己，巫称神旨，必得如愿，后事发觉，委罪所生，徼幸赦贷，仅得自免。"第2040页。

觋①，但他以王晏"广求卜相，取信巫觋"②作为其串联左道、谋逆不轨的证据。

诸如此类的事例不在少数，以其中最为典型的宋明帝刘彧为例进行讨论。《宋书》记载："先是，晋安王子勋未平，巫者谓宜开昭太后陵以为厌胜。修复仓卒，不得如礼。上性忌，虑将来致灾。"③宋明帝听从巫者的建议，开崇宪太后路惠男的修宁陵以禳除、平定义嘉之乱，甚至毁坏了她的梓宫。④ 有学者指出，当时人认为祖先陵墓与其子孙之间存在着某种凶吉感应关系，开掘陵墓就可以达到祸害其子孙的目的⑤，而崇宪太后正是晋安王刘子勋的祖母。宋明帝"少失所生，为太后所摄养"⑥，又孝武帝时"(明帝)当时狼狈，不暇自理，赖崇宪太后譬解百端，少蒙申亮，得免殃责"⑦，多亏崇宪太后方得保全。崇宪太后对于宋明帝既有少时抚养之情，又有后来襄助之义。但义嘉之乱时，崇宪太后偏心孙子，意图毒杀明帝，事觉反为明帝所弑。即便如此，明帝仍然依礼安葬崇宪太后，儒家认为"生时有养亲之道，死亡义不可背，故修祭祀，示如生存"⑧，明帝所为看起来与儒道所倡的礼仪规范颇为符合。而后修宁陵仓促开合"不得为礼"从而使明帝深以为忌，两年后义嘉之乱甫平便下诏另辟吉地重修崇宪太后陵，此处的"不得如礼"显然也是儒家话语体系，并且在重修陵墓的诏书中也表现出明帝对崇宪太后恩义的感怀，当然"不得如礼"这四个字极有可能是史家对"修复仓促"的评价。但从另一方面而言，"虑将来致灾"无疑是明帝重修崇宪太后陵的重要原因，明帝企图以风水之力厌胜禳除不祥灾祸。⑨ 值得注意的是，崇宪太后为明帝之庶母，依照《礼记》，庶

---

① 《南齐书》卷六《明帝纪》，北京：中华书局，1972年点校本，第92页。
② 《南齐书》卷四二《王晏传》，第744页。
③ 《宋书》卷四一《文帝路淑媛传》，第1288页。
④ 《南史》卷一一《孝武昭路皇后传》，北京：中华书局，1975年点校本，第322页。
⑤ 张齐明：《〈改葬崇宪太后诏〉与六朝皇室风水信仰》，《历史研究》，2008年第2期，第51页。
⑥ 《宋书》卷四一《文帝路淑媛传》，第1287页。
⑦ 《宋书》卷七九《庐江王袆传》，第2040页。
⑧ 《论衡校释》卷二五《祭意篇》，北京：中华书局，1990年，第1065页。
⑨ 张齐明认为这是首次以诏书形式确立了风水信仰的官方形态，详见张齐明：《〈改葬崇宪太后诏〉与六朝皇室风水信仰》，《历史研究》，2008年第2期，第49—59页。

子对抚养过自己的庶母应服齐衰三年①，但明帝只服齐衰三月②，可见明帝逼杀崇宪后仍如礼安葬她并非如诏书所说"以申追仰之心"、以申孝道，恐怕更多的是为缓解自己逼杀养母而产生的心理压力，试图通过如常的丧葬仪式安抚鬼神。

宋明帝笃信鬼神之说还可见于他对苏峻等巫鬼杂神的态度：

> 寻诸方逆命，休仁都督征讨诸军事，增班剑三十人。出据虎槛，进据赭圻。寻领太子太傅，总统诸军，随宜应接。中流平定，休仁之力也。初行，与苏侯神结为兄弟，以求神助。及事平，太宗与休仁书曰："此段殊得苏侯兄弟力。"③

宋明帝与刘休仁兄弟二人以苏峻为襄助平叛的保护神，并将平叛胜利归为神助，宋明帝对淫祀巫神的奉信由此可见一斑。虽然在东晋南朝时期，苏侯神、蒋侯神等是官方所承认的并享受官方祭祀的神明，但蒋侯、苏侯仍属巫鬼杂神一类，如《建康实录》载：

> 崔祖思字敬元……魏中尉琰七世孙……为都昌令，随青州刺史垣护之入尧庙，庙有苏侯像，偶坐，护之曰："唐尧圣人，而与杂神为列。"祖思曰："使君若清荡此坐，则是尧庙重去四凶之伍也。"遂相与除杂神。④

垣护之以苏侯为杂神，不配与儒家推崇的圣主贤君唐尧并列，崔祖思赞同护之所言并提出捣毁苏侯像。祖思是崔琰的七世孙，清河崔氏世代恪守儒学，各代史书皆记有其家世与文化成就，可见其家学传统。崔祖思将苏侯神列为杂神，可知也许当时部分士族对于蒋侯、苏侯这些官方承认的巫神仍持轻视与否定的态度。关于六朝时期的蒋侯、苏侯祭祀，下文详论，此处暂不多表。除了东晋南朝时期已被官方提高神格的苏侯

---

① 《礼记》卷三三《丧服小记》，《十三经注疏》，北京：中华书局，1980年，第1500页。
② 《南史》卷一一《孝武昭路皇后传》，第322页。
③ 《宋书》卷七二《始安王休仁传》，第1873页。
④ 许嵩：《建康实录》卷一五《齐上·崔祖思传》，北京：中华书局，1986年点校本，第607页。

神、蒋侯神之外，宋明帝还虔信"微蔑小禁"：

> 末年好鬼神，多忌讳……内外常虑犯触，人不自保。宫内禁忌尤甚，移床治壁，必先祭土神，使文士为文词祝策，如大祭飨。①

王充所著《论衡》中有对"土神"的详细解释：

> 世间缮治宅舍，凿地掘土，功成作毕，解谢土神，名曰"解土"。为土偶人，以像鬼形，令巫祝延以解土神。已祭之后，心快意喜，谓鬼神解谢，殃祸除去。②

土神为民间所祭的"野神"③，且巫觋在"解土"过程中扮演着重要角色。"解土"自东汉一直延续至宋明帝时，其仪式意义仍未改变，并且被宋明帝演绎得更为隆重，甚至堪比祫祭先王、遍祭五帝的国家祭祀仪式。

由此可见，宋明帝对于巫觋之术、鬼神之说深信不疑。但在一些材料中，宋明帝又表现出对于巫术的轻视不屑：

> 有司奏曰："臣闻明罚无亲，情屈于司纲，国典有经，咸申于义灭。……休祐致殒仓卒，实维天诛，而晋平国太妃妾邢不能追惭子恶，上感曲恩，更怀不逞，巫蛊咒诅。……"诏曰："邢匹妇狂愚，不足与计。"④

刘休祐之母邢太妃因子被宋明帝所杀，而对宋明帝怀以怨恨，向其施以巫术恶诅。然而宋明帝认为邢太妃"巫蛊咒诅"的行为是狂妄愚蠢的，因此不予计较。明帝这样的表现实在与他凭巫者一面之词便开陵以厌胜

---

① 《宋书》卷八《明帝纪》，第 170 页。
② 《论衡校释》卷二五《解除篇》，第 1044 页。
③ 《潜夫论笺校正》卷六《巫列》："若乃巫觋之谓独语，小人之所望畏，土公、飞尸、咎魅、北君、衔聚、当路、直符七神，及民间缮治微蔑小禁，本非天王所当惮也。"北京：中华书局，1985 年点校本，第 206 页。
④ 《宋书》卷七二《始安王休仁传》，1875 页。

叛乱的行为大相径庭。或许是刘休祐已死，他对其母赶尽杀绝也无用无益，尽管宋明帝的心路历程我们已无从探知，但他前后言行相悖是可以明见的。另，泰始五年(469年)，宋明帝兄庐江王刘祎谋反事泄，明帝下诏处置刘祎：

> 而公容气更沮，下帷晦迹，每觇天察宿，怀协左道，咒诅祷请，谨事邪巫，常被发跣足，稽首北极，递图画朕躬，勒以名字，或加以矢刃，或烹之鼎镬。①

明帝的诏书中将"咒诅""祷请""事巫"皆归为"左道"。左道即为不正之道、邪道。这一观念或许是由经学儒术而来。②《礼记·王制》云：

> 析言破律，乱名改作，执左道(郑玄注：左道，若巫蛊及俗禁)以乱政，杀。……假于鬼神、时日、卜筮，以疑众，杀。③

宋明帝此诏一改先前崇信巫觋之态，而是以妖邪左道来否定庐江王所作所为。这份诏书或许是由臣僚所拟，但也可以体现宋明帝对于巫术的公开态度是符合中国古代王朝传统意识形态的。

纵观东汉至南朝时期，勾结巫觋、利用巫术的政治事件参与者都具有如同宋明帝这般的特征，即对巫术的态度十分矛盾，在巫觋传统与经学道统两种意识形态中摇摆不定。以玄、儒立身的门阀士族也不外如是。东晋安帝隆安三年(399年)，孙恩叛军攻陷会稽，杀王羲之次子会稽内史王凝之。《晋书》载其事云：

> 王氏世事张氏五斗米道，凝之弥笃。孙恩之攻会稽，僚佐请为之备。凝之不从，方入靖室请祷，出语诸将佐曰："吾已请大道，许鬼兵相助，贼自破矣。"既不设备，遂为孙恩所害。④

---

① 《宋书》卷七九《庐江王祎传》，第2040页。
② 林富士：《汉代的巫者》，台北：稻乡出版社，1984年，第30页。
③ 《礼记正义》卷一三《王制》，《十三经注疏》上册，北京：中华书局，1980年，第1344页。
④ 《晋书》卷八〇《王羲之传附王凝之传》，北京：中华书局，1974年点校本，第2103页。

有学者指出，巫觋与五斗米道之祭酒皆可以通神，这种"技能"关乎他们各自存在的理论依据与经济基础，因此道教有意与巫觋通神的方式进行区别。巫觋能够降神附体，直接通神。但道家认为道家的仙神极不愿附在人身上，一般人的身体充斥着"尘浊"和"污秽"。另外道家通常将鬼神"附身"视为"中邪""鬼祟"之病，因此道家一般要采取上章的形式，且只有高级祭酒能够请官将吏兵替自己把章请文书呈递给最高的道神，普通信徒无法做到这点。另外，上章以后通常不能直接或马上得到道神的答复，而是需要通过各种征候来验证道神是否接受了自己上章的祈请。[1] 因此，根据《晋书》所载王凝之事，可以看到王凝之能自己直接与"大道"进行沟通，并立即收到了"大道"的回应与承诺。相较于五斗米道，王凝之祷请行为更接近于巫觋传统的降神仪式。无独有偶，吴兴沈氏由武力强宗转变为文化士族的重要推动者沈约也取信巫觋[2]，《梁书》载曰：

> 因病，梦齐和帝以剑断其舌。召巫视之，巫言如梦。乃呼道士奏赤章于天，称禅代之事，不由己出。[3]

沈约在《宋书·自序》中特别注重点出自己的家学传统[4]，并且他"乘时藉势，颇累清谈"[5]，可知其具有一定的儒学素养且处于儒学标准的评价体系之中。但在因惊恐而患病后，沈约先求助于巫觋解梦，可见其对巫觋能力的信任。后文又有沈约请道士上章通天，由此也可以看出当时人宗教信仰和意识形态的复杂性。

综上所述，可见六朝时期巫术与儒学的相互作用，且在当时人的观念中巫俗因素是与儒学规范相颉颃的。而这种对抗也体现在彼时政治活动的方方面面。

---

[1] 林富士：《中国中古时期的宗教与医疗》，北京：中华书局，2012年，第382—387页；刘屹：《王凝之之死与晋宋天师道的渊源》，《中国史研究》，2011年第2期，第65—67页。
[2] 刘跃进：《门阀士族与永明文学》，上海：上海三联书店，1996年，第325—340页。
[3] 《梁书》卷一三《沈约传》，北京：中华书局，1973年点校本，第243页。
[4] 杨满仁：《智识与情感：沈约的思想世界》，复旦大学博士学位论文，2011年，第38—39页。
[5] 《梁书》卷一三《沈约传》，第242页。

(二)官方祭祀中的巫俗与儒学因素

"国之大事，在祀与戎"，祭祀对于古代王朝而言尤为重要，而"制祀"更是事关国典。关于制祀，历朝历代一方面依典而行，一方面则缘情而定，因地因时有所更改、调整，因此各代官方祭祀的对象自然多有分别。①

至六朝时，官方对于正统祭祀的态度也发生了改变。除了上述宋明帝以巫祝解土比"大祭飨"以外，南朝各朝廷还将诸多淫祀神纳入官方正式的国家祭祀中。在说明此事前，还需了解何为淫祀。

首先，《国语·鲁语》举出了"制祀"的范围：

> 夫圣王之制祀也，法施于民则祀之，以死勤事则祀之，以劳定国则祀之，能御大灾则祀之，能扞（捍）大患则祀之。非是族也，不在祀典。……凡禘、郊、祖、宗、报，此五者国之典祀也。加之以社稷山川之神，皆有功烈于民者也；及前哲令德之人，所以为明质也；及天之三辰，民所以瞻仰也；及地之五行，所以生殖也；及九州名山川泽，所以出财用也。非是不在祀典。②

《礼记·祭法》将祭祀的对象概括为"法施于民""以死勤事""以劳定国""能御大菑（灾）""能捍大患"等"有功烈于民者"，"日月星辰，民所瞻仰"者，"山林川谷丘陵，民所取财用"者。③ 可以看到在儒家的传统认知中，在禘、郊、祖、宗、报之外，只有功德卓著之人及一些有自然崇拜传统之物能够列为国家祭祀的对象。不在此列者，皆可以看作淫祀。淫祀之始，多为民间自发的"奇迹"崇拜、厉鬼崇拜等，因此多与巫者有着很深的联系，也正是作为媒介的巫觋让人们深信淫祀神的崇拜与自身祸福有着密切的关联。然而在一些士大夫眼中，这些民间淫祀神赐福降灾的力量虽没有被完全否定，但与正统祭祀的对象皇天后土相比起来根本

---

① 详见田天：《秦汉国家祭祀史稿》，上海：上海三联书店，2015年，第3—11页。
② 《国语》卷四《鲁语上》"展禽论祭爰居非政之宜"条，上海：上海古籍出版社，1978年，第166—170页。
③ 《礼记正义》卷四六《祭法》，第1590页。

微不足道，因此淫祀神难以同正祭的神祇相提并论。①

1. 以郊祀为例

王莽所建立的百神从祀天地的郊祀制度规定了正祭神祇的神格与序列，东汉一朝继承和发展了这一规制，并由此确定了南、北二郊所祭主神及从祀群神的唯一神圣性，同时也剔除了巫术的影响。②曹魏国家祭祀对东汉郊祀礼有所损益，但依旧吸收了许多东汉时期的祭祀规定。③但孙吴的情况却发生了根本的变化，《晋书》载：

> 吴孙权赤乌八年夏，茶陵县鸿水溢出，漂二百余家。十三年秋，丹杨、故鄣等县又鸿水溢出。案权称帝三十年，竟不于建邺创七庙。惟父坚一庙，远在长沙，而郊禋礼阙。嘉禾初，群臣奏宜郊祀，又弗许。末年虽一南郊，而北郊遂无闻焉。且三江、五湖、衡、霍、会稽，皆吴楚之望亦不见秩，反礼罗阳妖神，以求福助。天意若曰，权简宗庙，不祷祠，废祭祀，示此罚，欲其感悟也。④

两郊祭祀及其所祭祀的神祇基本被孙权抛弃了，孙权转而迎合被士大夫视为左道的江南巫俗信仰：册封蒋子文，为之立庙，并鼓励百姓祭拜蒋神；欲学"能变化隐形"之术；册封"神人"王表并授其印绶，诸事听从等。有学者认为，这些行为代表着孙权宗教信仰上的"江东化"，是其巩固江东统治的一项举措，江东素来崇信巫俗，而此"江东化"的宗教政策便肇始于尊崇、祭祀蒋子文。⑤同时这也许是孙权放弃郊祀的原因之一。但笔者认为孙权之所以放弃郊祀，或许是因为他接受了孙吴政权的偏安性质。《汉书·郊祀志》云："帝王之事莫大乎承天之序，承天之序莫重于郊祀，故圣王尽心极虑以建其制。"⑥对于三国分立、互争正统的魏蜀

---

① 《潜夫论笺校正》卷六《巫列》："且人有爵位，鬼有尊卑。天地山川，社稷五祀，百辟卿士，有功于民者，天子诸侯所命祀也。若乃巫觋之谓，独语小人之所望畏，土公、飞尸、咎魅、北君、衔聚、当路、直符七神，及民间缮治微蔑小禁，本非天王所当惮也。"第206页。
② 田天：《秦汉国家祭祀史稿》，第250—257页。
③ 张鹤泉：《两晋郊祀礼试探》，《古代文明》，2014年第1期，第49页。
④ 《宋书》卷三三《五行志四》，第950页。
⑤ 陈圣宇：《六朝蒋子文信仰探微》，《宗教学研究》，2007年第1期，第168页。
⑥ 《汉书》卷二五下《郊祀志下》，北京：中华书局，1962年点校本，第1253—1254页。

吴而言，郊祀的重要性不言而喻。嘉禾元年(232年)，大臣曾两次奏请举行郊祀，其中一次被孙权以"郊祀当于土中"而孙吴政权处于江左为理由拒绝了。① 又，《三国志·蜀书》有载孙权与蜀联合时对邓芝所言："若天下太平，二主分治，不亦乐乎！"②由此可见孙权对于孙吴政权偏霸性质的认识和接受。孙权对孙吴政权短期内很难争雄中原只能偏安江左的事实有清晰的认识，那么举行郊祀以"承天之序"的意义便微乎其微，更多的只是心理安慰而已，因此孙权始终对郊祀兴致缺缺③。孙权废郊祀、"祀妖神"的行为无疑是对光武以来由儒家经典所演进出来的国家祭祀的反动。另一方面，巫者、淫祀神对国家气运和帝王个人的影响不亚于皇天后土等正祭神祇。这一现象不止于孙权，而是贯穿于东吴始终。④

西晋以儒立国，依王肃之说复兴郊祀，又废除郊祀中五帝的席次改为同称昊天上帝以祀南郊。东晋时，国家祭祀依西晋故事，然而关于南郊祭祀的选址却存在一个小插曲，《建康实录》载：

> 是岁(太兴二年)，作南郊，在宫城南北(衍字)十五里，郭璞卜立之。⑤

---

① 《三国志》卷四七《吴主传》裴松之注引《江表传》，北京：中华书局，1959年点校本，第1136页。

② 《三国志》卷四五《邓芝传》，第1072页。

③ 其他学者对于孙权与郊祀的看法与笔者或有所抵牾，如陈戍国认为，孙权对郊祀并不热情，详见陈戍国：《魏晋南北朝礼制研究》，长沙：湖南教育出版社，1995年，第29页；王怀成质疑裴松之的引注，认为郊祀之议并不发生在嘉禾元年而在黄武元年，孙权没有称帝故而不行郊祀，详见王怀成：《孙权郊祀小考》，《中华文化论坛》，2013年第4期，第56—59页；韩旭认为，郊祀之议是孙吴皇权与江南士族交锋的一次反映，孙权不行郊祀既是因其儒学素养较低又因其意图中原，详见韩旭：《孙吴嘉禾元年郊祀考》，《安阳师范学院学报》，2017年第3期，第61—65页。

④ 《宋书》卷三三《五行志四》："又终吴世，不上祖宗之号，不修严父之礼，昭穆之数有阙。亮及休、皓又止废二郊，不秩群神。"第951页；《建康实录》卷四《吴下·后主》："晋时鄱阳历阳县有石山临水，高一百丈，其上四十丈，有土穿耕罗，穿中色黄赤，不与本体相似，俗谓之石印。相传云：'石印封发，天下当太平。'下有祠堂，巫言石印神有三郎。历阳县长表言石印文发，后主遣使以太牢祭历山。巫言，石印三郎言：'天下方太平。'使者作高梯，上省其四文，诈以朱书二十字，云：'楚九州渚，吴九州都。扬州土，作天子，四世治，太平始。'遂还以奏。后主大喜曰：'吾当为九州都渚乎？从大皇逮朕，四世太平主，非朕复谁！'遣使，以印绶拜石印三郎为王，又刻石铭，褒咏灵德，以答休祥。"第106—107页。孙权以后的历代吴主不行郊祀、"反祀妖神"如此。

⑤ 《建康实录》卷五《晋上·中宗元皇帝》，第133页。

试论六朝时期官方意识形态中巫术与儒术的对抗

郭璞作为巫术的承袭者与风水堪舆的大成者①，为王朝占卜选定最为重要的国家祭祀——郊祀的地点。在此之前，郊祀的地点是依照儒生所尊崇的西周郊天古礼而定，成帝以后的郊祀便是如此，如《汉书·郊祀志》所言："祭天于南郊，就阳之义也"②；到了东汉，郊祭采用元始仪故事，《续汉志》引注《黄图》载元始仪也有"祭天于南，就阳位"③之语。然而郭璞所卜定的南郊地点完全脱离了古礼的规定，"晋氏南迁，立南郊于巳地，非礼所谓阳位之义也"。④

另有一证可见巫俗因素对郊祀选址的影响：

> 宋孝武帝大明三年九月……乃移郊兆于秣陵牛头山西，正在宫之午地。世祖崩，前废帝即位，以郊旧地为吉祥，移还本处。⑤

刘宋前废帝刘子业崇信巫觋鬼神，事事求问巫觋，其死更是与巫觋密切相关。⑥我们或可猜测，刘子业将郊祀地点再次移回不符合儒礼的东晋原址，就是他求卜凶吉于巫者的结果，巫俗因素对于此址选择的影响可见一斑。尽管东晋的南郊选址既违背儒礼且具有浓重的巫俗意味，然而在太兴二年（319年）议立郊祀时，众人只在"等到还都洛阳再修郊祀"还是"于江左建立郊祀"这一问题上产生过分歧与争议，而对"立南郊于巳地"并无很大异议或发生激烈争执⑦，终东晋一朝也依此"非礼之义"的南郊地点进行郊祭仪式。由此可见，两汉时已经被官方祭祀剔除的巫俗因素⑧又

---

① 宋文静：《郭璞与巫文化》，重庆大学硕士学位论文，2014年，第10、29页。
② 《汉书》卷二五下《郊祀志下》，第1254页。
③ 《续汉志》卷七《祭祀志上》，《后汉书》11、12册，北京：中华书局，1965年点校本，第3158页。
④ 《宋书》卷一四《礼志一》，第346页。
⑤ 同上。
⑥ 如《宋书》卷七《前废帝纪》："初太后疾笃，遣呼帝。帝曰：'病人间多鬼，可畏，那可往。'"第146页；《南史》卷二《宋本纪中》："先是，帝好游华林园竹林堂，使妇人保母相逐，有一妇人不从命，斩之。经少时，夜梦游后堂，有一女子骂曰：'帝悖虐不道，明年不及熟矣。'帝怒，于宫中求得似所梦者一人戮之。其夕复梦所戮女曰：'汝枉杀我，已诉上帝。'至是，巫觋云'此堂有鬼'。帝与山阴公主及六宫彩女数百人随群巫捕鬼，屏除侍卫，帝亲自射之。事毕，将奏靡靡之声，寿寂之怀刀直入，姜产之为副，诸姬迸逸，废帝亦走。"第70页。
⑦ 《宋书》卷一六《礼志三》，第424页。
⑧ 田天：《秦汉国家祭祀史稿》，第255页。

重新渗透进入官方祭祀且影响更甚——对最为重要的国家祭祀产生了直接影响。

2. 以淫祀为例

在巫俗因素逐步渗透国家郊祀的同时，诸多淫祀神也逐渐成为官方祭祀的对象之一。至六朝，将淫祀神纳入国家祭祀的事例已不在少数。《宋书·礼志》载：

> 宋武帝永初二年，普禁淫祀。由是蒋子文祠以下，普皆毁绝。孝武孝建初，更修起蒋山祠，所在山川，渐皆修复。明帝立九州庙于鸡笼山，大聚群神。蒋侯宋代稍加爵，位至相国、大都督、中外诸军事，加殊礼，钟山王。苏侯骠骑大将军。四方诸神，咸加爵秩。①

笔者认为，此处的"群神"不是郊祀中从祀天地的百神，而是不在祀典原应除之的淫祀神。其一，这一材料处于禁绝巫祝与淫祀的语境中；其二，根据《水经注图》来看，鸡笼山位于台城西②，并非刘宋南北郊祀之地，所祭的显然是"杂祀"神祇。刘宋时，不仅为诸多"妖神"立庙祭祀，更为其加封爵秩。这样的行为以经学儒术的角度来看无疑是僭礼渎神，然而这些行为在六朝时期却是屡见不鲜。

在其中较为知名的蒋侯祭祀与苏侯祭祀，由于六朝历代的敕封使其于六朝诸多"杂祀"中格外瞩目③，陈朝时陈帝甚至在即位郊天之后随即亲祭蒋子文庙。④ 蒋侯与苏侯祭祀前人已有诸多论述。⑤ 其中，需要注意的是蒋侯、苏侯祭祀与巫觋信仰的密切关系。蒋子文信仰的形成和发展过

---

① 《宋书》卷一七《礼志四》，第488页。
② 汪士铎：《水经注图》，《补建康图》，济南：山东画报出版社，2003年，第157页。
③ 关于官方升华的淫祀神的神格及地位，诸家说法不一，详见：《中国中古时期的宗教与医疗》，第429—432页。
④ 《南史》卷九《陈本纪上》，第272页。
⑤ 详见宫川尚志：《民間の巫祝道と祠廟の信仰》，宫川尚志：《六朝宗教史》，東京都国書刊行会，1974年，第213—231页；胡阿祥：《蒋山、蒋州、蒋王庙与蒋子文崇拜》，《南京师范专科学校学报》，1999年第2期，第10—15页；林富士：《中国六朝时期的蒋子文信仰》，傅飞岚、林富士编：《遗迹崇拜与圣者崇拜》，台北：允晨文化出版公司，2000年，第163—206页；陈圣宇：《六朝蒋子文信仰探微》，《宗教学研究》，2007年第1期，第165—169页。

程中，巫者都一直扮演着推波助澜甚至主导的角色，当时祭祀蒋神的仪式也由巫者主持。① 由此观之，巫觋及淫祀神对六朝官方祭祀的浸淫颇深。

然而官方对于包括郊祀在内的正统祭祀和"杂神"祭祀的态度截然不同，或者说官方对于此二者祈求和希冀的方向不同。正统祭祀与"承天之序"密切相关，这些祭祀对象往往被认为与王朝兴衰、国家气运存在联系；而由巫祝所推动、主持的"杂神"祭祀往往与帝王个人的凶吉、命运以及愿望有关。② 后者如前文提到过的宋明帝以解土比大祭飨，就是因为宋明帝担心随意凿土治屋会使土神降灾于自己。

对淫祀神的祭祀含有极为明显的功利意义，甚至有"临时抱佛脚"的意味在其中，仍以蒋子文祭祀为例，史料中所见大致可以归纳为三类功利目的：形势不利祈求蒋神庇护、祈求降福或避灾、祈雨。前两点，先贤已列出许多事例说明蒋子文神格的提升③，故而此处仅稍作列举并从功利方面加以说明和总结。

第一类，政治、军事情形于己不利，祈求蒋、苏庇佑自己，扭转乾坤。《宋书·二凶传》云：

> 以辇迎蒋侯神像于宫内，启颡乞恩，拜为大司马，封钟山郡王，食邑万户，加节钺。苏侯为骠骑将军。使南平王铄为祝文，罪状世祖。④

此时正值宋孝武帝刘骏称帝前后，刘劭在与宋孝武帝的军事对抗中处于劣势。刘劭希望通过加封、祷请蒋、苏二神得以降祸于孝武帝，助自己获得胜利。在宋孝武帝平息元凶之祸之后，也一改宋武帝时的禁绝政策，开始由官方祭祀蒋、苏二神，也许就是感念蒋、苏没有帮助刘劭加害于己。⑤ 相同情况的还有南齐的后废帝萧宝卷，当崔慧景和萧衍起兵时，他

---

① 林富士：《中国中古时期的宗教与医疗》，第451—455页。
② 甘怀真：《西汉郊祀礼的成立》，《皇权、礼仪与经典诠释：中国古代政治史研究》，上海：华东师范大学出版社，2008年，第57页。
③ 见林富士：《中国中古时期的宗教与医疗》，第438—448页。
④ 《宋书》卷九九《刘劭传》，第2433页。
⑤ "宋武帝永初二年，普禁淫祀。由是蒋子文祠以下，普皆毁绝。孝武孝建初，更修起蒋山祠，所在山川，渐皆修复。"见《宋书》卷一七《礼志四》，第488页。

便想依仗蒋神的力量平息事端。① 以蒋神作为己方的保护神这一做法和信念具有久远的发展过程，直至梁朝仍存在着影响。②

第二类则是供奉蒋神以求降福或避免降灾于自己，如前文所说宋孝武帝始祭蒋侯、苏侯，都是极力避免由于自己曾经对蒋侯的轻视而惹怒神灵遭到报复。关于祈福，《南史·齐废帝东昏侯本纪》载：

> 又偏信蒋侯神，迎来入宫，昼夜祈祷。左右朱光尚诈云见神，动辄咨启，并云降福。③

第三类，因久旱而向蒋神求雨，《南史》云：

> 先是旱甚，诏祈蒋帝神求雨，十旬不降。帝怒，命载荻欲焚蒋庙并神影。尔日开朗，欲起火，当神上忽有云如伞，倏忽骤雨如写，台中宫殿皆自振动。帝惧，驰诏追停，少时还静。自此帝畏信遂深。自践阼以来，未尝躬自到庙，于是备法驾将朝臣修谒。④

此一事件不仅是久旱求雨，更成为梁武帝对蒋神由半信半疑到深信不疑的转折点，此后梁武帝甚至携众臣亲祭蒋庙。史家在此使用"畏信"一词，可见梁武帝亲祭蒋庙正如前文所说是因十分惧怕蒋侯会由于自己的不信与不敬而降灾报复自己。通过祷请蒋神以祈求降雨的，还有即位隔天便亲祠蒋庙的陈武帝。⑤梁武帝遇久旱求助于蒋神，应是前代曾有先例，因此即使武帝不信蒋神依旧"诏祈求雨"。值得注意的是，六朝历代皆有雩祭礼载于史册，雩祭礼是儒家经典中所明载的祭祀，然而此时梁、陈不行

---

① 《南齐书》卷七《东昏侯纪》："又信鬼神，崔慧景事时，拜蒋子文神为假黄钺、使持节、相国、太宰、大将军、录尚书、扬州牧、钟山王。至是又尊为皇帝，迎神像及诸庙杂神皆入后堂，使所亲巫朱光尚祷祀祈福。"第105页；《南史》卷五《齐本纪下》："帝着乌帽裤褶，备羽仪，登南掖门临望。又虚设铠马斋仗千人，皆张弓拔白，出东掖门，称蒋王出荡。"第157页。

② 如《南史》卷五五《曹景宗传》："是时，魏军攻围钟离，蒋帝神报敕，必许扶助。既而无雨水长，遂挫敌人，亦神之力焉。凯旋之后，庙中人马脚尽有泥湿，当时并目睹焉。"第1356页。

③ 《南史》卷五《齐本纪下》，第155页。

④ 《南史》卷五五《曹景宗传》，第1356页。

⑤ 见《陈书》卷二《高祖纪下》："是时久不雨，景午，舆驾幸钟山祠蒋帝庙，是日降雨，迄于月晦。"第39页。

零祭礼却求雨于蒋神,可见蒋子文的巫鬼祭祀对于正统祭祀的排挤、挤压。

无论极力避祸还是祈福求雨,六朝时官方对于祭祀蒋子文所展现的功利性毫不遮掩。在国家正统祭祀下,君主以礼仪向天地展示其诚敬,天地所显示的"神迹",甚至祭祀的本身直接与国家气运、德运所联系。以祈雨为例,若行零祭而无雨,往往被认为是帝王不德以致上天无应,由此甚至可以否定其政权的合法性,帝王君主要反思自己的所作所为并广布仁政以示其德。而蒋子文祭祀的功利性与其相比则格外醒目,祭祀的目的就是"贿赂"神祇为自己所用,因此这类祭祀具有因如愿与否而随时损益的特点。比如,宋孝武帝将蒋子文祭祀纳入国家祭祀中,是因为蒋神没有依从刘劭降灾于自己;梁武帝因祷请蒋神祈雨无效而欲焚毁神庙,在"神迹"显示后又"畏信遂深"。由此可见蒋子文祭祀的功利性。结合蒋子文祭祀的三类功利目的,笔者认为,蒋子文祭祀之所以能够飞速发展、迅速扩大影响,正是由于这种功利性——它能带来比起正统祭祀更为即时、有效的益处。至于其他国家行为祠祭的"淫祀神"想必也有与此类同之处。①

总的来说,从儒家经学的角度来看,国家祭祀应符合"法施于民则祀之,以死勤事则祀之,以劳定国则祀之,能御大菑(灾)则祀之,能捍大患则祀之"②的规范,这种国家祭祀的目的合乎《论衡》中所谈到的"凡祭祀之意有二:一曰报功,二曰修先。报功以勉力,修先以崇恩。力勉恩崇,功立化通,圣王之务也"③。以此观之,国家祭祀是国家推行教化的一种手段,通过"报功"传达一种标准臣民的典范即能"法施于民","以死勤事","以劳定国",通过"修先"来确立政权统治承自先代和神祇的有效性及合法性。但是随着汉晋以来巫术、方术及谶纬的蓬勃发展,祭祀的本义逐渐偏离了汉儒通过经学训诂而规定的礼制范畴。自汉世起,"世信祭祀,以为祭祀必有福,不祭祀必有祸。……谓死人有知,鬼神饮食,犹相宾客,宾客悦喜,报主人恩矣"④。可知此时祭祀的意义与甘怀真形容

---

① 《建康实录》卷一八《梁下·高祖德皇后传》所载"龙天王神",第719页。
② 《礼记正义》卷四六《祭法》,第1590页。
③ 《论衡校释》卷二五《祭意篇》,第1065页。
④ 《论衡校释》卷二五《祀义篇》,第1047页。

的儒家祭祀"像逢年过节时的吃饭送礼物""一如人间的应酬活动"①不同。儒家祭祀的目的是希望借此"维持人神间的和谐"②。但六朝巫鬼祭祀的目的则又变得功利③，祭祀的精神也由诚敬神明以求心安到"贿赂"鬼神为己所用，并且深信只要飨供鬼神一定会得到鬼神的报偿。不仅民间如是，官方的祭祀亦如此，他们不再在意《礼记》中"非其所祭而祭之，名曰淫祀，淫祀无福"④的"圣人之训"，而更看重由巫鬼淫祀所带来的即时、有效的利益，并将原已剔除的一部分巫俗淫祀因素重又整合、融入国家祭祀中，改变了国家祭祀原本"力勉恩崇，功立化通"的意义，控制神祇以"御大灾、捍大患"反倒成了祭祀的主要目的。可以说，六朝时期国家祭祀的精神朝着巫鬼淫祀的精神——以个人祸福为主要目的的方向靠拢、演变。⑤

（三）矛盾态度产生的原因

结合以上所述，可见六朝时期，巫术与儒学之间存在着相互对抗和相互影响的态势。二者的较量不只表现在政治人物利用巫术时的矛盾态度上，也表现为巫鬼因素对儒学经术所构建的政治符号（尤指祭祀仪式）的逐渐渗透和影响。笔者在上文初步阐释了这一情况，有理由进一步追问，为何政治人物（尤其是帝王）一方面笃信巫术的力量，一方面又认为巫术是难以宣之于口的微末左道？为何被视为"微蔑小禁""淫祀无福"的巫俗传统下的杂神祭祀能够堂而皇之地走进皇家的信仰世界，并对儒学所构建的政治礼仪符号产生影响？笔者认为，原因有以下几点。

第一，六朝时期的国家意识形态发生了重大变化。两汉以来，以儒家政治伦理为依据所建立的皇权天授、天人感应等理论以及由此引申发

---

① 甘怀真：《〈大唐开元礼〉中的天神观》，《皇权、礼仪与经典诠释：中国古代政治史研究》，第136页。
② 同上。
③ 西汉前期，国家祭祀的目的之一是为皇帝个人或政权祈福移祸。参见甘怀真：《西汉郊祀礼的成立》，《皇权、礼仪与经典诠释：中国古代政治史研究》，第39页。
④ 《礼记正义》卷五《曲礼》，第1268页。
⑤ 元始仪提出了国家祭祀维护宇宙间正常秩序的精神，但国家祭祀的清整一直到唐朝才得以完成，因此六朝时期巫俗因素对国家祭祀的渗透是非理性因素的又一次反复，参见田天：《秦汉国家祭祀史稿》，第254页；甘怀真：《〈大唐开元礼〉中的天神观》，《皇权、礼仪与经典诠释：中国古代政治史研究》，第131—147页。

展而来的一整套郊祀制度，是支持着皇权有效性及合法性的国家意识形态基础。然而到了六朝时期，儒学自两汉以来的独尊地位丧失了，就如《魏略》中所说："从初平之元，至建安之末，天下分崩，人怀苟且，纲纪既衰，儒道尤甚。"①这种情况至南朝时更为严重："逮江左草创，日不暇给，以迄宋、齐，国学时或开置，而劝课未博，建之不能十年，盖取文具也。是时乡里莫或开馆，公卿罕通经术，朝廷大儒，独学而弗肯养众，后生孤陋，拥经而无所讲习，大道之郁也久矣乎。"②随着皇权的血腥更迭、社会的动荡、儒学的衰微，儒家政治理论体系和意识形态在六朝时逐渐丧失了吸引力。经过百年间的政治丧乱、社会变迁和儒学独尊地位的丧失，儒家正统祭祀中正祀神的权威显然下降、减弱了。元始仪依据《周礼》每年都要进行郊祀，至晋时"间年一郊"，至宋时则变为"间二年一郊"。③可见，官方对于郊祀的重视程度在不断降低。

因此，历代朝廷都试图寻找能够补充皇室"承天之序"合法性的依据，从而维系其政权的有效性。比如，曹魏、孙权等通过符瑞降世来宣告自己具有天命，孙皓时则依靠巫神"石印三郎"通过巫者所传达的"天下方太平"来印证自己为天下太平之主。④但此法也存在弊端，即谁掌握了巫、神的预言谁就拥有了天命依据，可以凭此反对现有的政权，于是史书中对于"妖贼""妖巫"起事反抗朝廷的记载不在少数。令巫觋、鬼神只为自己服务是帝王为保护其统治必须做的，这也是为何他们笃信巫觋的祝祷、厌胜或恶诅确有赐福、转运或降灾的力量并希望以此获利，同时又将巫术斥为微末左道的原因，统治者希望唯有自己能将巫觋、鬼神作为一种政治武器进行政治活动，从而确保自身统治的稳固。就如汉武帝信用寿宫神君（巫）的同时严禁他人施用巫蛊。另外，江左五朝统治者将蒋子文

---

① 《三国志》卷一三《王朗传附王肃传》裴松之注引《魏略》，第420页。
② 《南史》卷七一《儒林传》，第1730页。
③ 《宋书》卷一六《礼志三》，第431页。
④ 如《建康实录》卷四《吴下·后主》："时鄱阳历阳县有石山临水，高一百丈，其上四十丈，有土穿耕罗，穿中色黄赤，不与本体相似，俗谓之石印，相传云：'石印封发，天下当太平。'下有祠堂，巫言石印神有三郎。历阳县长表言石印文发，后主遣使以太牢祭历山。巫言石印三郎言：'天下方太平。'使者作高梯，上省其印文，诈以朱书二十字，云：'楚九州渚，吴九州都。扬州士，作天子，四世治，太平始。'遂还以奏。后主大喜曰：'吾当为九州都渚乎？从大皇逮朕，四世太平主，非朕复谁！'遣使以印绶拜石印三郎为王。刻石铭，褒咏灵德，以答休祥。"第106—107页。

包装为南方的国家守护神①，祈祷与朝廷为敌的各种势力都会遭到蒋子文的攻击。蒋子文和"天"共同成了江左五朝国运的守护神。由此，巫俗信仰及巫觋淫祀等转变为能够有效支持皇权的意识形态之一，成为服务皇权统治的有力工具。

第二，六朝时期的政局十分动荡，皇位继承秩序混乱。朝代之间的更迭充满腥风血雨，同一政权内部的政治斗争也异常残酷。在这种情况下，许多方术作为政治斗争的工具被不断延伸利用，巫术、淫祀等也都被吸纳为保护自身统治的手段。

第三，六朝时期民间巫鬼淫祀信仰的发展。吴地具有积习已久的浓厚淫祀巫风，加之经年的丧乱流离和由此流行起来的对败军死将的厉鬼崇拜，为巫俗淫祀信仰对官方的渗透提供了思想基础。而南朝时期崛起的寒人势力成为民间文化信仰得以渗入上层社会的媒介。② 同时，以国家祭祀为基础建构的中国古代权力秩序对精神信仰的依赖很深，信仰的杂乱必将导致权力秩序的崩溃③，因此朝廷通过将民间崇奉的"杂祀"神祇融合、吸纳到国家祭祀体系中，可以有效地整合信仰，从而达到控制民众的目的，并使"杂祀"神祇成为服务于皇权的、统治社会的舆论工具。

三、结论

本文主要讨论的是六朝时期政治人物（主要是皇帝）对于巫术、巫鬼淫祀展现的态度与其中影射出的这一时期官方儒学政治理论、意识形态的情况。笔者希望能够从中观察到巫俗因素和儒学因素影响当时政治人物和政治活动的程度，以及巫俗因素与儒学因素二者的冲突和对抗。

六朝以前，由于政治中理性因素的发展，巫觋与巫俗信仰本已与官方意识形态渐行渐远了。但到六朝时，随着儒学独尊地位的丧失、政局混乱动荡、民间巫鬼淫祀信仰的发展等原因，巫俗信仰成为支持皇权的意识形态之一，服务于皇权统治。杂糅了儒学政治理论、巫俗信仰及其

---

① 林富士：《中国中古时期的宗教与医疗》，第 448 页。
② 参看唐长孺：《南朝寒人的兴起》，《魏晋南北朝史论丛续编》，北京：中华书局，2011年，第 107—140 页。唐长孺指出，"聚集在上层统治者周围的寒人经常在各方面影响着他们的'恩主'，宫廷中仿效市里工商的行为，流行吴歌、西曲等，皆是其例。
③ 廖小东：《政治仪式与权力秩序》，复旦大学政治学理论博士论文，2008 年，第 138 页。

他宗教因素的意识形态，使得政治人物对于巫觋存在着矛盾态度：一方面笃信巫觋的祝祷、厌胜或恶诅确有赐福、转运或降灾的力量，另一方面又将巫术看作难以宣之于众的微末左道。由此不难想见，处于这种思想文化发生巨大变动的时局下，巫术与儒术的冲突导致这些政治人物的思想文化信仰也处于一种割裂和矛盾的状态。这种割裂和矛盾的状态也体现在原有的儒学政治秩序难以为继，巫鬼信仰通过淫祀对官方祭祀和政治活动产生影响，甚至融进了从儒学经典中演进出来的郊祀里。另外，这种割裂和矛盾的状态不只是出现在巫术与儒术的对抗过程中，这一时期的各种宗教信仰之间都存在着彼此抵触又互相影响的情况。构建一套符合儒学经典的政治秩序、社会秩序是儒生努力的方向，同时政治秩序沿着儒学轨迹发展也得依靠儒生的匡正，但六朝时期儒学的衰弱，使得这种匡正的力量减弱了，于是非儒教因素得以趁虚而入。在这个过程中，巫俗与儒学不断地较量又彼此渗透，二者影响的此消彼长造就了这一时期政治人物对巫术的矛盾态度和国家祭祀中糅合巫俗等微妙情形。至于儒学在这种状态下是如何一步一步清除巫术及其他宗教因素的影响，重新构筑其政治理论、政治秩序及政治仪式活动（比如祭祀活动）值得我们进一步探讨。

[导师评语]

对于六朝的巫觋及巫术文化，学界颇多关注；而对于六朝儒术与巫术的消长关系，前人研究较少措意。本文提出，孙权废郊祀而"祀妖神"，东晋、刘宋以巫卜吉凶选择郊祀地点，陈朝君主即位郊天之后亲祭蒋子文庙等现象，表明巫觋及巫俗因素逐步渗透到六朝国家祭祀中。这是一个颇为敏锐的发现。文章还指出，六朝统治阶层既将巫术视为微末左道，却又在政治斗争中竞相求助巫鬼淫祀，说明巫术正是凭借其功利性而获得了与儒术相抗衡的地位。这也从侧面印证了六朝隋唐国家祭祀趋于世俗化的主流观点。

从白江之战看唐高宗时期的东北亚秩序

作者：闫悦　指导教师：张天虹[*]

一、绪论

（一）概述

唐龙朔三年（663年），唐与倭国在白江口（即朝鲜半岛西南部锦江口）爆发战争，战争以唐朝的胜利宣告结束，这就是历史上的白江之战。[①] 白江之战是中国王朝与倭国之间第一次正面的军事对抗，围绕百济的存灭而发生。通过对白江之战的研究，能够分析出7世纪中叶唐朝、倭国、朝鲜半岛三国的外交折冲，从而对唐高宗时期的东北亚局势发展以及东北亚国际秩序的构建有较为清晰的认识与把握。

（二）学术史回顾

1. 中国研究现状分析

中国鲜少有专门研究白江之战的专著，有关白江之战的研究大多在唐朝中日关系、中朝（韩）关系、隋唐时期的东亚政治关系的著作中有所涉及。受到战后紧张的国际关系、意识形态等问题的影响，在20世纪80年代以前，白江之战并未受到中国学者的充分重视，中国有关白江之战的研究起步于20世纪80年代。1983年石晓军在其《唐日白江之战的兵力

---

[*] 作者：闫悦，首都师范大学历史学院中国史基地班2014级本科生，东北师范大学历史文化学院中国史2018级硕士研究生，现任国家图书馆出版社编辑。本文系在读期间主持北京市级大学生科学研究与创业行动计划"从大业年间的隋倭国书看隋炀帝时期的东北亚秩序"的项目相关成果。

指导教师：张天虹，首都师范大学历史学院教授，硕士生导师。入选北京市高校"青年英才计划"，曾获北京市第八届青年教师基本功大赛最佳教案奖。主要从事隋唐史和中国古代社会经济史研究。

[①] 中国学者和韩国学者称这场战争为"白江之战"或"白江口之战"，日本学者称之为"白村江之战"。

及几个地名考》①一文中,通过深入挖掘中、日、韩三国史料,探究了白江之战中唐、日双方的兵力,指出白江之战是唐朝以少胜多的战役,并考据了与战役有关的几个地名。1984年汪向荣和夏应元主编的《中日关系史资料汇编》②将《隋书·倭国传》与《北史》《册府元龟》《古今图书集成》《日本书纪》《大日本史》中的相关史料进行对比,并对史料进行了考释,其中有关白江之战的史料也是相当详细,为相关问题研究者提供了史料依据。1994年樊文礼的《白江鏖兵——中日第一战》③梳理了白江之战的战争过程。1995年韩昇的《唐平百济前后的东亚国际形势》④一文指出日本军事介入朝鲜的原因是争夺在朝鲜南部的利益,取得对朝鲜半岛诸国的优势,而非要与唐朝全面对抗。

进入21世纪,中国有关白江之战的研究进入高峰时期,涌现了许多优秀之作。2001年梁安和在其《白江口战役及其影响》⑤一文中指出白江口战役使得日本统治阶级认识到本国在制度上的落后,促使日本发展对唐关系,全面吸收唐朝的政治、经济和文化制度,推动了日本遣唐使的派遣。2002年熊义民在其《公元四至七世纪东北亚政治关系史研究》⑥中指出,倭国在内政、外交两方面的综合考虑下决定出兵百济。援助百济复国运动既可强化倭国在朝鲜半岛南部的利益,又可削弱倭国内部的豪族势力,加强中央集权。《唐初海军初探》⑦一文探讨了唐朝平百济之战与白江之战的海军规模。王小甫的《白江口之战相关史地考论》⑧就白江之战相关地理问题进行了考证。2007年张暾在《七世纪前期的东北亚政治关系与白江之战》⑨中探求了白江之战前东北亚各国的关系,作者指出白江之战对于唐朝、朝鲜乃至整个东北亚局势发展都产生了深远的影响。金锦子

---

① 石晓军:《唐日白江之战的兵力及几个地名考》,《陕西师范大学学报》,1983年第3期。
② 汪向荣、夏应元编:《中日关系史资料汇编》,北京:中华书局,1984年。
③ 樊文礼:《白江鏖兵——中日第一战》,《军事历史》,1994年第6期。
④ 韩昇:《唐平百济前后的东亚国际形势》,见荣新江主编《唐研究》(第一卷),北京:北京大学出版社,1995年,第227—244页。
⑤ 梁安和:《白江口战役及其影响》,《咸阳师范学院学报》,2001年第4期。
⑥ 熊义民:《公元四至七世纪东北亚政治关系史研究》,暨南大学博士学位论文,2002年。
⑦ 熊义民:《唐初海军初探》,《史学月刊》,2002年第11期。
⑧ 王小甫:《白江口之战相关史地考论》,见王小甫主编《盛唐时代与东北亚政局》,上海:上海辞书出版社,2003年,第343—354页。
⑨ 张暾:《七世纪前期的东北亚政治关系与白江之战》,延边大学硕士学位论文,2007年。

的《五至七世纪中叶朝鲜半岛三国纷争与东北亚政局》[①]多角度探讨了7世纪中叶朝鲜半岛三国间的争端以及朝鲜半岛的局势，指出7世纪中叶东北亚的混乱局势促使倭国跻身东北亚国际舞台，在朝鲜半岛谋求更大的利益。韩昇的《东亚世界形成史论》[②]一书中辟有专章论述白江之战这场东亚博弈。作者从唐朝、新罗和倭国三个角度分析白江之战爆发的原因。作者指出，倭国早就想出兵朝鲜南部，却苦于没有合适的机会，而百济的灭亡提供了这个机会，倭国得以主动军事介入朝鲜半岛。倭国希望通过协助百济复国从而建立对朝鲜半岛的控制。马云超在《白江口之战与战后的唐日关系》[③]中认为白江之战推动了日本国内的改革和防御的强化，也促进了唐日之间的友好交往。2014年祝立业在其《略论唐丽战争与唐代东亚秩序构建》[④]一文中强调唐、日两国围绕百济、高句丽存灭而发生的白江之战其实质是各自为了建立以己为中心与主导的"天下秩序"而战，战争对于日后东北亚格局产生了深远的影响。郭锐、王箫轲在《近代以前日本的朝鲜观》[⑤]一文中指出日本出兵朝鲜是由于6世纪末以来日本蔑视和轻视朝鲜的观念盛行造成的。

2. 日本研究现状分析

与中国相比，日本有关白江之战的研究起步较早，切入点也更多。1960年池内宏所著《百济滅亡後の動乱及び唐・羅・日三国の関係》[⑥]论述了唐灭百济后百济遗臣的复国活动以及唐朝、倭国和新罗三国的关系，其中有关白村江之战的部分深入挖掘《旧唐书》《三国史记》《日本书纪》等史料，梳理了白村江之战的战争过程。1962年西嶋定生的《六～八世紀の東アジア》[⑦]在册封体系下讨论白村江之战，并探讨了白村江之战所反映

---

① 金锦子：《五至七世纪中叶朝鲜半岛三国纷争与东北亚政局》，延边大学博士学位论文，2007年。
② 韩昇：《东亚世界形成史论》（增订版），北京：中国方正出版社，2015年。
③ 马云超：《白江口之战与战后的唐日关系》，《浙江外国语学院学报》，2012年第2期。
④ 祝立业：《略论唐丽战争与唐代东亚秩序构建》，《社会科学战线》，2014年第5期。
⑤ 郭锐、王箫轲：《近代以前日本的朝鲜观》，《史学月刊》，2014年第9期。
⑥ 池内宏：《百济滅亡後の動乱及び唐・羅・日三国の関係》，《満鮮史研究》（上世，第二册），東京：吉川弘文館，1979年。
⑦ 西嶋定生：《六～八世紀の東アジア》，《中国古代国家と東アジア世界》，東京：東京大学出版会，1983年。

的唐与倭国的关系。1976年鬼頭清明所著《日本古代国家の形成と東アジア》[①]，辟有专章论述白村江之战过程及其意义，并着重对百济派遣军的构成进行了分析，强调白村江之战是日本律令国家成立的重要契机。

20世纪90年代开始，日本有关白村江之战的研究进入了高峰时期。1997年遠山美都男在其《白村江：古代東アジア大戦の謎》[②]中对白村江之战的过程有较为细致的论述，并通过总结在白村江之战战败之后日本国内外的变化，对"战败史观"提出了自己的见解。1998年森公章的《"白村江"以後：国家危機と東アジア外交》[③]系统地探究了倭国战争败北的原因，作者认为白村江之战实际上是倭国的旧体制与唐朝的新体制之间的对决，倭国的败北使得倭国意识到本国制度的落后，从而推动律令国家建立的过程。堀敏一在《隋唐帝国与东亚》[④]探究了日本出兵百济的原因，作者认为是从中国输入的"大国沙文主义"使得日本统治者意图统治朝鲜，因此出兵朝鲜，与唐朝为敌。2008年吉村武彦編《大化改新と古代国家誕生：乙巳の変、白村江の戦い、壬申の乱》[⑤]探讨了白村江战败所造成的近江迁都、军国化过程以及防御设施的强化等一系列日本国内的变化。2010年中村修也在其《白村江の真実：新羅王・金春秋の策略》[⑥]论述了包括白村江之战在内的7世纪东亚动乱中，新罗的太宗王（武烈王）金春秋的战略抉择和策略及其对于白村江之战所造成的影响。小松泽二的《日本国の誕生：白村江の戦、壬申の乱、そして冊封の歴史と共に消えた倭国》[⑦]一书也对白村江之战的过程有较为详尽的探究。

总而言之，中国和日本在白江之战方面都有一定的研究，但两国学者研究的侧重点不同。中国的研究多集中于战争的细节及战争所反映的两国之间的关系，但将白江之战纳入东北亚整体格局中的宏观研究仍为

[①] 鬼頭清明：《日本古代国家の形成と東アジア》，東京：校倉書房，1976年。
[②] 遠山美都男：《白村江：古代東アジア大戦の謎》，東京：講談社，1997年。
[③] 森公章：《"白村江"以後：国家危機と東アジア外交》，東京：講談社，1998年。
[④] 堀敏一：《隋唐帝国与东亚》，韩昇、刘建英译，昆明：云南人民出版社，2002年。
[⑤] 吉村武彦：《大化改新と古代国家誕生：乙巳の変、白村江の戦い、壬申の乱》，東京：新人物往来社，2008年。
[⑥] 中村修也：《白村江の真実：新羅王・金春秋の策略》，東京：吉川弘文館，2010年。
[⑦] 小松泽二：《日本国の誕生：白村江の戦、壬申の乱、そして冊封の歴史と共に消えた倭国》，福岡：不知火書房，2016年。

少数。日本有关白江之战的研究起步较中国更早，研究成果相对中国来说更为丰富。日本对于白江之战的研究多集中于战争过程的研究及战败对于日本国内历史发展的影响，但忽略了白江之战对于朝鲜半岛各国历史发展进程及朝鲜半岛总体格局的影响。

（三）研究内容

本文以白江之战为考察对象，通过深入挖掘中、日、韩史料，探讨白江之战的东北亚背景与战争爆发的契机。分析战争所反映的唐、倭两国各自面临的国际形势实态信息以及朝鲜半岛的百济、新罗、高句丽三国对于战争的推动所起到的作用。研究唐高宗作为统一国家的君主，对构建东北亚国际秩序做出了何种努力，战争对于倭国及朝鲜半岛诸国的走向又产生了何种影响。

二、战争爆发的东北亚地区形势背景

（一）7世纪中叶东亚两大势力集团的形成

中国王朝因其先进的文物制度，成为东亚世界文化与权力的中心，在整个东北亚起主导作用。中国王朝通过册封、朝贡等国际政治体系来处理国家之间的关系，进行国家间的交流。自隋至唐，中国王朝始终在努力建立以自我为中心和领导的一元国际秩序，改变东北亚不稳定的局势，维持各个国家之间的平衡，形成安定的国际环境。

唐朝建立之初，东北亚局势处于相对稳定的状态。唐朝初建，将政治重心放在内政与突厥等边患问题上，无力东顾，因此在东北亚采取与朝鲜半岛三国友好交往，营造稳定的东北亚环境的政策。而朝鲜半岛三国高句丽、新罗、百济之间攻伐不断，各国都在争取提高自身在朝鲜半岛的地位。三国实力各有消长，相互牵制，大体维持了朝鲜半岛的势力均衡。倭国自隋朝以来就游离于中国的册封体系之外，与唐朝的联系不似朝鲜半岛诸国与唐朝的联系那样密切，但也向唐朝派遣了遣唐使，与唐朝维持着既不密切亦不疏远的联系。

7世纪40年代开始，东北亚的政局发生了重要变化。各国从相对和平稳定相处转为激烈对抗，东北亚进入动乱时期。东北亚各国的抗争与动乱最终引发了白江之战。东北亚动乱主要表现在唐与高句丽的对立以及百济与新罗的对抗两个方面。

高句丽逐渐发展为东北亚强国,其桀骜不驯便成为唐朝建立东亚国际关系体制的最大障碍,如果不能使高句丽真正臣服,朝鲜半岛三国之间摆脱唐朝约束的战争就无法停止,唐朝难以在东亚重建国际关系秩序。① 因此,从某些方面来说,唐初的东北亚政策大多是根据征服高句丽这一目标来制定的。642年,高句丽泉盖苏文杀荣留王,立宝藏王,集军政大权于一身,对唐态度强硬,对新罗也采取了积极进攻的姿态。唐与高句丽积怨已深,在辽东有领土纠纷,两国都希望建立以自我为中心和主导的国际秩序,两国的根本利益发生了冲突。随着泉盖苏文的掌权,高句丽与唐的矛盾日益激化。唐灭百济之前,与高句丽进行了多次军事对抗:

> 贞观十八年(644年)十一月……命太子詹事、英国公李勣为辽东道行军总管,出柳城……刑部尚书、郧国公张亮为平壤道行军总管,以舟师出莱州……发天下甲士,招募十万,并趣平壤,以伐高丽。②
>
> 贞观十九年(645年)五月……上亲帅铁骑与李勣会围辽东城……秋七月,李勣进军攻安市城,至九月不克,乃班师。③
>
> 贞观二十二年(648年),又遣右武卫将军薛万彻等往青丘道伐之,万彻渡海入鸭绿水,进迫其泊灼城,俘获甚众。④
>
> 高宗嗣位,又命兵部尚书任雅相、左武卫大将军苏定方、左骁卫大将军契苾何力等讨高丽,皆无大功而还。⑤

从以上史料可见,唐与高句丽已经进入了剑拔弩张的对立状态,难以再维持表面的和平。

唐与高句丽矛盾激化的同时,新罗与百济也在进行激烈的对抗。"贞观十六年(642年),义慈与兵伐新罗四十余城,又发兵以守之,与高丽和

---

① 韩昇:《东亚世界形成史论》(增订版),第232页。
② 《旧唐书》卷三《太宗本纪》,北京:中华书局,1975年,第56—57页。
③ 《旧唐书》卷三《太宗本纪》,第58页。
④ 《旧唐书》卷一九九《高丽传》,第5326页。
⑤ 同上。

亲通好,谋欲去党项城以绝新罗入朝之路。"①"(新罗善德王十一年)(642年)八月,百济将军允忠领兵攻拔大耶城……(新罗善德王十二年)(643年)秋九月,遣使大唐,上言:'高句丽、百济侵凌臣国,累遭攻袭数十城。两国连兵,期之必取……谨遣陪臣归命大国,愿乞偏师,以存救援。'"②百济夺取新罗的四十余城为古伽罗地区,也就是日本史料中的"任那",与倭国的"任那之调"相关,而"任那之调"自6世纪以来就是倭国与新罗的矛盾所在,对于倭国的政局和倭国、百济、新罗三国之间的关系又密切相关,因此,百济夺取的四十余城对于新罗有重要的战略意义,两国的矛盾难以调和。此次战争中,百济开始与高句丽采取共同的军事行动,两国逐渐形成联盟,百济也走向了唐朝的对立面。此后,百济与高句丽对新罗频繁进行强势进攻,新罗也予以回击:

(新罗善德王十三年)(644年)秋九月,新罗遣金庾信领兵伐百济,取加兮省、热同火等七城。③

(新罗善德王十四年)(645年)庾信自伐百济还,未见王,百济大军复来寇边,王命庾信,遂不至家,往伐破之。④

(新罗善德王十四年)新罗主闻帝亲征,发兵三万以助之,百济乘虚取新罗国西七城,新罗主遣金庾信侵百济。⑤

(新罗真德王元年)(647年)冬十月,百济兵围茂山、甘勿、桐岑三城,王遣庾信率步骑一万以拒之,苦战气竭。⑥

(新罗真德王二年)(648年)三月,百济将军义直侵西边,陷腰车等十一城。⑦

(新罗真德王三年)(649年)秋八月,百济将军殷相率众来攻,陷石吐等七城。王命大将军庾信,将军陈春、竹旨、天存等,出

---

① 《旧唐书》卷一九九《百济传》,第5330页。
② 金富轼:《三国史记》卷四《善德王本纪》,长春:吉林大学出版社,2015年,第62—63页。
③ 金富轼:《三国史记》卷五《善德王本纪》,第63页。
④ 金富轼:《三国史记》卷五《善德王本纪》,第64页。
⑤ 同上。
⑥ 金富轼:《三国史记》卷五《真德王本纪》,第65页。
⑦ 同上。

◆从白江之战看唐高宗时期的东北亚秩序◆

拒之。①

(高句丽宝藏王十四年)(655年)高句丽与百济、靺鞨连兵,侵轶新罗北境,取三十三城。②

(百济义慈王十九年)(659年)夏四月,遣将侵攻新罗独山、桐岑二城。③

从以上史料可以看出百济对于新罗的猛烈攻势。新罗受到高句丽和百济的攻击,腹背受敌,若想转危为安,只能向强大的唐朝寻求帮助。新罗毗昙之乱后掌握政权的金春秋、金庾信采取全面亲唐政策,吸收唐的文化与制度,以对唐表达坚定的立场,获取唐的军事支持,抵御百济和高句丽的侵扰。"真德王二年,金春秋请改章服,以从中华制……(真德王)三年春正月,始服中朝衣冠……(真德王四年)六月,遣使大唐,告破百济之众。王织锦作五言《太平颂》,遣春秋子法敏以献唐皇帝……高宗嘉焉,拜法敏为大府卿以还。是岁,始行中国永徽年号。"④对于受到高句丽和百济夹击的新罗来说,唐朝是最为强大的靠山。新罗与中国王朝维持了二百余年的友好交往,与唐没有领土纠纷,此时两国的根本利益并不冲突。两国的战略目标也具有一定的一致性:新罗面对百济与高句丽的强势进攻,国际形势岌岌可危;唐朝欲建立以己为中心的国际秩序,将朝鲜半岛三国均视为其朝贡国,高句丽、百济不断攻击同为朝贡国的新罗,无疑是挑战唐朝的权威,高句丽和百济的联盟增加了唐建立东北亚一元国际秩序的难度,由此,高句丽和百济成为唐和新罗共同的敌人。"新罗并不谋求同唐朝的国际关系体制对抗,而是要在唐朝国际关系框架内,谋求国家利益的最大化。"⑤加之新罗的一系列亲唐行为得到了唐王朝的好感,两国逐渐建立了同盟关系。由此,在东北亚,唐和新罗与高句丽和百济两大势力集团逐渐形成。

---

① 金富轼:《三国史记》卷五《真德王本纪》,第66页。
② 金富轼:《三国史记》卷二二《宝藏王本纪》,第267页。
③ 金富轼:《三国史记》卷二八《义慈王本纪》,第327页。
④ 金富轼:《三国史记》卷五《真德王本纪》,第66—67页。
⑤ 韩昇:《东亚世界形成史论》(增订版),第266页。

(二)倭国的政治立场

倭国参与到朝鲜半岛事务中使得东北亚政局更为混乱。660年百济灭亡之前,倭国并没有十分明确的政治立场。[1] 回顾倭国与朝鲜半岛三国交往的历史,其与百济的联系最为密切友好。自魏晋南北朝以来,倭国一向采取与百济"一国中心主义"的外交态度[2],且倭国与百济并没有直接的利益冲突,因此在百济、高句丽联盟形成之后,倭国本应立即加入其阵营。但事实上倭国并没有这样做。相反,倭国有与百济的对手——新罗建立密切联系的倾向。645年,倭国爆发乙巳之变,力求确保"任那调"的亲百济派苏我氏被中大兄皇子所诛杀,而中大兄皇子倾向于采取不介入朝鲜半岛争端的政策。因此,倭国并没有在第一时间加入高句丽和百济的联盟。646—650年,百济持续攻打新罗,且没有向倭国遣使,倭国与百济的密切联系中断。与之相反,一向与倭国关系不甚友好的新罗却在646—656年十余年中连年向倭国遣使,交往频繁。此时的新罗应当是有将倭国纳入唐、罗联盟中的打算。历史上,新罗与倭国的矛盾点就在于"任那调"问题上,而在646年,倭国遣使于新罗,"罢任那之调"。[3] 两国之间最大的冲突点任那问题得到了解决,一向因"任那调"问题而矛盾不断的倭国与新罗之间有关系缓和的趋向。由于地理位置相距较远,高句丽和倭国的关系向来并不十分密切,但总体来说两国之间较为友好。高句丽在645年、646年、647年三年连续向倭国派遣使臣,而644—645年正是唐朝征伐高句丽的时期,由此我们可以推断,高句丽连续三年向倭国派遣使臣,是为了应对唐朝的强势进攻。同样,654年、655年、656年,高句丽再次连续三年向倭国派遣使臣,而在655年,营州都督程名振、左卫中郎将苏定方伐高丽。由此,可以看出高句丽向倭国派遣使臣,大多是为抵御唐朝的进攻寻找帮手。但史料中并未记载倭国对于高丽遣使予以回应。倭国对于中国王朝来说属于"化外"之地,其与中国王朝的联系并不如朝鲜半岛三国与中国王朝的联系那样密切。历史上,倭国与中国王朝并没有直接的武力对抗,在白江之战爆发前,倭国也向唐朝派

---

[1] 森公章:《"白村江"以後:国家危機と東アジア外交》,第79—90頁。
[2] 同上书,第57—71頁。
[3] 舎人親王等:《日本書紀》卷二五,孝德天皇大化二年九月,第301頁。

遣了四次遣唐使，总体来说两国之间相对和平相处。由此可以看出倭国在7世纪40年代和50年代前期的外交政策为不采取武力介入朝鲜半岛争端，不明确表示自己的政治立场，没有明确支持朝鲜半岛三国中任何一方。

尽管白江之战前倭国不表示明确的立场，但其态度仍然是有倾向性的。倭国与新罗的冲突虽趋于缓和，但百余年的矛盾也不是十几年的交往就能化解的。倭国对于新罗的全面亲唐政策不能认同。"是岁（倭国孝德天皇白雉二年，651年），新罗贡调使知万沙飡等，着唐国服，泊于筑紫。朝廷恶恣移俗，呵责追还。于时，巨势大臣，奏请之曰：'今方不伐新罗，于后必当有悔。其伐之状，不须举力，自难波津至于筑紫海里，相接浮盈舻舳，征召新罗，问其罪者，可易得焉。'"① 新罗全面依存于唐朝且与唐朝过于密切的联系或许使倭国感受到了威胁，甚至产生灭新罗的想法，尽管这一想法未能实施，但倭国对新罗产生了极大的警惕心，开始走向新罗的对立面。此时的倭国已有了武力介入朝鲜半岛的意图。此外，651年，倭国与百济恢复往来。《三国史记》记载："义慈王十三年（653年），秋八月，王与倭国通好。"② 根据《日本书纪》的记载，倭国与百济的外交往来相对于高句丽和新罗来说更为频繁，且两国在651年就恢复了往来，而在百济方面的史料中，唯独将义慈王十三年与倭国的往来进行记载，因此，我们可以猜测，在此次往来中倭国与百济或许达成了某种默契或协定。③ 而倭国与高句丽，"从根本上讲，两国不存在任何共同的利益"。④ 两国间因利益发生矛盾的可能性就相对较小。656年以后史料中不见新罗使来日的记录，此时倭国虽并没有直接与唐和新罗对抗，亦没有表示明确的政治立场，但实际上已经逐渐向百济与高句丽阵营靠拢。

（三）百济灭亡与百济复国势力

由上可以看出，在百济灭亡前，倭国虽有靠拢高句丽、百济阵营的

---

① 舍人亲王等：《日本書紀》卷二五，孝德天皇白雉二年，第317頁。
② 金富轼：《三国史记》卷二八《义慈王本纪》，第326页。
③ 韩昇：《东亚世界形成史论》（增订版），第243页。
④ 张暾：《七世纪前期的东北亚政治关系与白江之战》，第26页。

意向，但其实际上也是在尽可能回避与唐和新罗的直接对立。而百济的灭亡，则成为倭国态度的转折点。唐显庆五年(660年)，高宗为了保护朝贡国及盟国新罗，削弱强敌高句丽的势力，建立以己为中心的国际秩序，"命左武卫大将军苏定方为熊津道大总管，统水陆十万。仍令春秋为嵎夷道行军总管，与定方讨平百济，俘其王扶余义慈，献于阙下"①。百济灭亡，唐于百济故地置五都督，以其酋长为都督、刺史。唐虽然在数月之内攻破王都，灭亡百济，但是唐对于百济故地的平定并不彻底。唐多任用百济遗民为地方官员，使得旧百济地方势力仍十分强大。一旦唐朝主力军队撤出百济，百济遗民就会进行顽强的抵抗。从百济灭亡到白江之战爆发间的四年，百济遗民进行了数次复国运动。其中最为强大的复国势力为在外交和军事方面有卓越成就的福信、僧道琛及百济王室成员扶余丰组成的百济遗民集团。

百济以己之力进行复国是十分困难的，不得不寻求他国援助。失去盟友的高句丽此时已是自身难保，将兵力用于本国的防御，向百济派兵并不现实，百济只能向此前立场并不明确却又有向丽、济联盟靠拢之意的倭国求助。百济灭亡之后，福信立刻有所行动。《日本书纪》记载：

> （倭国齐明天皇六年）冬十月，百济佐平鬼室福信遣佐平贵智等，来献唐俘一百余人。今美浓国不破、片县二郡，唐人等也。并乞王子余丰璋曰："唐人率我蝥贼，来荡摇我疆场，覆我社稷，俘我君臣……方今谨愿，迎百济国遣侍天朝天子丰璋将为国主，云云。"诏曰："乞师请救，闻之古昔，扶危继绝，著自恒典。百济国，穷来归我，以本邦丧乱，靡依靡告，枕戈尝胆，必忄予拯救，远来表启。志有难夺，可分命将军，百道俱前……宜有司，具为与之，屹立发道，云云。"②

福信明确表示希望从倭国迎回王室成员扶余丰以稳定社稷。扶余丰，百济王子，《日本书纪》称之为"扶余丰璋"，是百济派往倭国的质子，在倭

---

① 《旧唐书》卷一九九《新罗传》，第5336页。
② 舍人亲王等：《日本書紀》卷二六，齐明天皇六年十月，第347页。

国停留二十年。扶余丰作为故百济王室成员，在百济遗民中有一定的威信，福信认为若能迎回扶余丰并立之为王，定然能凝聚百济复国势力。倭国始终希望将势力渗入朝鲜半岛，在朝鲜半岛拥有一席之地，并将百济视为自己的"朝贡国"，福信的请求对于倭国来说是渗入朝鲜半岛的机会。因此，倭国对百济的请求予以回应，并明确表示作为"宗主国"，愿意发兵援助百济复国运动。倭国于齐明天皇七年（661年）、天智天皇元年（662年）、天智天皇二年（663年）派兵护送扶余丰前往百济、攻打新罗，将援助计划付诸实际。白江之战就发生于天智天皇二年倭国第三次派兵过程中。倭国出兵朝鲜半岛的做法实际上是"倭国统治者试图在以唐为中心的东亚国际秩序框架内，对百济王室建立起宗主关系"①。倭国势力已经渗入朝鲜半岛。由此可以明确看出，倭国的外交态度已经由百济灭亡前尽可能回避与唐和新罗的直接对立，转为与新罗的强势对抗。倭国的立场已经明确，即为军事介入朝鲜半岛，援助百济，与唐、罗联盟对立。在倭国的军事援助下，百济复国势力日益壮大，唐必然要对其予以打击。最终在白江口唐军与倭军相遇，爆发战争。

三、白江之战的过程与性质

（一）战争的过程

白江之战爆发于唐龙朔三年。中国、朝鲜和日本史料对白江之战都有所记载。《旧唐书·百济传》记载："……仁师、仁愿及新罗王金法敏帅陆军进，刘仁轨及别帅杜爽、扶余隆率水军及粮船，自熊津江往白江以会陆军，同趋周留城。仁轨遇扶余丰之众于白江之口，四战皆捷，焚其舟四百艘，贼众大溃，扶余丰脱身而走。伪王子扶余忠胜、忠志等率士女及倭众并降，百济诸城皆复归顺……"②朝鲜方面史料与《旧唐书》的记载大致相同，唯多提及了扶余丰的去向。"王扶余丰脱身而走，不知所在，或云奔高句丽。"③相较于中国和朝鲜史料对战争过程记载的寥寥数语，日本史料中的记载要更为详尽。《日本书纪》记载：

---

① 堀敏一：《隋唐帝国与东亚》，韩昇、刘建英译，第47页。
② 《旧唐书》卷一九九《百济传》，第5332页。
③ 金富轼：《三国史记》卷二八《义慈王本纪》，第331页。

秋八月，新罗以百济王斩己良将，谋直入国先取州柔。于是百济知贼所计，谓诸将曰："今闻大日本国之救将庐原君臣，率健儿万余，正当越海而至。愿诸将军等，应预图之，我欲自往待飨白村。"戊戌，贼将至于州柔，绕其王城。大唐军将，率战船一百七十艘，阵烈于白村江。戊申，日本船师初至者，与大唐船师合战，日本不利而退。大唐坚阵而守。己酉，日本诸将与百济王不观气象而相谓之曰："我等争先，彼应自退。"更率日本乱伍中军之卒，进打大唐坚阵之军。大唐便自左右夹船绕战。须臾之际，官军败绩，赴水溺死者众。是时，百济王丰璋与数人乘船，逃去高丽。九月辛亥朔丁巳，百济州柔城始降于唐。①

战争时间、交战地点、战争双方的组成以及双方所投入的兵力是研究战争过程所应明确的因素。对于白江之战来说，战争时间与战争双方国家组成都十分明确。中、日、朝三国史料都明确记载：白江之战为一场水战，战争时间为公元663年，战争双方为唐朝水军和倭国水军。但史料对于战争爆发地点与双方所投入的兵力记载都较为模糊。这两个问题也是中日学者对于白江之战的研究中争议较大的问题，只有这两个问题明确了，才能对战争形势有一个较为清晰的把握。下面笔者将对这两个问题进行探讨。

1. 战争爆发的地点

中、朝史料记载，白江之战发生于"白江之口"，日本史料记载战争发生于"白村江"，那么"白江"和"白村江"究竟在哪儿？对于白江所处位置，史学界有不同的看法。日本学者池内宏和中国学者石晓军认为，史料中的熊津江、白江、白村江均指今朝鲜半岛西南部的锦江而言，白江指的是锦江的下游地区。②"《日本书纪》记载：'大唐军将，率战船一百七十艘，阵烈于白村江。'从地理形势看，朝鲜半岛西南部能够容纳大队水

---

① 舍人亲王等：《日本書紀》卷二七，天智天皇二年八月，第359页。
② 池内宏：《百济灭亡后の动乱及び唐・罗・日三国の关系》，池内宏：《满鲜史研究》（上世，第二册），第222页。石晓军：《唐日白江之战的兵力及几个地名考》，第109页。

师作战的河流，也就只有锦江一处。"①王小甫认为，白江就是白马江，是熊津江中游的一部分江水。白江口的位置应该在白马江上游起点附近，那里是金刚川汇入熊津江（锦江）的地方，也是熊津江与白马江两端江水的接合部。②小松泽二则认为白江之战发生于今韩国西部黄海德牙山湾。③笔者同意池内宏与石晓军的看法，即白江位于今锦江下游。《旧唐书·百济传》有"仁轨遇扶余丰之众于白江之口，四战皆捷，焚其舟四百艘"④的记载，能容纳如此多的战船，应当是位于江的下游近入海口附近水域。"烟炎灼天，海水为丹"⑤也可印证此次战争发生在入海口附近。另外，唐军的行军路线也可印证白江位于锦江下游这一观点。《旧唐书·百济传》："（龙朔）二年七月，仁愿、仁轨等大破福信余众于熊津之东……杀获甚众，仍令分兵以镇守之……仁愿奏请益兵，诏发淄、青、莱、海之兵七千人，遣左威卫将军孙仁师统众浮海，以益仁愿之众……孙仁师中路迎击，破之，遂与仁愿之众相合，士气大振。"⑥此时，仁师、仁愿、仁轨之众都集中在熊津城（今韩国公州）附近。随后唐军兵分两路，刘仁轨帅水军"自熊津江往白江"，此处的熊津江应当是锦江位于熊津城内的一段水域，也就是锦江中游。唐朝水军自熊津往锦江下游顺流而下，倭国水军靠近百济的海岸线由南向北行军，两军相遇于今锦江下游近入海口地区，进行交战。

之所以唐、倭水军会在白江进行交战，是因为白江对于百济有重要的战略意义。《三国史记·义慈王本纪》记载："白江、炭岘，我国之要路也。一夫单枪，万人莫当，宜简勇士往守之，是唐兵不得入白江，罗人未得过炭岘。"⑦白江是阻止唐军进攻的水上要地，炭岘则是阻止新罗入侵的路上要地，白江在东，炭岘在西。白江和炭岘若被唐军和新罗军攻下，那么百济岌岌可危。周留城是百济复国势力的据点，"周留城，百济巢

---

① 石晓军：《唐日白江之战的兵力及几个地名考》，第109页。
② 王小甫：《白江口之战相关史地考论》，见王小甫主编《盛唐时代与东北亚政局》，第347页。
③ 小松泽二：《日本国の誕生：白村江の戦、壬申の乱、そして册封の歴史と共に消えた倭国》，第35—36頁。
④ 《旧唐书》卷一九九《百济传》，第5332页。
⑤ 金富轼：《三国史记》卷二八《义慈王本纪》，第331页。
⑥ 《旧唐书》卷一九九《百济传》，第5332页。
⑦ 金富轼：《三国史记》卷二八《义慈王本纪》，第328页。

穴，群聚焉，若克之，诸城自下"①。根据池内宏与石晓军的研究，周留城就位于今锦江下游北岸②，也就是白江北岸。唐军若想清除百济复国势力，必然要攻下周留城，若夺得白江地区，唐军便可长驱直入，进而夺取周留城。可见白江对于百济重要的战略意义。

　　前面提到，东北亚强国高句丽若不臣服，那么一元东北亚国际秩序难以建立。灭亡高句丽也是唐太宗、高宗共同的愿望。两位帝王解决高句丽问题的决心是坚定的。贞观年间，唐太宗对高句丽采取的是"骚扰政策"，派遣大量兵力攻伐高句丽，"使高句丽一直处于紧张的应对状态，最终拖垮高句丽，实现终极战略目标"③。但由于太宗时期高句丽久攻不下，而在永徽年间（650—655年），西北边疆告急，唐朝暂时无力东顾，因此唐高宗即位之初对朝鲜半岛采取的是维持现状，不急于出击之策略。但在西北局势稳定之后，唐高宗立即着手全力解决东北亚问题。唐高宗在东北亚的最终目标是建立一元国际秩序，若想实现此目标，高句丽问题必须解决。高句丽难以直接攻下，那么就从高句丽的盟国百济入手。百济灭亡后复国势力日益壮大，那么就试图攻下复国势力巢穴周留城以消灭复国势力。而进攻周留城就要占领百济水上要地白江。如此环环相扣，体现出唐朝东北亚政策的针对性与建立一元国际秩序的坚定性。由此可见，白江不仅对于百济有重要的战略意义，对于唐高宗的东北亚政策的执行都有着重要影响。从某种意义上说，白江之战是灭亡高句丽进程中的重要步骤，也是唐高宗建立东北亚一元国际秩序中重要的一环。

　　2. 唐、倭双方的兵力

　　与百济复国势力作战的唐朝军队主力由郎将刘仁愿、带方州刺史刘仁轨及左威卫将军孙仁师所统率的军队组成。刘仁愿的军队是百济灭亡后，唐朝留镇百济府城的军队。根据《三国史记·太宗王本纪》记载："（新罗太宗王七年）（660年）九月三日，郎将刘仁愿以兵一万人留镇泗沘城……"④刘仁愿所率军队的兵力应有万人左右。刘仁轨的军队本由右卫郎将王文度统率，"命右卫郎将王文度为熊津都督，总兵以镇之。……文

---

① 金富轼：《三国史记》卷二八《义慈王本纪》，第331页。
② 石晓军：《唐日白江之战的兵力及几个地名考》，第110页。
③ 拜根兴：《七世纪唐与新罗关系研究》，北京：中国社会科学出版社，2003年，第254页。
④ 金富轼：《三国史记》卷五《太宗王本纪》，第72页。

度济海而卒……时郎将刘仁愿留镇百济府城,道琛等引兵围之。带方州刺史刘仁轨代文度统众,便道发新罗兵契以救仁愿……时龙朔元年(661年)三月也"①。仁轨所率兵力,史料并无明确记载,但从其他史料中我们可以进行大致估计。刘仁轨代文度统众解仁愿之围发生于龙朔元年三月。而龙朔元年正月,唐募兵四万四千人诣平壤、镂方,五月,唐征伐高句丽。此时的唐朝恐怕没有过多的兵力派往百济。《资治通鉴》也记载:"仁轨众少,与仁愿合军,休息士卒。"②龙朔二年(662年),"仁愿乃奏请益兵,诏发淄、青、莱、海之兵七千人,遣左威卫将军孙仁师统众浮海赴熊津……遂与仁愿之众相合,兵势大振"③。仁愿与仁轨合军后,首先是休息士卒,否则恐怕难以与百济军对抗,而仁愿和仁师合军后则是"兵势大振",由此,我们可以推测,刘仁轨所率兵力应当少于孙仁师所率领的援军兵力,即少于七千人。刘仁愿的万余兵力、孙仁师的七千兵力及刘仁轨不足七千的兵力,共同构成了唐军主力,即不超过两万四千人。算上在龙朔元年、龙朔二年与百济福信、道琛军队对抗过程中的伤亡损失,在白江之战爆发前,在百济的唐军总数只能在两万人上下。④ 与百济复国势力作战的唐军分为两路:一路是由孙仁师、刘仁愿及新罗兵组成的陆军,另一路则是由刘仁轨、杜爽及扶余隆组成的水军。与倭军在白江之口作战的则是以刘仁轨为首的水军。两万人再分为两路,真正与倭军在白江口作战的唐军也就是万人左右。

倭国在白江之战中派出的兵力,史料中没有明确记载,我们可以从中日两国的记载中予以大致估算。在白江之战前,倭国"为救百济,修缮兵甲,备具船舶,储设军粮"⑤。倭国为战争进行了充分的准备。《日本书纪》记载:"大日本国之救将庐原君臣,率健儿万余,正当越海而至。"⑥这支军队是天智天皇二年八月倭国在获悉新罗要进攻百济复国势力的据点州柔城(周留城)这一消息后向百济派遣的支援军队。这一万兵力是白江

---

① 《旧唐书》卷一九九《百济传》,第5331—5332页。
② 《资治通鉴》卷二〇〇,高宗龙朔元年三月,北京:中华书局,1956年,第6324页。
③ 《旧唐书》卷一九九《百济传》,第5332页。
④ 石晓军:《唐日白江之战的兵力及几个地名考》,第106页。
⑤ 舍人亲王等:《日本書紀》卷二七,天智天皇元年,第357页。
⑥ 舍人亲王等:《日本書紀》卷二七,天智天皇二年八月,第359页。

之战中倭国主力军队的一部分。此外，日本史料对白江之战的记载中还有"更率日本乱伍中军之卒，进打大唐坚阵之军"①这样的描写。"中军"一词应当与倭国的军队编制有关。天智天皇二年三月，"遣前将军上毛野君稚子、间人连大盖，中将军巨势神前臣译语、三轮君根麻吕，后将军阿倍引田臣比逻夫、大宅臣鎌柄，率二万七千人，打新罗"②。此次攻打新罗的军队由前、中、后三军编成。倭国攻打新罗发生在白江之战的五个月之前，军队也没有返回倭国的记载。因此，这支军队应当在六月夺取新罗城池之后留在了朝鲜半岛，很有可能在八月前往百济，援助庐原君臣所率领的万余军队。笔者推测，《日本书纪》有关白江之战的记载中的"中军"，就是天智天皇三月中将军巨势神前臣译语、三轮君根麻吕所率领的军队。前、中、后三军共两万七千人，中军应当不到一万人，加上庐原君臣所率领的万余军队，白江之战倭国的主力军队应当为两万人上下。唐的战船数量为一百七十艘。倭国战船的数量在《旧唐书》中记载为四百艘。倭国战船的数量为唐战船数量的两倍多，而倭国战船的规模小于唐战船，每艘战船所能承载的兵力也应少于唐朝，如此算来，白江之战中的倭国兵力大致为唐军的两倍。因此，白江之战中倭军主力为两万人上下的估计应当是合理的。无论是从兵力，还是从战船数量上来看，白江之战都是唐朝以少胜多的战争。

唐朝之所以向百济派遣如此少的兵力，一方面是因为唐朝需要储备较多兵力以出兵高句丽，难以向百济派遣过多兵力。另一方面，唐朝对百济并没有如同对高句丽那般重视。从隋到唐，中国王朝建立一元东北亚国际秩序的最大障碍始终是高句丽。之所以先灭亡百济也是为了孤立高句丽并实现南北夹击高句丽。《旧唐书·刘仁轨传》记载："主上欲吞灭高丽，先诛百济，留兵镇守，制其心腹。"③陈寅恪先生也指出："若由海道以取高丽，则其邻国百济、新罗为形势所关之地，于不善长海战之华夏民族尤非先得百济，以为根据，难以经略高丽。而百济又与新罗关系

---

① 舍人亲王等：《日本書紀》卷二七，天智天皇二年八月，第359頁。
② 舍人亲王等：《日本書紀》卷二七，天智天皇二年三月，第357頁。
③ 《旧唐书》卷八四《刘仁轨传》，第2791页。

密切，故百济、新罗之盛衰直接影响于中国与高丽之争竞。"[1]可以说，灭亡百济是为灭高句丽做准备。因此，在百济灭亡后，唐朝会将更多的注意力放在高句丽而非百济。这一点从唐朝在灭亡百济的翌年即"募六十七州兵以伐高丽"即可看出。尽管唐朝对于百济的重视程度不如高句丽，但百济的存亡直接影响到高句丽的存亡。百济复国势力必须消灭，否则难以灭亡高句丽，将直接影响唐高宗东北亚一元国际秩序的建立。在兵力不占优势，难以直接消灭复国势力的情况下，唐朝在战术上更有针对性和计划性。"诸将以加林城水路之冲，预先攻之，仁轨曰：'加林险固，急攻则伤士卒，缓之则旷日持久。周留城，虏之巢穴，群凶所聚，险恶务本，宜先攻之，若克周留，诸城自下。'"[2]唐军在能分配给百济为数不多兵力的情况下不浪费一兵一卒，从百济的水上要地和陆上要地入手，放弃险固难攻的加林城而将目标定为相对容易攻下百济复国势力的巢穴，进而消灭复国势力，体现了唐朝对抗百济复国势力的策略性与维护半岛秩序的坚定决心。

（二）白江之战的性质

白江之战是中国王朝与倭国历史上第一次正面军事对抗，围绕百济的存灭而发生。唐朝出兵白江，是为了建立东北亚国际秩序。唐朝是在消灭百济复国势力的过程中与倭军相遇进而交战的，并非在战争爆发之前就将进攻对象定为倭国。实际上，唐朝在最初并未想与倭国直接交手。百济复国运动挑战了唐朝在东北亚的权威，复国势力若不消灭，那么唐朝灭亡百济的行动很可能功亏一篑，通过灭亡百济实现南北夹击高句丽的策略也难以实现。唐朝必然要对复国势力进行军事打击。前面提到了白江重要的战略意义，唐朝水军希望夺取白江水域，长驱直入，进而攻下百济复国势力的巢穴周留城。而百济为了保障据点周留城的安全，引入倭国水军加强白江水域的防御，因此援助百济复国势力的倭国水军阻碍了唐军攻下周留城的进程，两军相遇，唐军势必要与倭国水军进行交战，白江之战由此爆发。可以说，倭国是主动出兵与唐军进行对抗，而

---

[1] 陈寅恪：《隋唐制度渊源略论稿 唐代政治史述论稿》，北京：商务印书馆，2011年，第335页。

[2] 《资治通鉴》卷二〇一，高宗龙朔三年九月，第6337页。

唐朝在起初并未想过主动与倭国交战。

《唐会要》记载:"永徽五年十二月,(倭国)遣使献琥珀、玛瑙,琥珀玛瑙大如五升器。高宗降书慰抚之,仍云:'王国与新罗接近,新罗素为高丽、百济所侵,若有危急,王宜遣兵救之。'"①从高宗"降书慰抚之"可以看出,唐朝始终将倭国视为地位低于己的藩属国。唐高宗曾明确要求倭国援助盟国新罗,有将倭国纳入唐、罗联盟中的想法,而倭国充耳不闻,后又援助被唐朝灭亡的国家复国,且出兵与唐朝进行对抗,无疑是挑战唐朝的权威,这是竭力构建东北亚国际秩序的唐朝所不能允许的。

倭国在百济灭亡后,其外交态度从不直接与唐和新罗对立转变为援助百济反抗势力,军事介入朝鲜半岛,正式站到了高句丽、百济阵营中。前面提到在百济灭亡之前倭国已经有向百济和高句丽阵营靠拢的趋势,且百济从倭国迎回质子扶余丰使得倭国势力得以渗入朝鲜半岛,因此倭国决定出兵朝鲜半岛并不令人意外。倭国军事介入朝鲜半岛、与唐朝对抗并非想与唐朝一争高下,根本原因是争取在朝鲜半岛南部的利益,在朝鲜半岛建立以倭国为中心的国际秩序。"日本和唐之间没有直接的政治利害关系,日本在国际上的重点在于维持与百济和新罗的朝贡关系。"②中国文化东传的过程中,将"天下"观念也传播至倭国,倭国也形成了自己的"天下观"。倭国在不断发展的过程中,国力日益强盛,凌驾于朝鲜半岛各国之上的野心愈发膨胀。《隋书·倭国传》中有"新罗、百济皆以倭国为大国,多珍物,并敬仰之,恒通使往来"③的记载。《日本书纪》中也有"高丽、百济、任那、新罗并遣使,贡献调赋"④"百济、新罗遣使贡调献物"⑤等记载。倭王还曾有"以百济国为内官家"⑥"百济国,穷来归我"⑦的表述。由此可以看出,倭国将自己视为"大国",而将新罗、百济等朝鲜半岛诸国以及列岛边远民族视为自己的"藩属国",获得朝鲜半岛诸国的"朝贡",试图构建以本国为中心的"天下",控制整个朝鲜半岛。如若百

---

① 王溥:《唐会要》卷九九《倭国》,北京:中华书局,1955年,第1770页。
② 鬼頭清明:《日本古代国家の形成と東アジア》,第133页。
③ 《隋书》卷八一《倭国传》,北京:中华书局,1973年,第1826年。
④ 舍人親王等:《日本書紀》卷二五,孝德天皇大化二年二月,第287页。
⑤ 舍人親王等:《日本書紀》卷二五,孝德天皇白雉二年六月,第317页。
⑥ 舍人親王等:《日本書紀》卷二五,孝德天皇大化元年七月,第273页。
⑦ 舍人親王等:《日本書紀》卷二六,齊明天皇六年十月,第347页。

济灭亡，对倭国最直接的影响则是失去百济这个"朝贡国"。倭国以百济的"宗主国"自居，最终以援助"朝贡国"百济为名出兵朝鲜半岛，与唐朝展开战争。随着东亚两大势力的形成，朝鲜半岛三国之间相对均衡的势力被打破，却又在东北亚形成了新的势力平衡，而百济的灭亡则再次打破了这种平衡。唐与新罗一方处于优势地位，若唐和新罗始终保持这种优势，倭国势力将再难向朝鲜半岛渗透，在朝鲜半岛难有立足之地，更不要说得到朝鲜半岛的"控制权"了。若倭国帮助百济复国成功，唐朝在朝鲜半岛的影响力会有所减弱，百济也会依附于倭国，倭国在朝鲜半岛的地位将得以提升。由此可见，白江之战实际上就是唐朝和倭国各自为了建立以己为中心的国际秩序的战争，也就是"唐倭各自的'天下秩序'体系之战"。①

四、白江之战对东北亚国际秩序造成的影响

（一）白江之战对于唐朝重建东北亚国际秩序的影响

高宗一朝在东北亚采取了较为积极的外交姿态，试图改变东北亚混乱局势，主动建立以自我为中心和领导、四方臣服的一元国际秩序，也就是"天下"秩序。"这个国际秩序是以中华帝国为中心的辐射关系，也是中华帝国君临天下的垂直型国际关系体系，在这一秩序中，周边民族和国家对中国的关系，应是一种以臣事君和以小事大的关系，一种对中华文明怀有'向化'之心，'慕圣德而率来'，以致终于被'导以礼义，变其夷习'的关系。"②中国王朝应担负起维持周边各个民族与国家之间的平衡、形成安定的国际环境的责任。唐高宗时期具有统一的政治环境、较为强大的军事实力以及先进的文化，因此，中国王朝在重建一元东北亚国际秩序之中是具有主动性与主导性的。若有国家不守臣礼、挑战天子权威，有凌驾于天子之上的行为，那么等来的将是中国王朝的征伐。无论是显庆五年唐灭百济的战争、龙朔三年的白江之战，还是之后的灭亡高句丽的战争，都是唐构建一元国际秩序的重要步骤。

从白江之战中唐朝派遣的兵力以及中国史料对于白江之战寥寥数语

---

① 祝立业：《略论唐丽战争与唐代东亚秩序构建》，《社会科学战线》，2014年第5期。
② 何芳川："华夷秩序"论，《北京大学学报(哲学社会科学版)》，1998年第6期，第37页。

的记载可以看出，当时唐朝方面对于白江之战并没有如同倭国那样重视，白江之战对于唐来说只是灭亡百济过程中的一场战役。但是，白江之战却是唐高宗重建东北亚国际秩序中的重要一环，战争改变了东北亚各国的走向，对东北亚局势产生了极大的影响。百济复国运动失败，百济彻底灭亡，倭国受到重挫，高句丽在朝鲜半岛愈发孤立，唐和新罗的联盟愈战愈勇，势力更为壮大，五年之后荡平高句丽，大大加速了唐朝构建以己为主导的一元东北亚国际秩序的进程。因此，白江之战可谓是整个东北亚局势的一个重要转折点。

(二)白江之战的失败对倭国局势的影响

白江之战后，倭国接纳了大量来自百济的遗民，为了抵御唐和新罗的入侵构筑了防御设施，加速了中央和地方国家体制的变革，这场战役对倭国国内的发展产生了重要的影响。日本学者对于战争给倭国国内发展造成的影响这一问题有大量研究[①]，笔者在此不再赘述。笔者想强调的是白江之战对于倭国的外交政策及其所面临的国际局势产生的影响。

倭国在与唐朝的作战中遭受了极大的挫折。倭国对新罗和百济以"大国"(宗主国)自居，却无力援助百济复国，更不用说建立自己的"天下秩序"了。在军队规模方面有着优势的倭国最终败于唐朝，这使得倭国意识到了自己与唐之间的差距，同时对唐产生了强烈的挫败感、畏惧感与警戒心理，加之倭国兵力在战争中受到了损耗，倭国的外交政策产生了巨大变化。倭国由积极介入朝鲜半岛纷争转而采取较为消极的外交态度，放弃介入朝鲜半岛。战后倭国对高句丽的态度可以印证这一变化。战争结束后的五年内，高句丽多次向倭国派遣使臣。《日本书纪》记载：

(天智天皇五年)(666年)春正月，高丽前部能娄等进调。[②]
(天智天皇五年)夏六月，高丽前部能娄等罢归。[③]

[①] 池内宏的《百済滅亡後の動乱及び唐・羅・日三国の関係》、遠山美都男的《白村江：古代東アジア大戦の謎》、森公章的《"白村江"以後：国家危機と東アジア外交》和吉村武彦主编的《大化改新と古代国家誕生：乙巳の変、白村江の戦い、壬申の乱》都对此问题有详尽的研究。
[②] 舎人親王等：《日本書紀》卷二七，天智天皇五年正月，第365頁。
[③] 舎人親王等：《日本書紀》卷二七，天智天皇五年六月，第365頁。

(天智天皇五年)冬十月，高丽遣臣乙相奄邹等进调。①

(天智天皇七年)(668年)秋七月，高丽从越之路遣使进调。②

此时百济已灭亡，唐已派遣征高丽之兵，高丽此时频繁"进调"，应当是有拉拢倭国共同对抗唐朝之意。然而史料中并未记载倭国给予高句丽回应，由此可见，倭国此时应当并不愿介入唐与高句丽的争端中。

白江之战后倭国的消极外交态度还表现在与唐朝的交往中。唐朝此时尚未征服高句丽，高句丽此前也有向倭国乞兵的行为，因此倭国的态度与立场对于唐朝下一步计划的制订还是比较重要的。天智天皇三年(664年)，唐朝派遣使者入倭。《善邻国宝记》引《海外国记》曰："天智天皇三年四月，大唐客来朝。大使朝散大夫上柱国郭务悰等三十人、百济佐平祢军等百余人到对马岛。遣大山中采女通信侣、僧智辨等来，唤于别馆。于是智辨问曰：'有表书并献以物否？'使人答曰：'有将军牒书一函并献物。'乃授牒书一函于智辨等而奉上。但献物检看而不将也。九月，大山中津守连吉祥、大乙中伊岐史博德、僧智辨等称筑紫大宰辞，实是敕旨。告客等：'今见客等来状者，非是天子使人，百济镇将私使。亦复所赍文牒，送上执事私辞。是以使人得入国，亦书不上朝廷。故客等自事者，略以言辞奏上耳。'"③堀敏一认为，此次向倭国派遣使者是为了与倭国建立友好关系。④但笔者认为，这一年是白江之战爆发的翌年，唐朝对倭国态度的转变不应如此之快，此次遣使应当是有打探倭国的态度和警告倭国不要继续与唐对抗之意。但是无论唐朝是想与倭国交好还是警告倭国，恐怕都没能将自己的想法传达给倭国统治者。从上述史料中可以看出，倭国视郭务悰为"百济镇将私使"，只是"饗赐郭务悰"，进行郑重的接待，并未允许其进入都城。由此可见，倭国始终对唐保持着警戒心理。

随后唐又多次向倭国派遣使臣：天智天皇四年(665年)九月，"唐国

---

① 舍人亲王等：《日本書紀》卷二七，天智天皇五年十月，第365页。
② 舍人亲王等：《日本書紀》卷二七，天智天皇七年七月，第369页。
③ 释周凤：《善邻国宝记》，《丛书集成续编》史部，第44册，上海：上海书店，1994年，第361页。
④ 堀敏一：《隋唐帝国与东亚》，韩昇、刘建英译，第50页。

遣朝散大夫沂州司马上柱国刘德高等"①。天智天皇十年(671年)正月，"百济镇将刘仁愿，遣李守真等上表"②。天智天皇十年五月，"……四人从唐来曰：'唐国使人郭务悰等六百人，送使沙宅孙登等一千四百人，总合二千人，乘船卅七只俱泊于比知屿'"③。从唐朝建立到白江之战爆发的近五十年间，唐朝官方只派出过高表仁出使倭国，而在白江之后不到十年的时间内，唐朝方面共向倭国派遣了四次使臣，可见战后唐对倭国在外交方面是积极主动的。战后郭务悰第一次出使及刘德高第二次出使的目的应当是打探倭国的外交态度并对其予以警告。而第三次和第四次的使臣应当是唐朝意识到了新罗日益成为朝鲜半岛上的不稳定因素，而倭国在高句丽被灭亡后又与新罗来往频繁，唐朝希望倭国不要站在新罗一方与唐对立而派出的。战后唐朝对倭国积极外交的出发点还是维护唐在东北亚的中心地位，努力构建一元东北亚国际秩序。而白江之战后，倭国对唐的外交就显得消极许多。倭国战后首次主动派遣使者发生在天智天皇八年。④ "是岁(倭国天智天皇八年，669年)，遣小锦中河内直鲸等使于大唐。"⑤倭国此次派遣使臣是在高句丽灭亡的次年，唐朝在朝鲜半岛的强势进攻使得倭国对于唐的畏惧心理日益加剧，此次派遣使臣的目的应当是倭国向唐朝表示自己不介入朝鲜半岛事务的态度，得到唐朝的信任，避免唐朝进攻。此次主动派遣使臣之后的三十余年唐倭未有往来，实际上是倭国对于唐朝有"畏惧感"和警惕心理的体现，也是倭国在白江之战后消极外交态度的体现。

倭国在白江之战后，虽然放弃了介入朝鲜半岛争端，但仍然与一个国家进行较为频繁的交往，那就是新罗。656年，新罗与倭国断绝外交往来，668年，新罗使来日恢复了倭、罗往来。"秋九月，新罗遣沙喙级飡金东严等进调。丁未，中臣内臣使沙门法辨、秦笔赐新罗上臣大角干庾信船一只，付东严等。庚戌，使布势臣耳麻吕赐新罗王输御调船一只，

---

① 舍人亲王等：《日本書紀》卷二七，天智天皇四年九月，第363頁。
② 舍人亲王等：《日本書紀》卷二七，天智天皇十年正月，第377頁。
③ 舍人亲王等：《日本書紀》卷二七，天智天皇十年五月，第377頁。
④ 《日本书记》记载天智天皇四年和六年倭国的遣唐使臣为送使，笔者认为这两次送使更多的是倭国对于唐朝派遣使臣的一种回应，并不能完全算是倭国主动派遣使臣。
⑤ 舍人亲王等：《日本書紀》卷二七，天智天皇八年，第373頁。

付东严等。"①新罗主动遣使与倭国恢复外交关系这一点其实是有奇怪之处的。从朝鲜和日本史料中我们可以看出，倭国自6世纪起就因"任那调"问题多次攻打新罗，新罗对倭国的敌意绝对比倭国对新罗的敌意更大，且前面也提到，新罗与倭国之间积怨已深，矛盾并非短期内就能缓和的，因此新罗主动与倭国恢复交往应当是有其他目的。668年正是高丽灭亡的年份，新罗在朝鲜半岛唯一的敌人不复存在，而白江之战后新罗的野心就日益膨胀，希望可以统一整个朝鲜半岛，我们是否可以猜测，新罗主动与倭国恢复往来是为了向倭国请求兵力，对抗唐朝？那么，倭国对于新罗主动遣使有何回应呢？又是否有援助新罗之意呢？从《日本书纪》的记载来看，倭国的确也向新罗派遣了使臣："遣阿云连颊垂于新罗。"②前面说到，倭国在国家不断发展的过程中，形成了所谓的"小中华帝国"的观念，始终将新罗视为自己的朝贡国。且倭国以往多通过与百济交往来吸收中国王朝的文化，百济的灭亡则中断了倭国获取唐文化的途径，这对于正处于建立律令制国家过程中的倭国是有害无益的，而倭国由于畏惧唐，并未与唐建立过于密切的联系，便只能以新罗代替百济作为输入唐文化的主要道路。此外，在白江之战中，倭国并没有与新罗军队进行正面对决，因此，倭国对新罗并没有"战败感"。③ 由此可见，无论是从"朝贡"观念上，还是从汲取唐文化的要求上，倭国与新罗恢复交往并与之进行交流都是不意外的。但是，从史料记载来看，倭国并没有在政治方面回应新罗的表现，两国间的往来多集中于绢、绵、韦等物质方面④，倭国应当是没有军事援助新罗之意。

综上所述，白江之战后，倭国将重心放到国家建设上来，避免介入朝鲜半岛的争端。由于在白江之战中战败，倭国对唐有警惕和畏惧心理，因此与唐朝有往来但并不密切，且有三十年的空白。倭国与朝鲜半岛上仅存的国家新罗在物质和文化方面保持着友好往来，而在政治方面没有过多的交流。倭国这种消极外交态度客观上为唐高宗建立统一而稳定的东北亚秩序提供了有力的保障。

---

① 舍人親王等：《日本書紀》卷二七，天智天皇七年九月，第371頁。
② 舍人親王等：《日本書紀》卷二七，天智天皇九年九月，第379頁。
③ 森公章：《"白村江"以後：国家危機と東アジア外交》，第205—208頁。
④ 参见舍人親王等：《日本書紀》卷二七，天智天皇，第369—379頁。

(三)白江之战对朝鲜半岛局势的影响

白江之战的结束,意味着百济复国运动的失败,百济彻底灭亡。"周留降矣,事无奈何。百济之名,绝于今日。"①百济复国势力活跃之时,扶余丰曾向高句丽乞兵,但高句丽并未予以回应,高句丽此时应已意识到自身所面临的困境,无力援助他国。百济彻底灭亡后,百济、高句丽联盟瓦解,高句丽失去了一个重要的盟友,势力被大大削弱。此时的高句丽,北有唐王朝,南有新罗,若唐、罗联盟共同向高句丽发起攻击,高句丽腹背受敌,灭亡只是时间的问题。因此高句丽转而向倭国求助。前面提到,白江之战后,高句丽多次向倭国派遣使臣,应当是有拉拢倭国共同对抗唐与新罗之意。但倭国不愿再介入朝鲜半岛的争端,并未给予高句丽任何回应。高句丽在整个东北亚孤立无援,势力大为削弱,最终在白江之战爆发五年后,被唐和新罗的联军荡平,高句丽最终灭亡。失去了高句丽这一东亚劲敌,唐朝构建东北亚国际秩序的进程得以大大加速。

百济灭亡前,新罗在朝鲜半岛孤立无援,以己之力难以与百济和高句丽对抗,便选择借助唐王朝的力量瓦解丽、济联盟。为保障自身生存,在唐灭百济之战以及消灭百济复国势力的战争中新罗都积极加入战争并派兵援助唐朝。白江之战后,新罗与唐朝仍有共同的敌人高句丽,联盟仍然存在,唐、罗在白江之战五年后,联合作战,灭亡高句丽。共同的敌人使得唐和新罗在7世纪40年代到60年代前期都维持着友好且密切的关系。但随着百济复国运动的失败,拥有唐朝作为依靠的新罗在朝鲜半岛的优势日益显现,新罗的实力日益壮大,其野心也日益膨胀,新罗的战略目标从自保变为占领朝鲜半岛南部乃至统一整个朝鲜半岛。一方独大的新罗与努力建立以己为中心、以己为主导的国际秩序的唐朝之间必然会产生矛盾。新罗希望统一朝鲜半岛的愿望实际上已经挑战了唐朝的国际关系体制,新罗和唐朝之间产生根本利益的冲突。白江之战后,新罗与倭国恢复交往,很有可能已经有了想与唐王朝对抗的想法。唐与新罗的矛盾在麟德二年(665年)百济与新罗盟誓中可发现蛛丝马迹。《旧唐

---

① 舍人親王等:《日本書紀》卷二七,天智天皇二年九月,第361頁。

书·百济传》记载：

> 麟德二年八月，扶余隆到熊津城，与新罗王金法敏刑白马而盟。其盟文曰："往者百济先王，迷于逆顺，不敦邻好，不睦亲姻。结托高丽，交通倭国，共为残暴，侵削新罗，破邑屠城，略无宁岁。天子悯一物之失所，怜百姓之无辜，频命行人，遣其和好……故立前百济太子司稼正卿扶余隆为熊津都督，收其祭祀，保其桑梓。依倚新罗，长为兴国，各除宿憾，结好和亲。恭承诏命，永为藩服。仍遣使人右威卫将军鲁城县公刘仁愿亲临劝谕，具宣成旨，约之以婚姻，申之以盟誓……若有弃信不恒，二三其德，兴兵动众，侵犯边陲，明神鉴之，百殃是降，子孙不昌，社稷无守，禋祀磨灭，罔有遗余。故作金书铁契，藏之宗庙，子孙万代，无或敢犯。神之听之，是飨是福。"①

盟文表面上看是唐朝对百济勾结高句丽与倭国进攻新罗的谴责，但实际上是对百济故地的保护和对新罗的警告。从百济和新罗的盟文中可以看出，百济故地仍由在百济民众中有威信的百济王室成员扶余隆进行管理，唐放弃通过设立郡县直接控制百济故地，而是以羁縻怀柔的原则在百济实行故地自治。唐册封扶余隆为熊津都督，实际上仍将百济纳入了册封体系之中，百济也处于唐的保护之下。唐此前也在龙朔三年以新罗为鸡林大都督府，册封新罗王为鸡林州大都督。② 唐朝显然是要将朝鲜三国都编入唐朝的羁縻体制，那么新罗控制整个朝鲜半岛、在朝鲜半岛建立统一国家的愿望必然会受到唐的阻碍。百济、新罗双方还在盟文中约定不侵犯对方的边境，这一约定既是对百济故地的一种保护，也是唐对新罗的警告，若新罗有侵犯百济边境的行为，那么唐朝也会有所行动。由此可见，唐已经对新罗的野心及其统一朝鲜半岛的意图有所警觉。唐和新罗的联盟实际上已经产生了裂痕。高句丽灭亡后，唐和新罗失去了共同的敌人，新罗为了实现统一朝鲜半岛的愿望，走向唐的对立面，协助高

---

① 《旧唐书》卷一九九《百济传》，第5333页。
② 金富轼：《三国史记》卷六《文武王本纪》，第81页。

句丽遗民进行复国运动，唐与新罗的联盟彻底瓦解，二者也由昔日的盟友变为敌人，最终于咸亨五年（674年）走向战争，新罗也成为唐高宗建立东北亚国际秩序过程中的一大阻碍。

值得注意的是，此次会盟，倭国应当也是有参加的。《三国史记·文武王本纪》记载："歃讫，埋牲币于坛之壬地，藏其书于我之宗庙。于是仁轨领我使者及百济、耽罗、倭人四国使，浮海西还，以会祠泰山。"[①]盟文中明确指责了百济"结托高丽，交通倭国，共为残暴"，唐朝方面应当是想利用新罗与百济的会盟给曾经军事介入朝鲜半岛的倭国一个警告：若再有勾结他国，挑战中国王朝权威的情况，唐王朝依旧会对其进行军事打击。而倭国参加此次会盟应当是有打探白江之战后高宗的朝鲜半岛政策及态度的目的在内。而倭国也从这次会盟中意识到了高宗要解决朝鲜半岛问题的决心以及对新罗的警惕心。因此新罗与百济两国会盟应当也促使倭国的外交态度由积极介入朝鲜半岛转变为避免卷入朝鲜半岛争端。

五、结论

白江之战从根本上来说是唐朝和倭国为了建立和维护各自的国际秩序而进行的战争。唐高宗试图改变东北亚的混乱局势，建立以自我为中心和领导，四方臣服的一元国际格局。而桀骜不驯的高句丽与其盟友百济成为建立东北亚国际秩序的障碍，他们与唐朝对立，掠夺新罗的城池，无疑是对唐朝权威的挑战。强大的唐朝必然要对高句丽和百济予以打击，百济因此灭亡。而倭国为了其在朝鲜半岛的利益，为了保住对新罗和百济的"宗主"地位，与唐王朝对立，军事介入朝鲜半岛，援助百济复国运动，最终唐与倭国走向军事对抗，白江之战由此爆发。白江之战是东北亚国际格局的重要转折点。战争标志着百济复国运动的失败，百济彻底灭亡。唐朝在战争中以少胜多，这使得倭国充分意识到本国与唐王朝的差距，加紧本国政治、军事制度的建设，在外交上采取消极外交的态度，避免介入朝鲜半岛争端，对唐产生了畏惧警戒心理，减少向唐主动派遣使臣。高句丽失去了盟友百济，倭国也不愿提供军事援助，高句丽在整

---

① 金富轼：《三国史记》卷六《文武王本纪》，第84页。

个东北亚愈发孤立,最终走向被唐和新罗灭亡的结局。百济与高句丽接连灭亡大大加速了唐朝建立以己为中心和主导的国际秩序的进程。新罗的宿敌百济的灭亡使得新罗的野心日益膨胀,新罗不再满足于依附唐朝,而将目标扩大到整个朝鲜半岛,欲在朝鲜半岛建立统一国家,而唐朝则希望在朝鲜半岛采取羁縻政策。由此,唐与新罗的根本利益发生了冲突,两国矛盾日益加深,最终于咸亨五年走向战争。新罗也成为唐朝建立东北亚国际秩序进程中的一大障碍。

尽管唐高宗在东北亚积极构建以己为中心的东北亚国际秩序,但在百济和高句丽相继灭亡后,唐高宗在朝鲜半岛逐渐采取守势。陈寅恪在其《唐代政治史述论稿》中指出:"李唐承袭宇文泰'关中本位政策',全国重心本在西北一隅,而吐蕃盛强延及二百年之久。故当唐代中国极盛之时,已不能不于东北方采维持现状之消极政略,而竭全国之武力财力积极进取,以开拓西方边境,统治中央亚细亚,藉保关陇之安全为国策也。又唐资太宗、高宗两朝全盛之势,历经艰困,始克高丽,既克之后,复不能守,虽天时地势之艰阻有以致之,而吐蕃之强盛使唐无余力顾及东北,要为最大原因。"[1]唐朝的东北亚政策实际上与西北局势是密切相关的。高宗即位之初,因突厥阿史那贺鲁叛唐,西北局势危急,唐朝派遣大量兵力前往西北,无力东顾。待西北局势暂时稳定后,高宗更多将注意力集中到朝鲜半岛,相继灭亡百济、高句丽。而百济、高句丽被灭亡之后,西北局势告急,唐朝不得不将更多的兵力派往西北,唐朝难以再派出过多兵力前往朝鲜半岛直接统治百济和高句丽故地,唐朝势力在朝鲜半岛大幅后撤,"徙安东都护府于辽东故城,先是有华人任东官者,悉罢之。徙熊津都督府于建安故城;其百济户口先徙于徐、兖州者,皆置于建安"[2]。百济和高句丽南部最终被新罗占领,"自是新罗渐有高丽、百济之地"[3]。新罗实现了对朝鲜半岛的统一,而唐朝对朝鲜半岛采取维持现状之策,默认新罗统一朝鲜半岛。

高宗一朝实际上是整个东北亚的动乱时代,各国关系纷繁复杂。唐

---

[1] 陈寅恪:《隋唐制度渊源略论稿 唐代政治史述论稿》,第334—335页。
[2] 《资治通鉴》卷二〇二,高宗仪凤元年二月,第6378—6379页。
[3] 《旧唐书》卷一九九《新罗传》,第5336页。

王朝、倭国、新罗、百济、高句丽都在努力争取本国的利益，各国所做出的每一个外交行为都是在考虑了整个东北亚局势与格局的情况下进行的，因此在探讨这一时期某一国家的外交行为时，也要放在东北亚大背景下进行分析。

[导师评语]

　　白江之战是中日关系史上的重要事件，颇为史家所重，中日两国都有重要的学术成果。作者具备扎实的史学基本功与良好的外语应用能力，充分吸收中日两国已有学术成果并充分利用了中文和日文的原始资料，这使得本文具备了坚实的研究基础。本文除对具体史实有补正，更以唐高宗时代整个东北亚局势为着眼点，分析此战前后唐朝、日本以及朝鲜半岛上各种势力的博弈及其得失，研究视野更加开阔，得出的结论也更为全面允当。

《资治通鉴》两汉部分书写体例研究

——基于史源学的考察

作者：刘静怡　指导教师：孙正军[*]

一、关于选题

(一)选题的背景

选择对《资治通鉴》书写体例进行考察有两个主要的原因，一是中国历代史学家都极为重视史书的编纂体例问题，然而对《通鉴》体例问题的研究却较少；二是当下学界对史料文本的生成十分重视，诸如正在兴起的"历史书写"或"史料批判研究"，其中也涉及书写体例问题。

关于前者，众所周知，《资治通鉴》作为我国著名历史文献，从古至今研究者众多，但是大多数学者专注于考异，对《通鉴》记载的可靠性提出疑问，针对书写体例的研究则比较薄弱。即使从史源学角度探讨《通鉴》史料取舍问题的研究在涉及书写体例时，也都过于琐碎，缺乏一个系统的论述。而如张煦侯在《通鉴学》中所说："著作之事，欲其符号清晰，使读者寻文知义，不至眩乱而莫辨，则统一用语最为先著。如果作者能够统一用语，不使前后歧出以自乱其例，则全书中史笔谨严。成书有规定书法之必要，故《春秋》有《春秋》之书法，《通鉴》有《通鉴》之书法。前者已成专门，后者尚待寻讨。"[①]《通鉴》自身具有一套完整的、成体系的书

---

[*] 作者：刘静怡，首都师范大学历史学院中国史基地班2014级本科生，北京师范大学历史学院2018级硕士研究生，现任国家图书馆出版社编辑。2018年曾获北京市优秀毕业生。该文系在读期间主持国家级大学生科学研究与创业行动计划"《资治通鉴》秦汉部史源研究"的项目相关成果。在该文基础上的研究成果《〈资治通鉴〉两汉星象灾异书写体例探究》获得2019年"白寿彝史学论著奖"硕士研究生一等奖。

指导教师：孙正军，曾任首都师范大学历史学院副教授，硕士生导师。现任清华大学人文学院历史系长聘副教授，博士生导师。主要研究方向为秦汉魏晋南北朝史和中国古代政治制度史。

[①] 张煦侯：《通鉴学》，合肥：安徽人民出版社，1981年，第102页。

写体例，遗憾的是当前研究对此的揭示尚有很大不足。

关于后者，无待赘言，在中国古代历史文献的形成过程中，书写体例实具有重要地位。近年来，关注史料生成的"史料批判研究"或称"历史书写"的研究在学界方兴未艾，围绕此主题的著述陆续出版，以此为议题组织的学术会议亦受到众多关注。此类研究主张对关键史料进行深入的解读，从多个角度反思史料文本的形成，其研究取径包括史料来源、书写体例、成书背景、撰述意图等。虽然史料批判研究的重点在于重新解释史料并且建构历史图像，并非单纯的体例考据，但书写体例既为其研究取径之一，无疑也显示出此一研究对于文本体例的重视。故笔者认为这是重拾学界对《通鉴》书写体例研究的最佳时机。

（二）研究综述

《通鉴》成书于北宋，相关研究自南宋始，一直层出不穷，比如王应麟的《通鉴地理通释》、胡三省的《通鉴释文辩误》、王夫之的《读通鉴论》。现代也有许多杰出代表，如陈垣的《通鉴胡注表微》、岑仲勉的《通鉴隋唐纪比事质疑》、吴玉贵的《资治通鉴疑年录》等。这些著作多是针对《通鉴》记载的可靠性提出疑问、做出考证，而关于书写体例的研究则较少，且多是编纂当事人的说明，后人鲜有成体系的著述议论。司马光对书写体例的说明见于《资治通鉴释例》及与助手的通信中，为后人研究提供了最真实的研究材料。《资治通鉴释例》一文专门讨论了体例问题，司马光对其进行了细致的分类，包括"书天子例""书官名例""书事同日例"等十二例，对编纂书写体例进行了严格的规范及举例，可见其对体例问题是十分重视的。元初张氏晦明轩刻本《增节标目音注精议资治通鉴》比现今流传最广的版本增加了许多内容，包括刘道原所作《通鉴外纪》《举要历》等。其中吕祖谦的《论看通鉴法》与书写体例相关。他认为看《通鉴》需要识其统体，"看通鉴大要"共有四条，包括"官制""兵制""财赋""刑法"，亦有"《通鉴》条例分析"，包括"君德""政事""风俗""相业""国势"五例，简单说明了内容和体例，比如任相只是书"用某人为相，几年除，几年罢"，只写大纲，无须其他内容。《增节标目音注精议资治通鉴》还收录了载有三十六例的《通鉴释例》全文，弥补上文残缺严重的《通鉴释例》，补充了"不书例""重书例""书聘使例"等内容，当为《资治通鉴》书写体例研究最全面、权威的记载。在司马光的《传家集》中也找到三篇内容同《通鉴》相关，一是《答郭长官纯书》，主要针对正统问题，未谈及书法体例，在此不作论述；二是《答范梦得》（也称《温公与范内翰论修书帖》）对体例问题有详细说明，"诗赋等若止为文章、诏诰等若止为除官，及妖异止于怪诞"[1]，可以看出司马光对史料类型、选取标准都严格控制；三是《贻刘道原》，司马光对刘道原提出编纂《通鉴》的建议，认为"符瑞等皆无用可删"，"氏族附于宗室及代初功臣传后"又强调了文献传世的重要性。[2]记载司马光同刘道原关于《通鉴》的讨论，《通鉴问疑》无疑更为详细。该书是刘道原的后人刘羲仲为前人"争功"所作，留下了珍贵的史料。首先，二人讨论了正统问题，主要是希望得到在不同朝代、不同情况下，人物名分、位号的统一书写，随后二人确定了王爵、三公宰相的书写体例。同时，刘羲仲提出了自己对编纂体例的"八疑"。如《通鉴》删历代儒林文苑隐逸传不载；符谶事、神怪事本应不书，但有类似"汉高祖斩蛇""寇祖仁藏金"等事载入，其原因不详。[3]研究《通鉴》体例问题，《通鉴问疑》的价值不容忽视。《文献通考·经籍考》的"《资治通鉴》"一条中，摘录了前人对该书的各种评论，其中容斋洪氏《随笔》涉及体例方面。作者认为《通鉴》大抵欲如《左传》叙述之体，举例探讨了《通鉴》的年号、不同历法是如何进行统一书写的，以及封建王公、除卿拜相，纤悉必书，即使同社稷无关的官吏任免也会记载的体例特点。[4]

现代学者关于书写体例的研究很少，也没有专门的著述，多是简单提及而并非专门研究。前期有张煦侯的《通鉴学》一书对体例的研究还算比较详细。其书对"编年史之回溯""通鉴编集始末""通鉴之史料及其鉴别""通鉴史学一斑""通鉴之书法""通鉴之枝属与后继""通鉴之得失与编年史之改造"七个部分进行了说明和论证。"通鉴之书法"一章则是对《通鉴》书写体例的说明，在开篇部分便将司马光撰写的十二例《通鉴释例》全文移录，随后分"年者""人者""事者"三节为体例重点进行概括、举例、

---

[1] 司马光：《传家集》卷六三，《文津阁四库全书》集部别集类，北京：商务印书馆，2005年，第677页。

[2] 同上。

[3] 刘羲仲：《通鉴问疑》，北京：中华书局，1991年，第9—10页。

[4] 《文献通考》卷一九三《经籍考二十》，北京：中华书局，2011年，第5603页。

分析，证明后人已知体例均为不虚者，其中涉及"天文现象""除卿拜相""帝王郊天建储"等内容的取舍问题。本书是对《通鉴》体例的一个整体阐释。柴德赓的《资治通鉴介绍》从起草长编、史料选择、考异等七个方面对《通鉴》的编纂方法进行了详细的说明。作者认为限断、纪年等问题是确定体例时必须考虑到的，能体现司马光独到的见解。之后作者强调《通鉴》成书是为了巩固封建统治，所以司马光在选材时偏重政治史、军事史，而取经济史、文化史的内容较少，再次证明《通鉴》是为总结一套封建统治的历史经验而成。邱国义的《〈通鉴释例〉三十六例新发现》[①]算是体例研究中信息较为详细、新颖的文章。文中指出现今流传的《通鉴释例》在宋元人的著录中称作《通鉴前例》，而其中应包含三十六例的修史凡例，司马光给刘道原、范祖禹的十三封书信，以及司马伋依三十六例做成的四图，但今《通鉴释例》残缺严重，仅有十二例可见。作者将《通鉴释例》三十六例与《通鉴释例》十二例版本进行内容对比，述其优劣，又论证了《通鉴释例》的真实可靠性及其价值。最后，作者将三十六例原文录出，参以司马光自言叙事之例予以解说。本文对《通鉴》体例问题的新发现讨论十分详尽，实为探讨《通鉴》体例问题的佳作。

《通鉴》书写体例同史源学研究是密不可分的，讨论史源学的文章为书写体例研究提供了基本素材。比如张静的《资治通鉴（三国部分）的史源研究》[②]主要探讨分析的是《通鉴》在书写三国时期如何取材，呈现了《通鉴》处理原始材料的手法，比如删省时间、诏令、奏谏等。《〈资治通鉴〉取材〈三国志〉杂论》[③]一文，将《通鉴》处理《三国志》史料的四个方式进行阐述，包括直接抄录、删并史料后使史实出现问题、对诏令的处理、对大臣奏疏的处理。《〈资治通鉴〉（三国部分）与正史在史实上的差异》[④]，对《通鉴》三国部分中同正史有差异的地方分为时间、地名、官职、人名、数量差异几个方面进行概述。赵萍的《〈资治通鉴〉史源学考察（以唐玄宗、

---

① 邱国义：《〈通鉴释例〉三十六例新发现》，《史林》，1995年第4期，第1—19页。
② 张静：《资治通鉴（三国部分）的史源研究》，上海师范大学硕士学位论文，2003年。
③ 张静、汤勤福：《〈资治通鉴〉取材〈三国志〉杂论——〈资治通鉴〉（三国部分）史源研究之一》，《上海师范大学学报》，2005年第3期，第98—104页。
④ 汤勤福、张静：《〈资治通鉴〉（三国部分）与正史在史实上的差异》，《上海师范大学学报》，2007年第2期，第94—100页。

肃宗朝为中心）》[①]主要是针对唐玄宗和肃宗两朝的内容进行探究，得出司马光对待不同类型史料取舍的态度。卢庆辉的《〈资治通鉴〉西晋部分史源研究》[②]对《通鉴》西晋时期的史料研究细致，作者先详细介绍了该时期的史料来源，接着探讨《通鉴》的编纂手法以及史料的价值、史文特色。由此可见，史源学针对《通鉴》取舍问题的研究是书写体例的研究基础。同时，《资治通鉴》编纂文献学的研究也涉及书写体例，不过学者的关注重点大都在于司马光如何继承和总结各家特点，其成果并不太多。袁伯诚的《〈资治通鉴〉的编纂体例——〈资治通鉴〉研究之三》[③]中全面论述了司马光撰《资治通鉴》所用的体例及其特点。首先介绍了《通鉴》成书对前世史书编纂体例的继承和总结，综述古代编纂史的发展过程，强调史书体例都应反映出时代的变化发展和古今差异；接着，提出《通鉴》体例的创造性及其对历史编纂学的贡献，具体介绍了《通鉴》体例的六个特点，如汲取各家所长、注重实践观念、取法于历代实录等。《〈资治通鉴〉——历史文献编纂学史上的丰碑》[④]一文从成书背景开始介绍，包括编纂方法、步骤等，指出司马光对待原始材料的态度——"实录和正史不可轻信，杂史、小说未必无凭"。同时指出司马光除了对助手的工作给予明确的指示之外，对不同类型资料的处理方法以及选取"记人""记事""纪年"等史料的原则也做了详细的规定。由选取的史料内容可以看出司马光朴素的历史唯物主义历史观和实事求是的态度。文章总结了司马光创新独到的编纂方法以及其对史学、文献学的贡献。

由此可见，对于《通鉴》体例书写的研究除了编纂者的说明、信件等材料，其余的研究成果十分有限，多是验证已知的《通鉴释例》中的内容。史源学和文献编纂涉及的体例书写问题，也只是现象的陈述，缺少议论和深入思考。笔者选择对《资治通鉴》两汉部分的书写体例进行研究也正是考虑到以往研究的不足。

[①] 赵萍：《〈资治通鉴〉史源学考察（以唐玄宗、肃宗朝为中心）》，吉林大学硕士学位论文，2007年。

[②] 卢庆辉：《〈资治通鉴〉西晋部分史源研究》，上海师范大学硕士学论文，2014年。

[③] 袁伯诚：《〈资治通鉴〉的编纂体例——〈资治通鉴〉研究之三》，《固原师专学报（综合版）》，1982年第1期，第67—76页。

[④] 时保吉：《〈资治通鉴〉——历史文献编纂学史上的丰碑》，《殷都学刊》，2001年第3期，第39—43页。

（三）研究意义

由于《通鉴》鲜有体例方面的研究，且已有论述局限于规律呈现或总体性描述，未能深入对史料文本进行具体考察，《通鉴》两汉部分是否以及在多大程度上符合已知论述，未必不构成问题。《通鉴》选取旧史文献作为史料来源，并非原样抄录，而是进行了增补、删减、修订、考辨等种种修改。观察这些修改是如何进行的，是找出体例书写规律的基础。对于司马光在摘录、改写形式上的种种修改规律，例如主语增添、日期增减等，学者已经有了充分的研究，因此本文将以《通鉴》两汉部分的具体内容考察为重点，揭示《通鉴》对于旧史文献是以怎样的方式进行"二次加工"，成文的体例特点究竟为何，并希望进一步揭示其特点形成原因。本文采取的准备手法类似于长编，在对比阅读《通鉴》与其史源《汉书》《后汉书》三书的过程中，将有删减或是增添的内容全部摘录，之后对摘录的文本进行编辑和整理，按照内容分门别类，以此看出司马光书写两汉时期时对相同内容、类型的史料采用的处理手法，即成书体例，继而探讨其中的原因。借助于本文的考察，我们将对《通鉴》两汉部分的史料来源有更为确切的掌握，同时对探讨《通鉴》的史料观、书写体例乃至撰述者的史学思想，也能提供具体而微的新线索。

需要提前说明的是本文对照阅读的主要内容是《汉书》《后汉书》本纪以及《通鉴》汉纪各卷。至于为何选择本纪内容作为标准同《通鉴》进行比对，一是因为其重要性，《通鉴学》中指出："正史中《本纪》数卷，凡大政事大制作之始终兴废，以及号令征伐，生杀封拜，巡幸朝聘，与夫天文现象之大者，皆仿《春秋》之体，以日月为次，而书以简质之辞。故《本纪》在全书中，为大政之提纲，实无异乎一雏形之《资治通鉴》。温公系年书事，则首取焉，以为全书之轮廓；其所未详，则参取诸志所载，及列传之有关系者，而剪裁荟萃以入之。有未核者，则参考年表所列，及他史中时代相当之《本纪》，又编年书中时代相当之部分，以为是正。"[①]章太炎在通览全书后也曾说道："统观《通鉴》所采，西汉全采史汉，东汉采范书十之七八，魏晋至隋，采正史者十之六七，唐则采正史者十不及五。"[②]

---

① 张煦侯：《通鉴学》，第40页。
② 转引自张煦侯：《通鉴学》，第41页。

柴德赓同样认为："从战国至三国一段，大致用《战国策》、前四史、荀悦《汉纪》、袁宏《后汉纪》之类。"①正因为正史本纪如同一部雏形《通鉴》，将两者对比得出删省、增添之处实为深入探讨《通鉴》之选取规律、书写体例与作者之史料观的基础。二是因为其简洁性。作为本科生目前的能力、知识有限，还不能将《通鉴》同全书内容的对比结论和规律整理成文，故利用本纪内容的简洁性及其重要性，尝试性地进行初步探索。笔者将已得到的重要内容及其规律特点呈现如下。

二、《资治通鉴》两汉部分书写体例举隅

本章着重分析《资治通鉴》两汉部分与《汉书》《后汉书》本纪之间的差异，对规律特点进行总结分析，并且举例说明。

（一）星象灾异的书写体例

星象灾异现象在中国古代是十分重要的内容，往往被认为是上天对人事的预告，有较强的政治性质，故而最晚到春秋，就已经有史官记录灾异的传统了。②任何一个不寻常的现象都可以映射现实、儆戒人主，实际上星象灾异已经脱离自然现象，逐渐成为一种政治文化了。在《通鉴》中星象灾异记载同样是重要的组成部分，其取舍规律及部分违规律而行的内容究竟因何产生也值得深思。

为了方便进行下一步的讨论，首先明确本文星象灾异的概念。笔者认为，两汉时期出现在《通鉴》中星象灾异的记载大致可以分为三类：天文现象、自然灾害和祥瑞灾异。顾名思义，天文现象即涉及天象及天体异常状况的记载；自然灾害则是自然发生的灾害，如水、旱灾等；祥瑞灾异是异于平常、稍带有一些神秘色彩的现象。必须承认的是，天文奇观和自然灾害也会被时人认为是祥瑞灾异，而祥瑞灾异绝大多数又是较为奇特的自然现象，故这三者中存在模糊地带，很难进行一个完全清晰的分界，本文只求大致区分，特在此说明。

《通鉴》对星象灾异内容的取舍规律，同记录者的主观意识是密不可

---

① 柴德赓：《史籍举要》，北京：商务印书馆，2015年，第173页。
② 陈侃理：《儒学、数术与政治——灾异的政治文化史》，北京：北京大学出版社，2015年，第148页。

分的。通览司马光史料观的研究可知，他十分反对迷信及灾异的神秘主义历史观。《〈资治通鉴〉——历史文献编纂学上的丰碑》一文指出司马光对待原始材料的态度——"实录和正史不可轻信，杂史、小说未必无凭"。同时认为司马光除了对助手的工作给予明确的指示之外，对不同类型资料的处理方法以及选取"记人""记事""纪年"等史料的原则也做了详细的规定。由选取的史料内容可以看出司马光朴素的历史唯物主义历史观和实事求是的态度。[①]《通鉴学》中也写道："天文现象初与人事无涉，史官书之，以儆戒人主而已。《通鉴》重人事，惟书日食，余非涉及时政，概不入录。"[②]《司马光与〈资治通鉴〉》中同样指出："除了一些可以起着儆戒作用的妖异之事外，其他有关神鬼怪异的记载，一概直删不妨。因此，我们在《资治通鉴》中基本上看不到灾异、符瑞、图谶、占卜之类的记载。"[③] 由此，可以得出前期结论：从编纂者的史料看，《资治通鉴》中与政治问题关系密切的星象灾异现象应有记载，只是单纯祥瑞灾异内容，或是太过怪异的天文现象和自然灾害则应删省不记。下文基于具体史料对以上结论进行验证和补充。

1. 祥瑞灾异

祥瑞灾异在上述三者中貌似更加容易被划分为妖异事而删省，故通过对比《史记》《汉书》《后汉书》《前汉纪》等内容可知，其损失条目确实较多，似乎也没有发现另外增添的内容。不过，笔者发觉实际记载倒也并非全如前人所说"直删不妨"，书写态度明显较为"宽容"。表1整理了出现在《通鉴》两汉时期的祥瑞灾异记载，共有30条。

[①] 时保吉：《〈资治通鉴〉——历史文献编纂学上的丰碑》，《殷都学刊》，2001年第3期，第40—41页。
[②] 张煦侯：《通鉴学》，第108页。
[③] 韩勇：《司马光与〈资治通鉴〉》，山东大学硕士学位论文，2008年，第38页。

表1 《通鉴》所见祥瑞灾异事①

时间	内容	出处	具体类型
惠帝二年	春正月，癸酉，有两龙见兰陵家人井中，乙亥夕而不见。	《通鉴》卷一二	单纯叙事
高后八年	三月，太后祓，还，过轵道，见物如苍犬，撠太后掖，忽不复见。卜之，云"赵王如意为祟"。	《通鉴》卷一三	天降吉凶之诏
文帝十五年	春，黄龙见于成纪。	《通鉴》卷一五	单纯叙事
建元四年	有风赤如血。	《通鉴》卷一七	单纯叙事
元封二年	六月，甘泉房中产芝九茎，上为之大赦天下。	《通鉴》卷二一	政务措施
元凤三年	春正月，泰山有大石自起立；上林有柳树枯僵自起生，有虫食其叶成文，曰"公孙病已立"。	《通鉴》卷二三	天降吉凶之诏
昭帝元平元年	王尝见大白犬，颈以下似人，冠方山冠而无尾，以问龚遂……王终不改节。	《通鉴》卷二四	天降吉凶之诏
昭帝元平元年	王梦青蝇之矢积西阶东，可五六石，以屋版瓦覆之，以问遂……王不听。	《通鉴》卷二四	天降吉凶之诏
宣帝本始元年	五月，凤凰集胶东、千乘。赦天下，勿收田租赋。	《通鉴》卷二四	政务措施
本始四年	五月，凤凰集北海安丘、淳于。	《通鉴》卷二四	单纯叙事
地节二年	凤凰集鲁，群鸟从之。大赦天下。	《通鉴》卷二四	政务措施
元康元年	三月，诏以凤凰集泰山、陈留，甘露降未央宫，赦天下。	《通鉴》卷二五	政务措施
神爵二年	春正月，以凤凰、甘露降集京师赦天下。	《通鉴》卷二六	政务措施

---

① 本表第二列内容，除第三列所示《通鉴》出处外，基本亦见于《史记》《汉书》《后汉书》本纪，其中昭帝二条来自《汉书》卷六三《武帝五子传》。《史记》，北京：中华书局，1959年。《汉书》，北京：中华书局，1962年。《后汉书》，北京：中华书局，1975年。《资治通鉴》，北京：中华书局，2012年。

续表

时间	内容	出处	具体类型
神爵四年	春二月,以凤凰、甘露降集京师,赦天下。	《通鉴》卷二七	政务措施
	冬十月,凤凰十一集杜陵。	《通鉴》卷二七	单纯叙事
甘露元年	夏,四月,黄龙见新丰。	《通鉴》卷二七	单纯叙事
甘露三年	凤凰集新蔡。	《通鉴》卷二七	单纯叙事
元帝建昭四年	蓝田地沙石雍霸水,安陵岸崩雍泾水,水逆流。	《通鉴》卷二九	单纯叙事
成帝鸿嘉元年	冬,黄龙见真定。	《通鉴》卷三一	单纯叙事
鸿嘉二年	三月,有飞雉集于庭,历阶登堂而雊。后雉又集太常、宗正、丞相、御史大夫、车骑将军之府,又集未央宫承明殿屋上。	《通鉴》卷三一	天降吉凶之诏
永始元年	九月,黑龙见东莱。	《通鉴》卷三一	单纯叙事
绥和二年二月	时荧惑守心,丞相府议曹平陵李寻奏记方进,言:"灾变迫切,大责日加,安得但保斥逐之戮!阖府三百余人,唯君侯择其中,与尽节转凶。"……上秘之,遣九卿册赠印绶,赐乘舆秘器、少府供张,柱槛皆衣素。天子亲临吊者数至,礼赐异于它相故事。	《通鉴》卷三三	政务措施
天凤二年	春,民讹言黄龙坠死黄山宫中。百姓奔走往观者有万数。莽恶之,捕系,问所从起,不能得。	《通鉴》卷三八	政务措施
光武帝中元元年	京师醴泉涌出,又有赤草生于水崖,郡国频上甘露。	《通鉴》卷四四	政务措施
安帝元初六年	豫章有芝草生,太守刘祇欲上之,以问郡人唐檀,檀曰:"方今外戚豪盛,君道微弱,斯岂嘉瑞乎!"祇乃止。	《通鉴》卷五〇	政务措施

续表

时间	内容	出处	具体类型
桓帝永康元年	秋八月，巴郡言黄龙见。初，郡人欲就池浴，见池水浊，因戏相恐，"此中有黄龙，"语遂行民间，太守欲以为美。故上之。	《通鉴》卷五六	天降吉凶之诏
灵帝建宁二年	夏四月，有青蛇见于御座上……帝以蛇妖问光禄勋杨赐……	《通鉴》卷五六	政务措施
灵帝光和元年	侍中寺雌鸡化为雄。	《通鉴》卷五七	单纯叙事
	六月，丁丑，有黑气堕帝所御温德殿东庭中，长十余丈，似龙。	《通鉴》卷五七	单纯叙事
	秋七月，壬子，青虹见玉堂后殿庭中。诏召光禄大夫杨赐等诣金商门，问以灾异及消复之术。	《通鉴》卷五七	政务措施

按与政事的关联情况，笔者将表中内容再次细化为三类：单纯叙事、政务措施、天降吉凶之诏。后二者正如前期结论所言，《通鉴》所载多数祥瑞灾异内容确实与政治行为紧密联系。而看似单纯叙事之内容，比如占卜、黄龙、凤凰等也被载取，虽然数量不多，但也可体现出司马光等编纂者对史料进行取舍时还是比较"宽容"，并非全删。笔者推测"单纯叙事"的记述原因，大概和北宋成书时期世人对"天人感应"之说的重视不无关系。

灾异之事同"天人感应"始终联系紧密，或者说二者相辅相成。至北宋，祥瑞灾异被当作某些政事推进的原因，或是合理解释某些政治行为的主要依据和政治批判工具。且在君主专制的政治制度下，"天"是对人君有着约束力的权威。因此，宋学在否定汉唐灾异论的同时，又积极维护灾异论。欧阳修在《新唐书·行志序》中一面说"削其事应"，一面也说"著其灾异"，否定之外也有肯定。[①]想来司马光也不例外。可见，取舍原因是多方面的，还需要我们全面地看问题。

另外，司马光按照已有史料记载特点和朝代本身政治特点选取内容的行为大概是载"单纯叙事"的又一原因。灾异问题在西汉明显受到儒家

---

① 陈侃理：《儒学、数术与政治——灾异的政治文化史》，第283页。

天命理论的影响，这种政治思想在武帝之后愈来愈成熟，符合当时汉朝亟待稳定的社会环境和加强中央集权的需要。①按陈侃理《儒学、数术与政治——灾异的政治文化史》一书中关于祥瑞灾异的史料记载，西汉后期灾异尤为高发，或许有一定的客观因素，但更重要的恐怕是对灾异的主观认识发生转变。②再看张小峰《西汉中后期政局演变探究》，在"对阴阳灾变的惊惧与重视"这一段中提到天命理论就是既强调君主的权威，又宣扬上天对君主的监督和约束，祥瑞嘉勉之，灾害谴告之。各个皇帝对待这个的态度是不一样的。比如武帝、宣帝，就是只宣传祥瑞，回避灾异。③可见，皇帝对此事持有不同态度，导致不同时期采取不同行为，史官在书写中也会进行侧重描写。如果王朝和儒生都对此十分重视，也会有更多的人投其所好，民间也会"产生"更多的祥瑞灾异现象，史书中自然也会用更多笔墨。这一现象表现最明显的就是西汉宣帝朝，本纪中关于祥瑞的记录远远多于其他朝，而表1宣帝朝记载凤凰、黄龙之事也多于其他朝。由此可以认为，若源头材料记载数量多，《通鉴》也企图将这个特点呈现出来。在宣帝之后，《通鉴》对祥瑞灾异的记载就删省很多。仅从表1中灵帝朝记载便可以看出，《汉书》《后汉书》中记载并不在少数，而《通鉴》所取者大多同朝政相关，或是召大臣问询之类。笔者认为司马光虽不喜神鬼怪异事，但仍希望在君主专制中央集权的背景下，适当展现"天命观"，对祥瑞灾异进行记载，希望统治者能够规范自己的言行。在对不同时期祥异事进行记载的时候，也侧重于体现出该时段的政治特点及原始材料记述特点，实属用心良苦。

2. 天文现象与自然灾害

相比祥瑞灾异，天文现象与自然灾害的记载要稍多一些，经过笔者统计两汉共有63条删省内容，即相关内容见于各书本纪不见于《通鉴》。31条增添内容，即见于《通鉴》而不见于本纪，是编纂者在以本纪记载为框架的基础上，通过参考其他史料来源自行增添的内容，表2对此进行了详细的梳理。

---

① 王伟：《儒家"天命观"对古代政权合法性的影响》，《中北大学学报》，2015年第31卷第4期，第16页。
② 陈侃理：《儒学、数术与政治——灾异的政治文化史》，第111页。
③ 张小峰：《西汉中后期政局演变探究》，天津：天津古籍出版社，2007年，第147—149页。

表 2 《通鉴》增添的天文和自然灾害现象

时间	内容	出处
文帝前十二年	冬，十二月，河决酸枣，东溃金堤、东郡；大兴卒塞之。	《史记·河渠书》
景帝前二年秋	彗星出东北。	《史记·孝景本纪》①
	荧惑逆行守北辰，月出北辰间，岁星逆行天廷中。	
景帝前三年冬	长星出于西方。	
景帝后三年冬	十月，日月皆食，赤五日。	
	十二月晦，雷，日如紫，五星逆行守太微。	
武帝元光三年	春，河水徙，从顿丘东南流。夏，五月，丙子，复决濮阳瓠子，注巨野，通淮、泗，泛郡十六。	《汉书·沟洫志》
武帝元封元年	是时小旱，上令官求雨。	《史记·平准书》
武帝元封二年	初，河决瓠子，后二十余岁不复塞，梁、楚之地尤被其害。	《汉书·沟洫志》
武帝天汉元年	夏，大旱。	《前汉纪》卷十四
宣帝地节三年	京师大雨雹，大行丞东海萧望之上疏，言大臣任政，一姓专权之所致。	《汉书·萧望之传》
宣帝地节四年	夏，五月，山阳、济阴雹如鸡子，深二尺五寸，杀二十余人，飞鸟皆死。	《前汉纪》卷十八
元帝建昭元年	春，正月，戊辰，陨石于梁。	《汉书·五行志下之下》
成帝建始三年	秋，关中大雨水四十余日。	《前汉纪卷二十四》
成帝建始四年	春，正月，癸卯，陨石于亳四，陨于肥累二。	《汉书·沟洫志》
	大雨水十余日，河决东郡金堤。	《汉书·五行志下之下》

---

① 本表旨在对比见于《资治通鉴》自行增添的部分，能见于《史记》本纪的内容理应不列入表中。但如前文所述，本文主要比对材料为《汉书》《后汉书》本纪，且《汉书》对《史记》存在借鉴关系，此处《汉书》本纪未取，而《通鉴》特意添补该内容，实在值得关注，故将此处见于《史记》本纪的内容也列入表中。

续表

时间	内容	出处
成帝河平二年	夏，四月，楚国雨雹，大如釜。	《汉书·五行志中之下》
成帝河平三年	河复决平原，流入济南、千乘，所坏败者半建始时。	《汉书·沟洫志》
成帝鸿嘉四年	秋，勃海、清河、信都河水溢溢，灌县、邑三十一，败官亭、民舍四万余所。	《汉书·沟洫志》
成帝永始二年	二月，癸未夜，星陨如雨，绎绎，未至地灭。	《前汉纪》卷二十六
成帝永始四年	夏，大旱。	《前汉纪》卷二十六
成帝元延三年	春，正月，丙寅，蜀郡岷山崩，壅江三日，江水竭。	《汉书·五行志下之上》
成帝元延四年	陨石于关东二。	《汉书·五行志下之下》
哀帝建平元年	春，正月，陨石于北地十六。	《汉书·五行志下之下》、《前汉纪》卷二十八
平帝元始二年	六月，陨石于钜鹿二。	《前汉纪》卷三十
地皇三年	蝗从东方来，飞蔽天。	《汉书·武五子传》
安帝永初二年	秋七月，太白入北斗。	《后汉书·天文志中》
顺帝阳嘉二年六月丁丑	洛阳宣德亭地坼，长八十五丈，近郊地。	《后汉书·五行志四》
桓帝元嘉元年四月	大风拔树，昼昏。	《后汉书·五行志四》
灵帝建宁元年九月	是月太白犯房之上，入太微。	《后汉书·天文志下》
灵帝中平二年二月庚戌	乐成门炎。	《后汉书·五行志二》

由表2可知，编纂者对天文现象和自然灾害的书写比较重视，不只是忠于本纪内容，也试图从其他志书中补充符合要求的内容，可谓记述翔实。究其原因，笔者认为比起祥瑞灾异，天文现象和自然灾害似乎更能体现出非怪异的天人感应思想对君主专制社会的影响，对民众的影响

也更加直观,对皇帝的约束力自然也更强。此外还有上文所说,受到原始古籍记叙特点影响,《汉书》《后汉书》本纪中对二者的记载在多卷中均有体现,不可谓不详。古籍中已单作《五行志》《天文志》等专门篇章描述其现象,内容详细、分类明确,而本纪也一丝不苟地按照时间顺序将其内容记载详尽。尤为明显的是《后汉书·孝献帝纪》,自建安元年开始,每年所载内容不多,但仍会记载天文、自然灾害的内容,比如建安六年和十五年,《后汉书》本纪全年仅有一条记录,其内容就是对"日有食之"天文现象的描述,再无其余事件。又比如建安十四年,仅有关于"荆州地震"的内容,亦未载其余事。①本纪一直被理解为记载"年度大事记"之章节,那么一年之中仅记载天文现象和自然灾害足以见得该内容的重要程度,以及作者的重视程度。再总览《通鉴》两汉时期各卷,笔者认为天文现象和自然灾害内容能够体现天人感应的思想,又考虑到每个时期史书记述的特点,故而不嫌繁复地记述和增添其内容。

尽管如此,本纪中仍有天文现象和自然灾害内容未被载入《通鉴》,异于上述体例特点,表3、表4将其逐条总结,便于讨论。

表3 《通鉴》删省的天文现象

时间	内容	出处
昭帝元平元年	甲申,晨有流星,大如月,众星皆随西行。	《汉书·昭帝纪》
成帝建始元年	九月戊子,流星光烛地,长四五丈,委曲蛇形,贯紫宫。	《汉书·成帝纪》
平帝元始五年	荧惑入月中。	《汉书·王莽传上》
王莽地皇元年	二月,日正黑。	《汉书·王莽传下》
天凤二年	是时,日见中星。	
地皇四年(淮阳王更始元年)	太白星流入太微,烛地如月光。	
光武帝建武十五年	丁未,有星孛于营室。	《后汉书·光武帝纪》
元和二年	夏四月,客星入紫宫。	《后汉书·肃宗孝章帝纪》

---

① 《后汉书》卷九《孝献帝纪》,第382、386页。

续表

时间	内容	出处
永建六年	客星出牵牛。	《后汉书·孝顺孝冲孝质帝纪》
阳嘉元年	戊子，客星出天苑。	
永和二年	八月庚子，荧惑犯南斗。	
永和三年	戊子，太白犯荧惑。	
汉安二年	六月乙丑，荧惑犯镇星。	
本初元年	五月庚戌，太白犯荧惑。	
初平元年	二月壬辰，白虹贯日。	《后汉书·孝献帝纪》
	冬十一月庚戌，镇星、荧惑、太白合于尾。	
初平四年	六月辛丑，天狗西北行。	
建安十八年	是岁，岁星、镇星、荧惑俱入太微。	
建安二十二年	冬，有星孛于东北。	

表4 《通鉴》删省的自然灾害现象

时间	内容	出处
元狩元年	十二月，大雨雪，民冻死。	《汉书·武帝纪》
始元六年	夏，旱，大雩，不得举火。	《汉书·昭帝纪》
本始元年	夏四月庚午，地震。诏内郡国举文学高第各一人。	《汉书·宣帝纪》
河平四年	五月壬申，长陵临泾岸崩，雍泾水。	《汉书·成帝纪》
地皇三年	二月，霸桥灾，数千人以水沃救，不灭。莽恶之，下书曰："……其更名霸馆为长存馆，霸桥为长存桥。"	《汉书·王莽传下》
地皇四年	是日，大风发屋折木。	
建武六年	夏，蝗。	《后汉书·光武帝纪》
建武七年	是夏，连雨水。	
建武八年	秋，大水。	
建武二十二年	九月戊辰，地震裂。制诏曰："日者地震，南阳尤甚……"	

续表

时间	内容	出处
永平十八年	是岁，牛疫。	《后汉书·肃宗孝章帝纪》
建初三年	冬，牛大疫。	
永元十二年	舞阳大水，赐被水灾尤贫者谷，人三斛。	《后汉书·孝和孝殇帝纪》
永初元年	六月丁巳，河东地陷。	《后汉书·孝安帝纪》
	十月辛酉，山泉水大出。	
永初三年	三月，京师大饥，民相食。	
永初七年	五月京师大雩。	
	八月，京师大风，蝗虫飞过洛阳。	
元初元年	六月河东地陷。	
元初二年	二月，京师大风。	
	洛阳新城地裂。	
元初三年	地圻。	
延光四年	京师大疫。	
阳嘉二年	是月，旱。	《后汉书·孝顺孝冲孝质帝纪》
建康元年	九月，三郡水涌土裂。	
永嘉元年	夏四月壬申，雩。	
建和元年	郡国六地裂，水涌井溢。	
元嘉元年	春正月，京师疾疫，使光禄大夫将医药案行。	《后汉书·孝桓帝纪》
	二月，九江、庐江大疫。	
永寿元年	六月，洛水溢，坏鸿德苑。	
永寿三年	秋七月，河东地裂。	
延熹元年	秋七月己巳，云阳地裂。	
延熹八年	四月，济阴、东郡、济北河水清。	
	六月丙辰，缑氏地裂。	
永康元年	五月丙申，京师及上党地裂。	

95

续表

时间	内容	出处
建宁三年	春正月，河内人妇食夫，河南人夫食妇。	《后汉书·孝灵帝纪》
建宁四年	三月，海水溢，河水清。	
	五月，河东地裂，雨雹，山水暴出。	
熹平三年	秋，洛水溢。	
光和六年	冬，东海、东莱、琅琊井中冰厚尺余。	
兴平二年	四月，大旱。	《后汉书·孝献帝纪》
建安二年	秋九月，汉水溢。	
建安十七年	秋七月，洧水、颍水溢。	
建安二十二年	是岁，大疫。	

综合表3、表4，其内容貌似与《通鉴》载入的天文现象和自然灾害无异，却再次违背上述书写体例规律结论，其删省原因变得模糊。笔者结合表格内容及原始史料的上下文试图分析，大致可以归纳为两点原因。

第一，因其内容与祥瑞灾异相近。同本文开头所述一致，由于同祥瑞灾异的分类界线模糊，故一些不寻常的天文和灾害现象可能被编纂者认为是神鬼怪异事，因荒诞不载。抑或发生频率过于频繁，失去其真实性和警示性。表4中频繁地裂、水溢等灾害，出现频率高、数量多，其真实性不易探查。《通鉴》成书目的之一是让君主以史为鉴，学习治理朝政之事，借用"天人感应说"正可达此目的，但太过频繁的相似内容也许适得其反，故编纂者可能因此删减重复较多的内容。另外，张煦侯认为《通鉴》著者处理原始史料最有特性和价值的部分之一即天文现象不备书。"书于目录，正史有天文五行两志，日食星变，记载最详。此皆天文现象，初与人事无涉，史官书之，以儆戒人主而已。《通鉴》重人事，惟书日食，余非涉及时政，概不入录。"[1]这一点同祥瑞灾异被大量删省的原因一致。虽然天文和自然灾害现象与天人感应思想联系更加紧密，但编纂者也并非全盘接纳而是逐条细致分析，将同祥瑞灾异相近的内容除去，以保其真实性，可见编纂之用心。

---

[1] 张煦侯：《通鉴学》，第108页。

第二，叙述重要政治事件时希望保证完整性。少数特殊的天文、灾害事件穿插在比较重要的事件叙述当中，笔者认为编纂者为了政治事件叙述的连贯性和完整性，不再特意载入过程中出现的天文灾害内容。比如"十二月，大雨雪，民冻死"①穿插在"淮南王、衡山王谋反"的事件中，笔者推测正是为了不破坏叙述的完整性就干脆省略不记了。除此之外，也不能排除编纂遗漏、失误的可能性。

当然，上述规律并非完全适用，记载体例仍有前后删省、增添矛盾之处。如《通鉴》对"荧惑"的记载就存在前后不一致的问题。表2西汉景帝时期对"荧惑"有所记载，且其内容原载于《史记·孝景本纪》，《汉书》在借鉴时因为某种原因将其删减，故而此处"荧惑"记载未见于《汉书·景帝纪》。但《通鉴》再次选择将其增补，可见这条史料还是具有一定价值的。再看表3，同样属于天文现象的"荧惑"在平帝元始五年的记载被删省，且东汉朝有大量相关内容也一并删省了。针对这其中的矛盾，笔者认为应从对"荧惑"的理解入手。《淮南子·天文》中称荧惑："为乱为贼，为疾为丧，为饥为兵，出入无常，辨变其色，时见时匿。"②《史记·天官书》中指出："荧惑曰南方火，主夏，日丙、丁。礼失，罚出荧惑，荧惑失行也。"③《汉书·天文志》也载："荧惑为乱为贼，为疾为丧，为饥为兵，所居之宿国受殃。"④可见，荧惑同"失行"紧密联系，按照编纂者的体例规定，荧惑属于对统治者的道德教化能够起到一定的作用，可促使其实行仁政的内容，理应载入。那么为何西汉朝虽有载但数量少，东汉朝索性删省？再探荧惑在两汉朝的意义，笔者发现对西汉来说较为单纯的天文现象，到了东汉成了某种"谶纬"，与神鬼怪异事更加贴近了。东汉后期"童谣荧惑说"开始出现，即荧惑变为儿童在民间传播歌谣。⑤《论衡·订鬼篇》曰："世谓童谣，荧惑使之，彼言有所见也。"刘盼遂注："古传荧惑星化为小儿，下教群儿谣谚。"⑥童子所传歌谣若属妖歌，很明显便超出了

---

① 《汉书》卷六《武帝纪》，第174页。
② 《淮南子》卷三《天文》，北京：中华书局，2009年，第49页。
③ 《史记》卷二七《天官书》，第1317页。
④ 《汉书》卷二六《天文志》，第1281页。
⑤ 刘复生：《荧惑崇祀及其在宋代的流变》，《社会科学研究》，2001年第3期，第126页。
⑥ 刘盼遂：《论衡集解》卷二二《订鬼》，北京：古籍出版社，1957年，第453—454页。

天文现象的范畴，司马光也许是意识到了在两汉之间"荧惑星"寓意的发展已经趋于异化[①]，因而东汉朝的相关记载不取。但令人不解的是，《荧惑崇祀及其在宋代的流变》中提到荧惑与宋朝德运相关，且自宋朝中期徽宗崇宁年间，皇帝首次亲自祭祀荧惑，自此荧惑地位大升，甚至在绍兴年间制定的专用于祭祀国运之神的《祀大火》中也被称颂有加，到后来南宋重建德运的过程中，荧惑之祀也体现了崇高的地位。按以上论述，荧惑在宋朝应是有巨大的影响力，若编纂者出于儆戒人主、联系政事的初衷，载其内容对宋朝君主的规范作用更强，为何编纂者并没有这么做，而是将相关内容删省了呢？其中缘由不得而知，笔者暂时猜测同司马光等编纂者的史料观点不无关系，具体原因仍需更多史料的支撑才行。

综上，通过对《资治通鉴》中星象灾异问题的讨论，可以得出结论：祥瑞灾异方面，《通鉴》总体比本纪减少近百分之八十的内容，但西汉宣帝朝所载数量最多；天文现象和自然灾害，比起本纪内容略有增加，尤其是西汉后期和东汉时期自然灾害频发，记载数量呈现越来越多、越来越密集的趋势。对于《通鉴》采取如此态度的原因，笔者进行了假设和猜想，但仍有反例存在，所以不确定性较多。不过，笔者认为司马光记载星象灾异的原因与约束统治者的思想以及加强中央集权相关。

(二) 皇帝诏书的记载体例

诏书是皇帝发布的公文命令，在《汉书》《后汉书》本纪中有着丰富的记载，从数量上来说可以算是组成各本纪的主体，篇幅长短不一，叙述形式也不尽相同，相比某些战事记载和政事制度，本纪对内容多样的诏书记载更为详尽，可谓是重中之重。但是《通鉴》对其重视程度大打折扣，经过笔者的对比，两汉诏书在《通鉴》中记载的数量远远小于被删省的，甚至不到二分之一。其记载规律可以简单总结为由西汉到东汉诏书数量逐渐减少，尤其自东汉建安元年始，本纪中诏书数量减少过多；非稳定朝代的诏书记载完整，比如王莽新朝多颁布新制度法令的诏书，《通鉴》几乎全载；涉及国家政事的诏书内容只增不减，类似诏令有"立太子诏""周边国家关系""封侯""重要决策或制度公布"等。编纂者的处理手法也

[①] 甄尽忠：《汉代"荧惑"星占及其政治功能探析》，《保定学院学报》，2016年第29卷第4期，第47页。

不外乎三种——全部删省、不完全保留、全部保留。其中，不完全保留是最普遍的，也是较复杂的处理方式，即针对同一种内容的诏书采取了不同的处理手法，原本大规模删省的诏书内容在《通鉴》其他处却有遗留，其中原因有多种可能性，这部分是笔者想重点分析的内容。

1. 大赦天下

首先，探讨全部保留的内容。有关"大赦天下"的诏令是出现数量最多，最有规律，且全部被记载，无一删除的重点内容。为了节省篇幅，《通鉴》大都省略"赦天下"的原因，改变其诏令形式，只保留"大赦天下"或"赦天下"的记载，这足以说明其重要性。[1]笔者认为"大赦天下"虽然不属于国家重要政事，但是其背后的意义正是编纂者看中的。一是因为其代表着统治者的正统地位。顾名思义，"大赦天下"的恩赐只有统治者才能够发出，这是对君主地位的强调与巩固，是对中央集权的加强。从"星象灾异"现象我们可知编纂者十分重视中央集权的加强，所以想必此处也是为了强调统治地位。二是因为赦免是统治者笼络人心的重要手段，既缓解了社会矛盾又彰显了皇帝恩德。综上，笔者认为这是司马光为了激发当朝统治者维护统治、加强君主专制、收买民心的斗志刻意为之。

司马光认为："每患迁、固以来，文字繁多，自布衣之士，读之不遍，况于人主，日有万机，何暇周览！"[2]所以其欲删削冗长，化繁为简，意图专取国家兴衰和系生民休戚之事，故除去记载国家重要政事和"大赦天下"的诏令会保留，其余没有实质性内容的则被删省，这在《通鉴》编纂中属于正常、普遍的现象。由此，我们可以得出结论——同国家政事相关的重要诏书只增不减，其余诏令则为《通鉴》删减的主要对象。其中政事指的主要是国家兴亡问题、历代王朝的政治措施、政治集团中重要的人物和言行以及军事战争问题。[3]

2. 赐民爵

由于诏书删减具有普遍性，在此讨论删减问题的意义并不是很大，但"赐民爵"问题是诏书全部删省的唯一类型，值得多用些笔墨。

---

[1] 数量众多，在此不作陈列。
[2] 《资治通鉴·进书表》，北京：中华书局，2012年，第9739页。
[3] 柴德赓：《资治通鉴介绍》，北京：求实出版社，1981年，第30—31页。

在本纪中,"赐民爵"可以更加具体地分为三类:一是"赐天下男子爵",二是"民爵户一级",三是"赐民为父后者爵一级"。这三者之间的区别并不是本文讨论的重点,所以在此不论,但是在《通鉴》中它们并没有被加以区分而是统一被删省了,通过表5可以看得更加直观。

表5 《通鉴》中删省的"赐民爵"内容

时间	删省内容
高帝二年二月	施恩德,赐民爵。
高帝十二年五月	赐民爵一级。中郎、郎中满六岁爵三级,四岁二级。外郎满六岁二级。中郎不满一岁一级。外郎不满二岁赐钱万。宦官尚食比郎中,谒者、执盾、执戟、武士、驺比外郎。太子御骖乘赐爵五大夫,舍人满五岁二级。
惠帝元年十二月	赐民爵,户一级。
惠帝五年九月	赐民爵,户一级。
高后元年二月	赐民爵,户一级。
高后八年闰月	赐民爵一级,女子百户牛、酒,酺五日。
文帝元年正月	因赐天下民当为父后者爵一级。
景帝元年四月	赐民爵一级。
景帝三年六月	赐民爵一级。
景帝四年六月	赐民爵一级。
景帝七年四月	赐民为父后者爵一级。
景帝中元年四月	赐民爵一级。
景帝中五年六月	赐民爵一级。
景帝后元年三月	赐民爵一级。
景帝后三年正月	赐民爵一级。
武帝建元元年二月	赐民爵一级。
武帝元光元年夏四月	赐民长子爵一级。
武帝元狩元年四月	赐中二千石爵右庶长,民为父后者一级。
武帝元鼎四年十月	赐民爵一级,女子百户牛、酒。
武帝元封元年四月	赐天下民爵一级,女子百户牛、酒。
昭帝始元五年六月	赐中二千石以下至吏、民爵,各有差。

续表

时间	删省内容
昭帝天凤四年正月	赐中二千石以下及天下民爵。
宣帝本始元年五月	赐吏二千石、诸侯相、下至中都官、宦吏、六百石爵，各有差，自左更至五大夫。赐天下人爵各一级，孝者二级，女子百户牛、酒。
宣帝本始二年六月	赐民爵一级，女子百户牛、酒。
宣帝地节三年四月	赐御史大夫爵关内侯，中二千石爵右庶长。天下当为父后者爵一级。
宣帝元康元年三月	其赦天下徒，赐勤事吏中二千石以下至六百石爵，自中郎吏至五大夫，佐史以上二级，民一级，女子百户牛、酒。
宣帝元康二年三月	赐天下吏爵二级，民一级，女子百户牛、酒，鳏、寡、孤、独、高年帛。
宣帝元康三年春	赐天下吏爵二级，民一级，女子百户牛、酒，鳏、寡、孤、独、高年帛。
宣帝元康四年三月	其赐天下吏爵二级，民一级，女子百户牛、酒。加赐三老、孝弟、力田帛，人二匹，鳏、寡、孤、独各一匹。
宣帝神爵元年三月	赐天下勤事吏爵二级，民一级，女子百户牛、酒，鳏、寡、孤、独、高年帛。
宣帝神爵四年二月	赐民爵一级，女子百户牛、酒，鳏、寡、孤、独、高年帛。
宣帝神爵四年四月	及颍川吏、民有行义者爵，人二级，力田一级，贞妇、顺女帛。
宣帝五凤元年正月	又赐列侯嗣子爵五大夫，男子为父后者爵一级。
宣帝五凤三年三月	赐民爵一级，女子百户牛、酒。大酺五日。加赐鳏、寡、孤、独、高年帛。
宣帝甘露二年正月	赐民爵一级，女子百户牛、酒，鳏、寡、孤、独、高年帛。
宣帝甘露三年二月	赐民爵二级。
元帝初元二年正月	赐云阳民爵一级，女子百户牛、酒。
元帝初元二年四月	天下当为父后者爵一级。
元帝初元四年三月	赐民爵一级，女子百户牛、酒，鳏、寡、高年帛。
元帝永光元年正月	赐民爵一级，女子百户牛、酒，高年帛。
元帝永光元年三月	赐吏六百石以上爵五大夫，勤事吏二级，民一级，女子百户牛、酒，鳏、寡、孤、独、高年帛。

续表

时间	删省内容
元帝永光二年二月	赐民爵一级，女子百户牛、酒，鳏、寡、孤、独、高年、三老、孝弟、力田帛。
元帝建昭五年三月	赐民爵一级，女子百户牛、酒，三老、孝弟、力田帛。
元帝竟宁元年春正月	赐列侯嗣子爵五大夫，天下为父后者爵一级。
成帝建始三年三月	赐孝弟、力田爵二级。
成帝河平元年三月	赐天下吏民爵，各有差。
成帝鸿嘉元年二月	其赐天下民爵一级，女子百户牛、酒，加赐鳏、寡、孤、独、高年帛。
成帝永始四年正月	赐云阳吏民爵，女子百户牛、酒，鳏、寡、孤、独、高年帛。
成帝绥和元年二月	赐诸侯王、列侯金，天下当为父后者爵，三老、孝悌、力田帛，各有差。
哀帝绥和二年四月	赐宗室王子有属者马各一驷，吏民爵，百户牛酒，三老、孝弟、力田、鳏、寡、孤、独帛。
哀帝建平四年五月	赐中二千石至六百石及天下男子爵。
平帝元始元年正月	赐天下民爵一级，吏在位二百石以上，一切满秩如真。
平帝元始四年二月	赐天下民爵一级，鳏、寡、孤、独、高年帛。
王莽始建国元年	赐吏爵人二级，民爵人一级，女子百户羊、酒，蛮夷币、帛各有差。
建武三年	其择吉日祠高庙，赐天下长子当为父后者爵，人一级。
建武二十九年	庚申，赐天下男子爵，人二级；鳏、寡、孤、独、笃癃、贫不能自存者粟，人五斛。
建武三十年	赐天下男子爵，人二级；鳏、寡、孤、独、笃癃、贫不能自存者粟，人五斛。
建武三十一年	戊辰，赐天下男子爵，人二级；鳏、寡、孤、独、笃癃、贫不能自存者粟，人六斛。
中元三年	赐天下男子爵，人二级；三老、孝悌、力田人三级；流人无名数欲占者人一级；鳏、寡、孤、独、笃癃、贫不能自存者粟，人五斛。
永平三年	赐天下男子爵，人二级；三老、孝悌、力田人三级；流人无名数欲占者人一级；鳏、寡、孤、独、笃癃、贫不能自存者粟，人五斛。

续表

时间	删省内容
永平十二年	五月丙辰，赐天下男子爵，人二级，三老、孝悌、力田人三级，流民无名数欲占者人一级；鳏、寡、孤、独、笃癃、贫无家属不能自存者粟，人三斛。
永平十五年	（三月）赐天下男子爵，人三级；郎、从官视事二十岁已上帛百匹，十岁已上二十匹，十岁已下十匹，官府吏五匹，书佐、小史三匹。
永平十八年	（诏曰）其赐天下男子爵，人二级，及流民无名数欲占者人一级；鳏、寡、孤、独、笃癃、贫不能自存者粟，人三斛。
	十月，赐民爵，人二级，为父后及孝悌、力田人三级，脱无名数及流人欲占者人一级，爵过公乘得移与子若同产子；鳏、寡、孤、独、笃癃、贫不能自存者粟，人三斛。
建初三年	三月，赐爵，人二级、三老、孝悌、力田人三级，民无名数及流民欲占者人一级；鳏、寡、孤、独、笃癃、贫不能自存者粟，人五斛。
建初四年	四月，赐爵，人二级、三老、孝悌、力田人三级，民无名数及流人欲自占者人一级；鳏、寡、孤、独、笃癃、贫不能自存者粟，人五斛。
元和二年	五月（诏曰）其赐天下吏爵，人三级；高年、鳏、寡、孤、独帛，人一匹。
	九月壬辰，诏："凤皇、黄龙所见亭部，无出二年租赋。加赐男子爵，人二级；先见者帛二十匹，近者三匹，太守三十匹，令、长十五匹，丞、尉半之。《诗》云：'虽无德与汝，式歌且舞。'它如赐爵故事。"
永元八年	二月，赐天下男子爵，人二级，三老、孝悌、力田三级，民无名数及流民欲占者一级；鳏、寡、孤、独、笃癃、贫不能自存者粟，人五斛。
永元十二年	三月（诏曰）其赐天下男子爵，人二级，三老、孝悌、力田三级，民无名数及流民欲占者人一级；鳏、寡、孤、独、笃癃、贫不能自存者粟，人三斛。壬子，赐博士员弟子在太学者布，人三匹。

续表

时间	删省内容
元兴元年	冬十二月赐天下男子爵，人二级，三老、孝悌、力田人三级，民无名数及流民欲占者人一级；鳏、寡、孤、独、笃癃、贫不能自存者粟，人三斛。
永初三年	正月，赐王、主、贵人、公、卿以下金帛各有差；男子为父后，及三老、孝悌、力田爵，人二级，流民欲占者人一级。
永初七年	八月，诏赐民爵。
元初元年	正月，赐民爵，人二级，孝悌、力田人三级，爵过公乘，得移与子若同产、同产子，民脱无名数及流民欲占者人一级；鳏、寡、孤、独、笃癃、贫不能自存者谷，人三斛；贞妇帛，人一匹。
延光元年	三月，赐民爵及三老、孝悌、力田，人二级；加赐鳏、寡、孤、独、笃癃、贫不能自存者粟，人三斛；贞妇帛，人二匹。
延光三年	正月戊子，赐男子爵，人二级。
永建元年	正月(诏曰)赐男子爵，人二级，为父后、三老、孝悌、力田人三级，流民欲自占者一级；鳏、寡、孤、独、笃癃、贫不能自存者粟，人五斛；贞妇帛，人三匹。
永建四年	正月丙子，赐男子爵及流民欲占者人一级。为父后、三老、孝悌、力田人二级；鳏、寡、孤、独、笃癃、贫不能自存帛，人一匹。
永和四年	四月戊午，赐民爵及粟、帛各有差。
建康元年	四月辛巳，赐人爵各有差。
永嘉元年	二月，赐人爵及粟、帛各有差。
本初元年	六月丁巳，赐民爵及粟、帛各有差。
建和元年	正月，赐史更劳一岁；男子爵，人二级，为父后及三老、孝悌、力田人三级；鳏、寡、孤、独、笃癃、贫不能自存者粟，人五斛；贞妇帛，人三匹。
建宁元年	二月，赐民爵及帛各有差。
兴平二十年	赐天下男子爵，人一级，孝悌、力田二级。

除去东汉明帝永平十七年"推恩赐民爵及粟各有差"被载入《通鉴》，表5中85处属于本纪和《汉书·王莽传》中"赐民爵"的内容全部被省略。这是最为显眼的史料处理，也是处理手法中最明确简洁的。笔者认为唯一被载入的"赐民爵"属于编辑疏忽，可忽略不计，所以《通鉴》两汉部分不载"赐民爵"相关的内容是一个确定性的结论。究其原因，笔者有以下几种猜测：一是朝廷通过"赐民爵"分配给平民阶层一些权力和优待，对平民地位的提高起到了重要的作用，但随着越来越频繁的"赐民爵"，民爵日渐轻滥，造成民众几乎都可拥有公乘爵。[①]一定程度上造成了汉代平民阶层广泛拥有爵位，其在汉代的发展也是一步一步走向贬值的过程，失去了实际价值，《通鉴》采撷的意义不大。二是汉朝之后各朝封爵制度意义不尽相同，汉代的封爵与《通鉴》成书年代的情形就不大一致，又因为《通鉴》的成书目的是让君主以史为鉴，学习治理朝政之事，赐民爵之事既与其目的关联性小，又不符合作者所处朝代的国情。三是《通鉴》全书对"民生"方面的史料选取一直都比较少，"赐民爵"也算民众层面的材料，也可能因此而不被载入，这一部分可以详见后文"民生问题"。由于上述原因，《通鉴》两汉时期做了统一的处理，使其成为一种书写体例。除此以外，仍有尚不明确的原因。

接下来，我们将重点放在处理方式稍复杂的"不完全保留"内容。上文已经提到过，《通鉴》中只保留同国家政事相关的内容，其余诏令以删为主，总的来说被保留的诏书还不到被删省诏书的二分之一。对于内容基本一致、编纂者的处理方法却不同的诏令，被保留的那一部分就显得尤为珍贵，其中原因也引发了许多思考。笔者将两类出现数量最多、最有规律的不完全保留诏令作为例子，探讨《通鉴》的编纂思路。

3. 察举孝廉

《通鉴》中招纳贤士的内容绝大多数被删省。两汉共有42条之多，被保留的部分仅有21条。根据表6我们可以清晰地看到两汉时期《通鉴》中被保留的有关察举内容的诏令。

[①] 凌文超：《汉初爵制结构的演变与官、民爵的形成》，《中国史研究》，2012年第1期，第44页。

表6 《通鉴》记载的"察举"诏令

时间	内容
文帝二年十一月	癸卯晦，日有食之。诏："群臣悉思朕之过失及知见之所不及，匄以启告朕。及举贤良、方正、能直言极谏者，以匡朕之不逮。"因各敕以职任，务省繇费以便民，罢卫将军。太仆见马遗财足，余皆以给传置。
文帝十五年九月	九月，诏诸侯王、公卿、郡守举贤良、能直言极谏者，上亲策之。太子家令晁错对策高第，擢为中大夫。错又上言宜削诸侯及法令可更定者书凡三十篇。上虽不尽听，然奇其材。
建元元年	冬，十月，诏举贤良方正直言极谏之士，上亲策问以古今治道，对者百余人。广川董仲舒对曰……
元光元年冬十一月	冬，十一月，初令郡国举孝廉各一人，从董仲舒之言也。
元封五年	上以名臣文武欲尽，乃下诏曰："盖有非常之功，必待非常之人。……其令州郡察吏民有茂才、异等可为将相及使绝国者。"
始元六年二月	春，二月，诏有司问郡国所举贤良、文学，民所疾苦、教化之要，皆对："愿罢盐、铁、酒榷、均输官，毋与天下争利，示以俭节，然后教化可兴。"桑弘羊难，以为："此国家大业，所以制四夷，安边足用之本，不可废也。"于是盐铁之议起焉。
本始四年四月	夏，四月，壬寅，郡国四十九同日地震，或山崩，坏城郭、室屋，杀六千余人。北海、琅邪坏祖宗庙。诏丞相、御史与列侯、中二千石傅问经学之士，有以应变，毋有所讳。令三辅、太常、内郡国贤举良方正各一人。大赦天下。上素服，避正殿五日。
地节三年十月	冬，十月，诏曰："乃者九月壬申地震，朕甚惧焉。有能箴朕过失，及贤良方正直言极谏之士，以匡朕之不逮，毋讳有司。朕既不德，不能附远，是以边境屯戍未息。今复饬兵重屯，久劳百姓，非所以绥天下也。其罢车骑将军、右将军屯兵。"
永光元年二月	二月，诏："丞相、御史举质朴、敦厚、逊让、有行者，光禄岁以此科第郎、从官。"
建昭三年冬十二月	十二月，戊申朔，日有食之。其夜，地震未央宫殿中。诏举贤良方正能直言极谏之士。
元寿元年正月	春，正月，辛丑朔，诏将军、中二千石举明习兵法者各一人，因就拜孔乡侯傅晏为大司马、卫将军，阳安侯丁明为大司马、票骑将军。 是日，日有食之。上诏公卿大夫悉心陈过失；又令举贤良方正能直言者各一人。大赦天下。

续表

时间	内容
元始元年五月	夏，五月，丁巳朔，日有食之。大赦天下。公卿以下举敦厚能直言者各一人。
永平九年四月	夏，四月，甲辰，诏司隶校尉、部刺史岁上墨绶长吏视事三岁已上、治状尤异者各一人与计偕上，及尤不治者亦以闻。
建初五年二月	春，二月，庚辰朔，日有食之。诏举直言极谏。
永元十三年	冬，十一月，丙辰，诏曰："幽、并、凉州户口率少，边役众剧，束脩良吏进仕路狭。抚接夷狄，以人为本，其令缘边郡口十万以上，岁举孝廉一人，不满十万，二岁举一人，五万以下，三岁举一人。"鲜卑寇右北平，遂入渔阳，渔阳太守击破之。
建光元年	己巳，令公卿下至郡国守相各举有道之士一人。尚书陈忠以诏书既开谏争，虑言事者必多激切，或致不能容，乃上疏豫通广帝意……书御，有诏，拜有道高第士沛国施延为侍中。
阳嘉元年	辛卯，初令"郡国举孝廉，限年四十以上；诸生通章句，文吏能笺奏，乃得应选。其有茂才异行，若颜渊、子奇，不拘年齿。"久之，广陵所举孝廉徐淑，年未四十。台郎诘之，对曰："诏书曰：'有如颜回、子奇，不拘年齿。'是故本郡以臣充选。"郎不能屈。左雄诘之曰："昔颜回闻一知十，孝廉闻一知几邪？"淑无以对，乃罢却之。郡守坐免。
建康元年	庚戌，诏举贤良方正之士，策问之。皇甫规对曰……梁冀忿之，以规为下第，拜郎中；托疾，免归，州郡承冀旨，几陷死者再三，遂沉废于家，积十余年。
本初元年	夏，四月，庚辰，令郡、国举明经诣太学，自大将军以下皆遣子受业；岁满课试，拜官有差。又千石、六百石、四府掾属、三署郎、四姓小侯先能通经者，各令随家法，其高第者上名牒，当以次赏进。自是游学增盛，至三万余生。
延熹八年正月	丙申晦，日有食之。诏公、卿、校尉举贤良方正。
延熹九年正月	春，正月，辛卯朔，日有食之。诏公卿、郡国举至孝。太常赵典所举荀爽对策曰……诏拜郎中。司隶、豫州饥，死者什四五，至有灭户者。

由表6可知，察举官吏的情况十分复杂，删、载数量都较多，比例也较为接近，这就为寻找其中原因加大了难度。笔者试图将以上诏书出现位置的前后文内容也罗列入表，希望能够扩大范围寻找到其被记载的原因。经过反复阅读，笔者认为有以下两点原因。其一，察举官吏与重

要政事有密切关系，故《通鉴》取之。阅读《通鉴》时发现编纂者通过结合各个原始史料的内容，最终形成一个较为完整的事件，其中对于重要官吏的谏言、事件更是记载得颇为详细。而察举官吏则是这些事件的开始，例如建元元年，"冬，十月，诏举贤良方正直言极谏之士，上亲策问以古今治道，对者百余人。广川董仲舒对曰……"这是在《通鉴》中董仲舒的第一次出场，而董仲舒其人对于之后国家政事的发展起着极其重要的作用，势必要用大量篇幅进行记载。同理，其余重要官员的出仕、进谏同察举官吏相关，《通鉴》也会取其内容。其二，察举官吏的原因比较重要时，《通鉴》会记载。例如，表6中先发生"日有食之"，随后下诏察举官员的内容发生了数次，而"日有食之"在《通鉴》中的重要性，上文已经讨论，在此不表。因而，我们可以得出结论，当诏书前后的事件同国家政事相关，或是受到编纂者重视的时候，察举官吏的内容会被载入。当然，有部分反例出现，比如"因灾举贤"的事件也有数次被删省，所以这个结论只能作为一个合理推测。

4. 民生问题

民生问题在本纪中记载较多，而《通鉴》对皇帝诏书中有关爱民、惜民、宽民、赈民的大部分内容进行了删省。两汉共有74条，其中57条被删除，表7将《通鉴》保留的与民生相关的诏令罗列如下。

表7 《通鉴》记载的"民生"诏令

时间	内容
高祖五年	诏："民前或相聚保山泽，不书名数。今天下已定，令各归其县，复故爵、田宅；吏以文法教训辨告，勿笞辱军吏卒；爵及七大夫以上，皆令食邑，非七大夫已下，皆复其身及户，勿事。"
文帝前元年	诏振贷鳏、寡、孤、独、穷困之人。又令："八十已上，月赐米、肉、酒；九十已上，加赐帛、絮。赐物当禀鬻米者，长吏阅视，丞若尉致；不满九十，啬夫、令史致；二千石遣都吏循行，不称者督之。"
文帝前二年	九月，诏曰："农，天下之大本也，民所恃以生也；而民或不务本而事末，故生不遂。朕忧其然，故今兹亲率群臣农以劝之；其赐天下民今年田租之半。"

续表

时间	内容
文帝前十二年	上复从其言,诏曰:"道民之路,在于务本。朕亲率天下农,十年于今,而野不加辟,岁一不登,民有饥色;是从事焉尚寡而吏未加务。吾诏书数下,岁劝民种树而功未兴,是吏奉吾诏不勤而劝民不明也。且吾农民甚苦而吏莫之省,将何以功焉!其赐农民今年租税之半。"
文帝前十三年二月	春,二月,甲寅,诏曰:"朕亲率天下农耕以供粢盛,皇后亲桑以供祭服;其具礼仪。"
文帝前十三年六月	六月,诏曰:"农,天下之本,务莫大焉。今勤身从事而有租税之赋,是为本末者无以异也,其于劝农之道未备。其除田之租税。"
文帝后元年三月	诏曰:"间者数年不登,又有水旱、疾疫之灾,朕甚忧之。……细大之义,吾未得其中,其与丞相、列侯、吏二千石、博士议之。有可以佐百姓者,率意远思,无有所隐!"
景帝后三年正月	春,正月,诏曰:"农,天下之本也。黄金珠玉,饥不可食,寒不可衣,以为币用,不识其终始。间岁或不登,意为末者众,农民寡也。其令郡国务劝农桑,益种树,可得衣食物。"
昭帝元平元年二月	春,二月,诏减口赋钱什三。
宣帝元康四年正月	春,正月,诏:"年八十以上,非诬告、杀伤人,它皆勿坐。"
宣帝甘露二年正月	诏赦天下,减民算三十。
元帝初元三年	六月,诏曰:"朕惟烝庶之饥寒,远离父母妻子,劳于非业之作,卫于不居之宫,恐非所以佐阴阳之道也。其罢甘泉、建章宫卫,令就农。百官各省费。条奏,毋有所讳。"
成帝建始二年	减天下赋钱,算四十。
成帝永始元年	秋,七月,诏曰:"朕执德不固,谋不尽下,过听将作大匠万年言'昌陵三年可成',作治五年,中陵、司马殿门内尚未加功。天下虚耗,百姓罢劳……其罢昌陵,及故陵勿徙吏民,令天下毋有动摇之心。"
光武帝建武六年	癸巳,诏曰:"顷者师旅未解,用度不足,故行十一之税。今粮储差积,其令郡国收见田租三十税一,如旧制。"
章帝建初七年	九月,甲戌,帝幸偃师,东涉卷津,至河内,下诏曰:"车驾行秋稼,观收获,因涉郡界,皆精骑轻行,无它辎重。不得辄修道桥,远离城郭,遣吏逢迎,刺探起居,出入前后,以为烦扰。动务省约,但患不能脱粟瓢饮耳。"

续表

时间	内容
肃宗元和二年	春，正月，乙酉，诏曰："令云：'民有产子者，复勿算三岁。'今诸怀妊者，赐胎养谷人三斛，复其夫勿算一岁。著以为令！"

经过反复的思考，笔者认为以上内容被记载的原因可能有两点。一是，与上述察举官吏一致，其内容本身即国家政事。从上述表格中我们可以看出，"减天下赋、算钱"以及"田租税制"这些涉及国家制度法令的内容均被《通鉴》记载。在民生问题的记载上，多数是关于贷民粮，加赐帛、絮的内容，如"赐民爵"一般不取。然而，但凡涉及制度法令的民生内容则属于国家政事的范畴，原本就属于保留的范畴了。二是，因为涉及民意，由"赦天下"内容都被载入可以见得，编纂者十分注重民意，定然不会错失颁布为民众减负的诏令这种得民心的做法，望以此激励当朝统治者对民众给予更多的重视。

同时，笔者发现不同朝代对民生内容的取舍也有所不同。从表7能够直接看出的是西汉数量明显多于东汉，汉文帝休养生息，宽民爱民，故文帝时期记载民生诏书的数量最多，这也能从一定程度上反映出《通鉴》记载特点能体现出当朝统治者的特点。

综合以上两类内容的诏书，我们可以得出结论——有实质性内容以及涉及国家政事的都会被记载，包括相关的前因后果，其余与国家政事关系没有密切关联的诏书则会被删省。除去上述保留数量较多的内容，"皇帝自省诏书""教化民众""犯罪、理冤狱问题"等内容也基本是照此种规律处理的。由于其中仍存在反例，所以以上结论只是代表大部分情况，并非绝对。

（三）二府三公的记载体例

除去上述两种比较明显的记载体例，《通鉴》对于官员的记载体例也存在一定的规律。书中对于重要官员记载比较详细，西汉前期主要是对二府的记载，中后期到东汉时期二府三公及骠骑将军等官员的任命、升迁或罢免记录都比较详细，涉及二府三公等重要官员的诏书也会被保留，可以说是巨细无遗。笔者在《汉书》《后汉书》的各本纪中发现对以上重要官员的记载内容并不详细完整。所以笔者将《汉书》本纪中出现的二府内容进行罗列，再将《通鉴》中相关内容进行罗列，由此可以通过对比，直接看出两方记载差异。由于内容过多，作者仅用西汉景、武两朝的内容进行举例说明。

表8 《汉书》景、武两朝二府的任、迁、免、去世记载记载

时间	内容
景帝元年	遣御史大夫青翟至代下与匈奴和亲。
景帝二年	六月，丞相嘉薨。
景帝中元年	夏四月，封故御史大夫周苛、周昌孙子为列侯。
景帝中三年	冬十一月，罢诸侯御史大夫官。
武帝建元二年	冬十月，御史大夫赵绾坐请毋奏事太皇太后，及郎中令王臧皆下狱，自杀。丞相婴、太尉蚡免。
武帝元光二年	夏六月，御史大夫韩安国为护军将军。
武帝元光四年	春三月，丞相蚡薨。
武帝元狩二年	春三月，丞相弘薨。
武帝元狩五年	春三月，丞相李蔡有罪，自杀。
武帝元鼎二年	冬十一月，御史大夫张汤有罪，自杀。
	冬十二月，丞相青翟下狱死。
武帝元鼎五年	九月，列侯坐献黄金酎祭宗庙不如法夺爵者百六人，丞相赵周下狱死。
武帝太初二年	春正月，丞相庆薨。
	冬十二月，御史大夫宽卒。
武帝天汉三年	春二月，御史大夫王卿有罪，自杀。
武帝征和二年	春正月，丞相贺下狱死。
武帝征和三年	六月，丞相下狱要斩，妻枭首。
武帝后元元年	夏六月，御史大夫商丘成有罪，自杀。

表9 《通鉴》中景、武两朝二府的任、迁、免、去世记载

时间	内容
孝景元年	遣御史大夫青至代下与匈奴和亲。
孝景二年	夏，六月，丞相申屠嘉薨。
	八月，以御史大夫开封侯陶青为丞相。 丁巳，以内史晁错为御史大夫。
孝景七年	二月，丞相陶青免。 乙巳，太尉周亚夫为丞相。罢太尉官。
	是岁，以太仆刘舍为御史大夫，济南太守郅都为中尉。
孝景中三年	十一月，罢诸侯御史大夫官。
景帝后元年	秋，七月，丙午，丞相舍免。
	八月，以御史大夫卫绾为丞相，卫尉南阳直不疑为御史大夫。
武帝建元元年	夏，六月，丞相卫绾免。 丙寅，以魏其侯窦婴为丞相，武安侯田蚡为太尉。上雅向儒术，婴、蚡俱好儒，推毂代赵绾为御史大夫，兰陵王臧为郎中令。
武帝建元二年	下绾、臧吏，皆自杀。丞相婴、太尉蚡免，申公亦以疾免归。
	三月，以太常柏至侯许昌为丞相。
武帝建元六年	六月，丞相昌免；武安侯田蚡为丞相。
	是岁，韩安国为御史大夫。
武帝元光二年	夏，六月，以御史大夫韩安国为护军将军，卫尉李广为骁骑将军，太仆公孙贺为轻车将军，大行王恢为将屯将军，太中大夫李息为材官将军，将车骑、材官三十余万匿马邑旁谷中，约单于入马邑纵兵。
武帝元光四年	三月，武安侯蚡亦薨。
	御史大夫安国行丞相事，引，堕车，蹇。 五月，丁巳，以平棘侯薛泽为丞相，安国病免。
	九月，以中尉张欧为御史大夫。韩安国疾愈，复为中尉。
武帝元朔二年	张欧免，上欲以蓼侯孔臧为御史大夫。
武帝元朔三年	以公孙弘为御史大夫。
武帝元朔五年	十一月，薛泽免。以公孙弘为丞相，封平津侯。丞相封侯自弘始。
武帝元狩元年	王念，独杀相无益也，即罢相。

续表

时间	内容
武帝元狩二年	三月，平津献侯公孙弘薨。壬辰，以御史大夫乐安侯李蔡为丞相，廷尉张汤为御史大夫。
武帝元狩五年	三月，甲午，丞相李蔡坐盗孝景园堧地，葬其中，当下吏，自杀。
	四月，乙卯，以太子少傅武强侯庄青翟为丞相。
武帝元鼎二年	十一月，张汤有罪自杀。
	十二月，丞相青翟下狱，自杀。
	二月，以太子太傅赵周为丞相。
	三月，辛亥，以太子太傅石庆为御史大夫。
武帝元鼎五年	秋，辛巳，丞相赵周坐知列侯酎金轻，下狱，自杀。
	丙申，以御史大夫石庆为丞相，封牧丘侯。
武帝元鼎六年	是岁，齐相卜式为御史大夫。
武帝元封元年	上以卜式不习文章，贬秩为太子太傅，以儿宽代为御史大夫。
武帝元封二年	是岁，以御史中丞南阳杜周为廷尉。
武帝太初二年	春，正月，戊申，牧丘恬侯石庆薨。
	闰月，丁丑，以太仆公孙贺为丞相，封葛绎侯。
	冬，十二月，儿宽卒。
武帝太初三年	春，正月，胶东太守延广为御史大夫。
武帝天汉元年	是岁，济南太守王卿为御史大夫。
武帝天汉三年	二月，王卿有罪自杀，以执金吾杜周为御史大夫。
武帝太始二年	杜周卒，光禄大夫暴胜之为御史大夫。
武帝征和二年	正月，以涿郡太守刘屈氂为左丞相，封澎侯。屈氂，中山靖王子也。
	（御史大夫）暴胜之惶恐，自杀。
	九月，商丘成为御史大夫。
武帝征和三年	六月，诏载（刘）屈氂厨车以徇，要斩东市，妻子枭首华阳街。
武帝征和四年	（三月）丁巳，以大鸿胪田千秋为丞相，封富民侯。

参考表8、表9，从数量上就可以看出《汉书》本纪的记载数量较少。纵观两汉时期对二府的记载，西汉时期以去世、卸任、罢免情况为主，

但《通鉴》中对任职记载则更为重视，其信息来源除了本纪以外，主要是《百官公卿表》和个人的传记，这也足以证明作者所翻阅材料之多、对材料的整理之细致入微。至于东汉后期属于非稳定时期，本纪的内容减少了许多，基本关注于战事与周边少数民族国家关系，但是《通鉴》中除去记载二府三公任免之事，还会将骠骑将军等重要官职全数记载。其原因在吕祖谦的《论看通鉴法》中略有提到。文中"看《通鉴》大要四条"，第一条便是官制，其中提到要弄清楚历代设官的统体，"如汉九卿较周六官，一官所掌，今归几卿……丞相、御史统九卿与周三公六卿，其同异优劣如何，每代皆当如此推究。又如历代事权所在，皆当精考"。①"看《通鉴》条例"中"政事条"亦谓"政事之大者，如制度、礼乐、官制、纳谏、恤民、用兵、任相、任将、财赋、大沴、革法度、大更张及刑狱之大者皆是，并止写出大纲。"②笔者认为记载除卿拜相、罢免、卸任之事，无论是对各代官制的考察还是对国家政事而言都属于重点内容，故而有关二府内容得以全载。东汉时期记载"将军任免"勤于西汉，笔者认为这是因为不同朝代，事权所在发生了转变，故而全载官员的种类也就不止二府了。

综上，司马光将此类内容记述完整，也属于书写体例之一。在《通鉴》言事时，郊天建储、除卿拜相、诸侯分封内容都是缺一不可的。

三、结论

对于《通鉴》的书写体例研究，目前多是学者验证考究司马光及其他编纂者留下的释例，而本文所涉及内容前人尚未有较为完整的研究成果。相较前人仅限于验证释例、总体性描述或是琐屑地针对书写格式、主语删省等问题，本文还是得出了一些值得深思的结论。首先是天文现象和自然灾害，虽记载详细却也受到"诏书本身形式""叙述事件需要""政治背景问题"等原因影响而少部分删除，整体来说记载多，删省少，《通鉴》比起本纪内容略有增加，尤其是西汉后期和东汉时期自然灾害频发，记载数量呈现越来越多、越来越密集的趋势。祥瑞灾异则与前两类情况相反，

---

① 吕祖谦：《增节标目音注精议资治通鉴》，元初张氏晦明轩刻本中华再造善本，北京：北京图书馆出版社，2005年，第1页。
② 同上书，第2页。

记载内容较少，删省部分所占比例大。少部分被保留者是因为同政治事件或者重要人物相关，或是同朝代背景有关。总的来说，《通鉴》中祥瑞灾异内容比本纪内容减少近百分之八十，以西汉宣帝朝数量最多。

其次是皇帝诏书。从西汉到东汉呈现数量逐渐下降的趋势，非稳定时期数量明显上升。"赦天下"的内容被全数记载，司马光看重的是"大赦"诏令对正统地位的强调、对民心的笼络；"赐民爵"内容全部被删省，则同民爵轻滥贬值相关。察举官吏、民生问题、教化民众、鞭策官吏等内容的诏书虽被删减众多，但涉及国家重要政事或重要官员的诏书则均被保留，显示出《通鉴》对国家政事、中央集权的重视。其中政事主要指历代王朝的政治措施、政治集团中重要的人物和言行以及军事战争等相关问题。

二府三公及将军的任免问题，《通鉴》从旧史各处摘录，记载巨细无遗。纵观两汉时期的记载特点，本纪以去世、卸任、罢免情况为主，《通鉴》对任职记载则更为重视；而东汉不仅载二府三公任免，骠骑将军等重要官职也会全数记载。《通鉴》注重历代设官的统体，探讨其中同异优劣，对历代事权所在也十分重视。由此可以看出，司马光等编纂者对统治者的统治地位、集权制度的加强以及笼络民心的手段十分看重，体现了其"鉴于往事，有资于治道"的特点，但凡涉及国家政事的内容均取之，时刻提示这是一部帝王教科书，加强统治才是主旨。

同时，本文仍存在一些局限性。第一，书写体例规律本应《通鉴》全书统一，但由于篇幅巨大，笔者只能比对完成两汉时期的内容，时间范围短，无法和其他时期相贯通。若将研究的范围扩大，发现广泛的规律也许就能有更加确定的结果。第二，对比内容仅限本纪正文，传记、考异都未过多涉及。若能全部阅读，对史料的取舍问题也许会更加明确。第三，针对司马光史料观的探讨以及各种体例特点形成原因的探究应再进一步，比如汉人与宋人的官方意识形态变化对《通鉴》成书的影响需要研究者更多地关注。笔者只能根据研究范围内呈现的规律得出本文的结论，少部分反例则成为难以得出确定性结论的阻碍。第四，本文同样回避了一些能够进行深刻论述的重点问题，比如史料取舍涉及编纂者的主观因素，笔者不敢妄加揣测；刘羲仲《通鉴问疑》中提出的"八疑"尚未解决等。针对这些问题进行详细的探讨可以作为发散性的辅助文章，为本文增色。

[导师评语]

　　《资治通鉴》的书写体例是通鉴学研究的重要课题，历代学者已有不少论述。不过，这些论述大抵限于验证释例或总体性描述，《通鉴》更为具体、细节的书写体例，仍有不少暧昧待明之处。本文通过对比《通鉴》两汉部分与构成其史源的《史记》《汉书》《后汉书》等，在细致比勘文本的基础上，尝试钩稽《通鉴》具体而微的书写体例，多有创获。譬如指出《通鉴》保留天文现象和自然灾害而删减灾异祥瑞的不同缘由，皇帝诏书或存或省的深层次考虑，官职任免的差异化记载等，均可进一步深化学界对《通鉴》成书过程的理解，具有十分重要的学术意义。

西汉任侠的变与常

作者：王芊蕴　指导教师：田天*

一、问题的提出

游侠起源于春秋战国之际，活跃于战国时期，于秦帝国时稍显沉寂，西汉再次兴盛。关于游侠在西汉的发展，学界存在两种观点，一种将游侠视作"阶层/阶级"，因《汉书》之后的正史不再为游侠立传，这类研究认为"严格意义上的游侠阶层，在东汉时代基本上已不再存在"[①]。概括其研究，即游侠起源于战国时期以武力见长的游民无产者，他们利用特长寄生在私门之下，进入西汉，这一类无产者开始与土地结合，到武帝朝，独尊儒术、推行察举、打击豪强等举措使游侠的本质发生变化。至于变化的形式可归纳为以下四点：第一，游侠经学化。武帝打击游侠的同时确立儒学的独尊地位，一面是灭族的风险，一面是通经致仕的出路，越来越多的游侠选择了后者，因而由"武"转"文"。部分研究认为东汉的党锢名士便是游侠精神的继承者，第二，游侠官僚化。游侠不再游离于王权秩序之外，开始进入统治体系，成为朝廷的顺民，第三，游侠豪族化，游侠在西汉初与宗族、土地结合，武帝朝开始通经入仕，逐渐向联结地方与中央的社会中间阶层发展，第四，游侠沦为匪盗。游侠中的一流人

---

* 作者：王芊蕴，首都师范大学历史学院中国史基地班 2015 级本科生，北京师范大学中国史专业 2019 级硕士研究生，现任北京科技大学附属中学历史教师。该文入选 2019 年首师·南开中国史本科生论坛。

① 刘修明、乔宗传：《秦汉游侠的形成与演变》，《中国史研究》，1985 年第 1 期，第 79 页。持相似观点的文章研究有，顾颉刚：《武士与文士的转换》，《责善半月刊》，1940 年第 7 期；孙铁刚：《秦汉时代士和侠的式微》，《台湾大学历史系学报》，1975 年第 2 期，第 1—22 页；王立：《秦汉游侠精神实质与复仇风气心态成因》，《西南民族学院学报(哲学社会科学版)》，2001 年第 6 期，第 74—77 页；牟发松：《侠儒论——党锢名士的渊源与流变》，《文史哲》，2011 年第 4 期，第 64—85 页；李金鲜、崔向东：《战国至西汉游侠与国家互动及游侠身份转变》，《北华大学学报》，2014 年第 1 期，第 68—72 页。

才皆弃"侠"就"儒",剩下的"侠"普遍没有侠义气节,应以匪盗、流氓称之。

持"阶级/阶层"观点的研究认为武帝朝是关键节点,自此游侠开始衰落,步入官场的游侠逐渐"文"化、"顺"化;没有入仕的则因为丧失侠义精神而沦落为匪盗。但是这类研究对由游侠发展而成的,在东汉时期出现的新的社会群体有着不同的判断:刘修明、乔宗传在《秦汉游侠的形成与演变》中认为游侠转变为封建地主阶级;牟发松将党锢名士视作侠的继任者①;李金鲜、崔向东判断游侠转变为豪族。②

探究这种差异产生的原因可以发现,这些研究不是从游侠本身出发的,他们更关心后来社会中封建地主阶级、党锢、豪族的起源,只是不约而同地将部分原因追溯到了游侠身上。因为他们以新出现的社会现象为讨论的基础,所以过分强调游侠身份特征变化的绝对性。

另一种观点,以增渊龙夫为代表③,将侠视作一种人际关系。他引入社会学的视角,突破了阶级观的桎梏。增渊氏指出侠起源于战国时期,他以战国四公子为首的客卿团体为观察对象,指出其中主与客之间的新型的联结方式是"任侠"。"任侠"关系以情义作为纽带,有别于传统的因血缘而产生的联结,也不同于后来新兴的官僚制中以法术作为规范的人际关系。"任侠"关系以强大的惯性延续到汉代并成为一种习俗,称为"任侠习俗"。任侠习俗部分形塑了汉代的基层社会秩序,"言行必果"的游侠伦理则是为了规范内部的秩序而形成的规则。

增渊氏的研究是突破性的、启发性的,但也存在一定缺漏。他的研究诞生于"二战"后日本中国史研究的热潮之中,研究的着眼之处是中国历史中的宏观问题,他的研究试图还原"秦汉帝国形成进程"④。在宏观叙事中,增渊氏的著作"忽略了一些细节与时代变化,无法区分西汉初和东

---

① 牟发松:《侠儒论——党锢名士的渊源与流变》,《文史哲》,2011年第4期,第77—79页。
② 李金鲜、崔向东:《战国至西汉游侠与国家互动及游侠身份转变》,《北华大学学报》,2014年第1期,第71页。
③ 增渊龙夫:《汉代民间秩序的结构及其任侠习俗》,见增渊龙夫著《中国古代的社会与国家》,上海:上海古籍出版社,2017年,第81—92页。川胜义雄:《门生故吏关系》,载川胜义雄著《六朝贵族制社会研究》,徐谷梵、李济沧译,上海:上海古籍出版社,2008年,第187—217页。
④ 增渊龙夫:《增渊龙夫后记(旧版)》,见增渊龙夫著《中国古代的社会与国家》,吕静译,上海:上海古籍出版社,2017年,第423页。

汉末不同侠的面貌，会有一种四百年来，'侠'是一成不变的错觉"①。

笔者认为以上两种观点均有值得商榷的地方，本文意图在前人的基础上有所突破。侯旭东在《宠：信-任型君臣关系与西汉历史的展开》一书中使用的"关系思维"为本文在写作方法上提供了支持。侯氏将通过"策名"等方式确定的普遍性君臣关系称为"礼仪型君臣关系"，因为"信爱"而联结的君臣关系则划分为"信-任型君臣关系"，后一种关系状态也可称为"宠"。侯氏使用的研究方法是"关系论的关系思维"，即他要研究的对象是"信-任型君臣关系"的历时性发展过程，以及"君臣信-任关系"与其他关系之间共时性的关系，即"信-任型君臣关系"的"关系过程"以及"关系的关系"。②侯氏所言的"宠"是从君对臣、上对下的视角做出的观察，本文所说的"任侠"是出于从对主、下而上的视角做出的观察。

基于以上的研究，本文将使用"关系思维"，对增渊氏定义的"任侠习俗"在先秦秦汉的发展做一考察。首先，对战国时期"侠"的相关记载进行研究，对"任侠关系"开始、终止、发挥作用的过程做一梳理，明确其社会功能，并对与"侠"相关的概念进行再确认；其次，本文会对"任侠习俗"在西汉不同时期于民间、官僚阶层分别发挥的作用做一历时性观察，确定其常态与变化。期待通过论述可以明确"任侠习俗"于西汉历史发展的意义。

二、战国时期任侠关系开展的过程与侠的定义

增渊氏的研究缺乏对任侠关系展开过程的深描，笔者将利用《韩非子》《史记》与战国任侠相关的内容，探究其开始与终止的方式，并将其与诸子所倡导的社会关系类型进行对比，进而对"侠"的相关概念做一再确认，尝试对增渊氏的研究做一补充。

（一）"侠"身份的确认

在大多数研究中，游侠被当作一种身份，在进入任侠关系的研究之前，需明确观察对象的范围，对游侠身份的争议做出论断。

关于游侠的身份，一种看法认为侠即武士，他们因擅长武功而为手

---

① 李文仁：《汉晋之间的侠》，台湾清华大学硕士学位论文，2010年，第9页。
② 侯旭东：《宠：信-任型君臣关系与西汉历史的展开》，北京：北京师范大学出版社，2018年。

握权力者所养[1];一种则认为侠是那些豢养武士的人[2];还有一种则将侠客的气质作为判断游侠身份的标准。[3] 三种观点都可自圆其说,彼此间又可互证缺漏,我们需回到《韩非子》中对游侠的原始记载进行分辨。

侠在《韩非子》中被视作与君王"公利"相对立的"私"的代名词,指三种身份的人。第一,侠指那些豢养私剑的私门之主。《韩非子·八说》篇定义:"弃官宠交谓之有侠","人臣肆意陈欲曰侠"。[4]《八奸》篇解释"肆意陈欲","为人臣者,聚带剑之客、养必死之士以彰其威,明为己者必利,不为己者必死,以恐其群臣百姓而行其私"。[5] 在先秦诸子典籍中,"弃官宠交"亦可作"持禄养交","宠交"即为"忧交"或"养交"。[6]《韩非子·三守》篇作"群臣持禄养交,行私道而不效公忠"[7],陈奇猷释"持禄养交,谓食君之禄而养私交"[8]。结合"肆意陈欲"和"弃官宠交"的解释,可知,"侠"指的是身在高位的人臣,他们将金钱放在"聚客""养士"与人结成私交上,尤其与具有武力的"私剑"交往甚深。

第二,侠是被私门之主豢养的私剑之客。《五蠹》篇云:"儒以文乱法,侠以武犯禁。"[9]有学者将"侠以武犯禁"解释成"游侠用其所养的私剑

---

[1] 参见冯友兰:《原儒墨》,《清华大学学报(自然科学版)》,1935年第3期,第299页。冯友兰:《原儒墨补》,《清华大学学报(自然科学版)》,1935年第4期,第867页。江淳:《试论战国游侠》,《文史哲》,1989年第4期,第57页。

[2] 参见钱穆:《释侠》,载钱穆《中国学术思想史论丛(二)》,北京:生活·读书·新知三联书店,2009年,第130—135页。章培恒:《从游侠到武侠——中国侠文化的历史考察》,《复旦学报(社会科学版)》,1994年第3期,第75—78页。陈广宏:《关于中国早期历史上游侠身份的重新检讨》,《复旦学报(社会科学版)》,2001年第6期,第119—124页。

[3] 刘若愚:《中国之侠》,上海:上海三联书店,1991年。刘若愚在书中称它支持的"游侠不是特殊的社会团体,是一群具有侠客气质的人"的观点是由增渊龙夫提出的。但事实上,增渊龙夫在《中国古代的社会与国家》中对"任侠风气"的研究正是建立在将"任侠"看作集团的基础上进行的。刘若愚片面地将一些游侠可能会有的品质特征作为判断游侠身份的标准,他的观点并不能代表增渊龙夫的研究。故不将后者的著作列入第三种观点中。

[4] 《韩非子集释》卷一八《八说》,上海:上海人民出版社,1974年,第973—977页。

[5] 《韩非子集释》卷二《八奸》,第152页。

[6] "弃官宠交谓之有侠"一条下有或曰:"墨子《七患》篇云'持禄爱佼',爱佼与此宠义同。"奇猷案考证"墨子原文爱作忧,忧实为养字之误,孙诒让《间诂》误改为爱耳,不足据"。他认为,"宠字无义,疑重字音近而误"。笔者认为,宠非重,应该按着"或曰"的思路考据下去。《墨子校注》本作"仕者持禄,游者忧交"。其案曰:交,佼字通;忧,养意近。所以"宠交"即"忧交"或"养交"。"持禄养交"乃先秦诸子中常用之语。

[7] 《韩非子集释》卷五《三守》,第284页。

[8] 《韩非子集释》卷五《三守》,第288页。

[9] 《韩非子集释》卷一九《五蠹》,第1057页。

行违法之事"①，进而论证"以私剑见养者非侠"。这一论据较为牵强，《五蠹》篇云："夫离法者罪，而诸先生以文学取；犯禁者诛，而群侠以私剑养。"②"文学"在此指儒家学说，是"先生"赖以生存的能力，与之对举的"私剑"应指的是"群侠"所掌握的武功。侠因为其武力的特长为私门甚至君主所养。

第三，指在民间自立威势组成势力团体的侠。增渊氏指出好勇任侠之风从战国时就已开始在民间蔓延。③《五蠹》篇云："今兄弟被侵必攻者廉也，知友被辱随仇者贞也；廉贞之行成，而君上之法犯矣；人主尊贞廉之行，而忘犯禁之罪，故民程于勇而吏不能胜也……其带剑者，聚徒属，立节操，以显其名，而犯五官之禁。"④从"聚徒属"的说法来看，这些战国时期民间的任侠团体内部亦有主从之分。

通过上述观察可以发现，在《韩非子》中，"侠"的活动方式均以团体为单位展开，一种是以重臣为核心活跃在上层社会，另一种由平民组成活跃在民间。处于团体主、从位置的两类侠通过任侠关系联结。

(二) 战国任侠关系开展的过程及其社会功能

任侠团体内处于中心位置的私门之主与处于从属位置的私剑之客皆为侠。《史记》中记载的以四公子⑤为核心的客卿团体⑥，以及《刺客列传》⑦中的诸位武士皆可纳入观察对象中。以下，笔者将聚焦于关系的动

---

① 陈广宏：《关于中国早期历史上游侠身份的重新检讨》，《复旦学报（社会科学版）》，2001年第6期。
② 《韩非子集释》卷一九《五蠹》，第1057页。
③ 增渊龙夫：《汉代民间秩序的结构及其任侠风习俗》，《中国古代的社会与国家》，第70页。
④ 《韩非子集释》卷一九《五蠹》，第1078页。
⑤ 在上文对《韩非子》中"侠"的身份的论述中，可以看到"重人"之侠的特点是，身居高位，权力极大，私交甚广，门下聚集诸多"私剑"之客。根据《史记》中的记载，战国四公子具有这些特征，所以，在这里，我们将战国四公子对应于《韩非子》所论"私门"之主的身份。史公在《游侠列传》中提到了"孟尝、春申、平原、信陵之徒"，没有指明其身份为"侠"，不过大多数学者都认为，史公将四公子列为"卿相之侠"，笔者认同这一看法。
⑥ 必须说明的是，笔者在下文划定见养之侠的范畴时，所采取的标准并不单是"武""私剑"等，而是作为门客他是否有为其"主"献身的潜在可能性。事实上，绝大部分的见养之客都具有这种倾向，毕竟"鸡鸣狗盗"之徒都能以其不入流的特长冒着生命危险救其主于危难之中。所以下文在讨论处于从属位置的侠客时，会将"私门"所养之"客"都纳入讨论的范围中。
⑦ 虽然在《史记》中，"刺客"不获侠称，但是他们为人所养，以武力行攻杀之事的特征皆符合《韩非子》中对"私剑"之侠的描述，我们以《韩非子》中所认定的"侠"的双重身份为准，认为《刺客列传》中的刺客为"侠"。

态过程，明确任侠关系建立与终止的方式。

1. 任侠关系的开始

增渊龙夫在《关于战国秦汉时代集团之约》一文中，将维持战国时期新兴客卿团体主与从关系的因素确定为两个：一是主对从具有强制力的"约"，其在关系的外部倚靠主人的公权力或财产维系；二是因从属对主私人性的信任情感而发生的联结，即任侠习俗，其在关系的内部支持着"约"的效力。① 四公子门下均号称食客三千，大部分食客与四公子之间的关系以增渊氏所说的"约"维系，是为一般性的主从关系，相对脆弱。个别的食客脱颖而出，与四公子建立了超越一般主从关系的"任侠"关系，有了"士为知己者死"的情感。

集团长对从属潜能和才能的认可是形成任侠关系的途径。齐湣王废黜孟尝君，"诸客见孟尝君废，皆去"②，只有冯谖还在为他谋划东山再起。回顾冯谖客孟尝君的过程，冯谖在情感上靠近孟尝君的节点有两个，相识之初孟尝君三次满足冯谖的物质需求，这看似是孟尝君在用物质维系一般性的主从关系，实则是处在从属位置的冯谖通过提出"过分"的要求，考验孟尝君的求贤之心是否坚定。当孟尝君在尚未确定其才能时，亦可以以礼相待，说明他用人的标准是才能而非出身。一年后孟尝君认可了冯谖免除薛邑息钱的做法，冯谖的才能有了用武之地，因此其对孟尝君有了牢固的信义之情。此外，豫让报智伯、聂政报严仲子、侯嬴报信陵君也都是基于后者对前者潜能和才能的认可。

以上是主与从直接接触的情况，也有间接确认"任侠"关系的例证。孟尝君门下舍人魏子曾借孟尝君的名义将封邑的租税赠予了一位自己认可的贤士，孟尝君因为魏子违背自己的意愿而将其辞退。齐湣王疑心孟尝君时，这位贤能之人虽未与孟尝君有过直接接触，"乃上书言孟尝君不作乱，请以身为盟，遂自刭宫门以明孟尝君"③。在这位自刭的贤人看来，孟尝君通过物质的馈赠肯定了自己的才能，他因此愿为知己者死。

2. 任侠关系的终止

终止任侠关系的原因一般是主与从的价值观不一致。当集团长不以

---

① 增渊龙夫：《关于战国秦汉时代集团之约》，《中国古代的社会与国家》，第 128—154 页。
② 《史记》卷七五《孟尝君列传》，北京：中华书局，1982 年，第 2362 页。
③ 《史记》卷七五《孟尝君列传》，第 2357 页。

才能作为衡量人的价值的首要标准时，从属会主动结束两者间的任侠关系。信陵君与藏于赌坊、酒坊的处士往来，平原君了解此事后评价"乃妄从博徒卖浆者游，公子妄人耳"①，平原君门下之客听闻此事后"半去平原君归公子"②。对于浮动性的士阶层而言，才能是他们最牢靠的依仗，出于对自身的保护，门客必然要求其主将才能作为凌驾于出身、情爱之上的评判标准。

一般情况而言，当一方死亡后，关系即宣告结束。但"任侠"关系不会随着主或从的死亡而立即中断。豫让旧主智伯已死，但他仍去刺杀赵襄子③；太子丹派其客荆轲刺杀秦王，荆轲失败后，与其交好的高渐离延续其与太子丹的"任侠"关系，试图刺杀秦王。④ 可以说，这些"任侠"关系中的从属所守护的不是与其构建"任侠"关系的另一个具体的人，而是这一关系本身。

对"任侠"关系本身的守护，让"任侠"关系的影响超出了具体的、个别的人的限制，进而拥有了强大的惯性，出现习俗化的现象。

3. 任侠关系的社会功能

在战国时代，任侠关系不是孤立的存在，他不断经历着断裂与重建的循环，部分占据了贵族及其门客和许多民间任侠团体的日常情感生活。任侠关系的反复展开，亦是战国历史的展开。可以分三个层次来看任侠关系在其时发挥的社会作用。

从个人层面而言，任侠关系可以保障战国新兴士阶层在生存和心理方面的需求。首先，任侠关系为士阶层争取了生存的空间。从社会功能上而言，以感情维系的任侠关系较一般的主从关系更为牢固，亦更受主或者从的青睐。因此，社会上对因信义情感而出现的"士为知己者死""言必信、行必果"的做法逐渐有了价值的肯定，将其称为"贤名"。只有能识别并高度认可士人才能的主才能得到这种倾尽所有的回报，所以这要求主有任人唯贤的基本认识。战国时期，原来"公食贡，大夫食邑，士食

---

① 《史记》卷七七《魏公子列传》，第2383页。
② 同上。
③ 《史记》卷八六《刺客列传》，第2519—2521页。
④ 《史记》卷八六《刺客列传》，第2536—2537页。

田，庶人食力"①的固有秩序被打破，除了顶层的贵族，大部分的人已经不能倚靠宗法维系的血缘关系获取生存的材料，而任人唯亲的积习却难以完全改变。可以说，任侠关系使任人唯贤成了战国时期越来越多人的共识。

其次，任侠关系亦成为士阶层自信、自尊的来源。战国时期，"上层贵族的下降和下层庶民的上升"②构成了新兴士阶层，他们处于贵族与庶人之间，无业无产，在社会中没有位置。"任侠习俗"促使私门之主保持"任人唯贤"的标准，帮助士阶层找到了发挥社会价值的位置，并初步树立了对自我的肯定。社会舆论中对"任侠"贤名的认可，则进一步提高了士的自我效能感，这致使战国时期处在任侠关系中的人，多将名誉作为其行事的根本目的。最为典型的是豫让为求击赵襄子之衣说的话："臣闻明主不掩人之美，而忠臣有死名之义。前君已宽赦臣，天下莫不称君之贤；今日之事，臣固伏诛，然愿请君之衣而击之，焉以致报仇之意，则虽死不恨。"③

从团体层面而言，任侠关系是任侠团体持续发展的保障。在横向发展上，任侠关系是任侠团体边界持续外延的保障，提高了任侠团体的竞争力。门客投入私门之下的方式有两种，一种是士将自己的才能主动展示到私门之主面前，如毛遂自荐；一种是集团长听闻士的贤名，主动请往，比如信陵君于侯嬴。相较而言，前者是为多数，比如信陵君的贤名曾引得"士以此方数千里争往归之"④，孟尝君"招致诸侯宾客及亡人有罪者，皆归孟尝君"⑤。集团长的贤名因何而来？如果门客愿与其主缔结任侠关系，就说明此集团长能够任人唯贤，因任侠关系而出现的贤名，对于以集团长为代表的任侠团体来说是招引能力者的"金字招牌"。在诸侯争霸的战国时代，能招揽到更多人才的团体才能久立于不败之地。

因此，集团长最为看重的是团体的名声，善于经营团体名声的从属也为集团长所重用。孟尝君本恼怒于冯谖烧毁了薛邑债券的契据，冯谖

---

① 《国语集解》卷一〇《晋语四》，北京：中华书局，2002年，第350页。
② 余英时：《士与中国文化》，上海：上海人民出版社，1987年，第12页。
③ 《史记》卷八六《刺客列传》，第2521页。
④ 《史记》卷七七《魏公子列传》，第2377页。
⑤ 《史记》卷七五《孟尝君列传》，第2353页。

解释："焚无用虚债之券，捐不可得之虚计，令薛民亲君而彰君之善声也"①，孟尝君听后"拊手而谢之"。② 信陵君初拜侯嬴，只因侯嬴说"然嬴欲就公子之名……市人皆以嬴为小人，而以公子为长者能下士也"③，他就被尊为上等门客。

对于历时性的纵向发展而言，任侠习俗可以在时间的维度上最大化地保障团体的利益。正如上文所言，任侠关系不会随着集团长或从属的死亡而立即中断，从属会通过各种方式守护这一关系本身。所以，因任侠关系而存在于主从之间的事务性的约定，亦不会随着集团长或者从属的死亡而失效。主从间最常见的约定是从属要为主复仇，如智伯已死，豫让仍要刺杀害死智伯的赵襄子；荆轲已死，高渐离接续其志为太子丹刺杀秦王。

从社会层面而言，任侠关系"对相结合的诸家是可依靠的秩序的维护者"。④ 由任侠关系主导的秩序要求团体内的人一切以保护任侠关系本身为先，大部分时间内表现为从属对集团长利益的维护。但这种维护亦有限度，即不损害集团的名誉。例如，躄者要求平原君杀死嘲笑他的妻妾，就是在要求平原君以爱士的名誉为贵，以维护任侠团体内的秩序为重，以任侠关系为先。可见，任侠关系从本质上排斥其他类型的关系。

任侠团体"对不相结合的他家，则可能成为秩序的破坏者"。⑤ 比如集团长的利益诉求通常与以贯彻君主意志为目的的法的秩序相冲突。孟尝君与其门客因一人之嘲笑杀一县之人，对于任侠团体而言，这一做法消除了对孟尝君的诋毁，但对外部世界而言，这是对法的践踏；侯嬴、朱亥帮助信陵君窃符救赵，实现了信陵君帮助赵国的个人意愿，但与以魏安厘王为代表的魏国利益则相悖。

进入秦汉时期，官僚组织的建设逐渐完善，其合法性来源于对法的执行，而法的部分作用是贯彻君主的意志。下文，笔者将讨论在这样的大背景下任侠习俗在秦汉时期的发展。

---

① 《史记》卷七五《孟尝君列传》，第 2361 页。
② 同上。
③ 《史记》卷七七《魏公子列传》，第 2378 页。
④ 增渊龙夫：《汉代民间秩序的结构及其任侠习俗》，《中国古代的社会与国家》，第 87 页。
⑤ 同上。

(三)侠相关概念的再确认

在记载先秦秦汉时期的相关史籍中,与侠相关的表达有"侠""任侠""游侠""大侠""豪侠""轻侠"等(见表1),以下将对先秦秦汉时期侠的相关概念做一辨析。

表1 春秋战国时期史籍中"侠"的相关词汇①

史籍	侠的相关概念						
《韩非子》	侠	游侠					
《史记》	侠	游侠	任侠	大侠			节侠
《汉纪》	侠	游侠	任侠				
《汉书》	侠	游侠	任侠	大侠	豪侠	轻侠	伉侠
《三国志》	侠	游侠	任侠	大侠	豪侠	轻侠	侠客
《后汉书》	侠	游侠	任侠	大侠	豪侠	轻侠	侠客	健侠、锋侠、气侠
《晋书》	侠	游侠	任侠	大侠	豪侠	轻侠	侠客	侠士、勇侠、果侠

通过表1可知,"侠""游侠""任侠"是西汉时期较为常见的表达。②"侠"的原义是指结私交的行为。"侠"原是一动词,徐灏《说文解字注笺》解释:"侠,古但为夹,持之字也。"③段玉裁注"夹":"持者,握也。握者,搤也。搤者,捉也。捉物必以两手。故凡持曰夹。"④进入春秋战国时期,"侠"的行为有了具体的含义,即与没有血缘关系的人结成私交,也就是《韩非子》中所说的"弃官宠交""肆意陈欲"。淳曰:"同是非为侠"⑤,即结成私交的两人共同进退是为侠。

游侠之"游"指的是与结成私交的人交往。司马贞释游侠之"游":"从也,行也。"⑥"从"即"随行也",多人同行才可称随行。平原君贬损信陵君

---

① 参见龚鹏程、林保淳:《二十四史侠客资料汇编》,台北:台湾学生书局,1995年。注:《史记·游侠列传》中言"侠客之义又曷可少哉!"在这里当指的是侠与侠养的客两个身份,而非指被养之客"侠客"。

② 《韩非子》中没有"任侠"的用法,但有与其相似的表达,《韩非子·六反》曰:"活贼匿奸,当死之名,而世尊之曰任誉之士。""任誉之士"所做之事指向其为侠。

③ 张舜徽:《说文解字约注》,武汉:华中师范大学出版社,2009年,第1944页。

④ 段玉裁:《说文解字注》,杭州:浙江古籍出版社,2006年,第497页。

⑤ 《史记》卷一〇〇《季布栾布列传》,第2730页。

⑥ 裴骃:《史记集解序》,载司马迁《史记》,北京:中华书局,1982年,第3页。

与藏于赌场、酒肆的处士交往,信陵君回击:"平原君之游,徒豪举耳,不求士也。"①这里"游"指的是与士结成私交的意思。亦有学者认为此"游"指的是游侠失去土地与位置的状态②,这种理解是不恰当的。

"任侠"之"任"指的是对结成私交的人付出。首先是利益上的牺牲,《墨子·经说上》:"任,士损己而益所为也。"③之后是付出情感,淳曰:"相与信为任。"④

综上,"侠""游侠""任侠"本意指的是人和人之间为对方牺牲利益、付出情感的行为。这种行为反复展开之下两人间就建立了情感上的联结,也就是上文反复提到的"任侠关系"。当任侠关系反复围绕一个人展开,就形成了权力团体。颜师古所说"侠之言挟也,以权力侠辅人也"⑤,荀悦所说"立气势,作威福,结私交,以立强于世者,谓之游侠"⑥,皆是此意。

"侠""游侠""任侠"指代身份是后来出现的衍生义。当以"侠"的行动而结成任侠关系的人越来越多,人们便用"侠""任侠""游侠"来指代处在关系两端的人的身份,比如"废敬上畏法之民,养游侠私剑之属"⑦中的"游侠","孟尝君招致天下任侠,奸人入薛中盖六万余家矣"⑧中的"任侠"。"大侠""豪侠""轻侠""侠客"等专指身份的词在《汉书》以后才出现。

如此,我们确定了一些标准。在判断"侠"的身份时,可以说那些惯用"侠"的行为与他人建立任侠关系的人就是侠。据此也可以纠正侠相关研究中的两点谬误,首先,不能将武力作为判断侠身份的关键标准,因为任侠关系中的人以愿意自我牺牲并付出情感为特点,所以"勇""信"才是侠的核心。其次,因为任侠习俗可以广泛地发生于各个阶层,所以任侠团体的核心人物可以不必是卿相权贵,处在任侠团体从属地位的人也不一定是布衣平民。

---

① 《史记》卷七七《魏公子列传》,第2383页。
② 余英时:《侠与中国文化》,《文化评论与中国情怀》(下),桂林:广西师范大学出版社,2006年,第270页。
③ 孙诒让:《墨子间诂》卷四十《经上》,北京:中华书局,2001年,第313页。
④ 《史记》卷一〇〇《季布栾布列传》,第336页。
⑤ 《汉书》卷三七《季布栾布田叔传》,北京:中华书局,1962年,第1975年。
⑥ 荀悦:《两汉纪(上册)》卷一〇《孝武皇帝纪一》,北京:中华书局,2002年,第158页。
⑦ 《韩非子集释》卷一九《五蠹》,第1057—1058页。
⑧ 《史记》卷七五《孟尝君列传》,第2363页。

本文的重要议题之一是带有春秋战国传统的侠在西汉时期是否发生变化进而消失，因此有必要对"消失"的含义做一界定。在历史学中的消失有两种，一种是实体从社会中消失，一种是记述从书写中消失，主张"游侠于东汉消失"的研究，提出的论据是从《汉书》以后史家不再书写游侠列传，本文则倾向于通过对社会实体的探究得出论断。

本文认为，判断侠在历史上是否消失的标准是，任侠关系是否失去了其在诞生之初所固有的社会功能。从侠的本意上来说，应以侠的行为作为判断的标准，但问题是，翻开二十四史，侠的行为始终存在，甚至环顾当今社会，亦有侠的踪迹。关键在于任侠关系是否能在变动的社会环境中发挥出固有的社会功能。下文将对任侠关系在西汉社会中发挥作用的"变"与"常"进行探究，进而明确"侠"是否消失的相关问题。

三、任侠习俗与西汉基层社会秩序

在进入西汉时期的讨论之前，有必要对《史记》《汉书》中侠身份的定义做一确认。《史记》中称"私门"之主为"游侠""任侠""大侠"，处在任侠团体从属位置的人物未获"侠"称，书中多以"刺客""宾客""客"称之。[①]《汉书》中出现了"轻侠""豪侠"的说法，轻侠一般指任侠团体内从事犯罪活动的从属[②]，在轻侠团体中"以气节度量建立了威望的、掌握了人际关系的首领性人物"[③]通常以"豪侠"称之，若这一核心人物"属于'剑客'或'壮士'这个类型"[④]，亦可用轻侠称之。

总的来说，在《史记》《汉书》中，"侠"在多数时指的是任侠团体中的核心人物，处于从属位置的侠多被以"客"概括。在下文中，本文将对任侠集团的核心人物进行观察，尽力还原围绕其展开的任侠关系。

[①] 《史记》中四公子门下的忠勇之"客"不获"侠"称；春秋战国时期，为其主尽忠的"私剑"之"侠"皆列在了《刺客列传》之中，亦不获"侠"称。

[②] 在《汉书》中，轻侠有时指任侠团体内从事犯罪活动的从属，如《汉书·赵广汉传》："郡中盗贼，闾里轻侠，其根株窟穴所在，及吏受取请求铢两之奸"；《汉书·何并传》："而侍中王林卿通轻侠，倾京师"；《汉书·尹尚传》："上怠于政，贵戚骄恣，红阳长仲兄弟交通轻侠，藏匿亡命"。参见《汉书》卷九〇《酷吏传》，第3202、3673页。《汉书》卷七七《何并传》，第3266页。

[③] 增渊龙夫：《汉代民间秩序的结构及其任侠习惯》，《中国古代的社会与国家》，第85页。

[④] 方诗铭：《剑客·轻侠·壮士——吕布与并州军事集团》，《史林》，1993年第3期，第35页。

战国时期"聚徒属，立节操，以显其名"的民间任侠团体在西汉的基层社会中依旧活跃，《史记》《汉书》中对于类似"兄弟被侵必攻，知友被辱随仇"的"贞廉之行"有了更为翔实的记载。通过观察可知，两汉时期的民间任侠团体曾对部分地区的民间秩序有一定的影响。

下文将先对任侠团体在两汉乡里的组织结构进行探究，明确其变与未变的部分，其后明确结构的变化是否影响了其固有的社会功能。因为任侠团体组织结构的变化不一定会影响任侠习俗的社会功能，所以本文以任侠习俗社会功能的常与变作为界定常态和变化的根本标准。

(一)任侠习俗与基层社会秩序的常态

1. 西汉时期任侠团体在乡里的组织结构

在这一部分中，笔者将通过观察西汉时期任侠团体的几种经济来源，探究乡里存在的两种结构相似但运转方式不同的任侠团体。下文将确定三个问题：第一，西汉时期的任侠团体不论其核心人物是权贵、土豪还是布衣贫民，其在民间的组织结构始终没有发生变化；第二，西汉前期的游侠始终具有匪盗的一面；第三，任侠团体在结构上可以与豪族等同。

西汉时期任侠团体的主要开销是养客。汉初，任侠团体中的核心人物普遍与宗族、土地结合，不论其身份是卿相还是布衣，能保证基本的计口授田以维持生计。任侠团体中的客从战国到西汉未改其游民性格，他们没有合法的营生，与其主以任侠习俗联结后也不参与主家田地的耕种。那么，该怎样获得收入维持任侠养客的习惯便成了一个问题。因为任侠团体核心人物身份地位的多样，出现了两种不一样的方式：第一，以主家的固定产业为主要收入来源任侠养客；第二，以客的犯罪活动以及他人馈赠为主要收入来源养客。①

第一种，任侠团体首领性人物的身份是权贵、土豪。他们收入的主要来源是从土地上获得的高额田租，《汉书·食货志上》记载："耕豪民之田，见税什五，故贫民常衣牛马之衣，而食犬彘之食。"②为豪侠所役使的

---

① 这里说的以主家的固定产业维持任侠养客，以客的犯罪活动以及他人馈赠所获养客，并不意味着两种类型的任侠团体绝对地以田租为收入或以犯罪、他人馈赠为收入，我们所说的是每种类型任侠团体的主要收入来源。通常来说任侠团体的收入来源会囊括田租、犯罪、他人馈赠这三种，只不过比重不同。

② 《汉书》卷二四上《食货志上》，第1137页。

劳动者是贫民、家童，任侠宁成"乃贳贷买陂田千余顷，假贫民，役使数千家……致产数千金"①；朱家曾为藏匿季布，买置家僮、田产。② 宾客不是田地的劳动者，他们普遍充当的是任侠团体中谋士爪牙的角色。"藏匿奸猾亡命，宾客为群盗"③的红阳侯王立父子，"使客因南郡太守李尚占垦草田数百顷，颇有民所假少府陂泽，略皆开发，上书愿以入县官。有诏郡平田予直，钱有贵一万万以上"④。这里王立不是役使其客种田，而是让"客"去交涉占田事宜。⑤ 宾客的身份定位在西汉没有改变，他们继承并延续了战国时的自由性，因才能被养，被尊重，随己意去留，主客"权""力"相结的利益平等关系依旧。⑥《汉书》中出现"奴客"联称的现象，何兹全认为出现这种现象的原因是客的地位在西汉逐渐低落，"客从自由来去的依附关系向隶属性的依附关系转化。"⑦陈苏镇则指出，"奴客"由贫民转化而来，并非宾客。⑧ 笔者认同后一种看法。

第二种，任侠团体中核心人物的身份是布衣平民，小土地所产不够养客，需要其所养之客以非法的犯罪活动在乡里敛财，或接受他人的馈赠。以犯罪活动为主要活动内容的任侠团体不是武帝朝后"由侠沦落成"的新产物。我们先考察西汉后期的情况，《汉书》中首次出现"轻侠"的说法，其指的是以罪犯为业的任侠团体中的核心人物，他们以气度建立威望，掌握团体内外的人际结合关系。"闾里少年""恶少年"依附于轻侠，是犯罪活动的实践者。⑨ 他们敛财的方式主要有：盗窃、刺杀、抢劫掠财、掘人坟墓、非法铸币、赌博等。西汉前期就存在这种以"轻侠"为核

---

① 《史记》卷一二二《酷吏列传》，第3135页。
② 《史记》卷一〇〇《季布栾布列传》，第2729页。
③ 《汉书》卷九八《元后传》，第4025页。
④ 《汉书》卷七七《盖诸葛刘郑孙毌将何传》，第3258页。
⑤ 陈苏镇：《〈春秋〉与"汉道"——两汉政治与制度文化研究》，北京：中华书局，2011年，第498页。
⑥ 灌夫曾官至九卿，但因被罢官，"失势，卿相宾客衰"；汲黯、郑庄都曾位列九卿，然而当他们被罢官时，"家贫，宾客亦落"；楼护倚靠的五侯失势后，楼护门下的客也离他而去。
⑦ 何兹全：《中国古代社会》，北京：北京师范大学出版社，2001年，第446页。
⑧ 陈苏镇：《〈春秋〉与"汉道"——两汉政治与制度文化研究》，第501页。
⑨ 《汉书》中轻侠指的是任侠团体的核心人物，不指那些处在团体从属位置的客，比如《汉书·何并传》中，"阳翟轻侠赵季、李款多畜宾客"。在《史记》《汉书》中这些轻侠的依附者被称为"少年"，他们是团体中犯罪活动的实际操作者，比如《史记·游侠列传》中追随郭解为其"复仇"的被称为"少年"；《汉书·赵广汉传》："长安少年数人，会穷里空舍，谋共劫人。"

心的任侠团体。司马迁虽然着意以任侠气节为判断标准，将盗跖之徒与游侠区别开来，但他歌颂的游侠本身就有匪盗的一面。以剧孟为首的任侠团体很可能以赌博为主要的收入来源之一；郭解①虽年长折节，一改"藏命作奸，铸钱掘冢"等少年习气，但随从他的仍是以"报仇"为日常的"少年"，他在本质上是犯罪团伙的首领。《史记·货殖列传》中记载："其在闾巷少年，攻剽椎埋，劫人作奸，掘冢铸币，任侠并兼，借交报仇，篡逐幽隐，不避法禁，走死地如骛者，其实皆为财用耳。"②可见，团体作案维持生计的做法在西汉前期已然成风。由此可知，侠的另外一面是盗。《史记》《汉书》中以犯罪为业的任侠团体呈现前少后多的现象③，与史家观察视角的变化，及其活动方式的变化有关（这两个变化在下文中详细讨论），不意味任侠团体在西汉后期变质为流氓、匪盗。

上述由布衣组成的任侠团体，除以犯罪为生，时常接受权贵、土豪的馈赠。剧孟母亲死时，"自远方送丧盖千乘"，考虑到汉代的丧俗，赗钱当不低④；郭解被迫迁徙茂陵时，"诸公送者出千余万"⑤；原涉为家里修墓，"费用皆仰富人长者"⑥。这些馈赠来的钱财，足以使任侠团体获得比较丰厚的经济基础，但他们好像并不富裕，剧孟死后"家无十金之财"；郭解"家贫，不中訾"⑦；轻侠原涉"身衣服车马才具，妻子内困"⑧。攒不下钱的原因是，他们既要"救人于厄，振人不赡"，还要养活一帮宾客。所以司马迁眼中游侠"私义廉絜退让"的品质，很可能只是因为钱财的流动性强。

以上，我们观察了任侠团体的主与客在乡里的经济活动，接下来，

---

① 郭解是武帝时人，本文将其视作西汉前期人物，因为《史记》中所记郭解的相关事件皆在元朔二年武帝第一次进行徙陵的时间之前，针对游侠的打击刚刚开始，新政策的推行还不足以改变任侠团体惯用的行为模式。

② 《史记》卷一二九《货殖列传》，第3271页。

③ 《史记》所载以犯罪为敛财手段的民间任侠团体，只有以郭解为核心的一个。《汉书》中所记西汉后期轻侠式的任侠团体有很多：为赵广汉所捕的长安轻侠少年；朱云少时所通的轻侠；长阳侯王立交通的轻侠；王林卿交通的轻侠；轻侠赵季、李款；轻侠原涉。

④ 《史记》卷一二四《游侠列传》，第3184页。

⑤ 武帝时徙陵所定的豪富之家的标准是訾三百万，可见郭解所受之财不少。

⑥ 《汉书》卷九二《游侠传》，第3716页。

⑦ 《史记》卷一二四《游侠列传》，第3184—3187页。

⑧ 《汉书》卷九二《游侠传》，第3716页。

则需要对西汉的乡里图景做一个较为全面的观察，以确定任侠团体在乡里结构中的确切定位。笔者将通过对比任侠团体与豪族在结构上的区别对此进行探究。本文认同陈苏镇对于"豪族"的定义，"所谓'豪族'，大约是战国以来逐渐兴起的，到汉武帝时已成为一种普遍存在的社会势力"[①]。汉武帝设置刺史"六条问事"的第一条是"强宗豪右田宅逾制，以强凌弱，以众暴寡"[②]，从这一条中看与豪族相关的重要元素，有宗亲、田宅、"强""众"、"弱""寡"。

从围绕主家展开的人际关系上看，由主与客组成的任侠团体只占豪族结构的一部分。"弱""寡"指的是被地主所役使的贫民、家童，他们常因田租过高，而"父子夫妇终年耕芸，所得不足以自存"[③]。"强""众"则指的是与主家利益相合的诸家。西汉时期以小家庭为基本经济单位，可能会出现一个家庭的经济很富有但人口不多的情况。[④] 为了扩大自己的势力，必须突破小家庭的限制与他家相结。主家先通过用余财施恩的方式与日常频繁接触的宗亲、乡邻联结。[⑤] 之后，突破"熟人世界"，以任侠习俗与没有血缘、地缘关系的游民结成主客关系。综上，围绕主家主要存在三种关系，主家与贫民间是支配关系，与亲、邻间是原生性的信-任关系[⑥]，与宾客间是任侠的关系。严格来说，任侠团体在结构上不能等于豪族。

但进一步分析围绕主家展开的关系的性质，会发现任侠团体在结构上可以与豪族等同。任侠的人际联结方式与原生性的亲/邻关系在一定程度上是同质的，组成的元素皆为利益与情义，只不过比重因人而异。可以推想任侠习俗是原本陌生的主、客为了建立紧密的联结，对亲/邻间原生性信-任关系进行复制的结果。以二元对立的角度进行剖析：宗亲、乡邻、宾客围绕着主家是相结合的诸家，他们普遍以与任侠习俗相类的关

[①] 陈苏镇：《〈春秋〉与"汉道"——两汉政治与制度文化研究》，第486页。
[②] 《汉书》卷一九上《百官公卿表上》，颜师古注引《汉官典职仪》，第742页。
[③] 《汉书》卷九九中《王莽传中》，第4111页。
[④] 杜正胜：《传统家族试论》，载黄宽重、刘增贵主编《台湾学者中国史研究论丛·家族与社会》，北京：中国大百科全书出版社，2005年，第17—28页。
[⑤] 乡里人不是豪族役使的对象。参见陈苏镇：《〈春秋〉与"汉道"——两汉政治与制度文化研究》，第502页。
[⑥] 侯旭东：《宠：信-任型君臣关系与西汉历史的展开》，第230页。

系相联，具有相当的凝聚力，是豪族的真正组成部分。而相对的贫民、家童以及其他与主家没有血缘、地缘关系的他家，则被排斥在外。从这种意义上说，豪族在结构上可以与任侠团体画等号。

以上所用的事例贯穿西汉始终，可以说西汉时期的任侠团体不论其核心人物是权贵、土豪还是布衣贫民，其在民间的组织结构始终没有发生变化。组织好骨架后，便需要添加血与肉。下一部分中，笔者将对汉代由任侠习俗主导的社会秩序进行观察。

2. 西汉时期任侠团体建立乡里秩序的方式

在这一部分中，笔者将通过对司马迁所赞颂的任侠气节的观察，对任侠团体建立乡里秩序的方式进行探究。下文将讨论三个问题：第一，任侠习俗所建立的乡里秩序在西汉没有发生变化；第二，西汉后期游侠未"丧失侠义精神"，任侠气节体现在实际作为上本具有两面性，史家从不同的角度观察便会产生不同的评价；第三，任侠团体主导的社会秩序具有地方性。

游侠气节的核心在于重"诺"，司马迁赞颂游侠"其言必信，其行必果，已诺必诚，不爱其躯，赴士之厄困"[1]；"不既信，不倍言，义者有取焉"[2]。笔者认为，任侠重"诺"的品质落实在具体的行为上指的是他们报仇、藏匿亡命的行为。

私斗复仇行为在乡里的盛行，是因为人们普遍以任侠习俗相联结的同时，还达成了一种精神契约：当一方受到侵害，另一方应尽全力让侵害者付出代价。这便是"诺"的一部分。复仇行动的发出者时常是"私门"之主的宗亲、乡邻、宾客，他们维护的对象即是"私门"之主。常见的结下仇怨的原因有以下几种。一是杀害血亲之仇：原涉为报其季父被杀之仇，去官亡命。[3] 二是与整治主家的吏员结仇：郭解兄子因杨家县掾举报郭解而杀之[4]；王游公因向地方县掾出计整治原涉而被原涉之客所杀。[5] 三是因别人对主家言语上的诋毁而结仇：一儒生批评郭解，为郭解门下

---

[1]《史记》卷一二四《游侠列传》，第3181页。
[2]《史记》卷一三〇《太史公自序》，第3318页。
[3]《汉书》卷九二《游侠传》，第3715页。
[4]《史记》卷一二四《游侠列传》，第3188页。
[5]《汉书》卷九二《游侠传》，第3718页。

之客所杀①；一人诋毁原涉，被曾接受过原涉赈济的乡邻所杀。②

藏匿亡命的行为代表着"诺"的另一部分，当双方以任侠的方式联结，其中一方有危难，另一方要竭尽全力予以帮助。私斗复仇不为法律所允许，所以复仇者往往需要离开本地以逃避法律制裁，也就是"亡命"。这时，那些惯于"藏匿亡命"的游侠就会发挥他们的作用。亡命者在逃命，藏匿者实际上也在冒着极大的风险。朱家冒着"敢有舍匿，罪及三族"③的风险帮助了季布；素通轻侠的朱云在任杜陵令时因"故纵亡命"而丢职。④

通过"复仇""藏匿亡命"行为而成全的重"诺"的品质，从现实的角度来看，是任侠得以发展社会势力的资本。当一个人实践了这些行为，那些具有相似性格的权贵、豪杰、游民便会认可他们的信誉，并渴望与他们结交。朱家"藏活豪士以数百"，因而"自关以东，莫不延颈原交矣"⑤。原涉为其季父报仇后，"郡国诸豪及长安、五陵诸为气节者皆归慕之"⑥。当各地的豪侠互相联结，织成一张庞大的关系网，他们的声名便会随之远播，形成强大的民间号召力。可以说，信誉是任侠得以立于强者之林的重要原因之一。

因此，任侠团体对声誉极其看重。他们会对破坏其声誉者施以惩罚，因别人的一句批评"睚眦杀人"。同理，对维护其名誉的也会加以奖赏，季布本来因曹丘生"非长者"而不喜其人，却又因曹丘生"仆游扬足下之名于天下"的行为而大为欢欣，以其为上客招待数月。⑦

如此，形成了一种默认的奖惩机制。任侠习俗主导的乡里秩序就是在这种机制的规范下形成的。对于那些不与主家结合的他家而言，这一奖惩机制在暴力的加持下是一种约束力，使他们从言语到行动自觉地减少侵犯性的行为，甚至在遭受来自任侠团体的侵犯时也不敢反抗。对于与豪侠相结合的宾客、乡里、宗亲等而言这是一种保护。长此以往，在以任侠习俗相联结的诸家和外部世界间会出现一个模糊的界限，同一个

---

① 《史记》卷一二四《游侠列传》，第 3188 页。
② 《汉书》卷九二《游侠传》，第 3716 页。
③ 《史记》卷一〇〇《季布栾布列传》，第 2729 页。
④ 《汉书》卷六七《杨胡朱梅云传》，第 2914 页。
⑤ 《史记》卷一二四《游侠列传》，第 3184 页。
⑥ 《汉书》卷九二《游侠传》，第 3715 页。
⑦ 《史记》卷一〇〇《季布栾布列传》，第 2731—2732 页。

行为，比如复仇，对内则是维护乡里秩序的勇气之举，对外则是"窃杀生之权"的非法行权。概括言之"游侠对相结合的诸家是可依靠的秩序的维护者。对不相结合的他家，则可能成为秩序的破坏者"①。

任侠团体的一体两面性，因为其主导的乡里秩序对内部世界、外部世界产生的两种截然的效果而确认。这也就导致人们对任侠团体产生了两种截然相反的评价。由于司马迁、班固在价值取向上的不同，使他们自觉地站在了不同的立场对任侠团体进行观察，进而分别截取了游侠好的一面、坏的一面。司马迁从内部以被保护者的视角观察任侠团体，看到的更多是游侠美好的气节。班固从外部站在王道法制的视角去观察，自然批判任侠团体"以匹夫之细，窃杀生之权，其罪已不容于诛矣"②。但细读《史》《汉》，其实不难发现二书对任侠团体另一面的体现。司马迁批判豪暴之徒"朋党宗强比周，设财役贫，侵凌孤弱，恣欲自快"③，而这是他不愿承认的侠的另一面。班固对于游侠"振施贫穷，赴人之急"④的品质在楼护、原涉事件的记载中也有所展现。

还需强调的是，游侠的势力具有地方性。轵人郭解到洛阳调解了当地豪杰的仇怨后，却在当夜悄然离去，他说："解奈何乃从他县夺人邑中贤大夫权乎！……待我去，令雒阳豪居其间，乃听之。"⑤私门之主各自以任侠习俗团结了一定地理范围内的家庭，并在当地形成由其主导的民间秩序，如果贸然越界利用自己的威势干涉他地的事务，等于是在动摇他地豪侠的领导地位。

为遏制游侠的发展，针对游侠势力的地方性，西汉实行了"徙陵"政策。"徙陵"从汉高祖时开始，后"世世徙吏二千石、高訾富人及豪桀并兼之家于诸陵"⑥。这项政策的目的是将地区中具有领导地位的主家从这一地区分离，拔除联结地方所有关系的核心，使当地的乡里秩序无法运作。政府在此时介入，便实现了对地方领导权的接管。被迁走的豪侠到了新

---

① 增渊龙夫：《汉代民间秩序的结构及其任侠习俗》，载《中国古代的社会与国家》，第87页。
② 《汉书》卷九二《游侠传》，第3699页。
③ 《史记》卷一二四《游侠列传》，第3183页。
④ 《汉书》卷九二《游侠传》，第3706—3716页。
⑤ 《史记》卷一二四《游侠列传》，第3187页。
⑥ 《汉书》卷二八下《地理志下》，第1642页。

地区后，影响力减弱，短时间内也无法形成新的势力。如此，政府解决了地方上的隐患。

元帝时，"徙陵"政策停止了。永光四年，元帝设置初陵，同时颁诏："顷者有司缘臣子之义，奏徙郡国民以奉园陵，令百姓远弃先祖坟墓，破业失产，亲戚别离，人怀思慕之心，家有不安之意……今所为初陵者，勿置县邑，使天下咸安土乐业，亡有动摇之心。"①成帝永始二年，又欲建昌陵徙民，最终在群臣"宜还复故陵，勿徙民"的要求下作罢，此后，西汉再未有徙陵之举。陈苏镇指出元帝后君臣普遍反对徙陵的原因是"豪族势力已经相当强大"②。从"世世徙"到"勿徙吏民"，任侠团体作为豪族的一种发生了怎样的变化？除了"徙陵"之外，任侠团体还面对着地方政府，以及西汉中期出现的酷吏、刺史的威胁。通过这一部分的观察，可以看出，任侠习俗所主导的社会秩序终西汉一代没有变化，任侠团体是通过怎样的方式在公权力的打击下保持不变的呢？下一部分中，我们将对这些问题进行回答。

（二）任侠习俗与基层社会秩序的变化

在这一部分中，我们将视线集中于"私门"之主的社会活动，对他们在面对公权力时保护任侠团体的一般方式，以及武帝朝后面对新环境做出的调整进行探讨。下文将明确以下三个问题：第一，任侠团体对权贵的依附性增强；第二，游侠官僚化的目的是保证任侠习俗不被消灭，任侠团体不会因为其核心人物的官僚化而被"顺化"；第三，武帝时察举制的确立使任侠团体核心人物官僚化的趋势增强。

西汉时期的民间豪侠普遍会通过与其他豪侠或者权贵建立关系的方式阻碍政府的打击。游侠的"游"字，在战国时，指的是见养的侠客作为新兴士阶层失去土地的状态，到了西汉，出现了"喜游诸公""喜游侠"的说法，"游"指的是豪侠广泛交际的日常生活。在这种交际中，豪侠构建起了地理意义上、阶层意义上都极为广泛的关系网。因为广泛，这张关系网常常可以作为任侠团体的保护伞发挥作用。这种保护伞的存在贯穿了西汉始终，面对武帝对游侠猛烈的打击，为保障其牢固，豪侠与权贵

---

① 《汉书》卷九《元帝纪》，第292页。
② 陈苏镇：《〈春秋〉与"汉道"——两汉政治与制度文化研究》，第488页。

之间的交往方式发生了变化。以下便对武帝朝前后豪侠构建关系网的不同方式进行观察。

西汉前期的豪侠与权贵建立的关系倾向于平等、独立。游侠并不以高位者为依靠，高位者也只因理念上的相合出手相助，豪侠的信誉是他们构建关系的重要凭证。高祖时朱家大侠所交往的对象远至鲁地周氏，上至汝阴侯滕公，季布依靠朱家的关系网得以面对刘邦的追捕而无虞。朱家"及布尊贵，终身不见"，符合司马迁所赞游侠"不矜其能，羞伐其德"的品质①；武帝时轵人郭解威名远播，在被逼迁徙时，大将军卫青主动为其向武帝说情。迁至茂陵后，仍能在人生地不熟的地方引得"贤豪知与不知，闻其声，争交欢解"，这些贤豪在之后郭解的逃亡中应该给予了不少帮助。郭解广泛的交情为政府的执法设置了一次次的绊脚石。②

到了西汉后期布衣豪侠与权贵间的交往风格发生了变化，两者趋向于一种长期性的紧密依附关系。权贵利用任侠团体作为他们的爪牙，任侠团体因此也获得依靠。西汉后期，常有"通轻侠"的说法，通过上文，已知班固用"轻侠"来称呼那些由平民组成的以犯罪为业的任侠团体中的核心人物，重点是与其"通"的人物的身份。红阳侯王立父子"交通轻侠，臧匿亡命"；王林卿"通轻侠，倾京师"。两者均为贵戚。成帝时人杜稚季，也可被视作轻侠，他与中央高官卫尉淳于长、大鸿胪萧育等交情深厚。身为贵戚、高官，与轻侠频繁交往的目的为何？成帝时长安城中出现了职业化的刺杀组织，刺客由闾里少年组成，他们"群辈杀吏，受赇报仇。相与探丸为弹，得赤丸者斫武吏，得黑丸者斫文吏，白者主治丧"。官场中人、豪富权贵难免与文吏、武吏发生冲突，他们与轻侠相交，委托轻侠手下的少年杀结仇之吏，如此，这类任侠团体成为权力争斗的工具。值得注意的是，与轻侠少年合作的权贵不固定为一人。从西汉前期到西汉后期，布衣豪侠对权贵的依附性增强，不是因为游侠对于权势变得贪恋，而是武帝时被猛然压缩的生存空间，迫使任侠团体与更多的权势者形成更加紧密的联系，以图在更为牢固的保护伞下维持生存。

在这种背景下，游侠的关系网在官僚群体中越来越深广。关系网就

---

① 《史记》卷一二四《游侠列传》，第3184页。
② 《史记》卷一二四《游侠列传》，第3185—3188页。

是消息网，因此，西汉后期他们所能掌握的官场的消息，所能抓住的官吏的把柄，所能规避打击的机会就越多。一些游侠对于皇室秘辛、官员私谋之事都能了如指掌。布衣之侠朱安世为报公孙贺的逮捕之仇，状告公孙敬声与阳石公主私通以及行巫蛊诅咒天子之事。①京兆尹孙宝与人私谋铲除大侠杜稚季，"稚季耳目长，闻知之"②。

民间的豪侠除了通过与上层建立联系以图自保，在面对地方政府时，他们也有一套方法使其与自己的立场一致。这些方法证明了任侠习俗所具有的惯性，以及由其所主导的民间秩序的稳定性。第一种方法，地方豪侠通过拿捏下级掾吏的把柄让其为自己所支配。宁成逃往归家后，在地方"为任侠，持吏长短"③；阳翟轻侠赵季、李款"多畜宾客……持吏长短，从横郡中"④。大多数官吏面对地方豪侠采取的态度是"郡吏以下皆畏避之，莫敢与牾"⑤。第二种，直接管理民众的下级掾吏本身就是豪侠。以任侠起家的刘邦，起点就是泗水亭长；豪侠杜建为京兆掾；豪侠万章为京兆尹门下督；闾里之侠楼护曾为京兆吏；元帝时，豪侠陈遵为京兆尹⑥；伉侠好交的朱博"少时给事县为亭长……稍迁为功曹"；朱博任琅邪郡太守时，"常令属县各用其豪桀以为大吏"⑦。在这些人的身上"侠"与"官"的身份实现了融合。

以上所考察的是任侠习俗与公权力和平对接的情况。而当代表皇权意志的酷吏、能吏采取霹雳手段，企图将公权力强行渗透到地方时，又会发生怎样的情况？酷吏王温舒在任广平郡守时，治理奸豪之家采用的方法是，通过掌握一部分豪侠的罪状使他们为己所用，再命他们去揭发另一部分豪侠的罪状⑧；赵广汉亦是用这种方法分化了颍川豪杰大姓，使其互相告奸成为自己的耳目。⑨可见即使是最为严酷的官吏，也只能通过

---

① 《汉书》卷六六《公孙刘田王杨蔡陈郑传》，第2878页。
② 《汉书》卷七七《盖诸葛刘郑孙毋将何传》，第3259—3260页。
③ 《史记》卷一二二《酷吏列传》，第3135页。
④ 《汉书》卷七七《盖诸葛刘郑孙毋将何传》，第3268页。
⑤ 《汉书》卷九〇《酷吏传》，第3668页。
⑥ 《汉书》卷九二《游侠传》，第3705—3714页。
⑦ 《汉书》卷八三《薛宣朱博传》，第3398—3401页。
⑧ 《史记》卷一二二《酷吏列传》，第3147页。
⑨ 《汉书》卷七六《赵尹韩张两王传》，第3200页。

与地方豪侠进行合作的方式，实现对地方名义上的接管。法律的意志无法贯彻，在基层运转的则多是以任侠习俗为规范的民间秩序，如增渊所说："政府利用个别的、具体的民间豪侠、土豪诸势力而谋求其渗透的同时，又反过来受其制约。"①

在保护伞的作用下，民间任侠秩序在西汉时期较为稳定，但也不能忽略许多游侠在武帝朝确实被族灭。这些流血带来的震慑，让民间豪侠为保证任侠团体的生存，在武帝之后对自身的身份做出了调整。回顾上文，可以发现西汉后期出现了很多基层掾吏身份的豪侠，杜建、万章、楼护、陈遵、朱博，其中的三位被收入《汉书·游侠传》，对比《史记·游侠列传》中全员布衣的身份，反映出游侠身份从西汉前期到西汉后期有官僚化的倾向，笔者认为，这种转变是武帝确立的察举制与基层掾吏制度初步联结后产生的结果，以下我们对这一过程的具体情况进行考察。

首先，需要对西汉时期的掾吏制度进行简单的考察。"掾吏"指的是中央和地方官府中负责具体政务的低级办事人员，以及啬夫、亭长一类处理具体事物的技术性工作人员。②西汉选吏的标准和途径十分多样，如卜宪群所言："大凡有一技之长者都可入官府为吏。"③考察西汉后期的游侠，朱博以职役为吏，楼护以明经为京兆吏，陈遵因祖辈给事为史而为吏。既然为吏的门槛这么低，那为什么《史记》所载的游侠没有集中出现"为掾吏"的经历？笔者考虑有两种可能，一是西汉前期亦存在这种综合了"侠"与"吏"两重身份的人物，但是因为他们一直在基层工作，所以不见于史籍；二是更多的地方豪侠始终是以布衣的身份在对地方产生影响，因为不论是否有"吏"的身份，于他们的实际行动而言没有影响。也就是说，到西汉后期很可能发生了两个变化：结合了"侠"和"吏"身份的人物

---

① 增渊龙夫：《汉代民间秩序的结构及其任侠习俗》，《中国古代的社会与国家》，第89页。
② 王俊梅：《秦汉郡县属吏研究》，中国人民大学博士学位论文，2008年，第2页。
③ 参见卜宪群：《秦汉官僚制度》，北京：社会科学文献出版社，2002年，第289—293页。西汉选吏的标准有：以军功为吏、以"文无害"为吏、以学校培养为吏、以明律令为吏、以明经为吏、以"名"为吏、以"孝"为吏、以"职役"为吏、以习武为吏等；参见王俊梅：《秦汉郡县属吏研究》，中国人民大学博士学位论文，2008年，第44页。参见劳榦：《与严归田教授论秦汉郡吏制度书》，载劳榦《古代中国的历史与文化（上）》，北京：中华书局，2006年，第173—174页。西汉为吏的途径，有推举为吏、考试为吏、长官辟除、因父兄给事为史以为吏、学徒吏出师后升进为正式吏员等。

普遍拥有从基层到中央的政治履历；游侠如果可以拥有"吏"的身份，其能产生的影响将不可同日而语。那么，是什么原因导致西汉后期的游侠得以实现这两个变化？

武帝时察举制度的确立为基层吏员的继续上升提供了更为便捷的通道。西汉时期，如果想要在政途上走得长远，必须经历由吏到官的身份转变。西汉前期由吏转官的途径，主要是考课、保举两项。但对于怀有仕途梦的平民而言，实际的情况却不乐观，以掾吏为起点以功次迁一辈子所能达到的高度，很多也比不上官僚子弟轻松拥有的任子郎、内侍的起点。保举的发生更是没有一定之规，不能期盼着以其作为上升的阶梯。始于文帝，到武帝时正式确定下来的察举制（贤良方正、茂才、孝廉）改变了这种情况。不同于西汉前期的选拔方式，察举的部分科目是定期举行的，来源有吏有民，且侯旭东指出"无论科目，察举一次晋升的秩级要高于通常的以功次迁"，因察举而为官升迁较快，所以他们"逐渐占据了金字塔式官员队伍的上层"①。

也就是说，在武帝以后，对于民间的游侠而言，有了"一条较狭，但却远为稳定的上升途径"，这一途径就是掾吏与察举制度的结合。当面对武帝的扼杀时，"各处的俊杰循规蹈矩地循序求上进"②，他们选择让自己成为自己的保护伞。伉侠好交的朱博本家贫，从亭长迁功曹，以太常掾察廉，补安陵丞，后一路直升官至大司空③；豪侠楼护家本世代从医，为京兆吏时得贵戚王氏赏识，平阿侯举其为方正，为谏大夫，后官至九卿。④ 但也需注意，在西汉后期考课、保举等上升途径依旧发挥作用，陈遵便是为大司徒马宫保举转官，后官至太守的。⑤

如此，游侠以为官的方式实现了地方社会势力和政治权力的结合，既用政治权力保护并壮大其任侠的社会势力，也用社会势力发展了其为官的政治权力。当民间的豪侠步入朝堂，那么其在地方的势力就有了在

---

① 侯旭东：《宠：信-任型君臣关系与西汉历史的展开》，第176页。
② 许倬云：《西汉政权与社会势力的交互作用》，见许倬云《求古编》，北京：新星出版社，2006年，第352页。
③ 《汉书》卷八三《薛宣朱博传》，第3398—3409页。
④ 《汉书》卷九二《游侠传》，第3706—3709页。
⑤ 《汉书》卷九二《游侠传》，第3709—3714页。

中央的代言人，这也是元帝以后徙陵政策推行不动的原因。

以上，对任侠团体在乡里的组织结构、建立乡里秩序的方式、自保的方式进行了观察。我们发现，虽然西汉中期的社会背景发生了巨大的变化，但是任侠习俗始终以强大的历史惯性规制着乡里的组织结构、秩序。惯性的强大一部分要归功于任侠习俗同时具有的灵活性，其体现在游侠西汉后期开始依附权贵、进入统治系统，试图用新的方式与身份适应新的历史背景而发生的变化。

下一部分要讨论的是，西汉后期的这些以掾吏作为起点的游侠上升为公卿后，又是以怎样的性格影响官僚组织的？在探究西汉后期的情况之前，还需对西汉前期卿相之侠的状况进行考虑。

四、任侠习俗与西汉的官僚组织

任侠养客的习俗不局限于某一阶层，只要存在一定的空间，就有发生的可能，西汉时期官僚任侠的现象十分常见。在这一部分中，笔者将对西汉前、后期官僚任侠的常态与变化进行考察。

（一）西汉官僚任侠的常态

西汉时期任侠的官僚在对待皇帝、从属、同僚时多拥有自己的准则：面对皇帝时多出于忠义的情感冲动而极言直谏；尊重并举荐宾客、下士；与为友的官僚以信义相护。这些准则与任侠习俗关系颇深。除此以外，西汉的任侠官僚在处理地方事务时往往选择尊重任侠习俗主导的民间秩序。卿相之侠的这些行事方式在西汉时期没有发生变化。

西汉时期任侠的官僚在面对皇帝时，时常直谏，这样做是为了实践其与皇帝之间关于忠义的"诺"。官僚组织是任侠团体不断官僚化、合法化的结果，那么部分君臣关系中必然含有与主客关系同质的因素，即任侠习俗中的情义性联结。于臣子而言，情义的表现方式便是不畏刑罚，坚持真实的想法。季布不顾吕后为单于所辱，直谏不能出兵匈奴[1]；汲黯"数直谏"，面刺武帝"内多欲而外施仁义"[2]；朱云直谏成帝之师张禹尸位

---

[1] 《史记》卷一〇〇《季布栾布列传》，第 2730—2731 页。
[2] 《史记》卷一二〇《汲郑列传》，第 3106 页。

素餐。① 这样做，是为了保证以皇帝为核心的"任侠团体"能够在其认为正确的道路上实现更长久的发展。

西汉时期的任侠官僚延续战国以来的一贯作风，普遍有尊重、推毂宾客与下士的习惯。宾客、下士经由举荐进于仕途后，与其主之间以任侠习俗建立起的联系会在官场中延续，他们以这样的方式在士大夫中建立了广泛的人脉基础。郑当时②"推毂士及官属丞史，诚有味其言之也……与官属言，若恐伤之"③；朱博："宾客满门，欲仕宦者荐举之，欲报仇怨者解剑以带之"④；王氏五侯任侠行权，多举荐门下宾客，以致"尚书、九卿、州牧、郡守皆出其门"⑤。王氏五侯因为此长盛不衰。

西汉时期的卿相之侠也普遍以任侠的方式组织了起来。本文定义的任侠习俗原生于主从之间，但如果同僚间也以利益、情义作为纽带联结，那么他们之间的关系也可以被看作任侠的关系。西汉前期最典型的以任侠习俗联结的两位卿相之侠是"任侠自喜"的窦婴和"好任侠"的灌夫。⑥ 两人失势后，结成了利益联盟，企图利用彼此的资源东山再起。而两人又都是好气侠士，为了践"诺"最终不惜为对方付出了生命。⑦ 以这两位为引，他们的交情几乎囊括了西汉前期著名的游侠。灌夫是季心的干弟弟，季心曾杀人，为同样喜爱任侠的袁盎所匿⑧，袁盎还与窦婴交好。⑨

西汉后期官僚任侠相结的风气更盛，元帝、成帝时的官僚普遍以任侠的习俗凝聚成了势力团体，他们彼此之间有同盟之"诺"。豪侠万章与中书令石显交情颇深。⑩ 以陈咸为核心，则集结了朱云、朱博等人。"少时通轻侠……以勇力闻"的朱云被举报犯有滥杀无辜之罪，身为御史中丞

---

① 《汉书》卷六七《杨胡朱梅云传》，第 2915 页。
② 汲黯、郑当时虽是武帝时人，但可以看作西汉前期风习的代表。他们展现的特征与儒生、文法吏这些武帝时的新兴之秀完全相反。
③ 《史记》卷一二〇《汲郑列传》，第 3112 页。
④ 《汉书》卷八三《薛宣朱博传》，第 3407 页。
⑤ 《汉书》卷三六《楚元王传》，第 1960 页。
⑥ 灌夫、窦婴虽活动在武帝时期，但他们亦可看作西汉前期的代表。因为武帝对于他们的诛杀正代表着官僚任侠养客风习转变的开始。
⑦ 《史记》卷一〇七《魏其武安侯列传》，第 2847—2856 页。
⑧ 《史记》卷一〇〇《季布栾布列传》，第 2732 页。
⑨ 《史记》卷一〇一《袁盎晁错列传》，第 2742 页。
⑩ 《汉书》卷九二《游侠传》，第 3706 页。

的陈咸与朱云交好,想暗自透露风声助其逃罪,因"漏泄省中语,下狱掠治"。朱云、陈咸本应是死罪,但在"亢侠好交"的朱博的奔走下,得以"减死,髡为城旦"①。他们除了在情感上相联,在政途上也相互帮助。陈咸被委任为大将军王凤府中的长史,他向王凤推荐了朱博。②朱博、陈咸还与"交通轻侠"的红阳侯王立厚善,被指责"有背公死党之信,欲相攀援"③。

西汉时期的任侠官僚处理地方事务时,普遍尊重地方以任侠习俗组织起的乡里秩序,不主张严刑峻法。"自喜任侠"的汲黯通过不作为的方式放任地方豪侠的发展,他任东海太守时,"治官理民好清静……治务在无为而已,弘大体,不拘文法"④。朱博用与下属建立私人信任关系的方式,实现对地方的治理。长陵大姓尚方禁因盗他人妻,脸上被伤。朱博对他表示理解,使其感动,从此尚方禁成了朱博在部中的耳目。对于被揭发的功曹,朱博并不治罪,私下震慑后便放归,使其为己所用。⑤

实际上,西汉时期的官僚普遍有养客的习惯⑥,但不是每一位养客的官僚都可以获得"侠"称,关键在于对待皇帝、从属、同僚、民间秩序时能否做到以上准则。"侠"字不见于汉代的官方文书,这一说法来自民间,当时社会对于"侠"的一般认识就是重"诺"。如果一个人为了践"诺"对他人的付出超过了其所得利益要求的标准,那么他就会被称为侠。君臣间有忠之诺,所谓忠便是要求臣子不惧风险说出其真实的想法;官僚对其从属及同僚间的诺是信义之诺,为保证始终站在统一立场上,不仅需为彼此在政途上的发展提供便利,还需在必要时为对方做出牺牲,甚至是付出生命;官僚对地方事务的处理方式也可以看作一种"诺",即不以苛法治民。

如果官僚做到这几点就说明他是可信任的,这些人会获得"侠"称,同时获得民望的基础。元狩五年,淮阳的盗铸现象无以为治,武帝只能

---

① 《汉书》卷六六《公孙刘田王杨蔡陈郑传》,第2900页。
② 《汉书》卷八三《薛宣朱博传》,第3399页。
③ 《汉书》卷八四《翟方进传》,第3419页。
④ 《史记》卷一二〇《汲郑列传》,第3105页。
⑤ 《汉书》卷八三《薛宣朱博传》,第3403页。
⑥ 卜宪群:《秦汉社会势力及其官僚化问题研究之三——以游士宾客为中心的探讨》,载雷依群、徐卫民主编《秦汉研究》,西安:三秦出版社,2007年,第118—121页。

将他十分厌恶的汲黯召回，命其为淮阳太守，原因是"得君之重"。① 汲黯就是因为做到了于君直谏、于友有信、于民无扰，才能获得满朝官吏无法比肩的民间威望。相反，若是于君不忠、于友不义，即使养客，也不会被称为"侠"。公孙弘用全部的俸禄养着成群的食客，甚至因此被士人称贤，但他不忠不信。淮南王刘安认为，引诱公孙弘反叛，"如发蒙振落耳"②。公孙弘为媚于上，违背其本与同僚约定好的要与皇帝谈论的问题，汲黯骂公孙弘"多诈而无情"③。如此，自然不会获得更广范围人群的认可。

君主所忌惮的正是重"诺"之人养客，因为这些人养客意味着打开了与社会联结的通道，他们很轻易就会获得大众认可并建立起强大的社会势力。武帝时苏建建议大将军卫青招士荐贤，而大将军如此回答："自魏其、武安之厚宾客，天子常切齿。彼亲附士大夫，招贤绌不肖者，人主之柄也。人臣奉法遵职而已，何与招士！"④其时近臣养客者颇多，主父偃号称宾客以千数，天子却只针对魏其、武安养客之事切齿。究其原因，是他们"侠"的身份所代表的深厚的社会基础让天子恼火。

针对官僚任侠的情况，武帝的策略是提拔一批出身低微、没有背景的刀笔吏，委以重权，让他们作为皇权意志的贯彻者，取代任侠官僚的位置，进而实现对官僚组织的唯一支配。然而，武帝死后，天子对官僚的绝对支配便开始崩溃，任侠的官僚很快便再度活跃了起来。已知西汉后期官僚的行为模式与前期一致，但是使其获得活动空间的原因却发生了变化。在下一部分中，我们将对武帝朝前后西汉官僚任侠的变化进行探讨。

(二)西汉官僚任侠的变化

任侠团体本是不为法律所允许的存在，其能在西汉社会活跃与皇权力量不足有很大关系，因为这留给了他们生存的空间，否则就会出现武帝朝时的情况。以武帝朝为界，西汉的政治格局发生了较大的变化，官

---

① 《史记》卷一二〇《汲郑列传》，第3110页。
② 《史记》卷一二〇《汲郑列传》，第3109页。
③ 《史记》卷一一二《平津侯主父列传》，第2950页。
④ 《史记》卷一一一《卫将军骠骑列传》，第2946页。

僚任侠的背景和原因也随之改变。下文将确认，从西汉前期到西汉后期，官僚任侠与黄老道家、儒家、法家在政治实践上先后实现了一定程度上的联结，且因为任侠习俗的发展自成体系，所以这些指导思想的改变对任侠习俗自身的历史惯性几乎没有造成影响。

对于西汉前期官僚任侠的背景这一问题，我们考虑从西汉前期的政治指导思想——黄老哲学入手。黄老哲学落实在西汉的政治实践上，要求的是无为而治，而无为很大程度上就是要求"无所变更"，墨守高祖时定下的成规。这种行为倾向不只发生在信奉黄老之学的官僚身上，也是西汉前期官僚共同的行事风格。它最先为随从高祖的创业功臣所表现，曹参为齐相时，主张"其治要用黄老术"，为汉相后，要求"举事无所变更，一遵萧何约束"①；申屠嘉没有学问，在教训文帝的男宠邓通时却说："夫朝廷者，高皇帝之朝廷也。通小臣，戏殿上，大不敬。"②

这种倾向也为后来那些没有与高祖发生直接联系的官僚所延续，在西汉前期的任侠官僚身上多有体现。喜爱任侠的袁盎谏言景帝杀晁错时，举楚相的遗书："高帝王子弟各有分地，今贼臣晁错擅適过诸侯，削夺之地。"③这说明袁盎与叛臣的想法相同，晁错背高祖之制，该杀。汲黯好任侠，学黄老，张汤更定律令，他批评张汤："何乃取高皇帝约束纷更之为？公以此无种矣。"④

对于曾与高祖以任侠习俗发生直接联系的创业功臣，以及后世没有与高祖建立私人联系的任侠官僚而言，墨守高祖成规的行为倾向具有不同的目的和意义。

这种行为倾向最初出现的根本目的是规避秦曾经犯下的错误。"怎样能不重蹈秦的覆辙"是汉初臣僚的重要议题，高祖去世时这一问题还没有解决，直到曹参给出了一个令大家满意的回答。主要有两条：第一，他认为，不改变高帝时定下的规则便会一切无虞。曹参对惠帝说："高帝与萧何定天下，法令既明，今陛下垂拱，参等守职，遵而勿失，不亦可

---

① 《史记》卷五四《曹相国世家》，第 2029 页。
② 《史记》卷九六《张丞相列传》，第 2683 页。
③ 《史记》卷一〇六《吴王濞列传》，第 2830 页。
④ 《史记》卷一二〇《汲郑列传》，第 3107 页。

乎?"①而怎样才能保证人们一直坚持高帝的成规？盖公"治道贵清净而民自定"的黄老道家之说给了曹参启示：清净即无为，无为即不会改变。李开元将惠帝和吕后期间"无为而治"的内容分为三方面：君臣间的无为、法制上的无为、官民间的无为。②全方面的无为可以保证对高祖时社会状态的全面维持。第二，他认为应将自身的政治实践方向调整成与秦朝文吏完全相反的模样。秦代的能吏好大喜功，繁文宏论，他便要求自己无所作为，木讷于言辞，并将这种标准应用到选官之上，"择郡国吏木诎於文辞，重厚长者，即召除为丞相史。吏之言文刻深，欲务声名者，辄斥去之"③。

对于与高祖共同起事以任侠习俗发生联结的官员而言，"无所变更"的行为倾向不论在情感生活还是政治生活上都有重要的意义。首先，从情感生活上说，创业功臣对高祖成规的墨守，是为了维护其与高祖的任侠关系中的信义联结。曹参给出答案的过程，实际上是他在实践与高帝许下的诺言的过程。曹参与高祖因任侠关系而有的情感经历，是汉初创业功臣的共同记忆，所以曹参给出的答案很快为创业功臣所共习。渐渐地，"不作为，退文吏，进长者"的新规被默认为高祖定下的成规。通过这种方式，汉初的创业功臣延续了其与高帝作为一任侠团体时的情感生活，缓解了从一任侠团体的从属到一帝国官僚身份转变时，造成的身份上与情感上的割裂与冲突。

其次，从政治生活上说，"无所变更"的行为倾向，是为了保证皇权的有限性。李开元指出刘邦的皇权因与军功受益阶层的权力同源，因而相当有限。汉初创业功臣对于政治权力有强烈的所有权意识，他们的权力对于皇权而言具有相当的独立性。④也就是说，我们所探讨的不愿切断与高祖情感联系的汉初创业功臣，从现实的一面来看是在刘邦死后仍不愿放权的重臣。他们对权力的把控，是为了继续以与刘邦结成任侠关系时所养成的任气好交的脾性，处理本应以法律作为规范的帝国官僚事务。

---

① 《史记》卷五四《曹相国世家》，第2030页。
② 李开元：《汉帝国的建立与刘邦集团》，北京：生活·读书·新知三联书店，2000年，第255页。
③ 《史记》卷五四《曹相国世家》，第2029页。
④ 李开元：《汉帝国的建立与刘邦集团》，第249—250页。

没有与高祖建立私人关系的任侠官僚与高祖在情感上的联系已断裂①，他们承袭的"无所变更"，是在表达政见时以高帝为凭证的话语模式，话语之下的真实目的是保证任侠习俗的生存空间，即保证皇权的有限性。汲黯对儒生、刀笔吏的厌恶，实质上表现的是他对武帝试图突破有限皇权，威胁到任侠习俗生存的抗议。酷吏与儒生分别是武帝权力欲望的爪牙和粉饰，汲黯批评张汤行事"非肯正为天下言，专阿主意"，武帝任用儒生是"内多欲而外施仁义"。他们的作为与任侠习俗从根本上存在冲突，任侠主张对民间秩序的尊重，秉持着"治道贵清净而民自定"的理念，以张汤为代表的酷吏却"专深文巧诋，陷人于罪，使不得反其真，以胜为功"；任侠主张对友信义、对君忠直，儒生公孙弘却违背友信，"怀诈饰智以阿人主取容"。汲黯自然要骂张汤"天下谓刀笔吏不可以为公卿"，自然要"常毁儒"。② 所以本质上，汲黯所进行的抗争，代表的是任侠习俗与皇权之间的对抗。

但结局是众所周知的，"汲黯"们的抵抗终究不能阻止历史的洪流。到武帝时，各种社会活动开始扩大化、复杂化，社会问题一一显露，承自秦的专制官僚机器的再次运转已不可推迟。大的趋势要求法律发挥最大的效用，需要文吏执法、儒生调和，也呼唤一位强力者实现这一切。在强硬的手段下，"用积极的意志渴求消极的政治"的"好任侠""好黄老"传统式官僚被淘汰③，儒术成为新时代的政治指导思想，"霸王道杂之"成为政治实践的指南，儒生与文吏成为朝堂上新的活跃者。

然而，官僚中任侠习俗的低落只持续了不过两朝，到元帝时他们又大规模地活跃了起来。④ 究其原因，是元帝以后西汉的官僚组织变得分裂、混乱，给了任侠习俗以生存空间。我们从不同的角度观察这一过程。

---

① 增渊将没有与高祖建立私人关系的任侠官僚仍坚持以高祖为权威的原因归结为，"这些官僚与功臣们持有相同的情感生活"，墨守高祖成规也是他们"任侠式秩序规范的一部分"。他所利用的主要依据是《汲郑列传》，汲黯、郑当时两人都具有好任侠、好黄老的特点，且表现出了与创业功臣较为一致的行为倾向。笔者不认同他的观点，因为如果没有建立私人关系，任侠习俗是不能跨越时空而存在的，汲黯、郑当时的任侠习俗表现于他们在武帝时所构建的人际关系之中。

② 《史记》卷一二〇《汲郑列传》，第 3105—3111 页。

③ 增渊龙夫：《汉代国家秩序的结构与官僚》，《中国古代的社会与国家》，上海：上海古籍出版社，2017 年，第 219 页。

④ 参见《汉书》，在昭帝、宣帝时活跃的任侠官僚只有眭弘、杜建两位。

其一，从具体的历史发展过程来看，原因在于皇帝失去了对中朝的绝对控制权，进而失去了对整个官僚组织的唯一支配权。昭帝时，霍氏垄断了中朝，逐渐掌握了决策国政的实权，皇权几乎被架空，外朝沦为执行机构。在此情况下，西汉后半期政治的主题变成了对中朝实际掌控权的争夺，皇帝、外戚、宦官、外朝官，甚至负责监察百官的御史都参与了竞争，官僚组织就此变得分裂、混乱。其二，从西汉总的历史发展趋势分析，原因在于元、成帝时儒生与文吏间矛盾的激化。阎步克指出，在斗争中，儒生、文吏间没有明显的派系，经常你中有我、我中有你，呈现出错综复杂的情况，加剧了官僚组织的分裂。这让"霸王道杂之"的政治实践方向发生了动摇。① 任侠习俗就是在这种背景下"春风吹又生"的。

不论从哪方面看，可以说，较西汉前期而言，西汉后期的政治氛围更贴近了"弱肉强食"的原始规则。在这种环境下，参与政治斗争的官僚们，为图生存、自卫，都或多或少地以任侠的习俗组织了起来。元帝继位后不久，石显为中书令，把握内朝，权倾一时，陈咸则是当时反对石显的主力。以石显、陈咸为核心分别集结了一些好任侠的官僚，比如万章、朱云、朱博等。（上文在叙述西汉后期官僚任侠相结的风气时对具体情况已经阐述，此处不再赘言。）他们以任侠习俗相结的根本目的是在官场经营自己的势力，是否反对石显只是一个契机。

武帝时确立的察举制度，在政治斗争的背景下与任侠习俗相结合，反而成了各方培植后备力量的工具。这是在以制度化的手段结合任侠习俗营造为制度所不允许的势力。楼护是五侯门下宾客，由平阿侯举方正而转吏为官。② 五侯门下类似的宾客还有很多，以致"尚书、九卿、州牧、郡守皆出其门。管执枢机，朋党比周。称誉者登进，忤恨者诛伤；游谈者助之说，执政者为之言"。被刘向批评为"行污而寄治，身私而托公"③。

通过察举制进官的游侠，大部分不会出现一些观点中所谓的"文"化、弱化，成为儒家学说的实践者，而放弃任侠习俗。首先，察举不单以儒学作为指导，其以"四科"作为精神，选拔标准也偏重文吏，如朱博以察

---

① 阎步克：《士大夫政治演生史稿》，北京：北京大学出版社，2015年，第350页。
② 《汉书》卷九二《游侠传》，第3707页。
③ 《汉书》卷三六《楚元王传》，第1960页。

廉进官。① 就算是通过偏重儒学的科目(贤良、方正、孝廉)进官,如楼护,也照样会"朋党比周",经营私门。甚至,那些真正接受儒家经典成为博士的游侠也未必会"文"化、弱化。"通轻侠"的朱云,以博士进,实际做派却与理想的儒生相去甚远,"素好勇,数犯法亡命,受《易》颇有师道,其行义未有以异"②。《汉书》常将任侠之人学儒称为"变节",好像"侠"与"儒"非此即彼,实际上两者于一人身上共存并不冲突,西汉时期的游侠多将儒学作为上升的踏板。

值得注意的是,任侠官僚中以吏治能力突出者多,朱博、朱云就是两例。这里所说的"吏治能力强"不是指利用酷法治民的能力,而是指用高效且小伤害的方式处理民间事务的能力。具体做法是少利用律令,多依照民间本来的任侠秩序,即以个人名誉、私人关系作为办事准则,上文所举朱博与尚方禁的例子即可证明。值得注意的是,朱博与儒生之间的关系十分紧张,他"尤不爱诸生",到齐地任官时甚至还强迫地方文学儒吏学习吏礼。③ 某种程度上,可以说任侠习俗在西汉后期与法家的政治实践方式也发生了结合。

讨论到这里我们会发现,任侠习俗与黄老、儒学、法家在政治实践上都可以发生联结,原因为何?任侠习俗极具原始性、现实性,其存在的作用是为了让人们在竞争中抱团生存,任侠气节则是使这种势力团体凝聚得最为牢固的办法。当人们意识到利用任侠习俗可以自保,甚至争强时,便会反复地使用,任侠习俗在这一过程中形成了历史惯性,任侠气节也随之植根于人们的情感生活中,成为社会的基本价值观。不过,任侠习俗确实发挥作用的层面更偏向于行为实践。任侠习俗由此成为西汉时期的人们在面临各类新问题时所惯用的旧方法。

再看黄、儒、法三家,阎步克指出:"就其对政治的影响而言,相对地来说,儒术看来具有最为浓厚的意识形态性质,道术显现了更多一些的政治哲学色彩,法家则主要地是一种专制官僚政治行政理论。"④道家在政治实践上的主张是"无为",对于任侠习俗来说就是对其惯性不作干扰;

---

① 《汉书》卷八三《薛宣朱博传》,第3407页。
② 《汉书》卷六七《杨胡朱梅云传》,第2913页。
③ 《汉书》卷八三《薛宣朱博传》,第3400页。
④ 阎步克:《士大夫政治演生史稿》,第238页。

儒学教育是将一种意识形态灌输给人们，着力于塑造一个理想的、遥远的标准，它在思想上的影响是深远的，但在政治实践上起效是缓慢的；唯一在西汉时对任侠习俗起到实质性影响的是法家，当贯彻皇帝意志的法律与法律秩序外的任侠团体初接触时，似呈水火不容之势，但当法吏与皇帝之间的紧密联系被切断后，其也避免不了人性中欲望与情感的冲动。总之，就任侠习俗的惯性与灵活性而言，它的发展自成体系，不易受到某家学说的影响，所以，不能将西汉末期作为游侠历史的终点。

不可否认，察举制确实推动了儒学地位的提升，儒学对于人们价值观的影响是深远的，这使任侠气节渐渐不再是评价人物的主要标准。原涉将自己弃官从侠的经历自比为寡妇失节的过程，与"任侠自喜"的态度相比，自我评价的降低似乎预示着任侠习俗开始不为社会的大环境所欣赏。当社会的价值观开始以儒为尊时，历史书写的角度自然会倒向王道法治，到范晔时，自然不会再为游侠立传。

范晔将党锢名士看作游侠的继起者，他论张俭："昔魏齐违死，虞卿解印；季布逃亡，朱家甘罪。而张俭见怒时王，颠沛假命，天下闻其风者，莫不怜其壮志，而争为之主。至乃捐城委爵，破族屠身，盖数十百所，岂不贤哉！"[1]钱穆指出："前汉《游侠》《货殖》中人，后汉多走入《儒林》《独行传》中去。"[2]党锢儒生很大程度上是以任侠习俗组织起来的，门生故吏即为任侠团体中的主客，儒学反对"许友以死"，他们却频繁为友复仇。这些儒生完全可以获"侠"称，只不过在时人看来儒生是他们更为重要的身份。任侠习俗的性质注定其历史还远未完结。

五、结语

武帝时代西汉的政治局势与社会文化都发生了重大改变，武帝朝也就成了西汉前期后期明显的分界点。本文即以武帝朝为界，将西汉分成前后两期，观察任侠习俗在不同时期的特征，并由此探究任侠习俗的核心特质，以及历史背景对任侠习俗的影响。

作为一种以利益、情义作为纽带的人际结合方式，任侠习俗广泛地

---

[1] 《后汉书》卷六七《党锢列传》，北京：中华书局，1965年，第2211页。
[2] 钱穆：《国史大纲》，北京：中华书局，2010年，第21页。

作用于战国至西汉时期各个阶层的势力团体内的主与客之间，对于西汉时期民间秩序、官僚组织结构的形成有着很大的影响。通过考察任侠习俗与乡里秩序的关系，可以发现，西汉时期任侠团体在民间的组织结构、性格，以及由其主导的民间秩序几乎没有变化。只是在面对公权力的打击时，西汉后期的一部分地方游侠选择作为权贵的爪牙，依附于他们的权势；一部分选择进入统治体系之中，出现了官僚化的趋向。考察任侠习俗与西汉官僚组织的关系，可知任侠官僚对上忠直，对友、对下信义，尊重民间秩序的行事准则终西汉一朝未变。西汉中期开始，政治实践方式从黄老"无为"变为"霸王道杂之"，并与任侠习俗相结合，从黄老道家"无为"的政治方针转变为以儒术、吏治为指导的选拔方式。

然而不论怎样变化，不论是在民间还是在庙堂，游侠始终保持着其任侠养客的行事风格，这反映了任侠习俗具有的惯性与适应性。如此，可以回答本文最开始提出的问题。西汉后期确实有通儒之侠，但这不是群体现象，侠与儒也不是非此即彼的关系。官僚化并未使游侠顺化，游侠可以以官僚的身份组织法律秩序外的社会势力。所谓"与宗族、土地结合，到武帝时开始向世代通经入仕发展并成为联结地方与中央的社会中间阶层"的豪族/士族化，并未见于西汉时期的游侠群体。西汉后期，也不能断言游侠丧失了侠义精神。所谓侠义精神反映在实际行动上具有两面性，匪盗行为是任侠团体两面性的具体表现。

从西汉前期到西汉后期，部分游侠的社会地位，与其他阶层的关系，在政治实践指导思想上的选择确实发生了变化，但因为他们仍惯以任侠习俗———一种以利益、情义作为纽带的人际联结方式———与他人建立关系，所以其游侠身份不变。任侠习俗的社会功能是形成自卫性的强者秩序，只要存在生存上的竞争，任侠习俗就有其发挥作用的空间，游侠式的人物便不会消失。

[导师评语]

游侠群体起自战国，在两汉影响不衰。游侠的定义、社会功能及其变迁，是认识两汉历史重要的侧面。王芊蕴同学以《西汉任侠的变与常》为题，尝试对游侠及任侠习俗在西汉的发展做一综合考察。选题有意义，也具有一定难度。

前人对西汉任侠的发展,已经提出了不少意见。王芊蕴对西汉任侠的原始文献有相当完整的梳理与把握,并且在此基础上提出了自己的看法。文章认为,以武帝朝为界,西汉可以分为前后两期。在不同的时期中,游侠及任侠的身份、发挥功能的形式都发生了变化,此即题目中的"变"。但是,游侠的定义,及其核心社会功能,并未发生质的变化,此即题目中的"常"。论文的观点言之有据,论证思路清晰,讨论详尽。

本文中作者对西汉时代任侠的诸多方面做了考察,在不少细节性的问题上都有自己的看法。论文写作规范,语言流畅,史料扎实,是一篇优秀的毕业论文。

从依爵到据官

——魏晋谥号制度的变迁

作者：肖洋　指导教师：孙正军[*]

一、绪论

（一）概述

谥号制度是中国传统礼法制度的重要组成部分。自西周以降，直至清末，几乎贯穿了中国古代的每一个王朝。在帝王后妃、王公显贵去世后，根据谥法对其一生行为、功绩用一字或几字进行总结，并且赋予了褒善贬恶的政治含义。

或许正是由于谥号的上述特性，因此在中国古代，并非每个官贵都能获得谥号，尤其是官员给谥，需要王朝谨慎对待。这一点不难理解。如果得谥对于官员而言成了一种普遍的现象，那么从统治者角度而言，谥号也就失去了其笼络、褒奖官员的重要意义。而对官员来说，失去谥号的激励，官员也就失去了追求身后名的动力。因此，自谥号制度诞生，强调限制给谥的言论就一直伴随其左右。

而在给谥的诸标准中，爵和官分别构成了不同时期给谥的主要依据。尽管在儒生的理想中，谥号主要依德行而定，不过在具体实践中，却逐渐形成"生无爵，死无谥"的给谥规则，爵号成为给谥与否的唯一依据。自西汉恢复谥号制度以后，爵位仍作为影响给谥标准的决定性因素。两汉时期，所有得谥官员均有爵位在身。而到了魏晋时期，官品逐渐成为影响给谥标准的重要因素，给谥标准发生了重大转变，这种转变也被后

---

[*] 作者：肖洋，首都师范大学历史学院中国史基地班 2015 级本科生，中国史专业 2019 级硕士研究生，现为清华大学人文学院历史系博士研究生。该文入选 2019 年首师·南开中国史本科生论坛。

世所沿袭，成了自唐以降给谥的前提。魏晋时期为什么会发生这一转变？其与当时发生的官爵体制的整体变迁具有什么关联？彼时兴起的私谥行为对此又有什么影响？本文将逐一回答上述问题，梳理魏晋时期谥号制度的变迁。

(二)学术史回顾

事实上，对于魏晋时期给谥标准的转变，学者并非没有关注。如汪受宽在作为中国古代谥号制度的必读之作《谥法研究》一书中，认为曹魏时期谥法的改革是对"有爵则有谥"的古制进行了第一次冲击，进而指出晋元帝的诏书打破了封爵者对谥法的垄断。[①] 由于该书涵盖范围实在太广，自然导致部分内容的探讨不够深入，并且讨论的重点也并不在此，因此仅凭此书实际上并不能完全厘清魏晋时期谥号制度改革的全貌。

关于魏晋南北朝时期谥号制度的转变，戴卫红亦有重点论述，形成了三篇文章：其中《魏晋南北朝得谥官员身份的重大转变——魏晋南北朝官员谥法、谥号研究(一)》论述了曹魏时期官员的给谥问题，兼及两晋南北朝的发展变化：将两晋南北朝时期出现的无爵得谥作为古代官员谥法的重大变化，同时通过对南朝得谥官员进行统计，得出南朝将给谥标准的官品限制由五品提高到三品。[②] 而在《魏晋南北朝时期官员谥号用字——魏晋南北朝官员谥法、谥号研究之二》中总结了单谥与复谥的使用以及谥号用字的情况：认为唐宋以来的无爵称子的来源在魏晋南北朝，这一时期仍以复谥为美，并且在赐谥中仍然以美谥为主。[③] 随后在《魏晋南北朝官员给谥程序——魏晋南北朝官员谥法、谥号研究(三)》一文中，作者又将目光投向了这一时段中给谥程序和议谥官员的发展变化，最初礼官在赐谥过程中仍然起到主导作用，同时尚书省官员也发挥评谥的作用。[④] 三篇文章从不同的角度出发，形成了对于魏晋南北朝时期谥号制度

[①] 参见汪受宽：《谥法研究》，上海：上海古籍出版社，1995年，第121—122页。
[②] 戴卫红：《魏晋南北朝得谥官员身份的重大转变——魏晋南北朝官员谥法、谥号研究(一)》，《南都学坛》，2010年第6期。
[③] 戴卫红：《魏晋南北朝时期官员谥号用字——魏晋南北朝官员谥法、谥号研究之二》，《南京晓庄学院学报》，2010年第4期。
[④] 戴卫红：《魏晋南北朝官员给谥程序——魏晋南北朝官员谥法、谥号研究(三)》，《南京晓庄学院学报》，2011年第2期。

的系统性总结，并且得出了一些具体翔实的结论，可以说是为这一时期的谥号研究定下了基调。但戴卫红文中涉及的时间跨度较长，探讨的角度也比较多样，因此在一些问题上缺少细致的考量，仍然有不足之处。

(三)选题意义及研究方法

对于研究中古史的学者而言，史料不够丰富是进行深入研究的桎梏之一。谥号制度也不外如是，基于直接材料所能进行的阐述往往很难得出确切的结论。不过幸运的是，由于得谥者大多在政治、社会层面中发挥着巨大作用，使得史传材料中涉及得谥官员的记载不可谓不多。结合得谥者的生平事迹、官职迁转，我们可以从中寻找一些共通之处，通过归纳、分析，发现一些前人没有关注过的问题。

因此，本文主要通过对《三国志》《晋书》等所见官员谥号的整理，对曹魏、西晋及东晋三朝得谥官员的情况进行统计，以此为基础，进而详细考察官员得谥的实际情况，尤其重点关注那些不满足给谥标准的个体，考量这一时期谥号制度在实行过程中可能会产生的特殊状况。此外，根据史料中关于魏晋时期谥号制度的直接讨论，检讨这一时期给谥标准的具体转变，以及这种变化完成的具体历程，进而尝试结合今人的相关研究对于转变原因进行更深层次的思考。

在具体行文中，笔者将爵位、官品与德行设定为本文论述的三个主要方向，期待通过对官、爵地位的升降，以及德行作为给谥依据的重新启用，探讨魏晋时期给谥标准转变的制度背景和社会背景。本文的讨论，不仅可以厘清魏晋时期给谥标准转变的重要环节与关键过程，同时对魏晋时期的官僚制度和社会文化的演变也能提供某些启示，深化学界对魏晋历史的理解。

二、官、爵谁重——魏晋时期给谥标准再确认

(一)传统标准的打破与新转变的完成

1. 两汉的传统谥法

在探讨魏晋之际给谥标准发生何种变化之前，首先需要对两汉时期的谥号制度以及给谥标准有一个大体的认识。

西汉恢复了秦时废除的谥号制度，但对于官员的得谥资格有严格的

限制：遵从"生无爵，死无谥，卿大夫有爵，故有谥"（《仪礼·士冠礼》）的原则，而"爵非列侯，则皆没其高行，不加之谥"[①]。可以说，这一规定相当明确，但也可能会带来谥号的"偶然性"，出现有功而无谥的情况，同时由于封爵的世袭性，使得谥号的给予也就有了继承性，袭爵的子孙只要不犯禁除爵，都可能会因祖先的功勋而得到谥号。到东汉时期，给谥情况稍有改变，除了爵位的规定外，大幅度减少了谥号赐予的数量。即使封侯，也只有少数人能得到谥号，反而是宗室外戚给谥比例有所上升，这表明东汉时期进一步加强谥号赐予的限定程度，明确了统治者以此"别尊卑"的一种思想和目的。[②]

2. 曹魏政权出现的改革呼声

三国时期曹魏政权的给谥沿袭了两汉时期奉行的"有爵有谥"原则。不过，有材料显示，曹魏时的给谥标准似乎也开始出现一些变化，即爵制之外，官位高低亦渐为时人所重。关于此，在《通典》中有一段具体的论述：

> 魏刘辅等启论赐谥云："古者存有号则没有谥，必考行迹、论功业而为之制。汉不修古礼，大臣有宠乃赐之谥。今国家因用未革。臣以为今诸侯薨于位者可有谥，主者宜作得谥者秩品之限。"尚书卫觊奏："旧制，诸王及列侯薨，无少长皆赐谥。古之有谥，随行美恶，非所以优之。又次以明识昭穆，使不错乱也。臣以为诸侯王及王子诸公侯薨，可随行迹赐谥；其列侯始有功劳，可一切赐谥；至于袭封者则不赐谥。"尚书赵咨又奏云："其诸袭爵守嗣无殊才异勋于国及未冠成人，皆不应赐谥。"黄门侍郎荀俣议以为："古之谥，纪功惩恶也，故有桓文灵厉之谥。今侯始封，其以功美受爵土者，虽无官位，宜皆赐谥以纪其功，且旌奉法能全爵禄者也。其斩将搴旗，以功受爵，而身在本位，类皆比列侯。自关内侯以下及名号赐爵附庸，非谥所及，皆可阙之。若列侯袭有官位，比大夫以上；其不涖官理事，则当宿卫忠勤，或身死王事，皆宜加谥。其袭余爵，既无

[①] 《晋书》卷四五《刘毅传》，北京，中华书局，1974年，第1279页。
[②] 参见汪受宽：《谥法研究》，第27—28页。

功劳，官小善微，皆不足录。"八座议以为："太尉荀颢所撰定体统，通叙五等列侯以上，尝为郡国太守、内史、郡尉、牙门将、骑督以上薨者，皆赐谥。"①

上述文字仅见于《通典》，《三国志》及其他传世文献均不见记载，故没有明确的时间信息。不过将其中出现的人物与官职进行匹配，不难推测此段论述发生的大致时间，戴卫红业已注意到了这一点。② 按刘辅其人未见史料记载。卫觊《三国志》有传，记："文帝即王位，徙为尚书。顷之，还汉朝为侍郎，劝赞禅代之义，为文诰之诏。文帝践阼，复为尚书，封阳吉亭侯。明帝即位，进封閺乡侯，三百户。"③以此我们可以得知文帝时卫觊为尚书，明帝即位后，官职上没有说明有所调度，应仍为尚书。其子《卫瓘传》中也有"父觊，魏尚书"④的记载。赵咨有记载为"青龙元年……尚书赵咨以宠策为长"⑤，青龙元年为明帝的年号，可见赵咨在明帝时担任过尚书。荀俣事见于裴注引《杜氏新书》："恕……太和中为散骑黄门侍郎。""荀俣出为东郡太守，三人皆恕之同班友善。"⑥可见荀俣做黄门侍郎也应为明帝时期。至于荀颢，其事见于《晋书》："武帝践阼，进爵为公……寻加侍中，迁太尉。"⑦可见荀颢任太尉时已是晋武帝时期。由此可见，《通典》上述记载乃是将曹魏与西晋材料合于一处，以"八座议以为"作为分界线，之前为曹魏明帝时期的材料，以下则属于西晋武帝一朝。

在明确了《通典》所记文字的时间信息后，我们再来分析其阐述的具体内容。虽然所谓的"汉不修古礼，大臣有宠乃赐之谥"通过考据可知，实际上并不准确。但在刘辅、卫觊、荀俣等人的议论中可以看出，自两汉以来爵制在谥法制度中发挥的决定性作用首次被官员建议进行一定程

---

① 《通典》卷一〇四《礼六十四·凶礼二十六》，北京，中华书局，1988年，第2716页。
② 参见戴卫红：《魏晋南北朝得谥官员身份的重大转变——魏晋南北朝官员谥法、谥号研究（一）》，《南都学坛》，2010年第6期，第38页。
③ 《三国志·魏书》卷二一《卫觊传》，北京：中华书局，1959年，第611页。
④ 《晋书》卷三六《卫瓘传》，第1055页。
⑤ 《三国志·魏书》卷二六《满宠传》，第724页。
⑥ 《三国志·魏书》卷一六《杜恕传》注引《杜氏新书》，第498页。
⑦ 《晋书》卷三九《荀颢传》，第1151页。

度的限制:"有爵"不应再是"有谥"的唯一前提,功劳和官位亦被作为附加条件提出,有爵者若"既无功劳",又"官小善微",则被从得谥对象中排除。

刘辅等人的讨论是否曾付诸实施,史料并无明文记载,通过具体统计曹魏得谥官员情况①可知,除外戚以外的得谥官员都满足了一定的官职要求(以五品为界)。但同时也可以发现仅州泰一人未见爵位,其余所有得谥官员亦都有爵位在身。州泰生平附于《三国志·邓艾传》中:"州里时辈南阳州泰,亦好立功业,善用兵,官至征虏将军、假节都督江南诸军事。景元二年薨,追赠卫将军,谥曰壮侯。"②虽未明确提到其是否得爵,但谥号"壮侯"仍以谥字加爵位的格式出现,由于曹魏官员所得谥号格式与两汉时期的谥号格式是完全相同的,都由谥字加上爵位组成。同时据《三国志·王昶传》:"(嘉平二年)遣新城太守州泰袭巫、秭归、房陵,荆州刺史王基诣夷陵,昶诣江陵"③在战事告捷后"迁昶征南大将军、仪同三司,进封京陵侯"④,王基"别袭步协于夷陵,协闭门自守。基示以攻形,而实分兵取雄父邸阁,收米三十余万斛,虏安北将军谭正,纳降数千口,赐爵关内侯"⑤。《帝纪》也记载了这次战事"嘉平三年春正月,荆州刺史王基、新城太守州泰攻吴,破之,降者数千口"⑥。既然"王基、州泰皆有功"⑦,而王昶进爵,王基受封关内侯,那么州泰也很可能由于军功而被赐爵。综上,笔者推测州泰之爵位不见于《三国志》或许仅是漏记,实际上应有爵位在身。

同时,《晋书·王导传》称:"自汉魏已来,赐谥多由封爵,虽位通德重,先无爵者,例不加谥。"⑧可见东晋初年仍将汉、魏谥法相提并论。由此看来,曹魏时期关于对给谥标准的讨论似乎只能视为部分官员要求改革的先声,爵位在谥号制度中的重要地位并未受到根本动摇。

---

① 见附录表1。
② 《三国志·魏书》卷二八《邓艾传》,第783页。
③ 《三国志·魏书》卷二七《王昶传》,第749页。
④ 《三国志·魏书》卷二七《王昶传》,第750页。
⑤ 《三国志·魏书》卷二七《王基传》,第752页。
⑥ 《三国志·魏书》卷四《三少帝纪》,第124页。
⑦ 《三国志·魏书》卷二七《王昶传》,第750页。
⑧ 《晋书》卷六五《王导传》,第1753页。

3. 西晋一朝的新标准与无爵给谥

及至西晋，给谥标准中涉及的官品限制得以明确化，荀𫖮所撰定的五品官等或已付诸实践，据统计来看①，西晋时期所有得谥的官员都满足了官品为五品及以上这一条件。而在官品明确地成为给谥参考的重要标准后，时人对于爵位与谥号制度之间关系的讨论亦逐渐深入。《晋书·刘毅传》记：

> 羽林左监北海王宫上疏曰："中诏以毅忠允匪躬，赠班台司，斯诚圣朝考绩以毅著勋之美事也。臣谨按，谥者行之迹，而号者功之表。今毅功德并立，而有号无谥，于义不体。臣窃以《春秋》之事求之，谥法主于行而不系爵。然汉、魏相承，爵非列侯，则皆没而高行，不加之谥，至使三事之贤臣，不如野战之将。铭迹所殊，臣愿圣世举《春秋》之远制，改列爵之旧限，使夫功行之实不相掩替，则莫不率赖。若以革旧毁制，非所仓卒，则毅之忠益，虽不攻城略地，论德进爵，亦应在例。臣敢惟行甫请周之义，谨牒毅功行如石。"帝出其表使八坐议之，多同宫议。奏寝不报。②

针对赐谥时"三事之贤臣，不如野战之将"的现实，以刘毅"功德并立"却因无爵而无谥为契机，羽林左监王宫提议依据古制对汉魏以来谥号制度进行改革，以实际的功德而非爵位赐予大臣谥号。事情虽以"奏寝不报"告终，不过提议本身实际上已经获得了包括八座在内官员阶层的广泛认可。

而自此以后，西晋已然出现了无爵给谥的情况。据《晋书》即见有周处、范平、刘智、麹允、卫恒五人。其中范平为隐逸之士，相关问题后文中有专门论述。麹允是由于汉赵皇帝刘聪赏识其对晋室的忠义而赐谥，与本章所论西晋给谥制度无关。

刘智，《晋书》中其传附于其兄《刘寔传》后，生前曾任侍中、尚书、太常等官③，官品均为三品，但却没有记载他曾获得封爵。并且他死于刘

---

① 见附录表 2。
② 《晋书》卷四五《刘毅传》，第 1279 页。
③ 《晋书》卷四一《刘智传》，第 1198 页。

寔之前，也没有承袭刘寔爵位的可能。如果《晋书》确实没有漏记刘智爵位的话，那么造成刘智无爵而有谥的原因，个人猜测可能有两点：其一，关于刘智的生平事迹，如前所述史传所记甚简，作为刘寔之弟是其中最值得关注的一点，从这层关系理解，刘智得谥背后，朝廷抚慰丧家之意或更浓厚。其二，刘智死于"太康末"，而上文中关于刘毅谥号的讨论发生在太康六年，并且如上文所言，朝中相当一部分官员实际上已经同意对刘毅赐谥，只是因为晋武帝最终没有同意而搁置。那么是否在太康六年到太康末年这段时间内，晋武帝对于无爵给谥又产生了新的看法呢？不过类似情况仅见此一例，且如果说在太康末年晋武帝对于给谥标准进行了修改，那么没有对刘毅进行追谥也是一个难以回答的问题。因此根据现有材料，似乎只能将刘智作为个例，难以证明无爵给谥业已常制化。

卫恒谥号为兰陵贞世子，与汉魏以来常见的谥号称公侯伯不同，以世子作为谥号在两晋时期是一种较为特殊的情况。《晋书》中除西晋卫恒外还有东晋王悦与陶瞻。卫恒为卫瓘之子，与其父一同被司马遹所害。王悦为王导长子，先于导卒，谥号贞世子。陶瞻为陶侃之子，死于苏峻之乱，谥号悼愍世子。三人都因特殊原因而无法承袭父爵，因此死后谥号以世子为结尾，可以说是两晋时期一种受到官方承认的无爵给谥。同时仍需注意的一点是皇帝之子早卒，只要不是"未居成人之年及名位未备者"[1]，也会出现以世子作为谥号结尾的情况。如简文帝之子临川王司马郁，年十七而薨，追谥献世子。[2] 可见在这种情况下，皇室成员和大臣的给谥上似乎有着统一或者相近的标准。

周处死时无爵位在身，也没有马上获得谥号，"及元帝为晋王，将加处策谥"[3]，才获得了谥号"孝"。周处出身于义兴周氏，宗族势力强盛，有"江东之豪莫强周、沈"[4]之称，本身又满足了所谓的勋德兼备："潘岳奉诏作《关中诗》曰：'周徇师令，身膏齐斧。人之云亡，贞节克举。'又西戎校尉阎缵亦上诗云：'周全其节，令问不已。身虽云没，书名良史。'"[5]

---

[1] 《通典》卷一〇四《礼六十四·凶礼二十六》，第2714页。
[2] 《晋书》卷六四《简文三子传》，第1732页。
[3] 《晋书》卷五八《周处传》，第1571页。
[4] 《晋书》卷五八《周札传》，第1575页。
[5] 《晋书》卷五八《周处传》，第1571页。

晋元帝司马睿于建兴五年（317年）称晋王，并于次年称帝。为周处议谥时正好处在司马睿即将称帝的关键时期，为了抚慰、拉拢人心，获得士族豪强的支持，有为其加谥的必要。

具体到赐谥过程是，"太常贺循议曰：'处履德清方，才量高出；历守四郡，安人立政；入司百僚，贞节不挠；在戎致身，见危授命：此皆忠贤之茂实，烈士之远节。案谥法执德不回曰孝。'"①符合官方的议谥程序，并且相较于刘毅，对周处的追谥很顺利地完成。可见在晋元帝尚未登基时，这种无爵而谥已经获得了包括统治者在内更大程度的认同。同时具体到周处个人，是在没有追赠爵位的前提下进行追谥，可见爵位要求在谥号赐予过程中发挥的重要性处于持续下降的过程。如果考虑追谥时间，周处的谥号追赠或与东晋建立后对于给谥标准的讨论有关，并对给谥标准的最终转变产生了一定影响。

4. 东晋时期转变的完成

《艺文类聚》引《晋中兴书》曰：

> 中宗即尊号也，时赐谥多由封爵，不考德行，王导曰：近代以来，唯爵得谥，武官牙门，有爵必谥，卿校常伯，无爵悉不赐谥，甚失制谥之本，今中兴肇建，勋德兼备，宜深体前训，使行以谥彰，中宗纳焉，自后公卿无爵而谥，自导始也。②

《通典》则记作：

> 东晋元帝大兴三年诏："古者皆谥，名实相称。顷来有爵乃谥，非圣贤本意。通议之。"有司表云："刘毅宜谥，以申毅忠允匪躬。赠右光禄大夫、仪同三司，斯诚圣朝考绩以著勋之美事也。按谥者行之迹，而号者功之表。今毅功德并立，而有号无谥，于义不体。窃以春秋之事求之，谥主于行而不系爵。然汉魏相承，爵非列侯，则皆没其高行而不加之谥，至使三事之贤臣，不如野战之将士。臣愿

---

① 《晋书》卷五八《周处传》，第1571页。
② 《艺文类聚》卷四〇《礼部下·谥》，上海：上海古籍出版社，1982年，第726页。

圣代举春秋之远制，改近代之旧服。"①

虽然表述不尽相同，但可以确定给谥标准的调整发生在晋元帝时，自此朝廷给谥正式打破了非爵不谥的传统。

而从另一个角度，我们可以发现《晋书》所见官员谥号只记谥字，而不加爵称，与此前史传记录谥号格式形成鲜明对比，似乎暗示着爵位与谥号制度之间的疏离。不过若对比成书年代较早的其他史料，唐修《晋书》书写方式或许才是"异类"。

表1　不同史料所见两晋官员谥号对照表

得谥者	爵位	《晋书》中谥号	其他史料中谥号	出处
陶侃	长沙郡公	桓	桓公	《世说新语》注引《陶氏叙》
桓温	南郡公		宣武侯	《世说新语》注引《桓温别传》
山涛	新沓伯	康	康侯	《世说新语》注引虞预《晋书》
裴秀	钜鹿郡公	元	元公	《世说新语》注引虞预《晋书》
荀顗	临淮公	康	康公	《世说新语》注引《晋诸公赞》
贺循	无爵	穆	穆	《三国志》注引虞预《晋书》
曹志	鄄城公	定	定公	《三国志》注引《曹志别传》
卞壶	建兴县公	忠贞	忠贞公	《文选》注引何法兴《晋中兴书》
贾充	鲁郡公	武	武公	《文选》注引臧荣绪《晋书》
甄德	广安县公		恭公	三国志注引《晋诸公赞》
李毅	成都县侯		威侯	《华阳国志》
何攀	西城公		桓公	《华阳国志》

① 《通典》卷一〇四《礼六十四·凶礼二十六》，第2717页。

据表1可知，东晋南朝时所修诸史中涉及两晋官员谥号时仍以谥字加爵位的传统形式出现，而《晋书》中谥号不加爵称的原因，或与《晋书》书写体例有关。自唐以降，官员谥号一般仅由谥字构成，只有对耆老大臣与乡党有德之士会出现赐谥称公的情况，但此处的"公"字，更多的只是表达一种尊崇之意，实际上与爵位无关。而随着爵位在谥号制度中地位的下降，谥号组成格式也随之发生改变，《晋书》在编修过程中也将其统一。

但随之还有另一个问题出现，如表1中所见山涛的爵为新沓伯，而其谥号则称康侯；桓温爵为南郡公，而谥号则称宣武侯，发生了谥不依爵的情况。对于东晋南朝官员谥号中爵字的使用，赵翼指出："汉以来谥法，皆与其官爵并称……六朝时，则又按其官位之大小而分别王、公、侯、伯、子。"①其说虽未知何据，但爵位与谥号的联系确实日渐松散，可见爵位在谥法制度中地位进一步下降。

(二)官品要求的具体探究

在上述讨论中我们探讨过得谥官员具体官品的要求，虽然不能得出曹魏时期已经将五品作为给谥要求的明确结论，但五品官确实是一个值得关注的分界线。据统计可知所有西晋的得谥官员都担任过五品及以上的官职，而东晋时期并没有史料指出明确的官品限制。南朝时期可找出的相关史料也仅有"五等君及侍中以上乃有谥"。②汪受宽据此推论"东晋南北朝官员一般要做到侍中以上才可赐谥，而《隋书·百官志》中侍中为第三品，因此给谥标准应为官品三品以上"③。戴卫红对于南朝得谥官员的官品进行了整理，得出了更加翔实的结论："东晋没有明确规定百官给谥的品级，南朝百官给谥资格可能经过从五品上调至三品的过程。"④

但如果只是认为东晋时期没有明确的规定，也就意味着讨论仍有未尽之处。同时戴卫红文中并未统计得谥官员死后赠官情况，而根据本文统计结果来看，东晋一朝得谥官员全部满足五品以上的官品要求。而五

---

① 赵翼：《陔余丛考》卷一六"两汉六朝谥法"条，上海：商务印书馆，1957年，第307页。
② 《南史》卷三三《裴松之传》，北京：中华书局，1975年，第867页。
③ 参见汪受宽：《谥法研究》，第122—123页。
④ 戴卫红：《魏晋南北朝得谥官员身份的重大转变——魏晋南北朝官员谥法、谥号研究(一)》，《南都学坛》，2010年第6期，第37页。

品以上三品以下的得谥者仅见王悦、庾阐两人。王悦的情况上文已有述及。庾阐出身颍川庾氏，以文才著称，生前受封吉阳县男。二人都是高门子弟。

据此本文得出以下结论：东晋时期官员给谥的官品标准虽无明确的史料记载有所变化，但整体上可以与南朝的情况相提并论。通过对得谥官员官品的考察，可以推测当时的给谥要求可能已经上调到三品，不过确如戴氏所言："即使官方制定了官品的界限，在实际的赐谥过程中，仍会根据现实的情况和需要，对某些官员特赐谥号。"早卒、有爵以及门阀士族即有可能作为需要考虑的特殊情况。而这种灵活处置及至官品给谥规定相对明确的南朝也依然存在。[①] 而这些特例的存在，笔者认为就是魏晋南北朝谥号制度的一大特点，相信相关讨论亦能深化学界对于这一时期谥号制度认识的深化。

唐代沿用了三品及以上得谥这一官品规定，《唐六典》载，"议谥：职事官三品以上，散官两品以上，佐史录行状申考功勘校，下太常拟谥讫，申省司议定奏闻"[②]。三品官自此成了历代王朝给谥的重要分界线，而这一制度的源头应是来自东晋南朝。

三、官升爵降——给谥标准变迁原因的再思考

(一)时代背景与历史发展

在上一章中，我们对于魏晋之际给谥标准变迁的情况以及时间进行了大致的考量，那么为何给谥标准会发生变化，变化又为何发生在这一时间段呢？

首先要考虑的一点是时代背景的影响，结合阎步克先生所论秦汉时期的爵-秩二元体制到魏晋时期的官本位的转变，这与曹魏时期给谥标准的开始转变在时间范围上是符合的。如果我们将二者结合起来看，就可以看出这一时期的谥号制度随着政治秩序的变化而转变：秦汉时期实行的吏治，改变了西周以来的爵本位，秩得到了扩张，但此时的爵位因素

---

① 参见戴卫红：《魏晋南北朝得谥官员身份的重大转变——魏晋南北朝官员谥法、谥号研究(一)》，《南都学坛》，2010年第6期，第40页。
② 《唐六典》，北京：中华书局，1991年，第306页。

仍然存在，并且仍然占据着相当的地位，这也就导致了爵和秩二者并存，但也相互疏离，导致了汉朝初期在品位安排上会稍显杂乱松散，没有形成一个有效的整体。随着政治制度的发展，二十等爵逐渐边缘化，禄秩成了中心，尤其是到东汉末年，这种情况已经基本形成了。这种由爵到秩，两者并存的情况到了魏晋时期，也就发生了根本的改变，以九品中正制为核心的官品体制在这一时期形成了。① 而魏晋时期给谥标准中爵位的比重逐渐下降，官品的要求不断提高，甚至对于官品有着明确的规定，到东晋时期转变完成，整体上是从属于这一时期由爵本位到官本位的历史发展，可以说是给谥制度转变的根本背景。

（二）军功赐爵原则与五等爵制的复兴

魏晋时期五等爵制的复兴成为封爵制度的中心。两汉时期爵制地位的不断下降，其实是有着比较明确的限制的，也就是以低等爵级尤其是民爵所代表的爵制地位的下降，同时也更多地展现在低级官吏与普通民众层面上的爵制的效力远不如前。但实际上，高等爵的地位仍然相当之高，尤其是以爵级的最高两等关内侯与列侯所构成的侯爵来说，可以世袭并且享受世禄，仍然带有很明显的贵族色彩。在《续汉书·百官志》中东汉爵制只言列侯与关内侯可以证明东汉时期其他爵级地位的下降与这两种侯爵的重要性。如果只从爵制地位的角度出发，汉代有爵则有谥的得谥者仍然限制在列侯一级。因此爵制本身的地位下降问题恐怕难以与给谥标准的转变直接联系起来，很难通过此点得出确切的结论。而从魏晋嬗代之际得爵群体的身份出发或可解释这一问题。

二十等爵制在设立之初即奉行军功赐爵的原则，"有军功者，各以率受上爵"。② 刘邦建立西汉后，以彻侯大封功臣，文官以此获封列侯，但总体来说数量仍然有限，受封人数依然少于武将③，没有从根本上改变授爵原则。到东汉时期，士人仍然多为武功受封，据统计："《后汉书》卷二十五至三十一共计士人41人，仅……6人封侯，……1人袭父爵"④，可

---

① 参见阎步克：《从爵本位到官本位——秦汉官僚品位结构研究》，北京：生活·读书·新知三联书店，2008年，第218—235页。
② 《史记》卷六八《商君列传》，北京：中华书局，1959年，第2230页。
③ 杨光辉：《汉唐封爵制度》，北京：学苑出版社，2002年，第110页。
④ 同上书，第110页。

见纯粹文官以及经学世家得爵数量依然在少数。

汉魏之际,《三国志·荀彧传》载曹操上表为荀彧请封时,特意强调其作为文官出谋划策的功绩,"臣闻虑为功首,谋为赏本。野绩不越庙堂,战多不逾国勋",而荀彧尚"固辞无野战之劳"。① 曹操为荀彧请封时特意申明荀彧作为文官的功绩,据学者解释是其"为了替封授士人寻找依据"②,以争取士人集团的支持,由此亦可见二十等爵制的军功原则的强大影响力。

魏晋嬗代采取和平禅让的方式,在这一过程中没有产生出庞大的军功受益集团,原有的官僚集团尤其是士族在政权更替中发挥了重要的作用,自然而然传统的封爵观念也需要打破。《群书治要》引《袁子正书》,"袁子曰:今有卿相之才,居三公之位,修其治政,以宁国家,未必封侯也。今军政之法,斩一牙门将者封侯,夫斩一将之功,孰与安宁天下者乎。夫斩一将之功者封侯,失封赏之意也"。③ 可见当时士人对于军功的一种看法。二十等爵中的传统与士族势力的发展,两者之间的矛盾是五等爵制复兴的重要原因之一,随之而来的就是爵制中的军功传统发挥的作用逐渐下降。而当传统被打破后,给谥标准中有爵则有谥的核心原则自然也要随之改变,如上引《晋书·刘毅传》王宫上疏中所谓"三事之贤臣,不如野战之将"④与《袁子正书》的观点相似,均体现出文官集团势力的上升以及对于传统军功观念的摒弃。因此可以说五等爵制的复兴对于这一时期给谥标准的转变具有重要影响。

(三)南渡士族的新需要

前引《晋中兴书》及《晋书·王导传》都将东晋时期给谥标准的转变归功于王导,"自后公卿无爵而谥,自导始也"。而由王导本人亲自提议,说明给谥制度的改变已经引起了朝臣的高度重视,而若探索其背后的原因,则很容易与东晋的社会背景相联系:晋室南渡时有着大批的北方士族跟随,南渡后出现了大批新兴起的诸如琅琊王氏、陈郡谢氏等士族,

---

① 《三国志·魏书》卷一〇《荀彧传》注引《荀彧别传》,第315页。
② 杨光辉:《汉唐封爵制度》,第129页。
③ 魏征:《群书治要》卷五〇《袁子正书》,上海:商务印书馆,1935年,第879页。
④ 《晋书》卷四五《刘毅传》,第1279页。

而这些士族大多是原来在北方且没有世爵的小士族,如果仍然实行旧有的给谥标准,那么有相当一部分士族就没有获得谥号的资格。在门阀士族掌权后,为了满足谥号需求阶层的日益扩大,对于生前无爵官员赐谥的呼声越来越高,最终由门阀政治的标志性人物王导促成了给谥制度转变的完成。

虽然目前尚无直接材料证实此说,但据本文统计,东晋时期无爵而得谥官员共计12人。[①] 其中杜夷虽任国子祭酒,然"未尝朝谒"[②],是以隐士身份得谥。其余11人中,南渡士族门阀子弟有8人:王献之、王劭、王彪之、王悦为琅琊王氏,王恭、王忱为太原王氏,庾怿为颍川庾氏,桓豁为谯郡桓氏。另外3人:贺循为会稽贺氏,顾和为吴郡顾氏,戴邈为戴渊之弟,广陵人,则为南方土著士族,可以看出在取消了爵位对谥号的限制后,士族群体明显最为受益。

同时从长远来看这种转变对于文官集团更为有利,如上文中讨论的一样,此前获得爵位的主要方式是通过军功,武将获得爵位及谥号的难度也就相对偏低一些,而东晋时期门阀政治达到顶峰,只有寒门庶族子弟以军功起家,士族自然会极力去促成这种转变,由此扩大谥号在高门士族中的覆盖面,以之作为一种身份、特权的象征。

四、皇后谥与私谥——对传统给谥制度的冲击

(一)官爵以外的"新"标准——德

上文论及给谥标准时,德行一词虽然数次出现,但由于其作为一种宽泛的概念,难以像爵位及官品一样形成有着明确而统一的制度层面的具体要求,因此只是穿插提及,主要探讨的仍是爵与官这两种政治等级地位的象征。而后两者的应用对象主要是官员阶层,这种适用范围上的局限性就导致了部分身份特殊的群体对于谥号的需求仍不能得到满足,那么自然而然,另一种标准——"德"成了解决问题的关键。

这一原则可以说是谥号制度设立之初考虑的根本因素。所谓"谥者,行之迹也。……大行受大名,细行受细名,行出于己,名生于人"(《逸周

---

① 见附录表3。
② 《晋书》卷九一《杜夷传》,第2354页。

书·谥法解》)。直到西汉时期恢复谥号制度，爵位成了实际上影响给谥的决定因素后，"德行"在给谥程序运作过程中的重要性有所下降，不过依然作为议谥、论谥的重要原则，《白虎通》载："谥者何谓也？谥之为言引也，引列行之迹也。"①而随着时代背景的变化，德行逐渐成为独立于爵、官之外的给谥依据，本章由皇后与私谥两类特殊群体切入，对此现象加以论证。

(二) 皇后加谥

皇后加谥的常制自东汉开始，《后汉书·皇后纪》中有："汉世皇后无谥，皆因帝谥以为称。虽吕氏专政，上官临制，亦无殊号。中兴，明帝始建光烈之称，其后并以德为配，至于贤愚优劣，混同一贯，故马、窦二后俱称德焉。"②可知东汉时期自阴丽华开始皇后有了自己的谥号。阴丽华的谥号为"光烈"，"光"指汉光武帝，系夫谥，所谓"妇人以随从为义，夫贵于朝，妇贵于室，故得蒙夫之谥"。③这种特殊的谥号组成部分有其对应的解释。而"烈"字是阴丽华自己的谥号，自此以后的数位皇后都是以"德"为谥号，例如明帝的马皇后谥号为"明德"，章帝的窦皇后谥号为"章德"，形成了一种固定的格式。

问题也随之出现，即除阴皇后外，其他皇后的谥号都是确定的。如果所有皇后谥号都一样，也就无法体现皇后本身的德行和贡献，失去了为皇后加谥的意义所在，也就失去了谥号本身的作用。汉献帝初平年间，蔡邕倡议改定后谥："汉世母氏无谥，至于明帝始建光烈之称，是后转因帝号加之以德，上下优劣，混而为一，违礼'大行受大名，小行受小名'之制。谥法'有功安人曰熹'。帝后一体，礼亦宜同。大行皇太后谥宜为和熹。"④和帝邓皇后改谥为"熹"。此后，安帝阎皇后改谥为"思"，顺帝梁皇后改谥为"烈"，东汉皇后才有了不同的谥号。

既然决定为皇后加谥，并且谥号不能"上下优劣，混而为一"，而皇后的给谥标准不能完全同普通官员有爵位的要求，或者皇帝的谥号强调

---

① 陈立撰，吴则虞点校：《白虎通疏证》卷二《谥》，第67页。
② 《后汉书》卷一〇下《皇后纪》，北京：中华书局，1965年，第455页。
③ 《通典》卷一〇四《礼六十四·凶礼二十六》，第2713页。
④ 《后汉书》卷一〇下《皇后纪》注引《蔡邕集·谥议》，第455页。

文治武功一样，皇后无外事，强调母仪天下，"夫人一国之母，修闺门之内，则下以化之，故设谥章其善恶"①。因此皇后的谥号一般都强调其柔贤恭懿的内职之德。

综上，由于皇后自身的特殊性，自东汉开始的这种为皇后加谥的制度需要实行一种其他的准则。而根据古制最为符合皇后身份的标准就是其德，以此作为谥号来评价皇后的生平事迹得到了官方的认可，德行也因此成为此后数百年间为皇后定谥的一项根本原则。

（三）私谥

东汉时期，随着隐士之风的兴起、朝廷给谥的数量整体减少以及社会的混乱，私谥这一民间给谥风尚重新盛行。如果详细考察私谥对象的身份，主要包括了隐逸之人、辞官致仕者和部分在职官吏。这些人都是有着一定社会地位的儒生士大夫阶层。②他们没有获得公谥的原因毫无疑问是受到了有爵则有谥这一给谥标准的限制。但是他们或多或少有一定社会地位或做出了一定的贡献，诸如两汉时期隐士之风受到推崇，因党锢之祸而辞官者，在地方多行善政的官吏，他们在死后得到一个谥号是因为人们想表达一种尊敬与推崇，而此时的官方给谥明显已经不能满足这些儒生士大夫群体的需要了。

那么东汉朝廷对于私谥又抱有何种看法呢？以范冉和陈寔的例子可以略论此事。二人都与当时的党锢事件有关，并受到士林的推举。范冉死后，"三府各遣令史奔吊。大将军何进移书陈留太守，累行论谥，金曰宜为贞节先生。会葬者二千余人，刺史郡守各为立碑表墓焉"。③陈寔死后，则由"何进遣使吊祭，海内赴者三万余人，制衰麻者以百数。共刊石立碑，谥为文范先生"。④正如前文提到的一样，两汉时期得到公谥者都有爵位在身，因此谥号是由谥字加爵位组成，而范、陈两人生前无爵，谥号后自然并无爵位，都以先生相称，也可知确是私谥无疑。但是两人的私谥制定过程中我们都可以看到何进的身影，同时还出现了三府、刺

---

① 《通典》卷一〇四《礼六十四·凶礼二十六》，第2714页。
② 参见沈刚：《东汉的私谥问题》，《烟台大学学报》，2014年第4期，第94—95页。
③ 《后汉书》卷六二《陈寔传》，第2067页。
④ 《后汉书》卷八一《范冉传》，第2690页。

史、太守等官员。从这一点出发，不难看出东汉末期的私谥在很大程度上是有着其合法性的，甚至是由官方拟定的。而这自然会导致公谥与私谥概念模糊的问题，私谥的获得者无爵在身，但也可以获得谥号，而谥号也不会被官方否定，甚至得到认可与支持。随之出现的就是关于私谥合理性问题的争论：东汉荀爽曾"引据大义，正之经典"①，批评私谥不合礼法。其后，张璠《汉纪》对蔡邕及他人私谥朱穆为"文忠"一事，论曰："夫谥者，上之所赠，非子之所造。故颜、冉至德，不闻有谥。蔡、朱二子，各以衰代臧否不立，故私谥也。"②承认社会混乱时私谥的不得已而为之，但总体上仍从礼的角度否认私谥。相关争论虽然直至清朝仍未消失，私谥行为却一直传承下去了。

综上，私谥的授予者大体分为两类：一是隐逸之士，二是虽不符合爵位要求，但在道德、为人、学问上又有过人之处的楷模。而之所以会给予他们一个谥号，自然与他们自身的"德行"有着密切的关系，因此私谥也只有美谥而从无恶谥。那些楷模自不用多说，就以东汉时期为例，有明确史料记载的私谥获得者大部分是在党锢之祸中受到禁锢的清流，该群体为士林所推崇，死后能获得私谥也合情合理。而隐逸之士自古以来就受到社会各界甚至统治者的重视。《后汉书》不仅单独为逸民设传，还提及许多隐士曾受到朝廷的征召。如"延熹二年，尚书令陈蕃、仆射胡广等上疏荐稚等曰：'臣闻善人天地之纪，政之所由也。《诗》云：思皇多士，生此王国。天挺俊乂，为陛下出，当辅弼明时，左右大业者也。伏见处士豫章徐稚、彭城姜肱、汝南袁闳、京兆韦著、颍川李昙，德行纯备，著于人听。若使擢登三事，协亮天工，必能翼宣盛美，增光日月矣。'桓帝乃以安车玄纁，备礼征之，并不至"③。以此为例，使用安车和玄纁这种极高的礼遇规格，显示出了东汉朝廷对于隐逸之士的重视态度，期待他们能够入世为官，建立功业。而到了曹魏时期，隐逸之士的地位又进一步提高，徐冲在《中古时代的历史书写与皇帝权力起源》中以"二十四贤"为代表，论述曹魏官方对隐逸之士的态度，二十四贤中有多位属于

---

① 《后汉书》卷六二《荀爽传》，第 2057 页。
② 《太平御览》卷五六二《礼仪部四十一》，北京：中华书局，1960 年，第 2538 页。
③ 《后汉书》卷五三《徐稚传》，第 1746 页。

东汉末期的隐士之流，此外还有与宦官集团进行斗争的清流人物。我们可以发现这在很大程度上与私谥的获得群体的特征相同。

而对于那些不接受朝廷征召的隐士来说，在三国时期，或者说在陈寿写作《三国志》的西晋时期，这种情况对于朝廷本身来说，仍然具有正当而重要的价值。这包括了统治者意图使用隐士来与唐尧虞舜时期的历史对应，以宣扬自己的统治，同时也包含对隐士发挥其教化民众的作用的期待。西晋隐士皇甫谧曾作《释劝论》："若乃圣帝之创化也，参德乎三皇，齐风乎虞夏，欲温温而和畅，不欲察察而明切也；欲混混若玄流，不欲荡荡而名发也；欲索索而条解，不欲契契而绳结也；欲芒芒而无垠际，不欲区区而分别也；欲暗然而内章，不欲示白若冰雪也；欲醇醇而任德，不欲琐琐而执法也。是以见机者以动成，好遁者无所迫。故曰，一明一昧，得道之概；一弛一张，合礼之方；一浮一沈，兼得其真。故上有劳谦之爱，下有不名之臣；朝有聘贤之礼，野有遁窜之人。"[①]从隐士的角度出发，将隐士群体作为与朝廷官员相当的皇帝权力结构的组成部分，共同发挥着使天下秩序和谐的重要作用，隐逸可以说是作为一个王朝统治清明的象征。

以隐逸之士范平与公孙永为例，他们的谥号甚至是由皇帝下诏赐予的，其合法性更上一层楼。范平"研览坟素，遍该百氏，姚信、贺邵之徒皆从受业"[②]。拥有儒生学者的身份。"太康中，频征不起，年六十九卒。有诏追加谥号曰文贞先生，贺循勒碑纪其德行。"[③]西晋建立后，武帝为了能够显示其政权的合法性与统治的正当性，征辟在孙吴政权统治期间就已经成为隐士的范平。虽未成功，但由于在此之前诸如此类的隐士大多是由朋友、弟子加之私谥的，而为了彰显隐士作为王朝权力结构中的必要组成部分[④]，改由朝廷赐谥立碑，标志着他们的身份得到了官方认可。谥号也就成了统治者重视隐士群体，由此宣传统治正当性、合法性的工具。公孙永与范平情况类似，且是由前秦皇帝苻坚赐谥，可见这一做法

---

① 《晋书》卷五一《皇甫谧传》，第1413页。
② 《晋书》卷九一《范平传》，第2346页。
③ 《晋书》卷九一《范平传》，第2347页。
④ 徐冲：《中古时代的历史书写与皇帝权力起源》，上海：上海古籍出版社，2012年，第248页。

甚至为非汉族政权所继承。

决定该群体能否得谥的自然既非官也非爵，而是一种可以笼统的以德行概括的道德、身份层面的考量，无论是隐士还是清流之士，抑或是地方上具有影响力的人物大都符合这一标准。重新兴起并得到官方承认的私谥现象及其公谥化也是这一时期谥法制度的重大变化之一。

综上，文中通过皇后谥与私谥两种给谥类型，考察了德行这一概念在给谥制度中的上浮。至少在东汉末期，就已经出现了一种不再取决于爵位的特殊情况，在时间上早于前述曹魏时期据官给谥的呼声。同时，亦可将之理解为一种自下而上的制度改革，并获得了西晋朝廷认可，那么或许它也为继续冲击直至最终打破传统提供了一种现实的依据。

如果说官品标准是随着时代、历史发展出现的新潮流，那么德行的应用可以说是为了打破传统而选择的一种更加传统的方式。之所以采用这一方式，首先自然是为以德为凭能够确切实行提供更明确的理论依据。在皇后和私谥获得者不能沿袭"汉家故事"，用爵位解决现有谥法制度存在的问题时，采用一种溯本求源的方式——重新以德行作为给谥时需要考量的因素之一。遵从古制相较于提出一种全新的给谥准则而言，自然更易于被人们接受。这也是以德为凭在提出并实际应用到谥法后并没有引起大范围讨论，并得以迅速实行，而有关于官品的新标准则花费了相当长一段时间才最终确立的原因之一。

其次，则是个人的一点推测：由于封爵的世袭性，使得谥号的给予有了继承性，这也是汉魏给谥标准颇为后人诟病之处。东汉时期从整体上限制得谥者的数量，可以作为提高给谥门槛的一种手段，一定程度上遏制了这种延续性，但随之出现的问题就是不能完全满足除外戚与宗室外其他阶层对谥号的需求，私谥的重新兴起就是一个很好的例证。下及曹魏，虽然仍遵循有爵则有谥的原则，但对于官员的赐谥可以说毫不吝惜，仅附录表1中统计就有82人，数量上已超过东汉一朝(47人)。[①] 给谥数量与密度大幅增加，虽然满足了更广泛的得谥需求，但过犹不及，得谥者数量越多，得谥本身所能体现的尊崇程度就会相应地下降，难以体现与其他助丧之物相比谥号的特殊性，自然就会出现要求限制给谥的

---

① 参见王海鹏：《汉代官员谥号研究》，陕西师范大学硕士学位论文，2015年，第24页。

呼声。如何协调这二者之间的平衡，发挥谥号制度最大的功效，是统治者亟须解决的问题。

　　因此，如果想要避免上述问题，同时扩大谥号制度的适用范围，那么就需要从根本着手。既然爵位愈来愈暴露出其不适应谥法制度的一面，而官品与德行相较于爵制而言更具有独立性：爵位可以继承，后两者则都带有比较鲜明的个人色彩。多重标准的实行既能限制赐谥的泛滥，又可以增强谥号制度褒奖官员的作用。而德既然作为一个宽泛的概念，使用这种参考标准只要符合社会层面的普遍观念即可，更可以为谥号制度运行增加一些灵活性，对统治阶层而言无论是以特例赐谥或是出于自身态度等原因给恶谥或不谥都有据可言，更有利于实现其维护统治的功能。这也是这两种标准尤其是德作为一种独立标准被启用的原因之一。

五、结论

　　综上所述，魏晋时期的谥号制度的变迁是一个复杂的历史现象。无爵给谥的情况实际上自西晋就已经出现，但成为一种新的谥法制度则至少要下及自东晋时期。同时官品也成了一种给谥的新标准，其地位不断提高，这实际上与爵、官之间地位的变化有着重要的联系。爵位地位的不断下降，官秩地位的不断上升导致了给谥标准的重新确立。并且通过对于得谥官员的实际考究来看，大致上可以确定，最迟至西晋时期已经有五品官等的要求，而这一要求到东晋南朝时期提高到了三品，并且基本为后世所沿用。同时皇后谥的出现，以及私谥的重新兴起包括朝廷对于隐逸之士的公谥现象，标志着德行重新成为一种谥号赐予时需要考虑的实际情况，这对于秦汉时期的传统给谥标准是一种新的冲击。可以说魏晋时期的官员谥号制度变迁对于中国谥号发展的整体历史是一个破而后立的重要阶段，其最值得关注的部分就在于官职成了谥号制度中重要的一环及其所反映的历史问题，对于理解并研究谥号制度史甚至整个魏晋南北朝史都有着重要的意义。

附　录

附表1　曹魏得谥官员统计表[①]

姓名	死亡时间	给谥时间	历官（禄秩、官品）	赠官（禄秩、官品）	爵位（追赠）	谥号
张绣	建安十二年		破羌将军（五品）		宣威侯	定侯
郭嘉	建安十二年		军祭酒（五品）		洧阳亭侯	贞侯
荀彧	建安十七年		侍中 光禄大夫（比二千石 三品）		万岁亭侯	敬侯
张鲁	建安二十一年		镇南将军（二千石 二品）		阆中侯	原侯
乐进	建安二十三年		右将军（三品）		广昌亭侯	威侯
夏侯渊	建安二十四年		征西将军（二千石 二品）		博昌亭侯	愍侯
曹操	建安二十五年		丞相（公 一品）		魏王	武王
曹炽	不详[②]	文帝即王位	侍中（比二千石 三品）		陈侯	陈穆侯[③]

[①] 据祝总彬、阎步克考证魏官品成文应在咸熙初年，参见祝总彬：《两汉魏晋南北朝宰相制度研究》，北京：中国社会科学出版社，1990年，第155—156页；阎步克：《品位与职位——魏晋南北朝官阶制度研究》，北京：中华书局，2002年，第226—238页。附表1"官品"部分暂以《通典·魏官品》为准，辅以东汉时期部分官职禄秩以资参照。又，"给谥时间"若不单独注明，则默认与"逝世时间"同。为避免表格内容过于繁复，"历官"栏暂只取官员生前所做官品最高之官职，官品相同则记后任者，"赠官"栏则无论官品高低都予以记载。下两表同。

[②] 《水经注》卷二三《阴沟水》记："坟北有其元子炽冢，冢东有碑，题云：《汉故长水校尉曹君之碑》。历太中大夫、司马长史、侍中，迁长水，年三十九卒，熹平六年造。"可知炽卒于此前。见郦道元著，陈桥驿校证：《水经注校证》卷二三《阴沟水》，北京：中华书局，2007年，第553页。

[③] 曹炽谥曰"陈穆侯"，陈侯为其子曹仁爵，穆为谥。以下汉魏时期凡类似格式谥号，均可由此反推得谥者爵位。

续表

姓名	死亡时间	给谥时间	历官（禄秩、官品）	赠官（禄秩、官品）	爵位（追赠）	谥号
庞德	建安二十四年	文帝即王位	立义将军（五品）		关门亭侯	壮侯
夏侯惇[①]	延康元年		大将军（上公 一品）		高安乡侯	忠侯
李通	建安十四年	文帝践祚	汝南太守（二千石 五品）		都亭侯	刚侯
曹纯	建安十五年	文帝即位	议郎（六百石 五品）		高陵亭侯	威侯
李典	不详 建安二十年八月以后	文帝践祚	破虏将军（五品）		都亭侯	愍侯
程昱	黄初元年		卫尉（中二千石 三品）	车骑将军（公 二品）	安乡侯	肃侯
桓阶	黄初二年		太常（中二千石 三品）		安乐乡侯	贞侯
于禁	黄初二年		左将军（三品）		益寿亭侯	厉侯
张辽	黄初三年		前将军（三品）		晋阳侯	刚侯
曹仁	黄初四年		大司马（上公 一品）		陈侯	忠侯
贾诩	黄初四年		太尉（公 一品）		魏寿乡侯	肃侯
苏则	黄初四年		侍中（比二千石 三品）		都亭侯	刚侯

① 自此以上诸人虽卒于汉世，不过谥号均见于《三国志·魏书》，完备起见，同样收入表中。

续表

姓名	死亡时间	给谥时间	历官（禄秩、官品）	赠官（禄秩、官品）	爵位（追赠）	谥号
杜畿	黄初五年		尚书仆射（六百石 三品）	太仆（中二千石 三品）	丰乐亭侯	戴侯
夏侯尚	黄初七年		征南将军（二千石 二品）		昌陵乡侯	悼侯
任峻	建安九年	文帝追录功臣	长水校尉（比二千石 四品）		都亭侯	成侯
张既	黄初四年	明帝即位	凉州刺史（二千石 四品）		西乡侯	肃侯
徐晃	太和元年		右将军（三品）		阳平侯	壮侯
曹休	太和二年		大司马（上公 一品）		长平侯	壮侯
贾逵	太和二年		豫州刺史（二千石 四品）		阳里亭侯	肃侯
王朗	太和二年		司徒（公 一品）		兰陵侯	成侯
卫觊	太和三年		尚书（六百石 三品）		阌乡侯	敬侯
吴质	太和四年		侍中（比二千石 三品）		列侯	丑侯 正元中改谥威侯
钟繇	太和四年		太傅（上公 一品）		定陵侯	成侯
张郃	太和五年		车骑将军（公 二品）		鄚侯	壮侯

续表

姓名	死亡时间	给谥时间	历官 (禄秩、官品)	赠官 (禄秩、官品)	爵位 (追赠)	谥号
曹真	太和五年		大司马 (上公 一品)		邵陵侯	元侯
华歆	太和五年		太尉 (公 一品)		博平侯	敬侯
曹洪	太和六年		骠骑将军 (公 二品)		乐城侯	恭侯
许褚	太和时		武卫将军 (四品)		牟乡侯	壮侯
刘晔	青龙二年		大鸿胪 (中二千石 三品)		东亭侯	景侯
辛毗	青龙二年		卫尉 (中二千石 三品)		颍乡侯	肃侯
徐宣	青龙四年		侍中 光禄大夫 (比二千石 三品)	车骑将军 (公 二品)	津阳亭侯	贞侯
陈群	青龙四年		司空 (公 一品)		颍阴侯	靖侯
董昭	青龙四年		司徒 (公 一品)		乐平侯	定侯
陈矫	景初元年		司徒 (公 一品)		东乡侯	贞侯
韩暨	景初二年		司徒 (公 一品)		南乡亭侯	恭侯
荀攸	建安十九年	正始中	尚书令 (千石 三品)		陵树亭侯	敬侯
司马防	建安二十四年	正始三年	京兆尹 (中二千石)		舞阳侯	舞阳成侯
黄权	正始元年		车骑将军 (公 二品)		育阳侯	景侯

177

续表

姓名	死亡时间	给谥时间	历官（禄秩、官品）	赠官（禄秩、官品）	爵位（追赠）	谥号
满宠	正始三年		太尉（公 一品）		昌邑侯	景侯
朱灵	不详 太和三年以后，正始四年七月以前		后将军（三品）		高唐侯	威侯
臧霸	不详 明帝即位以后，正始四年七月以前		执金吾（中二千石 三品）		良成侯	威侯
文聘	不详 正始四年七月以前		后将军（三品）		新野侯	壮侯
裴潜	正始五年		光禄大夫（比二千石 三品）	太常（中二千石 三品）	清阳亭侯	贞侯
崔林	正始五年		司空（公 一品）		安阳乡侯	孝侯
赵俨	正始六年		司空（公 一品）		都乡侯	穆侯
蒋济	嘉平元年		太尉（公 一品）		都乡侯	景侯
徐邈	嘉平元年		光禄大夫（比二千石 三品）		都亭侯	穆侯
胡质	嘉平二年		征东将军（二千石 二品）		关内侯（阳陵亭侯）	贞侯
刘放	嘉平二年		骠骑将军（公 二品）		方城侯	敬侯
孙礼	嘉平二年		司空（公 一品）		大利亭侯	景侯

续表

姓名	死亡时间	给谥时间	历官 (禄秩、官品)	赠官 (禄秩、官品)	爵位 (追赠)	谥号
司马懿	嘉平三年		太傅 (上公 一品)	相国 (公 一品)	舞阳侯	文贞 后改谥 文宣 晋国建 追尊宣王
桓嘉	嘉平四年		乐安太守 (二千石 五品)		安乐乡侯	壮侯
刘靖	嘉平六年		镇北将军 (二千石 二品)	征北将军 (二千石 二品)	关内侯 (建成乡侯)	景侯
郭淮	正元二年		车骑将军 (公 二品)	大将军 (上公 一品)	阳曲侯	贞侯
司马师	正元二年		大将军 (公 一品)		舞阳侯	忠武 晋国建 追尊景王
傅嘏	正元二年		尚书仆射 (六百石 三品)	太常 (中二千石 三品)	阳乡侯	元侯
王肃	甘露元年		中领军 (三品) 散骑常侍 (比二千石 三品)	卫将军 (公 二品)	兰陵侯	景侯
乐綝	甘露二年		扬州刺史 (二千石 四品)	卫尉 (中二千石 三品)	广昌亭侯	愍侯
卢毓	甘露二年		司空 (公 一品)		容城侯	成侯
王昶	甘露四年		司空 (公 一品)		京陵侯	穆侯

续表

姓名	死亡时间	给谥时间	历官 （禄秩、官品）	赠官 （禄秩、官品）	爵位 （追赠）	谥号
陈泰	甘露五年		左仆射 （六百石 三品）	司空 （公 一品）	颍阴侯	穆侯
王观	景元元年		司空 （公 一品）		阳乡侯	肃侯
州泰	景元二年		征虏将军 （三品）	卫将军 （公 二品）		壮侯
王基	景元二年		征南将军 （二千石 二品）	司空 （公 一品）	东武侯	景侯
高柔	景元四年		太尉 （公 一品）		安国侯	元侯
钟毓	景元四年		后将军 （三品）	车骑将军 （公 二品）	定陵侯	惠侯
司马昭	咸熙二年		相国 （公 一品）		晋王	文王
何夔	不详		太仆 （中二千石 三品）		成阳亭侯	靖侯
臧艾	不详		少府 （中二千石 三品）		良成侯	恭侯
杜袭	不详		尚书 （六百石 三品）	少府 （中二千石 三品）	武平亭侯	定侯
和洽	不详		太常 （中二千石 三品）		西陵乡侯	简侯
常林	不详		太常 光禄勋 （中二千石 三品）	车骑将军 （公 二品）	高阳乡侯	贞侯

续表

姓名	死亡时间	给谥时间	历官（禄秩、官品）	赠官（禄秩、官品）	爵位（追赠）	谥号
卫臻	不详		司徒（公 一品）	太尉（公 一品）	长垣侯	敬侯
荀霬	不详		中领军（三品）	骠骑将军（公 二品）		贞侯

附表2　西晋得谥官员统计表①

姓名	死亡时间	给谥时间	历官（官品）	赠官（官品）	爵位（追赠）	谥号
王沈	泰始二年		骠骑将军（二品）		博陵县公	元
王祥	泰始四年	泰始五年	太保（一品）		睢陵公	元
罗宪	泰始六年		持节都督（二品）	使持节	（西鄂侯）	烈
裴秀	泰始七年		司空（一品）		钜鹿郡公	元
石苞	泰始九年		司徒（一品）		乐陵郡公	武
郑袤	泰始九年		光禄大夫开府仪同三司②（一品）		密陵侯	元
鲁芝	泰始九年		特进（二品）		阴平侯	贞
郑冲	泰始十年		太傅（一品）	太傅（一品）	寿光公	成

---

① 附表2、附表3"官品"参照《晋书·职官志》《通典·晋官品》记载。
② 《晋书·职官志》"骠骑、车骑、卫将军、伏波、抚军、都护、镇军、中军、四征、四镇、龙骧、典军、上军、辅国等大将军，左右光禄、光禄三大夫，开府者皆为位从公"，"诸公及开府位从公者，品秩第一"。《宋书·百官志》《南齐书·百官志》虽未具体诠释"从公"划分标准，不过应承袭自晋制，因此三表中凡此类官职径记为"一品"，不再单独注明各官官品。

续表

姓名	死亡时间	给谥时间	历官 (官品)	赠官 (官品)	爵位 (追赠)	谥号
荀𫖮	泰始十年		太尉 (一品)		临淮公	康
华表	咸宁元年		太常卿 (三品)		观阳伯	康
何曾	咸宁四年		太宰 (一品)		朗陵公	孝 (太康年间 改为元)
卢钦	咸宁四年		尚书仆射 侍中 (三品)	卫将军 开府仪同三司 (一品)	大梁侯	元
羊祜	咸宁四年		征南大将军 开府仪同三司 (一品)	太傅 (一品)	南城侯	成
王览	咸宁四年		光禄大夫 (三品)		即丘子	贞
傅玄	咸宁五年		司隶校尉 (三品)		鹑觚子 (清泉侯)	刚
胡威	太康元年		都督 (二品)	使持节都督 (二品)	平春侯	烈
郑默	太康元年		光禄勋 (三品)		关内侯	成
陈骞	太康二年		大司马 (一品)	太傅 (一品)	安平郡公	武
李胤	太康三年		司徒 (一品)		广陆侯	成
贾充	太康三年		太尉 (一品)	太宰 (一品)	鲁郡公	武
羊琇	太康三年		特进 (二品)	辅国大将军 开府仪同三司 (一品)	甘露亭侯	威

续表

姓名	死亡时间	给谥时间	历官（官品）	赠官（官品）	爵位（追赠）	谥号
山涛	太康四年		侍中 右仆射 光禄大夫（三品）	司徒（一品）	新遝伯	康
任恺	太康四年		太常（三品）		昌国县侯	元
王濬	太康六年		抚军大将军 开府仪同三司（一品）		襄阳县侯	武
郭奕	太康八年		尚书（三品）		平陵男	简
滕修	太康九年		使持节都督（二品）		武当侯	忠
曹志	太康九年		散骑常侍（三品）		甄城县公	定
胡奋	太康九年		镇军大将军 开府仪同三司（一品）	车骑将军（二品）	夏阳子	壮
荀勖	太康十年		左光禄大夫（二品）	司徒（一品）	济北郡侯	成
刘智	太康末		侍中 尚书 太常（三品）			成
魏舒	太熙元年		司徒（一品）		剧阳子	康
裴楷	元康元年		光禄大夫 开府仪同三司（一品）		临海侯	元
卫瓘	元康元年	楚王玮伏诛后	太保（一品）		菑阳公（楚王玮伏诛后追封兰陵郡公）	成
卫恒	元康元年	应与瓘同时	黄门郎（五品）	长水校尉（四品）		兰陵贞世子

续表

姓名	死亡时间	给谥时间	历官（官品）	赠官（官品）	爵位（追赠）	谥号
和峤	元康二年	永平初①	太子少傅 散骑常侍 光禄大夫（三品）	金紫光禄大夫（二品）	上蔡伯	简
华峤	元康三年		秘书监 散骑常侍（三品）	少府（三品）	关内侯	简
石鉴	元康四年		太尉（一品）		昌安县侯	元
唐彬	元康四年		持节都督（二品）		上庸县侯	襄
傅咸	元康四年		御史中丞（四品）	司隶校尉（三品）	清泉侯	贞
王浑	元康七年		司徒（一品）		京陵公	元
贾模	元康九年		侍中 光禄大夫（三品）	车骑将军 开府仪同三司（一品）	平阳乡侯	成
陈准	永康元年		太尉（一品）		广陵郡公	元
刘颂	永康元年		光禄大夫（三品）		(梁邹县侯)	贞
李重	永康元年		平阳太守（五品）	散骑常侍（三品）	都亭侯	成
裴頠	永康元年	永宁元年	尚书 侍中 光禄大夫（三品）		钜鹿郡公	成
何攀	永康二年		兖州刺史（四品）	司农（三品）	西城公	桓公

---

① 按永平在元康后，学者对此一抵牾有不同见解，可参见刘义庆撰、刘孝标注、余嘉锡笺疏《世说新语笺疏·伤逝第十七》"有人哭和长舆曰"条，第705页。

续表

姓名	死亡时间	给谥时间	历官（官品）	赠官（官品）	爵位（追赠）	谥号
何劭	永宁元年		太宰（一品）	司徒（一品）	朗陵公	康
索靖	太安二年		使持节都督（二品）	司空（一品）	关内侯（安乐亭侯）	庄
嵇绍	永兴元年	太兴元年	侍中（三品）	光熙元年赠金紫光禄大夫（二品）永嘉六年赠太尉（一品）	弋阳子（光熙元年追封弋阳侯）	忠穆
王戎	永兴二年		司徒（一品）		安丰县侯	元
刘弘	永兴三年		车骑将军开府仪同三司（一品）		新城公（新城郡公）	元
李毅	光熙元年		龙骧将军（三品）	少府（三品）	成都县侯	威侯
嵇含	光熙元年	怀帝即位	振威将军（三品）		武昌乡侯	宪
温羡	永嘉初		左光禄大夫开府（一品）	司徒（一品）	大陵县公	元
郑球	永嘉二年		侍中 尚书 散骑常侍 中护军 尚书右仆射（三品）	金紫光禄大夫（二品）	平寿公	元
刘寔	永嘉四年		太尉（一品）		循阳侯	元
刘舆	永嘉五年		征虏将军（三品）	骠骑将军（二品）	定襄侯	贞

续表

姓名	死亡时间	给谥时间	历官 （官品）	赠官 （官品）	爵位 （追赠）	谥号
顾荣	永嘉六年		散骑常侍 （三品）	骠骑将军 开府仪同三司 （一品）	嘉兴伯 （嘉兴公）	元
荀藩	建兴元年		太尉 （一品）	太保 （一品）	西华县公	成
周玘	建兴元年		建武将军 （四品）	辅国将军 （三品）	乌城县公	忠烈
麹允	建兴四年		骠骑将军 （二品）	车骑将军 （二品）		节愍侯
荀辑	不详		卫尉 （三品）		济北郡侯	简
荀畯	不详				济北郡侯	烈
华廙	不详		光禄大夫 开府仪同三司 （一品）		观阳公	元
王恺	不详		后将军 （三品）		山都县公	丑
王馥	不详		上洛太守 （五品）		睢陵公	孝
李憙	不详		特进 金紫光禄大夫 （二品）	太保 （一品）	祁侯	成
郭彰	不详		卫将军 （二品）		冠军县侯	烈
裴舆	不详		散骑侍郎 （五品）		临海侯	简
薛兴	不详		尚书右仆射 （三品）		安邑公	庄
薛涛	不详		梁州刺史 （四品）		安邑公	忠惠

附表3 东晋得谥官员统计表

姓名	死亡时间	给谥时间	历官（官品）	赠官（官品）	爵位（追赠）	谥号
周处	元康九年	元帝为晋王	御史中丞（四品）	平西将军（三品）		孝
赵诱	建武元年		广武将军（四品）	征虏将军（三品）	平阿县侯	敬
刘琨	太兴元年	太兴三年	太尉（一品）	太尉（一品）	广武侯	愍
贺循	太兴二年		太常（三品）	司空（一品）		穆
周访	太兴三年		持节都督（二品）	征西将军（三品）	寻阳县侯	壮
荀组	永昌元年		太尉（一品）		临颍县公	元
王廙	永昌元年		平南将军（三品）	骠骑将军（二品）	武陵县侯	康
华谭	永昌元年		秘书监（三品）	金紫光禄大夫（二品）	都亭侯	胡
杜夷	太宁元年		国子祭酒（三品）	大鸿胪（三品）		贞子
王逊	太宁元年		散骑常侍 安南将军（三品）		褒中县公	壮
荀闿	太宁二年		尚书（三品）	卫尉（三品）	射阳公	定
王澄	永嘉六年	王敦之乱平定（太宁二年）后	持节都督（二品）		南乡侯	宪
周𫖮	永昌元年	王敦之乱平定后	护军将军（三品）	左光禄大夫 仪同三司（一品）	武城侯	康

187

续表

姓名	死亡时间	给谥时间	历官（官品）	赠官（官品）	爵位（追赠）	谥号
戴渊	永昌元年	王敦之乱平定后	骠骑将军（二品）	左光禄大夫仪同三司（一品）	秣陵侯	简
谢鲲	王敦军还武昌（永昌元年）使之郡，寻卒官	王敦之乱平定后	豫章太守（五品）	太常（三品）	咸亭侯	康
甘卓	永昌元年	太宁中	镇南大将军都督（二品）	骠骑将军（二品）	于湖侯	敬
纪瞻	王敦平，表辞不许……寻卒		骠骑将军（二品）	骠骑将军开府仪同三司（一品）	临湘县侯（华容子）	穆
应詹	咸和元年		假节都督（二品）	镇南大将军仪同三司（一品）	观阳伯	烈
王峤	咸和初拜庐陵太守，寻卒官		秘书监（三品）		九原县公	穆
陶回	咸和二年		护军将军领军将军散骑常侍（三品）		康乐伯	威
陶瞻	咸和二年		散骑常侍（三品）	大鸿胪（三品）	都亭侯	愍悼世子
荀崧	咸和三年		右光禄大夫开府仪同三司（一品）	侍中（三品）	平乐伯	敬
荀邃	咸和三年		尚书（三品）	金紫光禄大夫（二品）	西华县公	靖
卞壸	咸和三年	苏峻之乱平定（咸和四年）后	假节都督（二品）	骠骑将军开府仪同三司（一品）	建兴县公	忠贞

续表

姓名	死亡时间	给谥时间	历官（官品）	赠官（官品）	爵位（追赠）	谥号
桓彝	咸和三年	苏峻之乱平定后	宣城内史（五品）	廷尉（三品）咸安年间改赠太常（三品）	万宁县男	简
刘超	咸和四年	苏峻之乱平定后	右卫将军（四品）	卫尉（三品）	零陵伯	忠
卞敦	咸和四年		假节都督（二品）	散骑常侍（三品）	益阳侯	敬
温峤	咸和四年		骠骑将军开府仪同三司（一品）	大将军（一品）	始安郡公	忠武
荀奕	咸和七年		侍中 散骑常侍（三品）	太仆（三品）	临颍县公	定
王舒	咸和八年		持节都督（二品）	车骑大将军仪同三司（一品）	彭泽县侯	穆
陆晔	咸和九年		左光禄大夫 卫将军 开府仪同三司（一品）	车骑大将军（二品）	江陵公	穆
陶侃	咸和九年		太尉（一品）	大司马（一品）	长沙郡公	桓
孔坦	咸康元年		廷尉（三品）	光禄勋（三品）	晋陵男	简
华恒	咸康二年		金紫光禄大夫（二品）	左光禄大夫开府（一品）	苑陵县侯	敬
王彬	咸康二年		尚书右仆射（三品）	特进 卫将军（二品）	关内侯	肃
郗鉴	咸康五年		太尉（一品）	太宰（一品）	南昌县公	文成
庾亮	咸康六年		假节都督（二品）	太尉（一品）	都亭侯	文康

续表

姓名	死亡时间	给谥时间	历官（官品）	赠官（官品）	爵位（追赠）	谥号
陆玩	咸康七年		司空（一品）	太尉（一品）	兴平伯	康
褚翜	咸康七年		护军将军 散骑常侍（三品）	卫将军（二品）	长平县伯	穆
孔愉	咸康八年		金紫光禄大夫（二品）	车骑将军 开府仪同三司（一品）	余不亭侯	贞
王允之	咸康八年		卫将军（二品）		番禺县侯	忠
庾怿	咸康八年		假节都督（二品）	卫将军（二品）		简
袁瑰	苏峻之乱平定后，上疏告老，寻卒		国子祭酒 散骑常侍（三品）	光禄大夫（三品）	长合乡侯	恭
颜含	苏峻之乱平定后，逊位，致仕二十余年，卒		右光禄大夫（二品）		西平县侯	靖
庾冰	建元二年		车骑将军 假节都督（二品）	司空（一品）	都乡侯	忠成
诸葛恢	永和元年		金紫光禄大夫（二品）	左光禄大夫 仪同三司（一品）	建安伯	敬
庾翼	永和元年		假节都督（二品）	车骑将军（二品）	都亭侯	肃
何充	永和二年		骠骑将军 假节都督（二品）	司空（一品）	都乡侯	文穆
袁乔	永和四年		都督（二品）	益州刺史（四品）	湘西伯	简

续表

姓名	死亡时间	给谥时间	历官（官品）	赠官（官品）	爵位（追赠）	谥号
褚裒	永和五年		都督（二品）	太傅（一品）侍中（三品）	都乡亭侯	元穆
顾和	永和七年		左光禄大夫 仪同三司（一品）	司空（一品）		穆
蔡谟	永和十二年		光禄大夫 开府仪同三司（一品）	司空（一品）	济阳男	文穆
谢尚	升平元年		假节都督（二品）	卫将军 开府仪同三司（一品）	咸亭侯	简
桓云	升平四年		假节都督（二品）	平南将军（三品）	万宁男	贞
郗昙	升平五年		假节都督（二品）	北中郎（四品）	东安县开国伯	简
滕含	升平五年		平南将军（三品）		夏阳县开国侯	戴
周抚	兴宁三年		假节都督（二品）	征西将军（三品）	建成县公	襄
王述	太和三年		卫将军 都督（二品）	骠骑将军 开府（一品）	蓝田侯	简
毛穆之	太和四年		假节都督（二品）	中军将军（三品）	州陵侯	烈
周楚	太和五年		假节都督（二品）		建城公	定
王坦之	宁康三年		都督（二品）	安北将军（三品）	蓝田侯	献
王彪之	太元二年		左光禄大夫（二品）	光禄大夫①（三品）		简

---

① 《晋书·王彪之传》记："加光禄大夫、仪同三司，未拜。疾笃，帝遣黄门侍郎问所苦，赐钱三十万以营医药。太元二年卒，年七十三。即以光禄为赠。"疑赠官应为未拜之光禄大夫及仪同三司。

续表

姓名	死亡时间	给谥时间	历官（官品）	赠官（官品）	爵位（追赠）	谥号
桓豁	太元二年		征西大将军 开府（一品）	司空（一品）		敬
郗愔	太元九年		假节都督（二品）	司空（一品）	南昌县公	文穆
桓冲	太元九年		车骑将军 持节都督（二品）	太尉（一品）	丰城公	宣穆
谢安	太元十年		太保（一品）	太傅（一品）	建昌县公（庐陵郡公）	文靖
谢石	太元十三年		卫将军 开府仪同三司（一品）	司空（一品）	南康郡公	襄
谢玄	太元十三年		都督（二品）	车骑将军 开府仪同三司（一品）	康乐县公	献武
王忱	太元十七年		假节都督（二品）	右将军（三品）		穆
庾珉	永嘉七年	太元末	侍中（三品）		长岑男	贞
王献之	太元十一年	隆安元年	中书令（三品）	太宰（一品）		宪
王恭	隆安二年	桓玄执政后	假节都督（二品）	太保（一品）		忠简
谢琰	隆安四年		假节都督（二品）	司空（一品）	望蔡公	忠肃
魏咏之	义熙元年	后录其赞义之功 具体时间不详	持节都督（二品）	太常 散骑常侍（三品）	（后录其赞义之功追封江陵县公）	桓
王谧	义熙三年		司徒（一品）	司徒（一品）	武冈侯	文恭

续表

姓名	死亡时间	给谥时间	历官（官品）	赠官（官品）	爵位（追赠）	谥号
何无忌	义熙六年		持节都督（二品）	司空（一品）	安城郡开国公	忠武
檀祇	义熙十四年		持节都督（二品）	散骑常侍 抚军将军（三品）	西昌县侯	威侯
戴邈	不详		尚书仆射（三品）	卫将军（二品）		穆
周谟	不详		少府 丹阳尹 侍中 中护军（三品）	金紫光禄大夫（二品）	西平侯	贞
庾阐	不详		给事中（五品）		吉阳县男	贞
陶臻	不详		南蛮校尉（四品）	平南将军（三品）	当阳亭侯	肃
虞潭	不详		光禄大夫 开府仪同三司（一品）	左光禄大夫（二品）	零县侯	孝烈
王悦	不详		中书侍郎（五品）			贞世子
王恬	不详		散骑常侍（三品）	中军将军（三品）	即丘子	宪
丁潭	不详		左光禄大夫（二品）	侍中（三品）	永安伯	简
周闵	不详		护军将军 秘书监（三品）	金紫光禄大夫（二品）	武城侯	烈
范汪	不详		持节都督 后免为庶人	散骑常侍（三品）	武兴县侯	穆
王劭	不详		吏部尚书 尚书仆射 中领军（三品）	车骑将军（二品）		简

续表

姓名	死亡时间	给谥时间	历官（官品）	赠官（官品）	爵位（追赠）	谥号
桓伊	不详		假节都督（二品）	右将军 散骑常侍（三品）	永修公	烈
桓嗣	不详		都督（二品）	南中郎将（四品）	丰城公	靖

[导师评语]

魏晋南北朝谥号制度是中国古代谥号制度演变的关键时期。该篇论文在前人研究的基础上，立足爵、官、德三者与给谥之间的关系，通过搜集、整理相关史料，重新梳理了魏晋时期官员给谥标准的演变过程，并尝试结合时代背景分析制度转变的原因。文章主题明确，线索清晰，内容完整，行文规范，对于已有研究中相对薄弱的环节，能提出个人见解，极大地推进了魏晋南北朝谥号制度的研究。文中所论官员谥号构成、以德给谥等问题，尚有后续讨论的空间，围绕制度整体的宏观思考，也有进一步提升的余地。

《夷坚志》生育故事研究

——与《太平广记》比较

作者：张琦　指导教师：李华瑞[*]

一、研究综述

(一)《夷坚志》和《太平广记》研究

《夷坚志》是南宋洪迈编写的一部志怪小说集，内容驳杂，涉及宋代医药、饮食、丧葬、婚姻、宗教等社会生活的方方面面，具有重要的史料价值。[①]《夷坚志》故事来源具有广泛性、社会性、丰富性的特点[②]，反映宋代社会各阶层的生活状况，体现了宋人对现实问题的态度与认识，对于我们研究宋代社会历史有极大的参考价值。

20世纪90年代以前，《夷坚志》作为白话小说、戏曲文学的故事本事考证；20世纪90年代以后，研究范围扩大到版本、成书、辑佚、作者小说观、故事内容等方面。[③]这些作品大多属于文学研究，《夷坚志》并未得到历史学家的特别关注，虽然经常作为史料被史家援引，但专门论及《夷

---

[*] 作者：张琦，首都师范大学历史学院中国史基地班2015级本科生，中国史专业2019级硕士研究生，本、研期间均荣获北京市优秀毕业生。现任职于中国水利部发展研究中心。该文入选2019年首师·南开中国史本科生论坛，本文系在读期间主持国家级大学生科学研究与创业行动计划"两宋之际年号研究——以徽宗、钦宗、高宗年号为考察对象"的项目相关研究成果。

指导教师：李华瑞，首都师范大学历史学院资深教授、博士生导师，教育部长江学者特聘教授。主要从事宋史、西夏史、中国古代经济史的教学与研究。

[①] 陆游高度评价并肯定《夷坚志》的补史作用："笔近反离骚，书非支诸皋。岂惟堪史补，端足擅文豪。"参见《陆游集》卷三七《题夷坚志后》，北京：中华书局，1976年，第946页。清人阮元认为《夷坚志》虽然大半是神怪荒诞之谈，但"遗文轶事，可资考镜者，亦往往杂出于其间"。参见阮元等撰，[日]藤原佐世撰：《挈经室外集日本国见在书目录》卷三，北京：中华书局，1991年，第135页。

[②] 张祝平：《〈夷坚志〉材料来源及搜集方式考订》，《南通师范学院学报(哲学社会科学版)》，1999年第2期。

[③] 王瑾：《〈夷坚志〉研究述评》，《学术交流》，2010年第2期。

坚志》并以此为研究对象的作品并不多见。

近十年来，以《夷坚志》为中心考察的史学论文大量涌现，知网上约有 60 篇相关期刊、11 篇研究生论文，包括民众生活、宗教信仰、商业发展、妇女婚姻、科举梦兆等多方面内容。其中与本文主题类似的文章有《旅者与精魅：宋人行旅中情色精魅故事论析——以〈夷坚志〉为中心的探讨》①，作者统计《夷坚志》中的宋人行旅情色精魅故事，分析宋代遭逢情色精魅的旅者、情色精魅的原形与化形、情色精魅的危害以及如何应对等问题，揭示故事与社会现实的关联，发掘故事背后的社会意涵。《信仰与空间的互动——〈夷坚志〉行瘟故事探析》②一文从空间角度分析《夷坚志》所录行瘟故事，以行瘟为切入点，重新观察地方神祇集团。《宋人志怪故事中的地域社会与伦理观念——以〈夷坚志〉温州故事为例》③一文从地域关系视角分析《夷坚志》温州故事中伦理观念与地域秩序的对应关系。《〈夷坚志〉报应故事所见南宋民众观念与基层社会》④一文以书中报应故事为研究对象，探讨南宋时期善恶报应现象的特色及其反映的民众观念与基层社会现实。《〈夷坚志〉梦幻故事的文化解读》⑤一文将梦幻故事分为七类加以阐释，对故事内容进行文化解读，从中窥视宋代社会的真实状况。

《太平广记》是北宋李昉等人在太平兴国年间奉敕编定的一部类书，全书五百卷，杂采众书，收录了自汉晋至宋初的作品，其中有不少现在已经失传，仅在《太平广记》中有佚文，因此具有较高的研究价值。

近几十年来，《太平广记》的研究主要集中在成书、流传、影响、文献（版本、引书、文献价值）、文学、文化研究等方面，以文学、文献学研究为主，从历史学角度出发的作品不多，知网上约有 45 篇期刊、16 篇学位论文。其中与本文主题类似的史学论文有以下 4 篇。《〈太平广记〉报

---

① 铁爱花、曾维刚：《旅者与精魅：宋人行旅中情色精魅故事论析——以〈夷坚志〉为中心的探讨》，《中国史研究》，2012 年第 1 期。

② 贾鸿源：《信仰与空间的互动——〈夷坚志〉行瘟故事探析》，《地方文化研究》，2015 年第 6 期。

③ 吴铮强：《宋人志怪故事中的地域社会与伦理观念——以〈夷坚志〉温州故事为例》，《浙江社会科学》，2015 年第 4 期。

④ 朱文广：《〈夷坚志〉报应故事所见南宋民众观念与基层社会》，陕西师范大学历史文献学硕士学位论文，2006 年。

⑤ 邵贤敏：《〈夷坚志〉梦幻故事的文化解读》，福建师范大学硕士学位论文，2010 年。

应故事研究——以唐代为例》①一文以《太平广记》的报应故事为主要材料，探究唐代民众的善恶报应观念并分析其中的文化内涵。《〈太平广记〉科举故事研究》②一文对书中科举故事进行整理和研究，进而探讨故事所体现的唐代科举制度及举子们的真实生活。《〈太平广记〉所载〈金刚经〉灵验故事研究——以唐代为例》③一文深入剖析《太平广记》所载唐代《金刚经》灵验故事背后反映的文化内涵，分析唐代部分社会问题和民众的信仰观念。《夜禁制度下的两京灵异故事研究——以〈太平广记〉为中心》④一文将唐代夜禁制度与笔记小说结合起来，以《太平广记》中所载的两京夜禁灵异故事为研究对象，考察唐代的鬼神世界及民间信仰。

《太平广记》和《夷坚志》均被誉为中国古代社会百科全书，为社会史研究提供了丰富资料，两书有许多互通之处，也有明显差异，所以更具对比性。然而将两书进行比较研究的论著较少，仅有《〈太平广记〉与〈夷坚志〉比较研究》⑤一书，从社会文化、学术价值等角度，对这两本书做全面系统的比较研究，涵盖体例结构、儒家伦理、商贸观、信仰、小说观念、文献价值与影响等多方面的内容。

另有4篇论文。《〈太平广记〉与〈夷坚志〉比较研究——以定命观为主》⑥一文以两书所载定命主题故事为资料，比较两书故事的异同，以了解定命故事的发展轨迹及其所展现的不同时代的社会文化，《夷坚志》呈现的定命观比《太平广记》更具世俗性与庶民性。《唐宋小说中变形题材之研究——以〈太平广记〉与〈夷坚志〉为主》⑦一文采用计量方法，对两书中变形题材故事加以分类和文献量化，进而探讨唐宋变形题材的演变与内

---

① 刘畅：《〈太平广记〉报应故事研究——以唐代为例》，陕西师范大学硕士学位论文，2010年。
② 赵丽婷：《〈太平广记〉科举故事研究》，东北师范大学硕士学位论文，2015年。
③ 杨夏丽：《〈太平广记〉所载〈金刚经〉灵验故事研究——以唐代为例》，西北大学硕士学位论文，2016年。
④ 杨哲：《夜禁制度下的两京灵异故事研究——以〈太平广记〉为中心》，中央民族大学硕士学位论文，2011年。
⑤ 秦川、王子成：《〈太平广记〉与〈夷坚志〉比较研究》，北京：光明日报出版社，2015年。
⑥ 金周映：《〈太平广记〉与〈夷坚志〉比较研究——以定命观为主》，东吴大学博士学位论文，2006年。
⑦ 陈昱珍：《唐宋小说中变形题材之研究——以〈太平广记〉与〈夷坚志〉为主》，中国文化大学博士学位论文，2001年。

涵。《〈夷坚志〉故事类型研究》①一文分析比较《太平广记》和《夷坚志》的故事类型，以情遇型故事和世情故事为切入点，了解这两种故事类型在不同历史时期的流变表现，以此印证《夷坚志》人情化、世俗化的时代特征。《宋代妇女再嫁问题探讨》②一文通过对比《夷坚志》和《太平广记》中女性改嫁故事的数量，证明宋代妇女再嫁者不少于唐代，守节者依然较少，说明宋代不是贞节观念骤然增长、妇女地位急转直下的时期。

《夷坚志》和《太平广记》的价值还远远没有穷尽，仍有许多新角度有待学者开发，据笔者所知，目前还未有人对两书的生育故事进行系统的整理和研究。所以笔者想从两书记载的生育故事出发，通过阅读文本、统计数据、归纳分类、对比分析等步骤，了解生育故事的基本内容及特点，把握故事从汉代至南宋的发展脉络，进而探讨作品中反映的社会面貌与思想内涵。本文以《夷坚志》为主，《太平广记》为辅，重点探讨宋代的生育问题。

(二) 宋代生育问题

为避免研究出现偏差，首先要整体把握宋代生育观。关于宋代生育问题的研究，从 20 世纪 80 年代以来取得很大进展，成果颇丰，研究主要集中在三个方面：宋代生育习俗与观念、生育控制和女性史研究。

1. 生育习俗与观念

《辽宋西夏金社会生活史》一书的第十章"生育"③专门论述了宋代不同地区民族的生育礼俗，汉族居住区盛行弃婴杀婴之风，最主要原因是人口过剩，政府采取了一些措施，但成效不好。还涉及契丹、女真、壮、瑶等少数民族的生育习俗。《宋代产育之俗研究》④介绍了宋人的优生观念和生子习俗，包括胎教优生、分娩礼俗、溺婴杀子等内容。《试析宋代育婚丧俗的成因》⑤一文指出宋代育婚丧俗的形成受历代风俗、商品经济发

---

① 刘娜：《〈夷坚志〉故事类型研究》，华中科技大学硕士学位论文，2008 年。
② 张邦炜：《宋代妇女再嫁问题探讨》，《宋代婚姻家族史论》，北京：人民出版社，2003 年，第 149—180 页。
③ 张邦炜：《生育》，载朱瑞熙、张邦炜、刘复生等著《辽宋西夏金社会生活史》，北京：中国社会科学出版社，1998 年，第 166—176 页。
④ 吴宝琪：《宋代产育之俗研究》，《河南大学学报(哲学社会科学版)》，1989 年第 1 期。
⑤ 吴宝琪：《试析宋代育婚丧俗的成因》，《北京师范大学学报(社会科学版)》，1989 年第 5 期。

展、社会风气、思想意识、宗教信仰和少数民族风俗的影响。《宋人生育观念与生育情况析论》[①]一文分析了宋人的生育观念(包括生子传嗣,养儿防老、多子多福,早育早得子,重男轻女等方面)、具体求嗣活动以及北宋前中期士大夫阶层的家庭生育情况。《论唐宋时期的生育神信仰及其特点》[②]一文提出唐宋时期是中国古代由生殖崇拜转变为生育神崇拜的一个重要转变时期。作者指出唐宋时期生育神信仰具有多样性、普遍性、融合性、地域性的特点,同时对后世及周边地区产生了重大影响。

2. 生育控制

不举子溺婴与中国传统多子多福的生育观念相悖,成为宋代一个普遍、不可忽视的社会问题,引起众多学者的关注,他们重点探讨不举子现象出现的原因、影响及对策。

中国台湾学者刘静贞所著《不举子——宋人的生育问题》[③]是一部探讨宋代不举子问题的专著,作者从女性产育之难、医学的协助治疗、政府的财政考量、伦理道德的社会评判以及亲子关系的社会意义等角度探讨了宋人面对不举子问题时的思考与实践,从政治、经济、道德、宗教和女性心态等方面阐释了不举子的原因、方式选择和自我纾解等问题。李伯重所著《堕胎、避孕与绝育:宋元明清时期江浙地区的节育方法及其运用与传播》[④]探讨了南宋到清中期江浙地区范围内的堕胎、避孕与绝育这三种生育控制手段及其运用情况和传播途径。

《宋代杀婴弃婴习俗初探》[⑤]一文分析了宋代杀婴、弃婴习俗的根本原因及由此产生的恶果,作者认为,溺婴现象出现的根本原因在于赋税繁重、吏治腐朽,这一现象的产生深刻地揭示了封建制度的杀人本质以及宋代贫富不均和阶级对立的严峻事实。《宋代生子不育风俗的盛行及其原因》[⑥]一文主张宋代不举子风俗的形成,是社会生产力和生产关系的矛盾

[①] 方建新:《宋人生育观念与生育情况析论》,《浙江学刊》,2001年第4期。
[②] 亓艳敏、杜文玉:《论唐宋时期的生育神信仰及其特点》,《宁夏社会科学》,2009年第2期。
[③] 刘静贞:《不举子——宋人的生育问题》,台北:稻乡出版社,1998年。
[④] 李伯重:《堕胎、避孕与绝育:宋元明清时期江浙地区的节育方法及其运用与传播》,载《多视角看江南经济史(1250—1850)》,北京:生活·读书·新知三联书店,2003年,第177—212页。
[⑤] 刘道超:《宋代杀婴弃婴习俗初探》,《河池学院学报》,1986年第2期。
[⑥] 陈广胜:《宋代生子不育风俗的盛行及其原因》,《中国史研究》,1989年第1期。

运动在人口增长问题上的反映，根本原因在于受封建生产关系的制约，人口增长超过生产力增长的速度，不能保证维生必需的生活资料供给。《宋时福建"生子多不举"的原因何在》①一文认为宋代福建地区"生子多不举"的真正原因并不在于"地狭人稠"，而是土地兼并、赋税的转嫁和身丁钱负担过重引起的。《南宋农村"生子不举"现象之分析》②考察了南宋农村广泛存在的生子不举现象，作者认为贫困是导致这一现象的经济根源，此外，身丁钱的征收、政府救济措施不力、地方官吏从中贪污舞弊、地方民俗、财产继承关系的制约，也是影响原因。该现象导致男女比例失调，出现了买卖妇女和早婚现象，同时对妇女身心健康带来极大影响。《计产育子：宋代南方家庭人口的自我调适》③考察了宋代福建、荆湖、江南、两浙等南方地区家庭"计产育子"的生育观念和行为，原因在于生活资源匮乏、赋役过重和防止家产分散。作者认为计产育子是民众的理想生育观念和现实生活所面临压力相冲突的产物，是一种家庭人口自我调适的手段。《宋代弃婴习俗研究》④考察了宋代弃婴现象流行的特点、影响、原因及对策，作者将儒家的仁政思想、佛道两教的因果报应说以及宋代民间的阴德观念与宋代弃婴问题相联系，认为在上述生育思想的影响下，宋代社会形成了一股整治弃婴现象、正风俗的精神动力。此外，还有《宋代的"生子不举"》⑤《宋代溺婴问题探析》⑥《宋、清溺婴问题研究综述》⑦《宋代福建路"不举子"现象研究》⑧等文。

3. 女性史研究

在古代，生育被视为女性应尽的职责，所以研究生育问题，不能忽视生育行为的主体——女性。但以往学者在研究生育问题时往往只注意到经济、政治、文化的作用，从宏观角度论述，忽视了女性的心理状态

---

① 林汀水：《宋时福建"生子多不举"的原因何在》，《中国社会经济史研究》，1991年第2期。
② 臧健：《南宋农村"生子不举"现象之分析》，《中国史研究》，1995年第4期。
③ 李小红：《计产育子：宋代南方家庭人口的自我调适》，《中国矿业大学学报（社会科学版）》，2004年第2期。
④ 刘婷玉：《宋代弃婴习俗研究》，山东师范大学硕士学位论文，2008年。
⑤ 黄燕生：《宋代的"生子不举"》，《中国历史博物馆馆刊》，1989年，总第11期。
⑥ 姚廷玲：《宋代溺婴问题探析》，《河北青年管理干部学院学报》，2008年第2期。
⑦ 张功远：《宋、清溺婴问题研究综述》，《黑龙江史志》，2015年第4期。
⑧ 陈梦莹：《宋代福建路"不举子"现象研究》，西华师范大学硕士论文，2017年。

和行为方式。随着妇女史研究的不断深入,近年来,出现了一些从女性视角出发,以妇女为研究对象,探讨生育问题的著作。美国学者伊沛霞所著《内闱——宋代的婚姻和妇女生活》一书中第九章"为母之道"考察"母亲"这个角色的职责和生理过程,从怀孕、生产、抚养婴儿或是弃杀婴儿几个方面展开论述。①《巫文化视域下的宋代女性——立足于女性生育、疾病的考察》②一书以宋代女性为研究对象,从婚育巫术角度出发,研究宋人关于女性生育的整体认识。《弄璋弄瓦:宋人产育中的性别选择》③一文运用了女性身体史的研究方法,从生育角度来考察宋人对女性身体的诠释与处置。

二、《太平广记》与《夷坚志》简要比较

《太平广记》和《夷坚志》是宋代重要的大型文言小说集,两者有许多互通之处,例如两书篇幅巨大,影响深远,内容范围基本相同,皆以小说为主,作者认识到小说具有广泛的社会作用,利用小说来补史和教化。④两书的史料价值很高,保存了大量珍贵的文化资料,为社会史研究提供丰富的史料,正如顾颉刚先生所说,"旧小说不仅是文学史的材料,而且往往保存着最可靠的社会史料,利用小说来考证中国社会史,不久的将来,必有人从事于此"⑤。

但两书在编纂原因、成书年代、体例结构及故事来源等方面存在明显差异。

《太平广记》是李昉等人奉敕编纂的官修类书,出于学术、教育目的,成书于北宋太平兴国年间,收录了自汉代至宋初的野史传记和以小说家为主的杂著,能够反映自汉至唐的社会现实。全书500卷,目录10卷,按主题分类汇编,分成92大类、150多小类,查找方便。故事来源庞杂,

---

① [美]伊沛霞:《内闱——宋代的婚姻和妇女生活》,胡志宏译,南京:江苏人民出版社,2004年,第152—165页。
② 方燕:《巫文化视域下的宋代女性——立足于女性生育、疾病的考察》,北京:中华书局,2008年。
③ 杨果、陆溪:《弄璋弄瓦:宋人产育中的性别选择》,《宋史研究论丛》,2014年第1期。
④ "小说"只是今人看法,实际上两书作者并未将作品视为小说,李昉等人重视故事的文化意义和教育作用,意在纪实与补史;洪迈将故事作为实录记载,声明表表有依据。
⑤ 顾颉刚:《当代中国史学》,上海:上海古籍出版社,2002年,第116页。

引书大约400多种，因为内容多为小说，故学界往往将其视为宋代之前的小说总集[1]，"从六朝到宋初的小说几乎全收在内"[2]。

《夷坚志》是南宋洪迈出于"好奇尚异"的兴趣而创作的志怪小说集，属于私人著述，取材于作者当时的耳闻目睹，历经60年完成，反映宋代社会生活的方方面面。全书420卷，按时间先后编排出版。故事来源广泛，"非必出于当世贤卿大夫，盖寒人、野僧、山客、道士、瞽巫、俚妇、下隶、走卒，凡以异闻至，亦欣欣然受之"[3]。

综上，《太平广记》和《夷坚志》是宋代珍贵的小说集，史料价值很高，具有代表性，也更具对比性。生育故事在正史中记载较少，利用笔记小说材料也就十分重要。因此，笔者选择这两本书作为论文的基本史料，通过搜集故事、分类对比，我们可以了解生育故事的基本内容及特点，进而分析作品背后的文化内涵。同时结合不同故事产生的社会时代背景，探究故事内容与思想观念在南宋时期是否产生变化，变化的原因又是什么。

三、生育故事内容及特点

《太平广记》与《夷坚志》中的生育故事，主要有三种类型：感生故事、报应故事、精魅故事。

表1 《太平广记》与《夷坚志》故事比较　　　　单位：个

来源	类型			
	感生故事	报应故事	精魅故事	其他
《太平广记》	30	25	25	29
《夷坚志》	27	51	18	28

（一）感生故事

感生故事即孕者感应而生，指母亲在感受到某种生物、神灵或自然

---

[1] 程毅中：《〈太平广记〉序》，见高光等主编《文白对照全译太平广记》，天津：天津古籍出版社，1994年，第1页。

[2] 鲁迅：《破〈唐人说荟〉》，见弘征选编《鲁迅国学文选》，长沙：岳麓书社，1999年，第245页。

[3] 洪迈撰，何卓点校：《夷坚志·丁志序》，北京：中华书局，1981年，第537页。

现象后怀孕生产的故事。①感生神话起源于原始社会,最早的文献记载见于《诗经》,"天命玄鸟,降而生商"②,"厥初生民,时维姜嫄……履帝武敏歆……载生载育,时维后稷"③,这两首乐歌蕴含着中国古代最早的感生思想,简狄吞玄鸟卵而生契,姜嫄履巨人迹而生后稷,商周始祖的降生都与他们母亲感应到特殊现象有关。除了赞美女性的生殖能力,两首乐歌的主要目的在于祭祀歌颂男性祖先,突出始祖诞生的神异性,表明作为后代的自己家世不凡,借此树立威信对民众进行教化,也就是"宠神其祖,以取威于民"④,具有强烈的现实意义。秦汉时期,感生故事更加成熟,与谶纬、天命观、天人感应、阴阳五行等理论结合起来,成为统治者确立政权合法性的工具,被历代王朝所借鉴,二十五史中均有帝王感应降生的记载。

《太平广记》和《夷坚志》里也有许多感生故事,不同于最初的感生神话,故事呈现出新的内涵与特点。

1. 故事模式发生变化,内涵更加丰富。笔者认为,感生故事包含四个要素:母亲、感生物、感生方式、婴儿。狭义的感生故事指母亲接触感生物而怀孕,原始感生神话就是如此;广义的则包括已经怀胎的女子因感应到某物,对生产造成影响。这两种模式在两书中均有涉及,说明随着时代的发展,感生故事的内涵也在不断变化。婴儿是感生故事的叙述重点,母亲的作用只是感应生子,居于从属地位,目的是展现婴儿的神异与不凡。母亲的感应功能不断被削弱,男性家长逐渐替代女性成为新的感应对象。感生方式一般以梦兆为主,比较两书,感生物由祥瑞异象、托梦的神人转变成托梦的鬼魂,《夷坚志》的感生故事大多是投胎者和来世父母直接联系,表明佛教三世轮回说在宋代社会十分盛行,下文将详细论述。另外,《夷坚志》的感生故事中还增加了祷子、行善等情节,

---

① 姜韫霞:《从性别角度看始祖诞生的感生神话》,《江淮论坛》,2004 年第 4 期。"所谓感生,即感天而生,是指女子并未与男性交合,而是有感于(或感应,或接触,或目睹,或吞食)动物、植物、无生物等,竟神秘地怀孕生子。"
② 程俊英、蒋见元:《诗经注析》,北京:中华书局,1991 年,第 1030 页。
③ 同上书,第 800 页。
④ 左丘明著,韦昭注:《国语》卷一八《楚语下·观射父论绝地天通》,上海:上海古籍出版社,2015 年,第 379 页。

《开福院主》①中郡民熊氏乐善好施,常延致斋供,于是妻子感生得子。这表明作者关注道德因素,用子嗣作为奖赏善行的工具,企图通过类似故事端正社会风气。

2. 与原始感生神话相比,两书的感生故事突出父亲形象,体现了男权社会女性地位的下降,以及男性对生育领域的控制。《诗经》里最早的两则感生神话都没有父亲出现,司马迁在此基础上增加了"简狄和姜嫄都是帝喾妃子"②的描述,契、后稷的父亲是帝喾,肯定"圣人有父"③。两书的感生故事几乎都有父亲这一角色,母亲的作用只是感受异象、孕育子嗣,还要承受更加苦痛的妊娠过程,为了凸显"圣人"的神奇不凡,一般会延长生产时间,增加生产难度,如老子"七十二年乃生,生时剖母左腋而出"④;汉武帝"十四月而生"⑤;叶法善"十五月而生"⑥;李泌"三周年方生"⑦;后唐太祖"十三月而生"⑧等。

此外,感应神灵不再是母亲的特权,男性家长也可以通过梦兆等方式与神鬼沟通,获知子嗣的到来,还可根据梦中的情景预知孩子的命运前途。与《太平广记》相比,《夷坚志》中描写了一些从男性视角出发的感生故事,如《张梦孙》⑨一则,张维济的儿媳李氏怀孕将产,维济梦故人陈文卿来曰:"相别十六年矣,今欲与君为孙,何如?"文卿是佳士,维济醒

---

① 《夷坚志》支庚卷八《开福院主》,第1201页。
② 参见《史记》卷三《殷本纪》:"殷契,母曰简狄,有娀氏之女,为帝喾次妃。三人行浴,见玄鸟堕其卵,简狄取吞之,因孕生契。"(《史记》卷三《殷本纪》,北京:中华书局,1959年,第91页);《史记》卷四《周本纪》:"周后稷,名弃。其母有邰氏女,曰姜原。姜原为帝喾元妃。姜原出野,见巨人迹,心忻然说,欲践之,践之而身动如孕者。居期而生子。"(《史记》卷四《周本纪》,第111页)。
③ 圣人出生有父无父,是汉代经学的重要论题,古文经主张圣人有父,今文经则认为圣人无父,感天而生。《五经异义》云:《诗》齐鲁韩、《春秋》公羊说,圣人皆无父,感天而生。左氏说,圣人皆有父……郑玄折中两说,诸言感生得无父,有父则不感生,此皆偏见之说也。(毛公传,郑玄笺,孔颖达等正义,黄侃经文句读:《毛诗正义》卷一七《生民之什》,上海:上海古籍出版社,1990年,第589页。)两种学说有逐渐融合的趋势。
④ 李昉等编:《太平广记》卷一《老子》,引自《仙传拾遗》,北京:中华书局,1961年,第1页。
⑤ 《太平广记》卷三《汉武帝》,引自《汉武内传》,第13页。
⑥ 《太平广记》卷二六《叶法善》,引自《集异记》及《仙传拾遗》,第170页。
⑦ 《太平广记》卷三八《李泌》,引自《邺侯外传》,第238页。
⑧ 《太平广记》卷一三六《后唐太祖》,引自《北梦琐言》,第978页。
⑨ 《夷坚志》乙志卷二《张梦孙》,第197页。

后喜出望外，认为必得贤孙；《黄履中祷子》①黄履中无子祷于君山庙，梦神人赐予三只用彩笼装的五色凤和一只以筲笼盛的鸟。后来正室生三子，皆擢第，妾生一子，无所能。梦中彩笼里的五色凤象征三个嫡子，而筲笼里的鸟象征无能的庶子，为黄履中的梦境提供合理的解释，成功"预知"子嗣的数量和命运；《谢希旦》②中窦思永梦到洪州监税秉义郎谢希旦前来，对自己不断行礼，亥时妻生一子，正逢谢希旦逝世，由此证明婴儿是谢的后身，在投胎前特意拜访来世父亲；《刘殿丞梦僧》③刘殿丞梦一僧相访，云："某有一指之厄，暂来寓世五十七年。"是岁刘殿丞生子，儿子长大后因意外小指拳曲，五十七岁而亡；《叶伯益》④程宏父梦叶伯益前来拜访，求一室暂住，宏父将他安排到兄长士廓的书斋，叶伯益十分欢喜："此中便可久留，吾得之足矣。"随后便在士廓的房中就寝。宏父梦醒后归家，路上遇仆人报喜：士廓之妻得子。上述故事中感生梦的主角是祖父、父亲和伯父，都是男性家庭成员，具备与神鬼交流的能力，可以在梦中接受神人恩赐子嗣，或是预知胎儿的前世今生。这种感应能力使男性在生育领域更具优势，怀孕的母亲彻底沦为附庸，胎儿的形成及命数需由男性来解释，他们牢牢掌握生育的主导控制权。

3. 故事主角从帝王将相、神仙圣人下移到普通士人，一定程度上反映了感生信仰的世俗化，但更深层的原因在于叙事角度发生变化。《夷坚志》比《太平广记》更具世俗性与民间性，洪迈关注下层民众与基层社会，以一种平民视角进行书写，大部分内容来自社会各阶层民众的转述。因此在感生故事中，《太平广记》多记载神仙、帝王等上层精英，《夷坚志》则以士大夫家庭为主，兼有普通人，感生而来的子孙不全是杰出人物，例如《王嘉宾梦子》⑤讲述了人在出生前被分为三个等级：帝王子孙、公侯贵人及贫弱之民子孙，主人公王嘉宾在第三类子孙中挑选一位，后生子果"愚鲁不解事，盖来处寒陋也"，这也体现了命定思想。

---

① 《夷坚志》甲志卷九《黄履中祷子》，第74页。
② 《夷坚志》甲志卷一三《谢希旦》，第114页。
③ 《夷坚志》支庚卷三《刘殿丞梦僧》，第1152页。
④ 《夷坚志》丙志卷一一《叶伯益》，第461页。
⑤ 《夷坚志》支景卷三《王嘉宾梦子》，第897页。

（二）报应故事

中国本土的善恶报应观念在先秦时期就已形成[1]，随着佛教传入、道教兴起，儒、释、道三教的报应观互相借鉴、不断融合，六朝以后各果报系统出现融合的面相。[2] 社会上逐渐形成三教融合的中国式因果报应观，以儒家的善恶报应论为基础，强调忠孝仁义以及个人善恶行为对子孙后代的影响，《易·坤·文言》载"积善之家，必有余庆；积不善之家，必有余殃"[3]，父母作恶子孙后代遭报的"父债子偿"式的报应模式，源自传统社会中家族关系的紧密性，也就是将法律上的家族连坐责任制，与政治上家族荫任优遇办法，转化为思想概念上的报应观念。[4] 道教的天道承负说也主张善恶祸福前承后负，"承者，乃谓先人本承天心而行，小小失之，不自知，用日积久，相聚为多，今后生人反无辜蒙其过谪，连传被其灾，故前为承，后为负也"[5]，即前辈行善，今人得福；今人行恶，后辈受祸。与儒、道两家以行为者本人及其子孙为承报主体不同，佛教主张自作自受。《泥恒经》云："父作不善，子不代受；子作不善，父亦不受。善自获福，恶自受殃。"[6] 而且不同于儒家的现世报，佛教将受报时间延长为三世："若此身造业，即此身受，是名现报。此世造业，次来世受，是名生报。此世造业，过次世受，是名后报。"[7] 佛教的"六道轮回和地狱观念为善恶报应观提供了理论基础和惩恶手段"。[8]

---

[1] 关于传统报应观何时形成，学界有不同看法：一些学者认为《易·坤·文言》（战国至汉初作品）中的"积善之家，必有余庆；积不善之家，必有余殃"是中国善恶报应观的源头；陈筱芳不赞同此说，认为春秋时期已产生完备的善恶报应观，人们普遍信仰；张忠在陈筱芳的基础上，推测传统报应观初步形成于西周时期，之后儒、道、释三种报应观相互影响、不断融合；曲宁宁、陈晨捷则认为报应论至少在西周初期已然出现，其源头甚至可以追溯到商代初期。具体参见陈筱芳：《中国传统报应观的源头：春秋善恶报应观》，《求索》，2004年第4期；张忠：《论中国善恶报应观的形成及其当代启示意义》，《中州学刊》，2014年第9期；曲宁宁、陈晨捷：《论先秦善恶报应理论及其衍变》，《周易研究》，2016年第5期。

[2] 刘涤凡：《唐前果报系统的建构与融合》，台北：台湾学生书局，1999年，第507页。

[3] 黄寿祺、张善文：《周易译注》，上海：上海古籍出版社，1989年，第33页。

[4] 刘静贞：《不举子——宋人的生育问题》，第187页。

[5] 《太平经》卷三九，上海：上海古籍出版社，1993年，第166页。

[6] 石峻编：《中国佛教思想资料选编（第1卷）》，北京：中华书局，1981年，第19页。

[7] 诃梨跋摩造、鸠摩罗什译：《成实论》卷八报业品，见《大正藏》卷三二，第297页。转引自刘建、朱明忠、葛维钧《印度文明》，福州：福建教育出版社，2008年，第130—131页。

[8] 刘道超：《中国善恶报应习俗》，西安：陕西人民出版社，2004年，第91页。

善恶报应观在民间的流行，滋养了以因果报应为主题的志怪小说。魏晋南北朝以后，出现大量果报题材小说，主要目的是劝善惩恶。唐代刘知几曾说："语魑魅之途，则福善祸淫，可以惩恶劝善，斯则可矣。"①南宋时期，描写果报故事规范世人道德行为的小说更为盛行，以《夷坚志》为主要代表，涉及的果报故事超过全书五分之一，劝诫意味十分明显，"遗闻琐事亦多足为劝戒"②，通过报应震慑，使人们达到"人伦笃、暴殄弭、世仇解、并吞者惕、奔竞者息、逾墙相从者恶"③的社会道德要求。

生育报应故事属于果报故事的一种，指的是用子嗣的得失优劣奖惩善恶，"绝嗣"在中国古代社会极具威慑力，因而成为约束时人行为最有力的工具。笔者总结了《太平广记》与《夷坚志》的生育报应故事，将其分为四个表格：行善者得子、造恶者失子、报恩的子嗣、索债的子嗣。（详见附录）通过分析得出：因果报应思想深刻地影响着古人的生育观念与行为，上至官僚阶层，下至平民百姓，都普遍相信行善者得子、作恶者失子这条报偿原则。由因果报应形成的亲子关系，包括两种报偿类型：一是个人的善恶行为由一种无处不在的超自然力量（如神灵、阴司）进行评判，然后决定给予或是收回子嗣（见附表1、附表2）；二是由与个人有恩怨的故人亲自出面投胎为子，通过报恩或索债了结前世的恩怨（见附表3、附表4），当然后者也是在超自然力量的默许下进行的。

这些生育报应故事具有功利性、现世性、家族性的特点。

《冥祥记》记载了两则故事，南朝宋时，有两位信奉道教的男子年长无子嗣，为求子他们放弃信道，虔诚礼诵观世音经，结果妻妾有孕产男。虽然是通过观世音灵验故事劝导世人礼佛，借道教徒信佛来说明佛法无边。但从中也可窥探到中国百姓的宗教信仰是以实用性为主，并不坚定，通常是遇到困难后才临时抱佛脚。附表1（积德行善而有子嗣）中绝大多数

---

① 刘知几：《史通》卷一〇《杂述》，上海：上海古籍出版社，2008年，第195页。
② 纪昀总纂：《四库全书总目提要》卷一四二《夷坚支志五十卷》，石家庄：河北人民出版社，2000年，第3646页。
③ 《夷坚志》，田汝成《序》，第1834页。"知忠孝节义之有报，则人伦笃矣；知杀生之有报，则暴殄弭矣；知冤对之有报，则世仇解矣；知贪谋之有报，则并吞者惕矣；知功名之前定，则奔竞者息矣；知婚姻之前定，则逾墙相从者恶矣。"

故事都是主人公无子,向神仙祈求子嗣。祷子活动带有明显的功利性倾向,为求子孙繁荣昌盛的现实目的十分强烈,所以无论是观音罗汉还是上帝神仙,只要能帮助"得子",都可以作为祭拜祈福的对象。

表2 祷子活动与相关故事

祷子活动	相关故事
祷君山庙	《黄履中祷子》
祷华岳神	《张克勤》
祷罗汉堂	《董氏祷罗汉》《黄讲书祷子》
祷罗浮山	《罗浮仙人》
祷观世音	《孙道德》《卞悦之》《万回》《王珉妻》《翟楫得子》《安国寺观音》《徐熙载祷子》
祷上帝	《辰州通判》
祷北斗	《宁氏求子》

《姑苏颠僧》[①]中沈端叔年过三十无子,"求嗣之意弥切,数招道士设斋祷于天帝",一个颠僧看到后说:"此家要子嗣,何不求我?是岂泛泛道流所能办耶?"沈家请颠僧施法,果得子。沈家原本是信奉道教天帝的,但在强烈的求子愿望驱使下,轻易地相信一个不太正常的佛教僧人。《宁氏求子》[②]中詹林夫妇因无子"常焚夜香祷北斗求嗣",然而十多年没有应验,詹林便起怨心道:"詹林自省,平昔不曾作恶事,今年四十四岁,妻四十二岁,焚祷十年,并无感应,不知有天地上真否?"詹林焚香祷告北斗的初衷是获得神仙庇护诞下子嗣,在他看来,凡人供奉神仙与神仙帮助凡人是一件等价交换的事情,所以他才因拜神十多年仍无子而怨恨神灵。詹林不是一个虔诚的信徒,但从他身上正折射出宋代普通民众求神拜佛的心理,即拜神是为了得到相应回报,将求神作为解决现实困难的工具与手段,充满功利色彩。

生育报应故事大多是现世报,很少轮回之后的来世遭报,作恶者往往没有等到转世投胎就遭到报应,受害者托生为子孙亲自索债(见附表4),大大缩短了报应时间,表现出古人希望善恶报应快速来临的心理。

---

① 《夷坚志》补卷一一《姑苏颠僧》,第1645—1646页。
② 《夷坚志》三志己卷四《宁氏求子》,第1334页。

子嗣报更能体现报应观的家族性、现世性特点，一个人种因，他的子孙后代得果，如《冯氏阴祸》①中冯四父亲到期不偿还贷款，杀死债主，冯父寿终正寝，他的儿孙却遭到报应，家破人亡。作者评价道："凶德本于冯父，既获善终，而其殃沴乃延诸孙，冥报亦为迂徐委曲，而讫无善脱者。积不善之家，必有余殃，信矣！"这样看来，今人的善恶行为及由此产生的奖惩结果被转移到他们的后代身上，子孙或受到祖德庇佑，或受到无辜牵连，这种报偿方式似乎是间接的、延后的。但事实并不尽然，子孙的贤德兴旺、不肖没落与整个家族息息相关，如果子孙兴旺、光宗耀祖，家族以此为荣，世人也会称赞其家有阴德；反之，子孙不孝忤逆、衰败没落，对于生育他们的父辈是莫大的耻辱，就连整个家族都为之蒙羞，成为其他人茶余饭后的谈资，甚至被讥讽嘲笑。《化州妖凶巫》②中的"人不应生牛，是其家不积阴德，为恶神所谴尔！"虽是下咒妖民的狡辩之词，但也能看出宋代社会对子嗣异常家庭的普遍看法。再加上"养儿防老"的现实生育目的，子孙的孝顺与忤逆直接关系到在世前辈的晚年生活。因此，无论是出于家族名誉还是现实生活，用子嗣作为报偿工具都是对种下业因的前辈的直接有效的奖惩。

此外，生育报应故事还反映了儒、释、道三教融合的社会现实，因果报应观念深入人心。报应故事是普通人对现实生活中不平等现象的一种情感宣泄，他们没有能力惩罚恶人，只能寄希望于上天的力量，相信作恶者必将受到惩罚(见附表2、附表4)，用这种方式寻求心理安慰。与之相对，行善者也会获得善报(见附表1、附表3)，表现出民众的向善之心以及追求美好生活的愿望。同时，生育报应故事还被用来解释生活中不和谐的亲子关系，附表4记录了许多忤逆不孝、败光家产的子嗣，他们和今生父母"原非天性骨肉，盖宿冤取债尔"。③ 两书作者通过记录报应故事，劝善惩恶，维护儒家伦理道德。

(三)精魅故事

精怪魅人即为精魅，此类故事以雄性精怪为多，有两种模式，一是

---

① 《夷坚志》三志壬卷一《冯氏阴祸》，第1471—1472页。
② 《夷坚志》三志壬卷四《化州妖凶巫》，第1498页。
③ 《夷坚志》补卷六《周翁父子》，第1603—1604页。

精怪以原形与女子交合，生下异雏怪物；二是幻化成美男子或伪装成丈夫，迷惑女性。故事源于人类对精怪的恐惧，即精魅害人观念，结局通常是除掉作祟精魅及怪胎。

两书中有大量的精魅故事，这与作者的编纂意图和兴趣爱好有关，《太平广记》的编纂者之一徐铉"不喜释氏而好神怪"[①]，所著志怪小说《稽神录》被《太平广记》征引。《夷坚志》作者洪迈"广览博闻，好奇尚异，游宦四方，采摭众事"[②]，内容以志怪为主。

故事中精魅类型多样，《太平广记》出现的精魅有鱼、狐、犬、獭、狸、狼、鬼魂、猿猴、土偶、夜叉和树木。《夷坚志》出现的精魅有蛇、犬、鱼、蛟、鬼魂、木客、猿猴和土偶。这些精怪变化成人后大多保留原形特征，例如狼变人"衣黄褐衣，腰腹甚细"[③]；白鱼化人"衣服上有鳞甲之状"[④]；黑蛇变黑衣男子[⑤]；黄狗变黄衣人，黑狗变乌衣官人[⑥]。一些精魅还被赋予人类的情感，《薛二娘》[⑦]中老獭诉说对浣纱女的爱慕之情，恳求她留下腹中子，"言毕呜咽，人皆悯之"。《叶氏庖婢》[⑧]中庖婢生一泥塑，将弃之，土地祠里鬼物现身，连呼曰："吾儿也，不可杀。"

通过对比发现，两书的精魅生育故事并无明显变化，故事体现了古人的魅信仰，就是对具有魅性事物（能够迷惑人的一切事物，例如神、鬼、怪、人、物、事）的一种崇拜[⑨]，属于民间信仰的范畴，与其他信仰相互交织。

四、生育故事反映的社会面貌

（一）商品经济发展，重利轻义之风盛行

《夷坚志》的生育故事展现出南宋时期商品经济发展，重利轻义之风

---

① 《宋史》卷四四一《列传第二百·徐铉》，北京：中华书局，1977年，第13046页。
② 《夷坚志》，《诸家序跋·沈天佑序》，第1833页。
③ 《太平广记》卷四四二《张某妻》，引自《稽神录》，第3610页。
④ 《太平广记》卷四六八《王素》，引自《三吴记》，第3856页。
⑤ 《夷坚志》丁志卷二〇《蛇妖》，第703页。
⑥ 《夷坚志》丁志卷二〇《二狗怪》，第703页。
⑦ 《太平广记》卷四七〇《薛二娘》，引自《通幽记》，第3872—3873页。
⑧ 《夷坚志》支乙卷四《叶氏庖婢》，第824页。
⑨ 参见杨清虎：《宋代笔记小说中的魅信仰》，陕西师范大学硕士学位论文，2011年，第70页。

盛行的社会面貌。故事主人公大多是商贩，即便不是商人也在日常生活中进行各种商品交易，追求物质财富。

经济领域的等价交换原则甚至渗透到精神世界中，如上文所述，宋人的祷子活动充满功利色彩，人与神之间是平等互惠的交易关系，即凡人信仰、供奉神仙，神仙帮助、庇佑凡人，这里的"信仰"和"帮助"都被物化为商品，交易双方也类似于商人。如果人类没有遵守交易规则，擅自毁约会遭到惩罚。《陈二妻》[①]中陈二妻子临产前于佛前许《孔雀明王经》一部，以祈阴护。生男后久不偿初愿，妻遂得眼疾，兑现约定才恢复健康。陈二与佛的"交易内容"是一部《孔雀明王经》换妻儿的平安，他拜佛并不是出于敬畏崇拜之心，而是希望利用神明的力量解决生活中的难题，具有很强的目的性，达到目的后便将承诺置之脑后，可谓"奸商"。故事中佛的形象被人格化、世俗化，不再是高高在上、不食人间烟火的神明，而是和凡人一样重视钱财，陈二妻子患病时梦见佛托梦："与我千钱，吾为汝治眼病"，陈二费钱一千文，妻子才康复。另一方面，神灵得到凡人的供奉，就必须提供庇护。《周翁父子》[②]中知府张尚书敢于指责城隍对辖区内"子谋杀父"之事坐视不理："神亦何颜安享庙食，坐视弗问乎！"城隍不计较凡人的无礼，向张尚书托梦解释缘由，证明自己并非尸位素餐。可见，神仙、凡人地位趋于平等，均认可求神活动中的等价交换原则，凡人对神的崇拜敬畏转变成一种功利实用思想，神仙也逐渐人格化，金钱成为祷子活动中表现"信仰"的重要工具，以上种种折射出宋代社会商品经济高度发展，金钱观念、商业理念深刻影响人们的精神生活。

商品经济的繁荣导致社会风气和价值观的转变，社会上逐渐形成重视商业、金钱至上的观念，"有钱可使鬼，无钱鬼揶揄"[③]，士、农、工、商各阶层都参与经商活动，追求利益，"凡人情莫不欲富，至于农人、商贾、百工之家，莫不昼夜营度，以求其利"[④]，"无问市井田野之人，由中

---

① 《夷坚志》支乙卷八《陈二妻》，第860页。
② 《夷坚志》补卷六《周翁父子》，第1603—1604页。
③ 陈与义撰，白敦仁校笺：《陈与义集校笺》卷三《书怀示友十首》，上海：上海古籍出版社，1990年，第72页。
④ 蔡襄著，徐烔等编，吴以宁点校：《蔡襄集》卷三四《福州五戒文》，上海：上海古籍出版社，1996年，第618—619页。

及外，自朝至暮，惟钱是求"①。这也给社会带来负面影响，重利轻义之风盛行，出现一些唯利是图之人，他们不择手段获取钱财，违背公序良俗。两书中因为获取不义之财遭子嗣报的故事，《太平广记》只有《卢叔伦女》②一则，讲的是唐朝长安城有一对夫妇见财起意，害死贩卖胡羊的父子三人，霸占他们的资产。贩羊商人死后投胎为这对夫妇之子，患病耗费家财超过所劫数倍。《夷坚志》有十则故事，除了《冯氏阴祸》③《尹大将仕》④《周翁父子》⑤三则是主人公谋财害命，还有其他不义贪财行为，如《陈小八子债》⑥盗窃财物遭报，《王兰玉童》⑦隐匿死者财物，《徐辉仲》⑧欠债不还，又如《张氏煮蟹》⑨《贾屠宰麞》⑩《姜七家猪》⑪《汪十四鼋》⑫四则，市民为了得到更多利润，没有节制地杀生售卖。可见重利轻义现象在南宋时期更为突出，成为社会重点关注的问题。⑬洪迈通过记录上述故事教化劝惩世人，宣扬儒家伦理道德，强调义的重要性，故事里贪财好利者的下场是生下不孝子（债主托生）耗尽家财，或子嗣夭折，这样的结局对民众有震慑效果。

(二)"三教合一"与佛道信仰的世俗化

宋代以后，儒、释、道真正走向融合，三教相互融摄渗透，形成了以儒学为主、佛道为辅的"三教合一"的思想文化格局。⑭《夷坚志》既体现儒、释、道三教走向融合的现象，同时反映了佛道信仰的世俗化倾向。

---

① 李焘：《续资治通鉴长编》卷二五二，神宗熙宁七年四月乙酉条，北京：中华书局，1986年，第6165页。
② 《太平广记》卷一二五《卢叔伦女》，引自《逸史》，第885—886页。
③ 《夷坚志》三志壬卷一《冯氏阴祸》，第1471—1472页。
④ 《夷坚志》支癸卷六《尹大将仕》，第1262页。
⑤ 《夷坚志》补卷六《周翁父子》，第1603—1604页。
⑥ 《夷坚志》三志辛卷一〇《陈小八子债》，第1465—1466页。
⑦ 《夷坚志》补卷六《王兰玉童》，第1604—1605页。
⑧ 《夷坚志》补卷六《徐辉仲》，第1606页。
⑨ 《夷坚志》支戊卷四《张氏煮蟹》，第1080页。
⑩ 《夷坚志》支庚卷二《贾屠宰麞》，第1150—1151页。
⑪ 《夷坚志》三志己卷二《姜七家猪》，第1313—1314页。
⑫ 《夷坚志》三志辛卷一〇《汪十四鼋》，第1460页。
⑬ 南宋时期，义利之辨更加激烈，一方是以朱熹、陆九渊、张栻、吕祖谦、魏了翁为代表的理学家主张维护义理、重义轻利，另一方是以陈亮、叶适、陈傅良为代表的功利学者，注重功利和事功，强调义利并重、以利和义。但两者并非绝对对立，它们都重宋学义理。
⑭ 张玉璞：《宋代"三教合一"思潮述论》，《孔子研究》，2011年第5期。

《太平广记》的具体内容虽不是宋人创作，但它的选材编排蕴含着宋人的思想观念。全书分为"道、释、儒"三大板块，神仙、女仙、道术、方士四类居首，属于道教故事；异僧、释证、报应等类随后，属于佛教故事；名贤、廉俭、才名、儒行等类，与儒家人物或思想有关。编排顺序体现了宋初统治者及编纂者对道、佛两教的重视，儒家类目虽放在两教之后，但据学者统计，儒文化类目比重最大[1]，从数量上看儒家文化处于主体地位，表现出宋初"三教合一"的文化特征。

《夷坚志》的故事内容也能体现"三教合一"思想，如前文所述的生育报应故事，是以儒家的善恶报应论为基础，加上道教的承负说和佛教的六道轮回、地狱观念，形成三教融合的中国式因果报应论。《司命真君》[2]将人世间的重罪归为"不孝为大，欺诈次之，杀生又次之"，表明儒家纲常伦理和佛教禁杀教义实现融合。另有内儒外佛道的生育故事，此类故事以儒家伦理道德为核心，佛道为外在表现形式。比较典型的是反映孝道思想的《齐宜哥救母》[3]，六岁的齐宜哥不忍见母亲受生育之苦，每日诵读道家《九天生神章》和释教《佛顶心陀罗尼》，母亲生产时得到神人保佑。又如女子生前多以财货布施道释，"冥司课其功，宜受男身"，但她违背了儒家礼教，婚前与人私通，故不能投胎为男。[4] 此外，还有一些故事将儒家伦理道德赋予佛道人物，即两教的神仙、僧人、道士具备儒家倡导的仁义、忠孝、诚信等品质。《罗浮仙人》[5]陈氏祷罗浮山而孕，生子有奇骨，学道为神仙，儿子成仙后不忘报答母恩，十分孝顺，母葬之日于墓前哭泣；《永悟侍者》[6]僧人治下极严，却唯独宽容侄子，只因侄子是母亲的转世，"故虽知其犯禅禁，不忍问也"；吴僧伽善恶分明，去奸除恶，知恩图报，具有仁义之心。[7]

---

[1] 儒文化类目的数量有81个，占全书的88.1%；儒文化类目辑有345卷，占全书的69%。参见曾礼军：《〈太平广记〉编纂与宋初三教合一文化观念》，《浙江师范大学学报（社会科学版）》，2016年第6期。

[2] 《夷坚志》乙志卷五《司命真君》，第220—222页。

[3] 《夷坚志》三志己卷四《齐宜哥救母》，第1331页。

[4] 《夷坚志》支景卷九《丘鼎入冥》，第953页。

[5] 《夷坚志》甲志卷一五《罗浮仙人》，第133—134页。

[6] 《夷坚志》支乙卷六《永悟侍者》，第842页。

[7] 《夷坚志》丁志卷八《吴僧伽》，第605—606页。

宋代经济发展为佛、道二教世俗化提供经济基础，两教从上层走向民间，不再为贵族士大夫所独有。笔者认为，《夷坚志》中宋代佛道信仰世俗化具体表现在以下三个方面：一是信徒平民化，普通民众对佛教、道教的功利性崇拜；二是两教神仙人格化；三是僧侣、道士的世俗化。第一点前文已经提到，这里就不再赘述。在《夷坚志》故事中，凡人可以成仙，神仙也具有人类的情感，大大缩小了两者的距离。潘统制的妾连生三子后，学(佛)道成仙，仍然陪伴在丈夫、父母身边。[①] 武真人是玉女下凡，托生为萧山民女，在人间以符水帮人治病，比起高高在上的神仙，更加贴近百姓生活。[②] 凡人在求神活动中充满功利性，神人也未能免俗，同样在乎身外之物，例如佛主动向陈二妻索要钱财："与我千钱，吾为汝治眼病"[③]；罗汉本是方外人，却贪恋罗帽托生为凡人之子。[④]

僧侣、道士的世俗化有两个表现：一是不守清规戒律，行为与常人无异；二是帮助普通民众解决现实生活中的难题，具体到本文就是解决生育问题。佛教、道教均有五戒[⑤]：一不杀生、二不偷盗、三不邪淫、四不妄语、五不饮酒。《夷坚志》记载了许多破戒僧道，《余杭宗女》[⑥]僧人破色戒；《玉女喜神术》[⑦]茅山方士用道术奸淫少女；《武唐公》[⑧]僧人嗜酒杀人；《野和尚》[⑨]和尚饮酒又成亲生子。另一方面，僧、道徒不再避世清修，而是积极参与社会事务，济世救人。《马妾冤》[⑩]《江南木客》[⑪]两则是

[①] 《夷坚志》支庚卷六《潘统制妾》，第1179—1180页。
[②] 《夷坚志》丁志卷一四《武真人》，第653—655页。
[③] 《夷坚志》支乙卷八《陈二妻》，860页。
[④] 《夷坚志》甲志卷一四《董氏祷罗汉》，第121页。
[⑤] 《大乘义章》卷一二："言(佛教)五戒者，所谓不杀、不盗、不邪淫、不妄(语)、不饮酒"，转引自姜聿华、宫齐编著《中国文化述论》，广州：广东教育出版社，2014年，第388页。道教受佛教影响，形成老君五戒，戒目同佛教之杀盗淫妄酒，见《道藏·太上老君戒经》，转引自潘雨廷：《潘雨廷著作集11》，《道藏数目提要》，上海：上海古籍出版社，2016年，第134页。
[⑥] 《夷坚志》乙志卷一〇《余杭宗女》，第264—265页。
[⑦] 《夷坚志》丁志卷一九《玉女喜神术》，第694页。
[⑧] 《夷坚志》丁志卷一四《武唐公》，第656页。
[⑨] 《夷坚志》支癸卷六《野和尚》，第1262页。
[⑩] 《夷坚志》乙志卷一五《马妾冤》，第311—312页。
[⑪] 《夷坚志》丁志卷一九《江南木客》，第696页。

僧人救难产妇人，驱逐鬼怪；《徐熙载祷子》[①]《新喻张屠》[②]《姑苏颠僧》[③]三则是僧人帮忙得子；《费氏父子》[④]费翁季子不孝忤逆，只因前世被费翁杀害，今世托生为子索报，僧人指出这段宿世因缘并帮助父子化解恩怨。

五、生育思想

(一)传宗接代、重男轻女的传统子嗣观

1. 传宗接代

传宗接代是宋人最基本的生育观念，司马光在其所撰《书仪》卷三《婚仪》中，就反复强调"夫婚姻者，所以合二姓之好，上以事宗庙，下以继后世也"[⑤]，即娶妻就是为了有序生子、延续香火，生子传嗣是古代最根本的生育目的。如果婚后久不得子，妻子就会被休弃，《孔子家语》列"无子"为"七出"之一[⑥]，《唐律》将"无子"置于"七出"之首[⑦]，并一直延续到明清。《列女传》中记载了孙去病的夫人因婚后"久而无子"，主动请求丈夫按照七出之条的规定休弃自己。丈夫不同意，她就劝道："福莫大于昌炽，祸莫大于绝嗣，君不忍见遣，当更广室。"[⑧]生育子嗣是中国古代妇女沉甸甸的责任，周必大的夫人王氏，在生子后如释重负地说道"吾责塞矣"。[⑨]

北宋文学家苏轼虽然仕途不顺，但仍能以"无官一身轻，有子万事

[①] 《夷坚志》支丁卷一《徐熙载祷子》，第969页。
[②] 《夷坚志》支癸卷五《新喻张屠》，第1261页。
[③] 《夷坚志》补卷一一《姑苏颠僧》，第1645—1646页。
[④] 《夷坚志》三志辛卷九《费氏父子》，第1455页。
[⑤] 司马光：《司马氏书仪》卷三《亲迎》，北京：中华书局，1985年，第33页。
[⑥] 李昉：《太平御览》卷五二一《宗亲部十一·出妇》，北京：中华书局，1960年，第2369页。《家语》曰："妇有七出三不去。七出者，不顺父母，无子，淫僻，嫉妒，恶疾，多口舌，(窃)盗……无子者，为其绝世也。"
[⑦] 长孙无忌：《唐律疏议》故卷一四《户婚律》，北京：中华书局，1983年，第267页。"伉俪之道，义期同穴，一与之齐，终身不改。故妻无七出及义绝之状，不合出之。七出者，依令：一无子，二(淫)佚，三不事舅姑，四口舌，五盗窃，六妒忌，七恶疾。"
[⑧] 《太平御览》卷四四〇《人事部八十一·贞女中》，第2026—2027页。
[⑨] 周必大：《文忠集》卷七六《益国夫人墓志铭》，《景印文渊阁四库全书》第1147册，台北：台湾商务印书馆，1986年，第800页，"甫年二十二得子，喜曰：'吾塞责矣'"。

足"①之语聊以自慰和慰人,并将"未有嗣而生男"列为人生"陡顿喜欢"②的几件大喜事之一。李觏也将"有嗣家之幸"③作为衡量人生幸福的重要标准。南宋宰相乔行简年过八旬,以富贵长寿为人称道,却因"祖、子、孙三世仅存一身"而被世人同情,晚年子孙沦丧的乔行简只能发出"无子无孙,尽是他人之物"的绝望哀叹。④传嗣生子不仅是士大夫的期望与追求,更代表了宋代社会绝大多数人的共同心理。

下面几则故事,充分显示了古人对子嗣的极度重视。

《李姥告虎》原文:"婺州根溪李姥,年六十,有数子,相继疫死。诸妇悉更嫁,但余一孙,七八岁。姥为人家纺绩,使儿守舍,至暮归,裹饭哺之,相与为命。方春时,姥与儿偕里中数人撷茶,一虎跃出林间,众惧骇,登木沉溪以避。虎径搏儿,举足簸弄,宛转未食,姥挺身直前,拊虎大恸,具述平生孤苦之状,且曰:'不如食我,则儿犹可以生,为香火主。儿死,则我嗣绝矣!虎如有知,乞垂慈悯!'虎闻言,瞑目弭耳,若惭悔然,疾走去。两人皆得免。"⑤

李姥在唯一的孙儿即将葬身虎口之际,不顾自身的安危,拊虎大哭,愿意以身代死,乞求老虎留下孙儿性命。除了浓厚的祖孙亲情,延续香火是支撑李姥"虎口夺食"的根源动机,在李姥看来,子嗣的传承比自身的性命还要重要。可见,传嗣在古人心目中的至高无上性,所谓不孝有三,无后为大,"断子绝孙"是中国古代最恶毒的诅咒,绝嗣会导致死后无人送终、无人祭祀。

《张山人诗》⑥中张山人死后,旧识"怜其无子",帮助用苇席包裹下葬,张山人也因此被时人作诗讥讽:"此是山人坟,过者应惆怅。两片芦

---

① 苏轼著,王文诰辑注,孔凡礼点校:《苏轼诗集》卷四二《借前韵贺子由生第四孙斗老》,北京:中华书局,1982年,第2303页。
② 苏轼:《杂纂二续》,曲彦斌校注:《杂纂七种》,上海:上海古籍出版社,1988年,第90页。
③ 李觏:《李觏集》卷三〇《宋故将仕郎守太子中舍致仕宋公及夫人寿昌县君江氏墓碣铭》,北京:中华书局,1981年,第349—351页,"寿考人之愿,而夫妇偕老,有嗣家之幸,而其子知道,四者得之,固已足矣"。
④ 周密著,高心露、高虎子校点:《齐东野语》卷五《乔文慧晚景》,济南:齐鲁书社,2007年,第58页。
⑤ 《夷坚志》补卷四《李姥告虎》,第1580页。
⑥ 《夷坚志》乙志卷一八《张山人诗》,第342页。

席包，敕葬。"敕葬是宋代皇帝专门下诏给官员举办的等级最高的葬礼。用敕葬对比草席下葬，讽刺之意溢于言表。张山人因无子而后事凄凉，死后只得以草席简单下葬，连一口薄棺都没有，令人唏嘘。

古人主张"事死如事生"，即相信人死后在阴间仍然过着和阳间类似的生活，所以除了建造坟墓和陪葬生活物品，子孙后代还经常祭奠供奉祖先，满足他们在阴间生活的各种需要。然而，绝嗣的人是没有后代祭祀的，他们在阴间的生活想必也不会如意。《王姐求酒》描写了一位病死的姬妾因无子而无人祭祀，只能向生人托梦求酒，境遇十分凄惨："妾病死，亦无子，故虽葬于墓园，而春秋荐奠勿及。"[①]

《陈素》[②]与《周翁仲》[③]两则故事都是妻子年长无子，不愿给丈夫纳妾，为了完成"传宗接代"的任务，偷偷将亲生女儿与别家儿子交换，但没有血缘关系的儿子无法继承宗族，祭祀时神位上供奉的是男孩的祖先，本家先人却只能困在祠堂之外。

2. 重男轻女

在生育性别偏好与选择方面，由于传统男尊女卑观念和婚姻论财、厚嫁成风的影响，宋代社会继承和发展了前代重男轻女的思想。西汉淳于意只有五个女儿，被人告发受贿押送到长安，几个女儿跟随囚车哭泣，淳于意怒骂道："生女不生男，缓急非有益也。"[④]意思是生女儿不生男孩，在危急时没有人能帮忙。闽中有蛇妖，地方长官前后献祭童女九人，李诞家有六女无男，小女儿李寄自愿成为祭品，她对父母说："父母无相留。今惟生六女，无有一男。虽有如无。女无缇萦济父母之功，既不能供养，徒费衣食。生无所益，不如早死。"[⑤]

在宋代社会生活中，处处表现出宋人对生育男孩的渴望。例如新生儿出生三天后举行"洗儿会"，用水混合水果、彩钱等为新生儿洗浴以求吉兆，"盆中枣子直立者，妇人争取食之，以为生男之征"[⑥]，妇女争食立

---

① 《夷坚志》支乙卷一〇《王姐求酒》，第874页。
② 《太平广记》卷三一九《陈素》，引自《幽明录》，第2527页。
③ 《太平广记》卷三一七《周翁仲》，引自《风俗通》，第2505—2506页。
④ 《太平御览》卷四一五《人事部五十六·孝女》，第1914页。
⑤ 《太平广记》卷二七〇《李诞女》，引自《法苑珠林》，第2122页。
⑥ 孟元老撰，王永宽注译：《东京梦华录》卷五《育子》，郑州：中州古籍出版社，2010年，第99页。《梦粱录》二〇《育子》也有相似记载。

枣，祈求生子。又如妇人生产后，不能马上告诉她新生儿的性别，因为"每见妇人以得男则喜，得女则忧，忧喜太早，致心虚烦闷，多自此始"①，尤其是渴望生男的产妇，一旦得知此胎是女儿，必然会抑郁烦闷，不利于产后的调理。

如果宋人接连生育女儿，可能遭到周围人的耻笑，宋代创作流传的许多充满戏谑色彩的"弄瓦"诗，蕴含着浓厚的重男轻女思想。苏洵夫人连生两胎皆为女儿，友人刘骥在宴席上醉酒，吟了一首《弄瓦》诗来调侃苏洵："去岁相邀因弄瓦，今年弄瓦又相邀。弄去弄来还弄瓦，令正莫非一瓦窑？"②

梅尧臣的诗作也反映了宋代重男轻女的社会现实："生男众所喜，生女众所丑。生男走四邻，生女各张口。男大守诗书，女大逐鸡狗。"③以及"自言有老父，孤独无丁壮……果然寒雨中，僵死壤河上。弱质无以托，横尸无以葬。生女不如男，虽存何所当！"④

在宋代，溺弃女婴的现象十分普遍，司马光指出："世俗生男则喜，生女则戚，至有不举其女者。"⑤福建等地盛行杀婴之风，以不举女婴为主："闽人生子多者，至第四子，则率皆不举……若女则不待三，往往临蓐贮水，才产即溺之。"⑥

《夷坚志》中记录了三则不举女婴的故事：《高周二妇》⑦周氏产女后因经济贫困而溺婴："因产女，患其以多，贫无以赡给，即溃诸水盆内"；《江四女》⑧中富农江四"妻初产得女，怒，投之盆水中，逾时不死。江痛掐其两耳，皆落，如刀割然，遂毙"，江四不举女婴并非经济原因，而是纯粹厌恶女孩，所以在妻子头胎生了女儿后，便残忍地杀害了自己的第

---

① 陈言：《三因极一病证方论》卷一八《虚烦证治》，北京：人民卫生出版社，1957年，第254页。
② 刘信今、刘晓娟：《中国名人打油诗三百首趣谈》，北京：中国文联出版社，2002年，第18页。
③ 葛立方：《韵语阳秋》卷一〇，北京：中华书局，1985年，第75页。
④ 梅尧臣：《宛陵先生集》卷七《汝坟贫女》，四部丛刊景明万历梅氏祠堂本。
⑤ 司马光：《司马氏书仪》卷三《亲迎》，第33页。
⑥ 王得臣：《麈史》卷上《惠政》，北京：中华书局，1985年，第14页。
⑦ 《夷坚志》支甲卷六《高周二妇》，第758页。
⑧ 《夷坚志》支庚卷一〇《江四女》，第1214页。

一个孩子;《懒愚道人》①中董妻将就蓐,与丈夫相约:"已有四女,若复然,当溺诸水","实以多女,恐为大人累"。

现实生活中"喜男厌女"的性别偏好甚至影响人们对投胎时性别判定的想象:积阴德做善事托生为男,造恶业则托生为女,以来世的性别作为惩恶扬善的工具,可见重男轻女思想深入人心。例如阎王认为杜子春为人阴贼"不合得作男,宜令作女人"②;唐代婢女红线,前世是男子,因行医害死孕妇,"阴力见诛,降为女子,使身居贱隶",红线在今世立功赎罪,来世复为男子③;投胎者与未来母亲约定"若功德圆就,当生夫人家为男子,如其不然,亦可为女也"④;女子布施道释,死后"冥司课其功,宜受男身",但她生前与人私通,所以"不得转男"⑤;秦国将军白起因杀孽太重,只能世世为女。⑥

在转世故事中,投胎者无一例外渴望转世为男子。如马思道在临死前感叹:"我平生不省为恶,何故乃为女子"⑦;死去的施氏给儿子托梦,希望亲人做法事,帮助自己托生为男子:"我将往生于淮南,然尤为女人,寿复不永,所以然者,以宿负未偿也。汝与汝父言,亟营胜事,使我得转为男子。"⑧

《黄铁匠女》⑨中黄铁匠的女儿布施金钱给道人,收到道人的谢礼——一枚可化作男子的药丸,女子服下后,果真变成男儿,父母得知后,挟子前往天庆观设斋祷谢。从故事中道人的谢礼,女子主动服药渴望变性以及父母得知女儿变为男儿的欣喜感激之情,我们可以清晰地看到宋代社会家庭中对男孩的普遍重视与期待。

(二)生命的来源:因果轮回

佛教传入以后,三世轮回说开始流行起来,人们普遍相信人死后会

---

① 《夷坚志》三志壬卷二《懒愚道人》,第1479页。
② 《太平广记》卷一六《杜子春》,引自《续玄怪录》,第111页。
③ 《太平广记》卷一九五《红线》,引自《甘泽谣》,第1462页。
④ 《夷坚志》乙志卷二《陈氏女》,第197页。
⑤ 《夷坚志》支景卷九《丘鼎入冥》,第953页。
⑥ 《夷坚志》支戊卷一《陈氏女为白起》,第1056页。
⑦ 《太平广记》卷三八八《马思道》,引自《稽神录》,第3098页。
⑧ 《夷坚志》丙志卷七《寿昌县君》,第422页。
⑨ 《夷坚志》补卷一一《黄铁匠女》,第1646页。

依据其平生所行善恶,经历投胎转世,即生命来源于业力因果,而且生命的本质是一种周而复始的存在。这种生命起源论补充了中国古代的生命观,与殷商时期"生命来自祖先"和春秋时期"天帝主宰生命"的观念兼容并存,被宋代社会广泛接受。① 李昌龄在《乐善录》中详细描述生命轮回转世的曲折过程:"是儿也,于往世临死之日……受苦经无量时,气乃得绝。一息才绝,复以恶业历诸幽冥之间……须其身与见今父母缘业无异,又须造物主张,然后得因其不净而成胞胎……如此在胞胎中,凡十个月……今既得遂诞育,诚亦万幸。"②《夷坚志》记载黄司业思念亡子,日夜悲泣,儿子托梦安慰他说:"儿已受生,无用相忆。儿前生尝为宰相,坐诬陷善人,谪为公家子。偶又有小过,复再谪,今只在秀才家。他日当有官,毕此一世后,却生佳处矣。"③这则故事充分体现了因果轮回观念,主人公这三世分别是宰相、黄司业子、秀才子,因为犯错在投胎时遭到"贬谪"。

轮回不仅发生在人类之间,佛教主张六道轮回,即天道、阿修罗道、人道、畜生道、饿鬼道和地狱道,所以人畜之间也是可以相互转换的,一个人生前造恶业死后便堕入畜道,反之,积德行善信奉佛祖,即使是牲畜禽兽亦可投胎为人,例如《石壁寺僧》④中两个小孩前世因有小罪,遂受鸽身,以八哥形态听诵《法华经》,"既闻妙法,得受人身",来世托生为男。又如《天柱雉儿行》⑤和《麻家鹦鹉》⑥中的野鸡与鹦鹉因每日听诵佛经,得以免除禽身托生为男子。

《夷坚志》里有大量的托生类故事,通过死者的托梦、高人的指点迷津、新生婴儿的外貌特征与脾气秉性以及婴儿诞生与死者逝世时间的重合,人们往往可以推测新生婴孩的前世身份,或者得知死去亲人的受生之所。与《太平广记》相比,《夷坚志》托生为人故事数量较多,有五十四例,而且形成了固定的叙述模式:即将投胎的"新生儿"托梦告诉前世亲

---

① 刘静贞:《不举子——宋人的生育问题》,第173—174页。
② 李昌龄:《乐善录》卷六,续古逸书丛景宋刻本。
③ 《夷坚志》甲志卷九《黄司业梦》,第75页。
④ 《太平广记》卷一〇九《石壁寺僧》,出《冥报拾遗》,第748页。
⑤ 《夷坚志》支庚卷二《天柱雉儿行》,第1144页。
⑥ 《夷坚志》补卷四《麻家鹦鹉》,第1580页。

人托生之所，或是提前访问今世父母，约定好降生之事。如《黄教授后身》①一则，黄教授死后托梦给妻子，"我已在陈五君家出世"，同时告诉未来母亲，"今当为尔子"。《太平广记》则多是"神人"托梦或奇人占卜生育之事。两者的差异反映出轮回说在宋代十分流行，以及宋人更加重视亲缘关系的延续性。"托生为人"象征着建立一段全新的亲子关系，但并不代表旧有关系的瓦解，在宋人眼中，亲缘关系可以超越时间和生死，逝者在经历了投胎转世、开启全新生活的同时，可以继续维系前生的联系。这与中国古代传统的"人死为鬼，生曰父母，死称考妣"②的生死有别的观念不同。《徐秉钧女》③中冯氏梦见死去的女儿诉说复生为男子及受生之所，醒后前往寻找，果然见一子"眉目宛与女相类"，此子往返于两家，称冯氏为安溪妈妈。《卢忻悟前生》④中卢忻由前生和今生的父母共同养育。《刘和尚犬》⑤中刘和尚的母亲因生前有罪，受罚入畜类，变成一黄犬。黄犬被儿子打骂后，"思之闷绝"，自溺于池。儿子得知真相，收敛犬尸，诵经祈福。可见，变成畜类仍无法割裂前世母子的情分。

（三）宋代生子不举

中国古代很早就有了杀婴现象，古人根据出生月份不举婴儿，"举"即抚育、养育。《史记》记载孟尝君以五月五日生，其父田婴告其母曰："勿举也。"⑥《后汉书》记武威之俗："凡二月、五月产子及与父母同月生者，悉杀之。"⑦《论衡》则说时人"讳举正月、五月子"⑧。但直到宋代"生子不举"才逐渐演变为一种社会风俗⑨，成为宋代君臣反复讨论的政治焦点。

---

① 《夷坚志》支戊卷七《黄教授后身》，第1107页。
② 陈澔注，金晓东校点：《礼记》卷一《曲礼下》，上海：上海古籍出版社，2016年，第54页。
③ 《夷坚志》丙志卷五《徐秉钧女》，第406页。
④ 《夷坚志》补卷一一《卢忻悟前生》，第1646—1647页。
⑤ 《夷坚志》三志辛卷二《刘和尚犬》，第1400页。
⑥ 《史记》卷七五《孟尝君列传》，第2352页。
⑦ 范晔撰，李贤等注：《后汉书》卷六五《皇甫张段列传》，北京：中华书局，1965年，第2139页。
⑧ 王充著，陈蒲清点校：《论衡》卷二三《四讳篇》，长沙：岳麓书社，1991年，第363页。
⑨ 刘静贞先生认为生子不举是否在宋代成为一种风俗，行为是否泛滥与普遍化，这个问题有待商榷。可能是不举子之风早已盛行，只是地处偏远，不曾引起政府或社会主流人物的注意，随着南方的开发使福建等地区引起世人较多的关注，故当地的不举之风才逐渐被世人了解。也可能是南宋士大夫身受儒学教化，为维护社会正统价值观，对一般民众既有生活价值观进行道德上的批判与纠正，所以留存很多指责不举子的历史资料。参见刘静贞：《不举子：宋人的生育问题》，第16—17页。

不举子习俗与中国传统生育观中的多子多福思想相悖，广泛存在于宋代福建路、荆湖南北路、江南东西路、两浙路等南方地区。在宋代南方地区日益严峻的政治经济形势下（土地兼并严重、赋役繁杂），一般民众连眼前的生计都成问题，怎敢奢求多子多福，只能根据家庭财力控制家庭人口的数量和规模。正如法国汉学家谢和耐所说："一个家庭越是贫穷无靠，就越会为生计所迫而分裂成较小的生活单位，同时其追求子孙众多的愿望就会越弱。"① 实际上，采取不举子行为的不仅是那些贫困无依的人家，也包括部分"士人"和富裕的家庭，他们的目的在于防止家产分析、家道不存。如，"建、剑、汀、邵之民多计产育子……富家不过二男一女，中下一男而已"②，"今骤得富贵者，止能为三四十年之计，造宅一区及其所有。既死则众子分裂，未几荡尽，则家遂不存"③。

通过对比《太平广记》与《夷坚志》，我们可以看出"不举子"直到宋代才成为社会关注的重点问题。当然我们讨论的不举子特指健康的孩子，而非精怪作祟生产的异雏或畸形婴儿，溺杀后者是被社会容许的行为，伤害前者则会受到社会舆论谴责、国家政策干预以及宗教劝诫。

《太平广记》记载了三则试图杀婴的故事：唐玄宗惧怕太平公主，让妻子偷偷去胎④；张氏生产男女五人皆夭折，怀孕后认为胎儿无法成人，于是想服药损之⑤；宋蔡怀疑儿子不是亲生的，欲不举⑥。这三则故事的结果都是杀子未遂，作者也未过度渲染杀婴这一情节。

《夷坚志》则不同，洪迈记载了六则不举子故事，杀婴者受到严厉的惩罚，通过描写杀婴者的悲惨下场，向社会大众传递杀婴有罪要遭恶报

---

① [法]谢和耐：《蒙元入侵前夜的中国日常生活》，刘东译，北京：北京大学出版社，2008年，第136页。
② 黄震：《黄氏日抄》卷四一《读本朝诸儒理学书》，《景印文渊阁四库全书》第708册，第185页。
③ 张载著，章锡琛点校：《张载集·经学理窟·宗法》，北京：中华书局，1978年，第259页。
④ 《太平广记》卷一三六《唐玄宗》，引自《柳氏史》，第973页。
⑤ 《太平广记》卷三八七《采娘》，引自《史遗》，第3088页。
⑥ 《太平广记》卷四三五《宋蔡》，引自《朝野佥载》，第3535页。

的观念，从而起到惩戒弃婴行为、整治社会风气的作用。①《云溪王氏妇》②文中，主人公在阴间见到不举子妇人的惨状："身肉淋漓，数婴儿牵摔衣裙，旋绕左右……此人凡杀五子，子诉冤甚切，虽寿算未尽，冥司不得已先录之。"《何侍郎》③讲的是判决杀子的妇人来生为畜类。故事也表现出洪迈受儒学教化，企图维护社会正统价值观，对杀婴行为进行宗教劝诫，他借冥司之口警示人们不要损子怀胎："今还阳间，宜以所见告世人，切勿妄杀子也"；"犹记判云：'汝等能怀不能产，坏他性命太痴愚，而今罪业无容著，可向人间作母猪。'遂书本末遍揭于邑里，以示惩戒世人也"。

表3 生子不举

人物	时间地点	行为及原因	结果	出处
俞氏女	政和七年；婺源县云溪	杀五子。	虽寿算未尽，冥司不得已先录之；身血淋漓，数婴儿牵摔衣裙，旋绕左右。	《夷坚志》乙志卷16《云溪王氏妇》
黄崇	政和年间；建州	怕庶弟长大分家产，溺死。	科举不第，死亡绝嗣。	《夷坚志》丁志卷5《三士问相》
高氏母女	淳熙十四年；南城	母通奸产子，溺杀；女因家贫子多而溺女。	母女得怪病死亡。	《夷坚志》支甲卷6《高周二妇》
江四	婺源	溺女并掐其两耳。	妻又产女，两耳缺断，类掐痕。	《夷坚志》支庚卷10《江四女》
董妻	饶州	已有四女，若复然，当溺诸水。	神人托梦，女婴得救。	《夷坚志》三志壬卷2《懒愚道人》
妇人	资州、泸南	堕胎。	托生畜类为豚猪。	《夷坚志》补卷24《何侍郎》

---

① 《夷坚志》具有广泛的社会基础，影响很大，《夷坚乙志序》写道："《夷坚》初志成，士大夫或传之，今镂板于闽，于蜀，于婺，于临安，盖家有其书"，"八年夏五月，以会稽本别刻于赣，去五事，易二事，其它亦颇有改定处。淳熙七年七月又刻于建安"。
② 《夷坚志》乙志卷一六《云溪王氏妇》，第317—318页。
③ 《夷坚志》补卷二四《何侍郎》，第1767页。

六、结语

《太平广记》和《夷坚志》是宋代重要的志怪小说集,题材以神仙鬼怪为主,内容虽多荒诞不经,却能折射出真实的历史,为社会史研究提供丰富的资料。齐世荣先生认为:"小说中虚构的故事虽无个性的真实,但有通性的真实,可以反映一个历史时期的社会全貌或某一部分(道德标准、风气习惯)等。"①

两书中的志怪故事是现实世界的变相,所以本文以生育故事为切入点,以期了解宋人的现实生活与精神世界。生育故事在正史里记载较少,小说中的生育故事可以起到补史作用。但由于书中存在一些谬误之处,所以我们在使用时一定要注意辨别,谨慎取舍,必须结合其他史料,在掌握时代背景的基础上再加以利用,也就是以正史构成历史的骨架,用笔记小说填充血肉,让历史丰满起来。

附 录

附表1 积德行善而有子嗣

人物	身份	善行	报偿	出处
叶法善母	叶家四代修道	以阴功密行及劾召之术救物济人。	梦流星入口,吞之乃孕,十五月生叶。	《太平广记》卷26《叶法善》,出《集异记》及《仙传拾遗》
皇甫政	(唐宝应)越州观察使	至魔母神堂,请以俸钱百万贯缔构堂宇,亦以脂粉钱百万别绘神仙。	妻孕,果生男。	《太平广记》卷41《黑叟》,出《会昌解颐》及《河东记》
万回母	(唐)阌乡县人	祈观音像。	生子万回。	《太平广记》卷92《万回》,出《谈宾录》及《西京记》
郑万钧	(唐)代国公主驸马	施舍僧人三千疋绢,修大安寺。	诞两男。	《太平广记》卷97《和和》,出《纪闻录》

---

① 齐世荣:《谈小说的史料价值》,《首都师范大学学报(社会科学版)》,2010年第5期。

续表

人物	身份	善行	报偿	出处
王珉	（晋）琅琊人	祷观世音求子、路上遇胡僧甚悦之。	胡僧死后为王珉作子。	《太平广记》卷110《王珉妻》，出《辨证论》
孙道德	（南朝宋）奉道祭酒	不事道，至心礼诵观世音经。	妇有孕，产男。	《太平广记》卷110《孙道德》，出《冥祥记》
卞悦之	（南朝宋）居士	祈求继嗣，发愿诵观音经千遍。	妾有娠，生一男。	《太平广记》卷111《卞悦之》，出《冥祥记》
陈素妻	（晋）富户	祷祠神明。	有身生女。	《太平广记》卷319《陈素》，出《幽明录》
李范	（唐）岐王	求叶道士净能为奏天曹。	生子。	《太平广记》卷387《岐王范》，出《广异记》
张克勤	参加明经科考试的读书人	祷华岳神求子。	生一男。	《太平广记》卷388《张克勤》
黄铖	进士	祷于君山庙。	生四子。	《夷坚志》甲志卷9《黄履中祷子》
翟楫	京师人	祷观世音、不食牛肉。	妻生子为成人。	《夷坚志》乙志卷17《翟楫得子》
曾德泰	邑民	馈食吴僧伽。	连生二子。	《夷坚志》丁志卷8《吴僧伽》
张成宪	监粮料院，后转大夫官，得直秘阁	拒绝更改捕盗公牍。	二直符使各抱一锦绷与之，是岁生男女各一人。	《夷坚志》乙志卷17《张成宪》
黄廓	讲书者	携妻妾祷于罗汉堂。	妻妾各产子。	《夷坚志》支乙卷10《黄讲书祷子》
徐熙载	不明	刊板印施观音圣像。	得三男。	《夷坚志》支丁卷1《徐熙载祷子》
吴五承事	富民	专务阴德，凡可以济众振贫者，无所不尽。	传四世皆一子，至五承事遂生两男。	《夷坚志》支丁卷2《吴庚登科》

续表

人物	身份	善行	报偿	出处
项某父	不明	常斋戒祷请于上帝。	妻有娠，生子登科。	《夷坚志》支戊卷4《辰州通判》
姚时可	推吏	救了一家六十口人性命。	连生八男。	《夷坚志》支庚卷10《姚时可》
张屠户	屠户	屠户改行。	得男。	《夷坚志》支癸卷5《新喻张屠》
孙氏	寓士许涧之妻	难产，家贫点灯油祷观音。	观音菩萨来救，生男。	《夷坚志》支癸卷10《安国寺观音》
齐宜哥	江阴人	为产乳多艰的母亲诵读道家《九天生神章》、释教《佛顶心陀罗尼》。	母孕无烦恼，神人保佑生产。	《夷坚志》三志己卷4《齐宜哥救母》
詹林	不明	不复更食鱼子及藏鸡鸭卵。每过春时，买鱼苗及子放生。奉北斗益谨。	生男。	《夷坚志》三志己卷4《宁氏求子》
沈端叔	姑苏人	求嗣，款待颠僧。	生子。	《夷坚志》补卷11《姑苏颠僧》

附表2　行恶遭报子嗣夭折/畸形/绝嗣

人物	身份	恶行	报应	出处
范略妻任氏	（唐）濮阳人	割婢女耳鼻。	诞一女，无耳鼻。	《太平广记》卷129《范略婢》，出《朝野佥载》
胡亮妻贺氏	（唐）县丞夫人	烧钉烙妾双目，妾自缢死。	产一蛇，两目无睛。	《太平广记》卷129《胡亮妾》，出《朝野佥载》
陈氏	铁臼继母	害死铁臼。	陈氏亲子死亡。	《太平广记》卷120《徐铁臼》，出《还冤记》

续表

人物	身份	恶行	报应	出处
杨思达部曲	（梁）部曲	砍饥民手腕。	生一男，自然无手。	《太平广记》卷120《杨思达》，出《还冤记》
狱卒	（隋）京兆狱卒	酷暴诸囚以为乐。	生一子，颐下肩上有若肉枷，无颈，数岁不能行而死。	《太平广记》卷120《京兆狱卒》，出《广古今五行记》
张和思	（北齐）狱卒	枷锁杻械虐待囚犯。	妻前后孕男女四人，临产皆死，所生男女皆著肉锁，手脚有肉杻束缚。	《太平广记》卷126《张和思》
祁万寿	（唐）乾封县录事	打囚徒，死者不可胜数。	妻生子，或著肉枷，或有肉杻，或无口鼻，或无手足，生而皆死。	《太平广记》卷126《祁万寿》
阮倪	不明	割牛舌，炙食之。	生一子无舌。	《太平广记》卷131《阮倪》，出《述异记》
贺悦	（唐）隰州大宁人	以绳勒断牛舌。	生三子，皆喑哑，不能言。	《太平广记》卷132《贺悦》，出《法苑珠林》
季全闻及兄长	（唐）京兆富户	性好杀戮。	连生怪胎，俱死。	《太平广记》卷132《季全闻》，出《广古今五行记》
赵表之	司录	前世让一位母亲丧子。	幼子夭折。	《夷坚志》甲志卷2《赵表之子报》
曹绅	宣义郎	杀海寇不可计。	一妾生子，遍体皆长毛。	《夷坚志》甲志卷14《芭蕉上鬼》
高世令妾	秉义郎妾	食牛肉。	妊娠四月流产。	《夷坚志》乙志卷8《牛鬼》
妇人常氏	不明	棰杀侍妾。	就蓐三日，而子不下，生一女，即不育。	《夷坚志》乙志卷15《马妾冤》

续表

人物	身份	恶行	报应	出处
翟楫	京师人	食牛肉。	妻生子,弥月不育。	《夷坚志》乙志卷17《翟楫得子》
李镇	狱卒	行刑时断囚两手。	妻生子,两腕之下如截。	《夷坚志》丁志卷2《兴国狱卒》
许道寿	卖香小贩	在太庙前卖假香。	其母产猫、鸦。	《夷坚志》丁志卷9《许道寿》
张克公妻刘氏	尚书夫人	刘夫人御婢妾少恩,每嗔恚辄闭诸空室不与食。	生三子,皆不育。其状异,一无舌,一阴囊有肾十枚。	《夷坚志》丁志卷13《张尚书儿》
张循王家婢	张俊婢妾	宿生为樵夫,尝击杀大蛇。	产一大蛇。	《夷坚志》丁志卷14《武真人》
颜忠训妻毛氏	豪族	平生好食鸡,每食必遣婢缚生鸡于前,徐观其死,天明一饱食。	孕二十四月未育,产大鳖。	《夷坚志》丁志卷14《武唐公》
张氏	细民	杀蟹不可计。	张门遂绝。	《夷坚志》支戊卷4《张氏煮蟹》
贾循	屠户	多杀獐。	认十岁儿为獐,解剖其儿。	《夷坚志》支庚卷2《贾屠宰獐》
张守中	右列	撕毁婚约,导致未婚妻羞愧而死。	两子夭折。	《夷坚志》支癸卷6《张七省干》
姜七	养猪户兼牙侩,居于府市	没有如法饲养猪(专养母猪,多育豚子,贸易与人,一岁之间,动以百数)不听祖母(托生为猪)劝告,杀猪。	妻生女,头面两手是人形,惟两猪足,遍体黑毛。	《夷坚志》三志己卷2《姜七家猪》
汪十四	渔人	贪利杀鼋取子售钱。	妻王氏诞一男,宛如鼋状,母子俱死。	《夷坚志》三志辛卷10《汪十四鼋》

续表

人物	身份	恶行	报应	出处
冯四	乡民	冯父谋财害命，获善终，报在子孙。	一家狼狈星散，冯四行乞。	《夷坚志》三志壬卷1《冯氏阴祸》
林景度	给事	林论事害民。	上帝令灭门，绝嗣。	《夷坚志》补卷3《林景度》
李氏子	城民	作诗讽刺佛祖，不信果报。	妻生子，子左股有字，为李所作讥讽之词。	《夷坚志》补卷34《沈乌盆》

附表 3　报恩的子嗣

人物	身份	恩情	报偿	出处
僧善旻/董述	僧/司户参军	董述怜其病，日具粥饵供之。	僧死后为董氏女。	《夷坚志》甲志卷12《僧为人女》
董氏	乡人	以茶供罗汉，许施罗帽以求嗣。	一罗汉托生为子。	《夷坚志》甲志卷14《董氏祷罗汉》
熊氏	郡民	好善，常延致斋供。	僧与熊氏作儿。	《夷坚志》支庚卷8《开福院主》
费翁长子/费翁	不明	长子前生受费翁前身救济。	事亲极孝，辛苦经营，以供父母。	《夷坚志》三志辛卷9《费氏父子》
谢小吏之父/谢小吏	南城县小吏	谢小吏事父极孝。	父死后为谢小吏之子，既长，事亲亦孝。	《夷坚志》补卷1《谢小吏》

附表 4　索债的子嗣

人物	身份	冤债	报偿	出处
张臻之子/张臻	陕州富户	前生结下冤仇，子债。	为子治病，家业殆尽。	《太平广记》卷97《阿足师》，出《集异记》
小娘子/邻里翁婆	唐长安人	小娘子前生贩羊，被翁姥谋财害命。	与翁姥作儿，患病问医，过所劫数倍。	《太平广记》卷125《卢叔伦女》，出《逸史》

续表

人物	身份	冤债	报偿	出处
张显祖之子/张显祖	前生为富民/信州吏人，为狱院推级。	子前生为因被张显祖所杀，张还收取其家贿赂。	子荡析家资而亡。	《夷坚志》支癸卷3《张显祖治狱》
尹大郎之子/尹大郎	前生为县尉/艄公	子前生被尹大谋财害命。	尹大郎之子下劣不肖，破荡钱帛，杀死尹大。	《夷坚志》支癸卷6《尹大将仕》
费翁季子/费翁	不明	季子前生被费翁前身杀害。	见父如雠（仇），未尝见面语话。盗钱用数十千赌博，仍诣市垆买刀，宣言起悖逆之意。	《夷坚志》三志辛卷9《费氏父子》
陈小八之子/陈小八	前生为富人/商贩	子前生是一富人，被陈小八窃财本至尽。	子不肖，常盗用钱，且悖害父母。	《夷坚志》三志辛卷10《陈小八子债》
周翁长子/周翁	前生为商贾/本府丝帛主人	长子前生被周翁谋财害命。	长子不孝，常常酗酒凶悖，每操刀宣言，会须杀死老畜生。	《夷坚志》补卷6《周翁父子》
玉童/玉童之父	前生为商人/村民	玉童前生病死后被玉童之父抛弃尸身，隐匿财物。	放荡，死于酒色，其父所得不义之财，已耗太半。	《夷坚志》补卷6《王兰玉童》
徐辉仲之子/徐辉仲	不明	子前生死后，徐辉仲不偿还千缗钱贷款。	子八岁而病，召医市药，所费不可胜计，偿足百万钱而亡。	《夷坚志》补卷6《徐辉仲》
吕生妻	县酒官之妻	不明（此非佳儿，必有宿冤）。	儿在胎执母肠不放，母因产丧命。	《夷坚志》补卷18《屠光远》

[导师评语]

  宋代生育问题学界已有较多论述。本文选取《太平广记》与《夷坚志》进行比较，对宋初及以前与南宋时期生育问题的发展变化做了较为细致的比较。选题意义较好，资料及相关论著的学术史回顾比较充分。写作符合学术规范，故事类型分类比较合理，是一篇优秀的本科毕业论文。

战国游士与汉儒先声

——陆贾《新语》的历史背景及其意义

作者：刘子瑄　指导教师：田天[*]

陆贾是汉初非常重要的人物之一，《史记》《汉书》皆有传。在政治上，他虽然不是最核心的人物，不过"游汉廷公卿间"，出使南越，参与了西汉初期高祖、吕后时期的政治活动。在学术思想上，他的理论体系被认为是先秦儒学向汉代儒学转变的第一步，上承荀子，下开西汉中期董仲舒等人的思想。

陆贾有不少作品。司马迁写作《史记》，即利用了陆贾所作的《楚汉春秋》。他还应刘邦的要求写作了《新语》一书。今本《新语》共十二章，论述了治国理政相关问题，可以看作陆贾思想的集中反映。不过，因为文本构成较为复杂，《新语》常被学者怀疑是伪书。理解陆贾思想，必须对《新语》进行认真的分析。如何理解《新语》的性质，关系着陆贾的历史定位，更关系着如何理解汉初思想史的传承。

在承认早期文本复杂性的前提下，本文将《新语》还原到汉初的历史情境中，尝试理解《新语》的性质和思想史意义。下文首先从《新语》真伪入手，梳理陆贾的思想来源，理解西汉初年的政治和思想状况，从而进一步回答《新语》在西汉初期的功能和历史地位。

一、真伪之争与《新语》的性质

汉唐之间，《新语》的真实性少有人怀疑。南宋以来，异议渐生。自《四库全书总目提要》提出怀疑后，议论开始密集。20世纪初，胡适、余嘉锡等人回应《提要》为代表的质疑，肯定《新语》的真实性。不过，对《新语》真伪的讨论，并未就此消失。对《新语》真伪的讨论，涉及理解《新语》

---

[*] 作者：刘子瑄，首都师范大学历史学院中国史基地班2016级本科生，现为日本东北大学硕士研究生。该文获得2020年北京市优秀本科毕业论文。

文本的几个关键问题。本节从梳理《新语》的学术史入手,讨论其文本性质。

《史记·郦生陆贾列传》叙述了陆贾作《新语》的原委:

> 陆生时时前说称诗书。……高帝不怿而有惭色,乃谓陆生曰:"试为我著秦所以失天下,吾所以得之者何,及古成败之国。"陆生乃粗述存亡之征,凡著十二篇。每奏一篇,高帝未尝不称善,左右呼万岁,号其书曰"新语"。①

本此,学者多接受《新语》为陆贾本人所著。直到南宋黄震的《黄氏日钞》才首次提出怀疑,据《黄氏日钞》:

> (《新语》)则亦有识之言矣。然其文烦细,不类陆贾豪杰士所言。……又第五篇云:"今上无明王圣主,下无贞正诸侯,钼奸臣贼子之党。"考其上文,虽为鲁定公而发,岂所宜言于大汉方隆之日乎?若贾本旨谓天下可以马上得,不可以马上治之意,十二篇咸无焉,则此书似非陆贾之本真也。

黄震主要针对文章的词句风格和言辞妥当性出发,质疑《新语》是否陆贾所作。

在明代,主流的意见还是认为《新语》为真作。学者有批评《新语》的语言者,如胡维新《两京遗编·序》:"余按陆贾习短长者也,然当斫雕破觚之初,气轮屯而不流,词莾郁而不炫。"比较特殊的是朱君复《诸子斟淑·新语题辞》:"西汉陆贾,号为有口辩士。今所传新语,乃和雅典则,与汉初文气不类,疑东汉人赝作。"这条文气上的质疑是明代少见的特例。②

(一)《四库全书总目提要》及其后的争论

宋明学者对《新语》的讨论多较为简略。《四库全书总目提要》则可以

---

① 《史记》卷九七《郦生陆贾列传》,北京:中华书局,1982年,第2699页。
② 胡、朱二人的文章及上文《黄氏日钞》引自王利器《新语校注》,北京:中华书局,1986年,附录三,第192页。

看作学者首次对《新语》的真伪问题进行了系统的论述和举证。为方便讨论，首先全文引用如下：

> 《新语》二卷，旧本题汉陆贾撰。案《汉书》贾本传称著《新语》十二篇，《汉书·艺文志》儒家《陆贾》二十七篇，盖兼他所论述计之。《隋志》则作《新语》二卷。此本卷数与《隋志》合，篇数与本传合，似为旧本。然《汉书·司马迁传》称："迁取《战国策》、《楚汉春秋》、陆贾《新语》作《史记》。"《楚汉春秋》，张守节《正义》犹引之，今佚不可考。《战国策》取九十三事，皆与今本合。惟是书之文，悉不见于《史记》。王充《论衡·本性篇》引陆贾曰："天地生人也，以礼义之性，人能察己所以受命，则顺；顺谓之道。"今本亦无其文。
>
> 又《穀梁传》至汉武帝时始出，而《道基篇》末乃引《穀梁传》曰，时代尤相抵牾。其殆后人依托，非贾原本欤？
>
> 马总《意林》所载，皆与今本相符。李善《〈文选〉注》于司马彪赠山涛诗引《新语》曰："楩梓仆则为世用。"于王粲从军诗引《新语》曰："圣人承天威，承天功，与之争功，岂不难哉？"于陆机《日出东南隅行》引《新语》曰："高台百仞。"于古诗第一首引《新语》曰："邪臣之蔽贤，犹浮云之鄣日月。"于张载杂诗第七首引《新语》曰："建大功于天下者，必垂名于万世也。"以今本核校，虽文句有详略异同，而大致亦悉相应，似其伪犹在唐前。惟《玉海》称："陆贾《新语》，今存于世者，道基、术事、辅政、无为、资贤、至德、怀虑才七篇。"此本十有二篇，乃反多于宋本，为不可解；或后人因不完之本，补缀五篇，以合本传旧目也。①

概括来说，《提要》列举了三个疑点：①《汉书·司马迁传》中称《史记》引用了《战国策》、《楚汉春秋》、陆贾《新语》三种书。《史记》中九十三条与今本《战国策》相合，《楚汉春秋》见于《史记正义》有征引。只有《新语》之文不见《史记》。②王充《论衡·本性篇》引陆贾语不见于今本。③《穀梁传》至汉武帝时始出，但《道基篇》末已引《穀梁传》。

---

① 王利器：《新语校注》，附录三，第198页。

《提要》的议论影响很大。此后,真伪之间的争论开始密集起来,学者的讨论也往往不出《提要》所提出的三点。支持《提要》观点的如梁启超[1]、孙次舟也在《提要》的基础上支持伪作说。[2] 张西堂《陆贾新语辨伪》援用刘师培《春秋三传先后考》[3],提出《新语》多篇都站在公羊学立场,《道基》征引《穀梁传》,十分可疑。此外,他还提出,《本行》篇中有"表定六艺"之说,应是董仲舒所为。同时,也一直有学者反驳《提要》的说法。清嘉庆时人严可均提出了针对性反对意见,《铁桥漫稿》卷五:

《论衡》但云陆贾,不云《新语》,或当在《汉志》之二十三篇中。……今此《道基篇》引《穀梁传》……乃是《穀梁》旧传。……汉代子书,《新语》最纯最早,……绍孟、荀而开贾、董,卓然儒者之言,史迁目为辨士,未足以尽之。[4]

严氏认为,《论衡》所引为陆贾之文,而非《新语》一书。他还认为,《道基篇》所引《穀梁传》,乃是"旧传"。此外,严可均特别强调陆贾和《新语》在孟子、荀子和贾谊、董仲舒之间,连接战国儒学与西汉儒学的重要意义。

20世纪以来,学者对《提要》的辩驳更加精细。针对《提要》第一点"今本《新语》不见《史记》",唐晏在《陆子新语校注序》提出,《史记》所载"指鹿为马"故事,大概源即自《新语》。[5] 胡适《陆贾新语考》则提出更有力的反驳,《提要》第一点所引《汉书·司马迁传》有误,原文应为:

春秋之后,七国并争,秦兼诸侯,有《战国策》。汉兴伐秦定天下,有《楚汉春秋》。故司马迁据《左氏》《国语》,采《世本》《战国策》,述《楚汉春秋》,接其后事,讫于天汉。[6]

---

[1] 梁启超:《中国近三百年学术史》,北京:东方出版社,2004年,第283页。
[2] 孙次舟:《论陆贾新语的真伪》,《古史辨》第六册,上海:上海人民出版社,1982年,第119页。
[3] 张西堂:《陆贾新语辨伪》,《古史辨》第四册,第214页。
[4] 张西堂:《陆贾新语辨伪》,第214页。
[5] 王利器:《新语校注》,附录三,第222—223页。
[6] 胡适:《陆贾新语考》,收入《古史辨》第四册,第195页。

《司马迁传》完全没有提及《新语》①,《提要》的批评是无的放矢。

此后,包括余嘉锡在内的学者,对前两个疑点的辩驳均沿用前引旧说。② 讨论比较多地集中在《提要》所指第三点,即《新语》引《穀梁传》问题。胡适同意唐晏的说法。罗根泽《陆贾新语考证》支持严可均说,他又补充了两条材料,《元和姓纂》引用《尸子》:"穀梁俶传《春秋》十五卷。"《太平御览》引桓谭《新论》:"左氏传世百余年,鲁穀梁赤为春秋残略多所遗失。"提出《新语》所引《穀梁传》当是古本。③

余嘉锡对第三点做了细致的补充,最有参考价值。④ 余嘉锡指出,史籍中并无《穀梁传》至武帝时始出之说。举一些例子,如《礼记·王制》"天子诸侯无事则岁三田"章《疏》引郑玄云:"穀梁近孔子,公羊正当六国之亡。"⑤《汉书·儒林传》言申公为高祖时人,而"瑕丘江公受穀梁《春秋》及《诗》于鲁申公,传子至孙为博士。"⑥此外,他又据《汉书·楚元王传》"少时尝与鲁穆生、白生、申公俱受诗于浮丘伯"⑦的记载,否定了《穀梁传序》《疏》的"孙卿传鲁人申公"之说,认为《穀梁传》是荀卿传浮丘伯,浮丘伯传申公。⑧《盐铁论·毁学篇》有"昔李斯与包丘子俱事荀卿"⑨,《新语·资质篇》中有"鲍邱之德行"⑩,包丘即鲍丘,包又与浮通。浮丘伯为孙卿门人,陆贾写《新语》时他依旧健在。要言之,余嘉锡重新整理了《穀梁传》的传承过程,认为《穀梁传》早有先师,不能仅仅按《移让太常博士》认

---

① 胡适的这个看法,在周中孚《郑堂札记》中也能见到:"中孚案:汉书迁传赞只云,'据左氏、国语,采世本、战国策,述楚汉春秋',不曾数及新语。虽然周氏下文同样有所失误,但还是指出了《提要》中的疏漏。这个错误的引用大概源自高似孙的《子略》,高似孙《子略》卷三云:班固称太史公取《战国策》、《楚汉春秋》、陆贾《新语》作《史记》。"该书卷五一杂史类引班固同样的话,还没有错误(说见余嘉锡《四库提要辨证》)。错误流布很广,白川静《中国古代文学》同样如此。见[日]白川静:《中国古代文学:从〈史记〉到陶渊明》,四川人民出版社,2018年,第53页。
② 说见《古史辨》第四册,第203页,王利器:《新语校注》,附录三。
③ 罗根泽:《陆贾新语考证》,收入《古史辨》第四册,第198页。
④ 余嘉锡:《四库提要辨证》卷一〇,子部一儒家类,见《古史辨》第四册,第203页。
⑤ 余嘉锡原文为"穀梁近孔子,公羊正当六国之亡"。具体可以参考李学勤主编《十三经注疏·礼记正义》,北京:北京大学出版社,1999年,第373页。
⑥ 班固:《汉书》卷八八《儒林传》,北京:中华书局,1962年,第3617页。
⑦ 班固:《汉书》卷三六《楚元王传》,第1912页。
⑧ 据余嘉锡文,汪中《荀卿子通论》、顾广圻《盐铁论考证后序》、沈钦韩《汉书疏证》,皆有此说。
⑨ 王利器:《盐铁论校注》,北京:中华书局,1992年,第229页。
⑩ 王利器:《新语校注》,第112页。

为武帝时始出。陆贾和浮丘伯为同时人，又同处一地，大概能够见到《穀梁春秋》。此外，余嘉锡进一步认为"全书所言春秋事，皆用穀梁家法，又不独《道基篇》一条而已"。

余嘉锡《辩证》以及清代以来的真伪论争，争论焦点基本就是《四库提要》所举出的三点。而金德建则跳出这三点，从内容上否认了今本《新语》的真实性。他认为今本《新语》不见《史记》所谓"秦所以失天下""汉所以得天下"的内容。① 在对《新语》的命名、作伪情况做了考察后，金德建认为司马迁所见的《新语》不是今本的《新语》，很可能当时称为《楚汉春秋》。从辑本来看，《楚汉春秋》记录了秦朝灭亡一直到楚汉战争的事迹，和《史记》中所说的"粗述存亡之征"正相符合。凡《史记》所引书，其书名多见于《史记》本文。《楚汉春秋》之名不见于《史记》，仅提及陆贾著述名《新语》。金德建还推论，今本《新语》，与元成时代的历史背景更相符，作者应是刘向、谷永一脉的儒者。

以上是对于真伪争论最为核心的研究。此后，基本所有涉及陆贾的研究均要回到上述论述中。学者或从《四库全书总目提要》，或从余嘉锡《辩证》。金德建的看法则较少回应。

(二)福井重雅的《新语》晚出说

除了针锋相对的争论，也出现了一些综合两方的见解。如狩野直喜《中国哲学史》中表现出一种综合的态度，他认为，《新语》有经后人干预的证据，但这种情况多见于古书，不能将其全部作为伪书看待。② 金谷治则认为，今本《新语》或有改窜，但"作为分析陆贾其人的思想资料应该是无可非议的"。换言之，金谷治提出了一种有条件的真作说。③ 相原俊二推测"《道基篇》成立的时间是比荀子后学陆贾所在的时代更晚"。他还提出了"多作者"假说，认为"陆贾的《新语》与其说是他个人的作品，不如说

---

① 金德建：《司马迁所见书考》，上海：上海人民出版社，1963年，第317—318页。金氏此说较本书出版时间更早。又见《中国古代史论丛》第七辑所收金德建文《〈新语〉的成书时代》，福州：福建人民出版社，1983年。
② 狩野直喜：《中國哲學史》第四编第一章第二部，岩波書店，1953年。
③ 金谷治：《陸賈と婁敬：漢初儒生の活動（一）》，《東洋史研究》，1957年，15(3)，第309—330页。这篇论文给了日后研究者非常大的影响尤其是日本的学者，以后将金谷治的论述作为一种"祖述"来看待。

它和很多其他的古典文献一样,在汉初思想的传承的过程中慢慢形成的"。① 按福井重雅的总结,在学界支持《新语》为真作的说法占了压倒性的多数。② 可以认为,脱离《新语》很难论述陆贾相关问题,所以某种程度上必须承认其可靠性。

2002年福井重雅出版《陸賈〈新語〉の研究》③,提出了不少既往研究中没有提及的疑点,可以概括如下:

(1)关于司马迁所见陆贾作品《新语》本身的性质、编辑问题。首先《汉书》中"司马迁据《左氏》《国语》,采《世本》《战国策》,述《楚汉春秋》,接其后事,讫于天汉"可能并不可信。④《史记》已言"号其书曰《新语》""余读陆生《新语》书十二篇",那么至少司马迁时《新语》已经成书。而《汉书·艺文志》未著录《新语》,《论衡》在引用一些来自《新语》的材料的时候也不称《新语》。此外,陆贾作品有兵法特征,《七略》中名为"陆贾"的作品本来在兵书部分,班氏删并之。⑤ 陆贾也对汉高祖说过"文武并用"。但今本没有与兵事相关的部分,甚至在《至德篇》《本行篇》中还存在一些倾向负面的态度。

(2)关于今本《新语》内容妥当性的问题。《新语》中有多处批评时局的表述,似乎不能让"左右皆呼万岁"。且总体过于空疏,与贾谊《过秦论》无法相比。

(3)今本《新语》出现的思想、制度、词汇不是高祖时代的。如神仙思想的流行、阴阳灾异思想、谶纬思想,并不存在于西汉初年;用"五经"指代经学也不是西汉的产物;《资质篇》中出现的"贵戚""党友"等用语,

---

① 相原俊二:《漢初の覇者について(その一)〈新語〉と〈新書〉》,《東海大学文学部紀要》1988年(50),第77—94页。
② 田中麻纱巳等人将《新语》和《淮南子》综合起来考察,也得出了类似的结论。参见田中麻纱巳:《陸賈の道家説について》,《日本大学文理学部人文科学研究所紀要》,1992年(43)。福井重雅:《陸賈〈新語〉の研究》,汲古書院,2002年。该书的第一节对既往的真伪论争进行了总结,值得参考。
③ 福井重雅:《陸賈〈新語〉の研究》,汲古書院,2002年。
④ 藤田胜久:《〈史记〉战国史料研究》第一编第四章《〈史记〉战国世系与〈世本〉》,上海:上海古籍出版社,2008年,第146页。
⑤ 参见李零:《兰台万卷:读〈汉书·艺文志〉》,北京:生活·读书·新知三联书店,2011年,第154页。

出现均在武帝之后。①

最后，福井重雅推测，今本《新语》可能是西汉末期到东汉初期，董仲舒的后学一派所伪造。目的是主张天人相与的相关学说在汉初已经存在，夸饰自身正统性。

(三)《新语》文本性质的再认识

福井重雅的研究十分细致全面，但他的部分论点仍待推敲。通过对福井说的重新讨论，正可呈现本文对《新语》文本性质的再认识。

先谈《汉书·艺文志》不著录《新语》。早期文献的情况非常复杂，著述单篇别行的情况很普遍。而且秦汉诸子书类似于后世文集②，在高祖死后陆贾很可能又重新编辑了自己的作品。③ 如果考虑《汉书·艺文志》所述刘向校书"至成帝时，以书颇散亡"，二十三篇分别流传也并非全无可能。福井重雅根据《论衡》的"传曰"质疑王充是否真的见过今本《新语》，这个质疑并无依据。"比屋而封"在《论衡》中不止一处④，这一说法也常见于古书。《新语》中也用的是"故曰"，不是陆贾原创。⑤

再谈陆贾对朝政的批评，在西汉直接指出统治问题似乎不少见。⑥ 金谷治指出，如果陆贾在高祖死后继续编辑自己的文章，那么诸如"今上无

---

① "正由于赏罚不掌握在一元性的权威之下，官僚在已然混乱了的官职体系下便依附于各种各样的权力者，以图谋自身的安全，那是理所当然的选择。……党、党友。党亲词语在《汉书》宣帝、元帝以后的记载中。"见增渊龙夫：《中国古代的社会与国家》，上海：上海古籍出版社，2017年，第223页。

② 参见余嘉锡：《古书通例》"汉志著录之书名异同及别本单行"节："新语编入陆贾书。……刘向既并贾他所论述合著于录，新语乃奏进十二篇之名不可以概全书，故以人名书，题为陆贾。"上海：上海古籍出版社，1985年，第35页。

③ 金谷治认为，现在的《新语》还有可能是陆贾二十三篇的残卷，并不是完全意义上的"新语"。见前引金谷治：《陸賈と婁敬：漢初儒生的活動（一）》。

④ 如《艺增篇》"儒书又言：'尧、舜之民，可比屋而封。'言其家有君子之行，可皆官也。夫言可封，可也；言比屋，增之也。"黄晖：《〈论衡〉校释》第2册，北京：中华书局，1990年，第388页。

⑤ 王利器：《〈新语〉校注》，第66页。唯一不太确定的地方就是"比屋而封"在先秦和西汉初期极为罕见，目前似乎在西汉初期只有《新语》在用，而西汉后期到东汉，相关表达渐渐多起来，变成一个较为常用的表述。见《汉书·王莽传》："莽乃上奏曰：'明圣之世，国多贤人，故唐虞之时，可比屋而封，至功成事就，则加赏焉。'"

⑥ 蔡忠道：《陆贾思想之研究》，新北：花木兰文化出版社，2008年，第34页。

明王圣主，下无贞正诸侯"这样的表达很有可能是针对吕后时期的批评。①

最后，关于灾异、谶纬、神仙思想。涉及谶纬的表述散见于《新语》，如《本行篇》中："追治去事，以正来世，按纪图录。"《思务篇》："圣人因天变而正其失，理其端而正其本，尧、承蚩尤之失。"一般认为谶纬在前汉末期才形成，所以今本《新语》中以河图洛书为代表的谶纬性词汇，其直接反映的是两汉交替期的思想状况。上引《思务篇》中提到的黄帝和蚩尤相互斗争的故事，故事中存在尧，这种情况似乎只在纬书中才存在。②因此福井相信包含这种内容的《新语》大致可以认定为是图谶在社会上广泛流传时代的作品，汉初成书这个说法根本上就不成立。③

不过，很多被认为是后世纬书的内容，可能有更早的流传。如《明诚篇》引《系辞》与今本不合："天垂象，见吉凶，圣人则之；天出善道，圣人得之。"王利器认为："盖汉人引经说，习惯率称本经也。……则陆氏所引为汉师易说必矣。"④皮锡瑞在《经学历史》中提出，图谶出现的时间较早："孔颖达以为纬候之书，起于哀平。其实不然，《史记·赵世家》云'秦谶于是出'，《秦本纪》云'亡秦者胡也''明年祖龙死'，皆谶文。"⑤不管是《左传》中大量的预言，还是《论语·子罕》中"子曰：'凤鸟不至，河不出图，吾已矣夫！'"⑥，它们都说明谶纬思想渊源有自⑦，《新语》不必见过

---

① 见前引金谷治：《陸賈と婁敬：漢初儒生の活動（一）》，第34页。需要指出，宫崎市定认为这是传抄致误，并参考一些版本对这句话做了修改，变为"今上戴明王圣主，下拥贞正诸侯"，其含义完全变为正向，不过很难说宫崎市定有什么过硬证据。见宫崎市定：《陸賈〈新語〉の研究》，《京都大学文学部研究纪要》第九卷，1965年3月。收入《宫崎市定全集》第五卷，岩波书店，1991年，第338页。

② 《后汉书·张衡传》："衡以图纬虚妄，非圣人之法，乃上疏曰：凡谶皆云黄帝伐蚩尤，而诗谶独以为'蚩尤败，然后尧受命'。"吕氏说见吕思勉：《论学集林》"《新语》采诗谶"条，上海：上海教育出版社，1987年，第728页。

③ 但对于蚩尤的重视，如《史记·高祖本纪》："秦二世元年秋……祠黄帝，祭蚩尤于沛庭，而衅鼓旗，帜皆赤。由所杀蛇白帝子，杀者赤帝子，故上赤。"所显示，应该有更早的流传。

④ 王利器：《〈新语〉校注》，第158页。

⑤ 皮锡瑞著，周予同注释：《经学历史》，北京：中华书局，2011年，第71页。

⑥ 李零提出："《尚书·顾命》中讲西周宗室的宝物，其中有河图。……它们未必就是后世易家讲的河图……一般解释凤鸟、河图都是祥瑞。此话与《述而》的'不复梦见周公'类似。"见氏著《丧家狗》，太原：山西人民出版社，2007年，第181页。

⑦ 鲁惟一著，戚轩铭等译：《董仲舒：儒家遗产与〈春秋繁露〉》，中华书局（香港），2017年，第335页；还可以参考安居香山著、田人隆译《纬书与中国神秘思想》第一章和第五章，石家庄：河北人民出版社，1991年。

某种纬书，才能引用相关内容。

《新语》文本有不少值得讨论的地方，但用个别词语判定全书真伪的方法，本身就带有极大的主观性。[①]况且其实真正成为问题的，只有"五经"一词。[②]福井重雅对"儒教国教化"问题的关注，可能影响了他对于陆贾和《新语》的看法。在福井质疑《新语》的书出版之后不到五年，《漢代儒教の史的研究——儒教の官學化をめぐる定説の再檢討》出版，认为董仲舒"天人三策"全系班固捏造，引起很大争议。[③]

综上，大概可以说，早期文本有多重性。思想提出者、作者（记录者）、编辑者可能并非一人，单篇流传的过程中文本可能有修改，最后编辑成书的时候一定又有修改。在刻本广泛流行前，文本的变动、篇卷分合都可能有很大的改变。因此，要考虑一本书的层次或一本书不断层累的时间断面，而不能以其中最晚的因素，如个别词汇和引文，来判断书的成书年代。虽然不能无条件地相信《新语》的全部文本，并将它当作西汉初期思想状况的真实反应，但很难确定今本《新语》是伪作。

在梳理从古至今的关于陆贾《新语》的辨伪研究之后，可以发现学术发展的趋势。早期如黄震等人一般会从文风辞气、用语感受文本真伪，此后《四库提要》则辩证地从文献目录和学术源流角度讨论文本。近代的研究者反驳或者支持真伪论争的一方，表面上是在甲论乙驳，其实很多研究已经深入到了新的领域，争论的焦点逐渐从文献目录转移到与此文本相关的时代思想上。无论是重新认识荀子学说的传承过程，还是将《新语》和西汉前期其他文本结合考察，都在辨伪之外提供了新认识。这也表

---

① 福井重雅也承认，在《孟子·万章下》存在"有贵戚之卿，有异姓之卿"这种表述。其实该词汇还见于《荀子》中比如《君道》："主暗于上，臣诈于下，灭亡无日，俱害之道也。夫文王非无贵戚也，非无子弟也，非无便嬖也，偶然乃举太公于州人而用之，岂私之也哉！"参考前文所说的"臣不能而诬能，则是臣诈也"，对贵戚的批评，其实《新语》和《荀子》有相似的地方，考虑到荀子和陆贾的关系，很难认同福井重雅的这个判断。

② 见福井重雅：《漢代儒教の史的研究——儒教の官學化をめぐる定説の再檢討》第一章，汲古書院，2005年。井ノ口哲也和福井一樣，认为"五经"作为经书的总称，代替"六经""六艺"两词汇的趋势在两汉之交普及，并在东汉初期确定下来，还分析了从六变五和东汉时代兼修五经的人增多的原因以及谶纬流行和古文经学活跃的关系。说见井ノ口哲也：《後漢經學研究序說》本编第一章，勉誠出版，2015年。

③ 福井重雅：《漢代儒教の史的研究——儒教の官學化をめぐる定説の再檢討》，汲古書院，2005年。日本学界对此的讨论可以参考渡邉義浩編《兩漢の儒教と政治權力》，汲古書院，2005年。

明真伪的讨论不是目的,如何理解思想和学术流传才是更重要的。

二、《新语》在西汉的历史位置

(一)荀子与陆贾

1. 荀子学说的战国末背景

陆贾思想的师承,史无明文。上文已经提到的,《新语》两次称引《穀梁传》,"全书所言春秋时事,皆用穀梁家法",而荀子正是《穀梁》先师。荀子门人浮丘伯大概和陆贾有关,荀子和陆贾之间可能存在师承关系[①],至少可以说陆贾的思想受到了荀子学说的巨大影响。关于陆贾对荀子学说的继承,前人已经多有论述。[②] 荀子本人的思想,既往的研究也非常充分,其在儒学传承中的地位也被强调,此外,《荀子》一书在汉代也颇有影响,流传广泛,屡被征引。[③] 在此,有必要对以荀子为代表的战国末期思想状况做简略叙述。

荀子生活在战国末期,《史记·孟子荀卿列传》:

> 荀卿,赵人。年五十始来游学于齐。驺衍之术迂大而闳辩;奭也文具难施;淳于髡久与处,时有得善言。……齐人或谗荀卿,荀卿乃适楚,而春申君以为兰陵令。春申君死而荀卿废,因家兰陵。李斯尝为弟子,已而相秦。[④]

荀子应见到了秦始皇的统一,至少见到了秦的统一努力。[⑤] 他的思想有比较强烈的时代性。概括地说,荀子的思想内容是"以礼构成思想理论的主轴","制天命而用","法后王"。被认为是孔子后学所作的《尧问篇》中的最后部分云:

[①] 也有学者认为浮丘伯可能不存在。说见福井重雅:《陸賈〈新語〉の研究》,第82页,注释24。

[②] 参考见陈苏镇:《论陆贾》,原载《北大史学》第1辑,1993年。收入氏著《两汉魏晋南北朝史探幽》,北京:北京大学出版社,2013年。

[③] 参见陈苏镇:《〈春秋〉与汉道:两汉政治文化研究》,北京:北京大学出版社,2011年,第135—137页。

[④] 《史记》卷七四《孟子荀卿列传》,第2348页。

[⑤] 对于此陈苏镇有分析,见上引《〈春秋〉与汉道:两汉政治文化研究》,第136页注释。

> 孙卿迫于乱世,道于严刑,上无贤主,下遇暴秦,礼义不行,教化不成,仁者绌约,天下冥冥,行全刺之,诸侯大倾。当是时也,知者不得虑,能者不得治,贤者不得使。故君上蔽而无睹,贤人距而不受。①

《史记·孟子荀卿列传》:

> 荀卿嫉浊世之政,亡国乱君相属,不遂大道而营于巫祝,信禨祥,鄙儒小拘,如庄周等又猾稽乱俗,于是推儒、墨、道德之行事兴坏,序列著数万言而卒。②

从这些荀子同时代人和后学的评论,能够看出荀子学说在当时就具备很强的时代特征,有一种紧迫感。

这种紧迫的时代感也投射到他具体的思想中。这也让荀子在儒家学者中较为特异,如有名的人性本恶说。③情是后天的,人性是恶劣的,所以必须有礼仪去限制和规范。学者已经指出,这种观点可以认为是荀子本人的学说仍然在儒学的框架下,只是其学说已经存在明显的"法家"倾向了。④法家李斯、韩非子之学说,实启自荀子。荀子在书中完全不避讳谈论刑罚,如《富国》明确提及"赏行罚威":

> 知夫为人主上者,不美不饰之不足以一民也,不富不厚之不足以管下也,不威不强之不足以禁暴胜悍也。……赏行罚威,则贤者可得而进也,不肖者可得而退也,能不能可得而官也。⑤

荀子彻底否定天人相关,非常明确地站在天人相分的立场上,明确反对

---

① 王先谦:《荀子集解》,北京:中华书局,1988年,第554页。
② 《史记》卷七四《孟子荀卿列传》,第2348页。
③ 王先谦:《荀子集解》,第434页。
④ 侯外庐主编:《中国思想史纲》上,北京:中国青年出版社,1980年,第115页。
⑤ 王先谦:《荀子集解》,第187页。

《孟子·离娄上》"顺天者存，逆天者亡"。荀子在天人观中将天或自然客体化，从这当中导引出法则性的东西，如《天论》：

> 百王之无变，足以为道贯。一废一起，应之以贯，理贯不乱。不知贯，不知应变。①

不变的是"道贯"，也就是法则性。这将人事和天象分离，将治乱成败还原到人事上，从而赋予人积极的使命，国家兴亡与个人行为有关，并非由于天命。保证法则性的"道贯"不变，同时实行相应的政策则能够保有天下。荀子认为，丧失礼义秩序就是"乱"。荀子将从"乱"中引导出秩序的人视为明王。这种对人的行动的规范可以理解为礼，《礼论》：

> 礼岂不至矣哉！立隆以为极，而天下莫之能损益也。本末相顺，终始相应，至文以有别，至察以有说，天下从之者治，不从者乱，从之者安，不从者危，从之者存，不从者亡，小人不能测也。②

在此是说没有礼去规范人就是乱世，而礼仪的习得如果普及开则是治世。和孟子主张"天命"不同，这种叙述范式将兴亡的叙事系于"礼"。"在荀子的理解中，礼法习得和普及的话就是治世，丧失礼法就是乱世，在'治'和'乱'的相互交替中，统一的规模不断扩大。"③

将"治"和"乱"作为对立概念展望历史，某种程度上和孟子有相似之处。不过，孟子并未有天下统一的设想，而荀子则明确地感受到了时代的变动。如上文所言，性恶论、不避忌刑罚，否定天人相关，以及对"礼"的强调，都反映出荀子强烈希望建立一种规范、有秩序的体系。从人性论开始一直到对于治乱的历史认识，荀子的思想体系中有明显的对统一的预感，此外，这种预感还展现在荀子学说中另一重要的部分——对于"后王"的见解。《非相篇》：

---

① 王先谦：《荀子集解》，第318页。
② 王先谦：《荀子集解》，第355页。
③ 参见稻葉一郎：《中國史學史の研究》第一部第二章《荀子の歷史認識》，京都大學學術出版會，2006年。该文初出《人文論究》第45卷，第4号，1996年。

> 故曰：欲观圣王之迹，则于其粲然者矣，后王是也。彼后王者，天下之君也；舍后王而道上古，譬之是犹舍己之君，而事人之君也。①

荀子相信现在或不远的将来，会出现能与过去圣王相匹敌的"后王"，他将整顿天下秩序和礼制。在《议兵》中，荀子已经接受了战国的兼并战争的现实，转而思考如何能够实现占领地统治的长期稳定，其办法同样是"礼"，导入儒学的礼治；《王制篇》甚至能看到具体的行政部门设想。正如学者已经指出的，荀子追溯、探求国家权力的存在意义、起源、目的和应有形式的构想中，对统一相关问题的思考远比任何时代都要迫切。②

不仅是《荀子》，《管子》《韩非子》等作品的写作，都在战国末期社会政治的激烈变动中。因此，战国末诸子中既包含着对现实的国家、政治问题的回应，更有对于不久的将来会出现的新型的统一国家的设想。

2. 陆贾对荀子的继承

陈苏镇在《论陆贾》中通过比较荀子和陆贾的人性论、政治主张、王道观、天道观四个方面，认为两者思想"异同参半"。陈苏镇认为，陆贾的学说是在"荀学的理论框架内吸收道家、阴阳家的某些观点，对荀子的思想的部分内容加以改造和发展的产物"。③ 这指出了陆贾对先秦儒学的继承。在学术思想的继承之外，同样值得讨论的是，陆贾继承了如何面对战国末形势的政治课题。

对于正在推进统一的崇尚武力的秦国，荀子在《强国篇》中有很高的评价：

> 孙卿子曰：其固塞险，形势便。……观其朝廷，其朝闲，听决百事不留，恬然如无治者，古之朝也。……故曰：佚而治，约而详，

---

① 王先谦：《荀子集解》，第79—80页。
② 参内山俊彦：《中國古代歷史意識の一考察：孟子と荀子とを手がかりに》，《京都大學文學部研究紀要》第 33 卷，1994 年。
③ 参见陈苏镇：《论陆贾》。

不烦而功，治之至也，秦类之矣。①

这个段落是对秦国范雎的回复，能够看出荀子对秦国的政治情况给予了较高评价。尤其是其中多次对秦国有"古"的强调，可能就是将秦和过去自己思想中的圣王时代进行比较。荀子的"后王"的想象，很可能有具体的投射。荀子的弟子李斯被秦国重用，另一个弟子韩非的思想同样在秦国有巨大影响，荀子的理想国家和"后王"很可能就依托在秦国之上。② 荀子并不排斥甚至欢迎君主"有为"的用武力创建秩序。

从词汇出现的频率上看，《新语》对于霸者的关注不逊于《荀子》。而且，《新语》很明显对于"霸"采取肯定态度，如：

> 故杖圣者帝，杖贤者王，杖仁者霸，杖义者强，杖谗者灭，杖贼者亡。(《辅政篇》)③

类似的表述也见于《荀子·王霸》《君子》等篇。④ 从上引《辅政篇》中可见，陆贾将"仁义"和"霸强"结合起来，如：

> 仁者、道之纪，义者、圣之学。(《道基篇》)
> 人因天变而正其失，理其端而正其本，尧、承蚩尤之失，而思钦。(《思务篇》)⑤

相原俊二已经指出，陆贾将霸者做了更为贴近儒家的解释。《道基篇》中"齐桓公尚德以霸，秦二世尚刑而亡"更是将德者和霸者结合。和传统的霸者视为王者之下的解释不同，陆贾将霸者做了"王者化"的解读。⑥

从《史记》中陆贾与高祖对话可以看出，陆贾的思想有三个特征，"重

---

① 王先谦：《荀子集解》，第303页。
② 荀子将"后王"理想寄托在秦国，参考稻葉一郎：《中國史學史の研究》第一部第二章《荀子の歷史認識》。
③ 王利器：《新语校注》，第51页。
④ 王先谦：《荀子集解》，第202、453页。
⑤ 王利器：《新语校注》，第25、168页。
⑥ 关于"霸者"见相原俊二：《漢初の霸者について(その一)〈新語〉と〈新書〉》。

视诗书""逆取顺守""文武并用"。《新语》是针对高祖的,"霸"其实对应着陆贾对于武力的肯定,而要求霸者尚德,其实也就是向高祖谏言,采取"文"的策略。陆贾很可能将对于霸者的期待和理想投射到了高祖身上,正如荀子曾经将"后王"统一的期待寄托到秦国。《新语》所思考的问题,和战国诸子相同,即考虑如何治理一个统一国家,摸索统一国家的政治形式。陆贾对荀子的继承,不仅仅是对荀子具体思想的继承,更是对战国末期如何建立统一国家这一思想问题的继承。

(二)陆贾《新语》在西汉的历史位置

关于《新语》的意义和思想史上的地位,研究成果已有不少。如陈苏镇的总结:"陆贾是针对汉初特定时代和政治需要提出具体政治主张和系统政治学说的第一个学者。……他的理论体系是先秦儒学向汉代儒学转变的第一步,是荀学和汉武帝以后获得独尊地位的董仲舒公羊学之间的过渡环节。"[1]徐复观[2]、宫崎市定[3]都指出陆贾对汉代思想界的影响。不过,学者也指出,曹参等人出任宰相之后才真正实现了统治政策的转变,陆贾的学术在实际政治中的影响恐怕有限。[4]

1.《新语》的思想背景和历史背景

从大的脉络看,《新语》处在一个调和各家之说的思想潮流中。冯友兰提出,公元前3世纪后半叶开始一直持续到汉朝,有一个强大的调和折中的趋势。思想领域存在强烈的统一愿望,折中的趋势就是试图超越学派,建立统一的思想系统。[5] 战国后期以来一直有一种总结学术的倾向,但具体看这个潮流在不同时期也有差异。战国末期《吕氏春秋》的编写,是杂家的代表,他们试图弥缝各家学说。与此相反,可能出于荀子后学的《荀子·非十二子》中,激烈批评诸家学说,宣扬自身主张,这可

---

[1] 陈苏镇:《论陆贾》,见氏著《两汉魏晋南北朝史探幽》,第230页。
[2] 徐复观:《汉初启蒙思想家——陆贾》,《两汉思想史》第二卷,上海:华东师范大学出版社,2001年。孙少华也认为《新语》中的自然无为思想对汉初统治者崇尚黄老之学起到了作用,推论认为,可能正是《新语》促进了汉初"马上之术"向"无为"转变的过程。见孙少华:《西汉诸子的"尚新"传统与"新学"渊源》,《文学评论》,2012年第2期。
[3] 前引宫崎市定:《陸賈〈新語〉の研究》;又见《陸賈〈新語道基篇〉の研究》,《東方學》第二十五辑,1963年,收入《宫崎市定全集》第五卷。
[4] 参见陈苏镇《论陆贾》、徐复观《汉初启蒙思想家——陆贾》。
[5] 冯友兰:《中国哲学简史》,北京:北京大学出版社,2010年,第152—158页。

能是荀子后学对法家统一思想的反抗。① 汉代建立之后，学术不再有来自国家的巨大压力，杂家的情形重新出现。学者已经指出，汉初的政治态势和文化思想与战国具有连续性。② 也就是说，陆贾所处的时代虽说是一个大一统帝国，但本质更接近于战国末期。因此，陆贾在关心"秦何以亡"时，更强调统治者作为与王朝兴替间的关系，这就与后来班彪的《王命论》并不一致。③

虽然有明显的连续性，陆贾还是提出了战国末期诸子学说所没有的新问题。这个新的问题，也就是汉初君臣都关心的"秦何所以失天下"问题。《史记·高祖本纪》汉高祖五年：

> 高祖置酒雒阳南宫。高祖曰："列侯诸将无敢隐朕，皆言其情。吾所以有天下者何？项氏之所以失天下者何？"④

这是酒席上的即兴发言，不过其核心——何以得天下或失天下，与高祖询问陆贾的问题完全一样。在史籍中还能见到相似的例子，《史记·陈丞相世家》：

> 汉王谓陈平曰："天下纷纷，何时定乎？"陈平曰："项王为人，恭敬爱人，士之廉节好礼者多归之。至于行功爵邑，重之，士亦以此不附。"⑤

---

① 本段说见渡邉義浩：《劉歆の〈七略〉と儒教一尊》，《東洋の思想と宗教》，第35号，2018年。

② 关于文化的连续性的说法总结可以参考，侯旭东：《逐鹿或天命：汉人眼中的秦亡汉兴》，《中国社会科学》，2015年第4期，第185页注释5。又可参考见邢义田：《天下一家·序言》，北京：中华书局，2011年。邢义田比较系统地阐释了从周到汉封建制度的演变，以及生活形态、价值观等方面顽强的延续性。政治上的连续性参考李开元：《汉帝国的建立与刘邦集团：军功受益阶层研究》，北京：生活·读书·新知三联书店，2000年，第三章，第74页。还可参考李开元：《后战国时代论》，见王晴佳、李隆国主编：《断裂与转型：帝国之后的欧亚历史学》，上海：上海古籍出版社，2017年，第26—37页。

③ 侯旭东：《逐鹿或天命：汉人眼中的秦亡汉兴》。

④ 《史记》卷八《高祖本纪》，第381页。

⑤ 《史记》卷五六《陈丞相世家》，第2055页。

这段是楚汉相争时期的对话，关注点依然是"天下何时定"。不难想见，秦楚衰亡与汉的勃兴是汉初极重要的议题。这种状况至少持续到文帝时期。《史记·张释之列传》：

> 释之既朝毕，因前言便宜事。文帝曰："卑之，毋甚高论，令今可施行也。"于是释之言秦汉之间事，秦所以失而汉所以兴者久之。文帝称善，乃拜释之为谒者仆射。①

汉初对于秦代灭亡持续的反思和讨论，在陆贾的学术上也产生了影响。《新语》中"新"的问题意识，直接来自对秦政的反思。如《新语·辅政篇》"故怀刚者久而缺，持柔者久而长"强调要重视"柔"，就是在反思秦政后对霸者德治的一种强调。

对秦亡的反思还带给《新语》一个更为深的影响，即对天人关系的重新思考。不过，《新语》的表达相对零散。如：

> 故欲理之君，闭利门，积德之家，必无灾殃，利绝而道著，武让而德兴，斯乃持久之道，常行之法也。(《怀虑篇》)
>
> 恶政生于恶气，恶气生于灾异。蝝虫之类，随气而生；虹霓之属，因政而见。治道失于下，则天文变于上；恶政流于民，则蝝虫生于野。(《明诫篇》)②

这种隐含的"灾异"说，比起荀子的"天人相分"，已经出现了变化。但《新语》没有深入论述天人关系的问题，而是把重点放在君主应该使用的措施上。《新语》中相对零散、简单、谨慎的叙述，固然与文本"通俗教育的性质"有关。③ 但更大的原因，则在于当时的知识人，尚未在秦政之外，建立起一套成熟的治理统一国家的理论。④ 因此，《新语》必须放入西汉初年

---

① 《史记》卷一〇二《张释之冯唐列传》，第2751页。
② 王利器：《新语校注》，第139、155页。
③ 徐复观：《两汉思想史》第二卷，第58页。
④ 如町田三郎所言，"一边延续着秦的体制，一边又在摸索着超越秦国的制度与政治态度。"町田三郎：《秦漢思想史の研究》第二章，創文社，1985年，第148页。

的政治态势，其言说才能被理解。

秦崩溃之后，又出现了一个巨大的统一帝国。治国策略理应与秦不同，但一个让所有人满意的政治体制似难一蹴而就。这个问题在西汉中前期都未能解决，此后路温舒的《尚德缓刑疏》就能够反映这一问题。① 秦帝国的迅速灭亡，使学者无法完全沿袭战国末期诸子学说的具体内容。因此，陆贾必须重新探索和战国诸子同样的问题，对既往思想体系进行修正。同时，在陆贾所处的时代，国家统一的紧迫感逐步让位于如何让统治长久化。在这个问题上的摸索，让陆贾思想在具体问题层面有了不同于战国末期的新内涵。

要言之，虽说《新语》中尚未形成独特的理论体系，无论是核心课题还是所讨论的对象仍旧处在战国末诸子的延长线上。但是，《新语》也针对现实政局做了调整。《新语》中可以见到对于仁义的鼓吹，但道家的思想也散见在全书中，这种做法，是出于务实的考虑。② "因世而权行"，就是陆贾的出发点。不过，他的折中立场，还是以儒家的立场为中心，在盛行的黄老学说中内包自己的儒学主张，可以看作一种对儒学的发展。③

2. 儒学独尊与《新语》意义的变化

通观《史记》《汉书》可以发现，从司马迁到班固，《新语》的地位发生了变化。《史记·郦生陆贾列传》：

> 陆生乃粗述存亡之征，凡著十二篇。每奏一篇，高帝未尝不称善，左右呼万岁，号其书曰《新语》。
> 太史公曰："余读陆生新语书十二篇，固当世之辩士。至平原君子与余善，是以得具论之。"④

《史记》给陆贾的评价是"辩士"，这个评语很难说是高评价。又《史记·太

---

① 《汉书》卷五一《路温舒传》，第 2367 页。文中路温舒仍在说："臣闻秦有十失，其一尚存。"其实还是通过反思秦政进而希望改变本朝的治理方式。
② 如《新语》中没有给孔子像后世那样的高评价，反而在《术事》篇中指出："书不必起仲尼之门，药不必出扁鹊之方，合之者善，可以为法，因世而权行。"王利器：《新语校注》，第 44 页。
③ 金谷治：《陸賈と婁敬：漢初儒生の活動（一）》。
④ 《史记》卷九七《郦生陆贾列传》，第 2705 页。

史公自序》：

> 于是汉兴，萧何次律令，韩信申军法，张苍为章程，叔孙通定礼仪，则文学彬彬稍进，诗书往往间出矣。自曹参荐盖公言黄老，而贾生、晁错明申商，公孙弘以儒显，百年之间，天下遗文古事靡不毕集太史公。①

也完全没有提及陆贾和《新语》。

《汉书·司马迁传》在内容上沿用了《太史公自序》，但在《高帝纪下》却有这样的评论：

> 初顺民心作三章之约。天下既定，命萧何次律令，韩信申军法，张苍定章程，叔孙通制礼仪，陆贾造新语。②

明确将陆贾放入汉初名臣中。又如《汉书·叙传》：

> 近者陆子优繇，新语以兴；董生下帷，发藻儒林；刘向司籍，辩章旧闻；扬雄覃思，法言、大玄，皆及时君之门闱，究先圣之奥……③

以陆贾与董仲舒、刘向、扬雄等学者并列。再如《汉书·郦陆朱刘叔孙传》赞曰：

> 陆贾位止大夫，致仕诸吕，不受忧责，从容平、勃之间，附会将相以强社稷，身名俱荣，其最优乎！④

则以陆贾为同传学者中"最优"者。比起《史记》，《汉书》明显给了陆贾和

---

① 《史记》卷一三〇《太史公自序》，第3319页。
② 《汉书》卷一下《高帝纪下》，第81页。
③ 《汉书》卷一〇〇上《叙传上》，第4231页。
④ 《汉书》卷四三《陆贾传》，第2115页。

《新语》更高的评价。

班固的看法在东汉并非特例,《论衡》也有类似的看法。《论衡》诸篇中一共有五次提到陆贾和《新语》,分别是《超奇》《佚文》《书解》《案书》《对作》五篇。举例来看:

> 若夫陆贾、董仲舒,论说世事,由意而出,不假取于外,然而浅露易见,观读之者,犹曰传记。(《超奇》)
> 高祖既得天下,马上之计未败;陆贾造新语,高祖粗纳采。吕氏横逆,刘氏将倾,非陆贾之策,帝室不宁。(《书解》)
> 《新语》陆贾所造,盖董仲舒相被服焉;皆言君臣政治得失。言可采行,事美足观,鸿知所言,参贰经传,虽古圣之言,不能过增。(《案书》)
> 高祖不辨得天下马上之计未转,则陆贾之语不奏。(《对作》)[1]

这些文辞基本都在强调陆贾在汉初所做贡献,《案书》篇也将陆贾和董仲舒并列。这种看法,也常见于后代的评论。如《后汉书·儒林列传·谢该传》:

> 少府孔融上书荐之曰:"臣闻高祖创业,韩、彭之将征讨暴乱,陆贾、叔孙通进说诗书。光武中兴,吴、耿佐命,范升、卫宏修述旧业,故能文武并用,成长久之计。"[2]

也是特别强调陆贾在汉初"进说诗书"的作用和功劳,这一看法应该承自东汉时代。

可以说,在东汉,陆贾和《新语》取得了比西汉司马迁看来更为重要的地位。《史记》并没有认为《新语》是汉初重要的工作,班固则特意在"叔孙通定礼仪"后面加上"陆贾造新语"。司马迁将陆贾视为"当世之辩士"[3],

---

[1] 黄晖:《论衡校释》,第608、1155、1169、1178页。
[2] 《后汉书》卷七九《儒林列传·谢该传》,北京:中华书局,1965年。
[3] 这里有可能是司马迁的父亲司马谈。稻叶一郎指出,或许,司马谈所写的部分比一般认为的还要更多。见稻葉一郎:《中國史學史の研究》第二部第一章。

而班固等人则以为陆贾是同时学者中的佼佼者。陆贾在《史记》中与郦食其同传，与"汉家儒宗"叔孙通分别。而《汉书》则将陆贾与郦食其、刘敬、叔孙通四人合传，一并将他们作为辅助刘邦的"缙绅之士"。这种变化的原因，可能就是陆贾对于战国诸子的继承，以及西汉一朝的思想变化。

司马迁对陆贾的评价，与西汉的文化背景和儒学发展阶段相关。从叙事结构看，《史记·陆贾列传》由大量的故事类资料排列形成，其中还包含不少的对话。如对陆贾出使南越事件的描述，主体内容由对话形式的材料构成，仅在开头有背景介绍："及高祖时，中国初定，尉他平南越，因王之。高祖使陆贾赐尉他印为南越王。"结尾附加了"归报，高祖大悦，拜贾为太中大夫"这条简单的结果。这种结构和叙述方式符合《史记》中其他战国列传和纵横家文献的模式。[①]

从学术源流看，除了用很小的篇幅提到了著述《新语》的缘由及篇目外，《陆贾列传》没有任何部分提及陆贾的学术传承，也未见叙录或类似的文体。司马迁父子对于著书者的师承、学术源流、著述来历都很重视，如《贾谊列传》中就存有涉及学术源流的讨论。逯耀东认为，司马迁父子应该在武帝时期承担了一项整理图书的工作，并且形成了一个类似于后世《七略》的文本。[②]《陆贾列传》提及"余读陆生新语书十二篇"来看，司马迁父子是看到了陆贾的作品，但他们没有提及任何关于学术源流的问题。或许司马迁父子没有将《新语》视为某个学术传统中的一环。

司马迁父子所处的时代，仍然有很强的战国文化传统。[③] 虽然儒学对司马迁亦有影响，但他并不尊儒。无论是对高祖的谏言，数次出使游说，结交诸大臣，还是晚年的生活以及处世态度，都显示陆贾身上残存着很浓重的先秦客卿气象，与之后的儒士不同。[④] 可以说，陆贾及其学说，是在战国的余绪中诞生的。在时人看来，或许陆贾书中的战国余绪更为明

[①] 关于史记材料和列传的结构，参见藤田胜久：《〈史记〉战国史料研究》，上海：上海古籍出版社，2008年；《史記戰國列伝の研究》，汲古书院，2011年。
[②] 详见逯耀东：《〈太史公自序〉的"拾遗补艺"》，《抑郁与超越——司马迁与汉武帝时代》，北京：生活·读书·新知三联书店，2008年，第35—90页。
[③] 胡宝国：《汉唐间史学的发展（修订本）》，北京：北京大学出版社，2014年。
[④] 见白川静著，曹珺红、赵霞译《中国古代文学：从〈史记〉到陶渊明》，成都：四川人民出版社，2018年，第二章。侯外庐主编的《中国思想史》也将其放入纵横家，见《中国思想通史》第二卷第二章《汉初百家子学的余绪及其庸俗化的倾向》，北京：人民出版社，1957年，第56页。

显。因此，司马迁并未将陆贾和当时的儒学发展联系起来，仅给予了陆贾一个近于游说之士的位置。

在武帝之后，儒学地位不断提高。书籍和思想的位置，因为儒学一尊的形成也有了体系划分，诸子学说都以儒学一尊为标准进行统一的把握。《七略》中，六艺略处于体系的顶点，以此统摄其他思想，之后的诸子、诗赋等依重要性的高低依次进行排列。《七略》和《汉书·艺文志》仍将陆贾置于诸子略下，但前引《汉书》诸条，则有了将陆贾也视为缙绅之士的倾向。再者，《新语》和后来的董仲舒的思想也是有所关联的。比如《新语·怀虑篇》：

> 失道者诛，秉义者显，举一事而天下从，出一政而诸侯靡。故圣人执一政以绳百姓，持一概以等万民，所以同一治而明一统也。①

《汉书·董仲舒传》：

> 《春秋》大一统者，天地之常经，古今之通谊也。今师异道，人异论，百家殊方，指意不同，是以上亡以持一统；法制数变，下不知所守。②

二者对于"一统"的叙述，事实上十分接近。陆贾的思想有着以儒学立场统合诸家学说，进而争取政治上更高地位这一倾向。不过这种倾向的价值，很难在战国视角中观察到。在极为复杂的博弈过程后，儒学终于在西汉中后期逐步确立了自身的特殊地位。在这之后，学者审视诸子著书，多从儒学发展中予以定位。在班固、王充所处的时代，陆贾和董仲舒之间的关联应十分明显。班固等学者从儒学角度重新审视既往的思想与作品，发掘《新语》对于汉代统治的意义，寻找其中被董仲舒等所发扬的思想源头，因此赋予了陆贾和他的《新语》一个全新的位置。《新语》地位的提升也与此有关。

---

① 王利器：《新语校注》，第132页。
② 《汉书》卷五六《董仲舒传》，第2495页。

除了儒学发展之外，还有一个重要的线索有助于理解《新语》尤其是陆贾本人评价的变动，就是陆贾"清静无为"的处世态度与《新语》所包含的道家之学。徐复观指出，《新语》中其实蕴含了儒道两家互相结合之点，汉家思想的大势是儒道两家的结合，陆贾正是开启这一传统之人。①

陆贾在处世上的黄老无为倾向，在吕氏当权时称病自保一事上体现最为显著，这和前文中他在高祖面前谏言的状态完全不一致。陆贾没有很强的政治志向，《史记》称他"以客从高祖定天下"，是比较合理的定位。陆贾的这种态度与汉初黄老思想盛行、与民休息，政治管理相对松散有关。要注意的是，西汉初年所谓"黄老"、道家思想有诸多面相，主流的还是以政治学说为中心，和其他思想一样有介入政治的倾向。②但自武帝采用董仲舒对策之后，道家思想逐渐退出了政治舞台。在儒学独尊的刺激之下，道家思想逐渐褪去西汉前期所展现的"政术"性主张，在观念性的形而上学方面发展，从中心进入了边缘。③西汉武帝以后到东汉，在拥有复杂体系的官方的意识形态逐步定型的同时，社会矛盾与政治危机也在显露，儒者之风益衰与混乱的政局让清静无为的逸民生活重新有了新鲜感，也带来了相对契合老庄或"道家"的个人理想主义和超越精神，让武帝后边缘化的"道家"迎来了一轮复兴。④可以说，伴随着西汉后期的混乱，道家思想中虚无自然的观念经历了一轮复兴，之前潜藏的追求安逸的处世观重新被认识。

这一线索同样能解释陆贾及《新语》评价的演变，后代给予陆贾和《新语》高评，一方面是因为对其儒家思想的再认识，另一方面也是对其人生观和处世观的赞许。这两条线索影响了汉代及以后学者认识陆贾和《新语》的视角。

---

① 见徐复观：《两汉思想史》第二卷，第64页。
② 关于西汉早期"道家"的差异可以参考金谷治《汉初道家的派别》，《日本学者研究中国史论著选译》第七卷，北京：中华书局，1993年，第34页。
③ 道家思想在西汉的变化本文参考笠原祥士郎：《前漢の道家思潮と厳君平について》，《北陸大學紀要》，2008年(32)。
④ 关于道家的复兴除了上引笠原祥士郎文，还参考葛兆光：《中国思想史》第一卷第四编，上海：复旦大学出版社，2001年，第310—314页；金春峰：《汉代思想史》，北京：中国社会科学出版社，1987年，第398页。

三、总结

无论从内容、思想还是用词，《新语》都基本与西汉初年的历史背景相契合。在发现大量出土文献的今天，学者对古书的成书有了更细致的认识。对陆贾《新语》文本的讨论，不必再陷入前人的"真伪"之争。从整体而言，《新语》仍然是反映陆贾及汉初思想状态的重要材料。

从思想上看，陆贾对荀子学说有继承性。这种继承不仅在具体的学术思想，更在其回应的问题。《新语》继承了摸索统一国家统治形式这一战国末期普遍的思想课题。不过，陆贾对现实政治的思考，包含了对秦亡的反思，比战国诸子更进一步。这一倾向性，必须放在西汉初年的政治、文化背景中观察。从这个角度进入，《新语》才与西汉中期以后以董仲舒为代表的儒家学说之间，产生了直接的联系。《新语》不但具备战国末期的话语背景，也蕴含了导向西汉儒学的思想能量。后者在西汉初年和《史记》写作的时代尚不明确，它必须在武帝以后形成的学术思想体系中把握。

两汉四百年间，思想意识形态发生了巨大变化。司马迁没有将陆贾和《新语》视为先秦到汉代学术传承的一环，也没有赋予它后世那样的地位。先秦以来的统合诸子、总结学术的潮流在汉代继续发展，终于在武帝后形成了儒学的"独尊"地位。东汉的班固、王充以此回溯，陆贾本人的思想所具备的战国末期意识逐渐晦暗，而他与后代儒学的关联则因为学术环境改变显露出来。此后，阅读陆贾作品的人群在学术和政治环境的改变中，站在与以往完全不同的视角上对陆贾和《新语》进行了再认识。后世对《新语》位置的再评价，可以说是一种用儒学视角对陆贾和《新语》的"再发现"。

[导师评语]

论文从两个方面展开对《新语》历史背景的考察，其一，在思想层面上，从荀子以来的思想线索中讨论《新语》的传承地位，指出《新语》和战国诸子所面临的共同课题；其二，在历史层面上，指出《新语》所面临的、治理统一的君主制国家的新问题。最后，论文还提出儒学本身的发展程度以及儒学的地位，造成了后代对陆贾不同的认识。论文的不足是过分把精力放在应对前人观点的研究上，浮在文本之上，没有沉到文本内部具体地看。总之，论文在一个难度比较大的问题上，做出了自己的推进。这显示出作者对复杂问题的把控能力，在思想上也有一定深度。全文结构清晰、合理，遵守学术规范。

《晋书·八王列传》研究

作者：杨馥玮　指导教师：顾江龙[*]

一、绪论

（一）选题的价值和意义

八王之乱是西晋后期重要的历史事件，但不同于其他以"之乱"命名的历史事件，它并不是连贯的，而是分为由贾后主导的政变和诸王混战两个部分，中间存在一段长达八年的安定时期。考察将两阶段联为整体看待的倾向，以及"八王"指代对象的确立，在存世史籍中最早可以追溯到唐初修撰的《晋书·八王列传》。唐以后"八王"之说逐渐流行，如南宋《朱子语类》中评论西晋史事说"晋大封同姓，八王之乱以此""晋任宗室，以八王之乱"[①]，清代《廿二史札记》卷八设有"八王之乱"条。纵观"八王之乱"概念的形成及传播，唐修《晋书》中设立类传《八王列传》是一个关键节点。

《晋书·八王列传》明确指出将此八王编为类传的原因是"西晋之政乱朝危，虽由时主，然而煽其风、速其祸者，咎在八王"[②]。从史学史的脉络看，《八王列传》是合传发展的结果。在较早的正史中，一般都是按照世系记述宗王。例如同是宗王共同起兵的西汉七国之乱，"七王"事迹在《史记》中散见于《楚元王世家》《吴王濞列传》等，《汉书》的篇章设置也大体相当。可见修《史记》《汉书》时还完全没有将七国之乱的参与者合为一传叙述的倾向，尽管七国之乱的事件本身比西晋八王之乱更为紧凑。

唐代修撰《晋书》时距离历史现场已久，这既意味着史臣修史高度依

---

[*] 作者：杨馥玮，首都师范大学历史学院中国史基地班2017级本科生。
[①] 黎靖德：《朱子语类》，北京：中华书局，1986年，第3232、3244页。
[②] 房玄龄：《晋书》卷五九《八王列传》，北京：中华书局，1996年，第1590页。

赖于前代晋史，又不可避免地在改修时掺杂唐人的思想观念。"煽其风、速其祸者，咎在八王"，这既有因袭前代晋史的成分，又是贞观时期君臣普遍历史观念的体现。本文对《晋书·八王列传》的研究即从这两个角度展开，一方面梳理东晋以降有关八王之乱的史书书写，尝试研究唐代史家撰写《晋书·八王列传》的史料基础，另一方面考察初唐政治环境与唐人的普遍性历史观念，旨在探寻与《晋书·八王列传》有关的思想渊源。

(二) 研究综述

学界关于八王之乱的研究主要在于事件本身，具体集中在两个方向。一是八王之乱爆发原因，陈寅恪认为是封国置军导致，王仲荦、唐长孺持宗王出镇说，陈长琦认为这是宗王政治派生的弊端，祝总斌则认为是皇位继承人和辅政大臣不得其人的缘故。[①] 第二个研究重点是八王之乱的社会基础，包括幕僚、士族、禁卫军等。[②]

林校生对八王之乱进行过系列研究。[③]《漫议"八王之乱"的"名"与"实"》指出"八王之乱"的名实不副现象，并梳理了这一习称从两晋之交至当代的形成及演变过程。"八王"之名最早可以追溯到西晋末的稗史著作《八王故事》，当下学界流行的"八王"指称对象是由唐初房玄龄领衔修撰的《晋书》卷五九《八王列传》确定下来的。南宋袁枢修《通鉴纪事本末》时尚且没有"八王之乱"之说，卷一二《西晋之乱》下分为"贾氏""诸王""胡羯"三个部分。"八王之乱"作为事件的专称首见于清代赵翼的《廿二史札记》，该书对晚近学人影响深远，故"八王之乱"成了现今共识的历史知识。[④]

[①] 陈寅恪：《魏晋南北朝史讲演录》，贵阳：贵州人民出版社，2007年；王仲荦：《魏晋南北朝史》，上海：上海人民出版社，2016年；唐长孺：《西晋分封与宗王出镇》，《魏晋南北朝史论拾遗》，北京：中华书局，1983年，第123—140页；陈长琦：《两晋南朝政治史稿》，郑州：河南大学出版社，1992年；祝总斌：《"八王之乱"爆发原因试探》，《北京大学学报》，1980年第6期。另可参考该问题的研究综述景有泉、李春祥：《西晋"八王之乱"爆发原因研究述要》，《中国史研究动态》，1997年第5期。

[②] 林校生：《西晋"赵王伦起事"社会基础辨略》，《福州大学学报》，2003年第3期；林校生：《西晋八王幕府合说》，《北大史学》第五辑，北京：北京大学出版社，1998年，第153—169页；杨术辉：《西晋八王之乱与士族关系研究》，郑州大学硕士学位论文，2014年；张金龙：《"八王之乱"与禁卫军权》，《史学月刊》，2003年第4期。

[③] 林校生：《"八王之乱"丛稿》，福州：福建人民出版社，2003年。

[④] 林校生：《漫议"八王之乱"的"名"与"实"》，《福州大学学报》，2002年第2期。

关于《晋书》，学界也已积累大量研究成果。王树民、曹书杰等学者对于房玄龄《晋书》及唐前晋史编纂情况有过精深研究①，陈寅恪、李培栋、清水凯夫等学者探讨了唐修《晋书》目的、参与修史的人员组成等关键问题②，为本文的写作提供了重要参考。

二、《晋书·八王列传》史料来源

（一）《八王列传》概要

《八王列传》位于《晋书》卷五九。开篇是一段近千字的序，其后依次是汝南王亮、楚王玮、赵王伦、齐王冏、长沙王乂、成都王颖、河间王颙、东海王越的传记，最后是史臣的论赞。

传序集中体现了史臣对于分封制的历史观念，第一句即称"自古帝王之临天下也，皆欲广树蕃屏，崇固维城"。周室"封建亲贤，并为列国……故得卜世之祚克昌，卜年之基惟永"，秦"事不师古，二世而灭"，汉"爰革斯弊"，曹魏"徒分茅社，实传虚爵，本根无所庇荫，遂乃三叶而亡"。③ 史臣抱着以分封制为轴心的立场回顾了西周以降的历史，继而说到晋朝，"思改覆车……然而付托失所，授任乖方，政令不恒，赏罚斯滥"④，将西晋崩溃的原因归结于付托、授任、政令、赏罚的失当，也就是属于人祸而非制度本身的缺陷。

这也是唐代史臣将"八王"合为一传的原因："西晋之政乱朝危，虽由时主，然而煽其风、速其祸者，咎在八王"，"向使八王之中，一藩繄赖……则外寇焉敢凭陵，内难奚由窃发！纵令天子暗劣，鼎臣奢放，虽或颠沛，未至土崩。"⑤晋惠帝虽然昏聩无能，但被寄予"崇固维城"厚望的宗王不能同心协力，反而自相残杀，这是更令人痛憾的，也是西晋灭亡

---

① 王树民：《十八家晋书》，《文史》第十七期，北京：中华书局，1983年；曹书杰：《王隐家世及其〈晋书〉》，《史学史研究》，1995年第2期；聂溦萌：《晋唐间的晋史编纂——由唐修〈晋书〉的回溯》，《中华文史论丛》，2016年第2期。
② 陈寅恪：《李唐氏族之推测》，《金明馆丛稿二编》，北京：生活·读书·新知三联书店，2001年，第320—334页；李培栋：《魏晋南北朝史缘》，上海：学林出版社，1996年；清水凯夫：《论唐修〈晋书〉的性质》，《北京大学学报》，1995年第5期。
③ 《晋书》卷五九《八王列传》，第1589—1590页。
④ 《晋书》卷五九《八王列传》，第1590页。
⑤ 同上。

的核心原因。

史臣这种思想观念直接左右了《晋书·八王列传》的人选。"八王"中的汝南王亮在晋武帝死后地位声望都很高,又被寄予辅政厚望,但他对于宗室外戚之争完全持逃避态度,还有楚王玮很早就死于非命,涉事深度和破坏程度都远不及其后以赵王伦为开端的宗王大混战。林校生认为汝南王亮和楚王玮入选"八王"的原因是他们没能承担起与其地位或能力匹配的责任。汝南王亮是先帝顾命重臣,却畏缩犹豫,不能扼制局势的恶化,楚王玮是武帝诸子中少有的人才,却年轻气盛,受贾后利用。①《晋书·八王列传》的论赞称二王"或位居朝右,或职参近禁,俱为女子所诈,相次受诛,虽曰自贻,良可哀也"②。

结合《晋书·八王列传》的态度反观八王的作为,他们的共通点是加速了西晋的灭亡,"煽其风,速其祸",而非参与某一具体的历史事件。

(二)《八王列传》史料来源

贞观年间修撰《晋书》时,距离八王之乱结束已有三百余年,《晋书·八王列传》的史料均采自前代史书。整体而言,唐修《晋书》以臧荣绪《晋书》为蓝本,兼采十八家旧晋史及晋代文集。本章聚焦《晋书·八王列传》这一特定传记,考察其对前代史料的承袭情况。

清代辑佚家汤球辑有臧荣绪《晋书》十七卷,收入《九家旧晋书辑本》。汤球依据唐修《晋书》的篇目结构,在卷十一也设有《八王列传》,排列汝南王亮、楚王玮、长沙王乂、成都王颖、东海王越的佚文18条。唐修《晋书》与某些佚文有明显的承袭关系,如:

1.(汝南王亮子羕)辅成帝时,帝冲幼,诏羕依安平献王孚故事,设床帐于殿上,帝亲迎拜。(臧荣绪《晋书》)

时帝幼冲,诏羕依安平献王孚故事,设床帐于殿上,帝亲迎拜。(唐修《晋书》)

2.(长沙王乂)初入洛,谓成都王曰:"天下先帝之业,王宜维之。"时齐王冏已至,闻乂言者皆惮之。(臧荣绪《晋书》)

---

① 林校生:《漫议"八王之乱"的"名"与"实"》。
② 《晋书》卷五九《八王列传》,第1627页。

因谓颖曰:"天下者,先帝之业也,王宜维之。"时闻其言者皆惮之。(唐修《晋书》)

3.(成都王颖)颖形状美而神明少,乃不知书,然器性敦厚,委事卢志,故得成其美焉。(臧荣绪《晋书》)

颖形美而神昏,不知书,然器性敦厚,委事于志,故得成其美焉。(唐修《晋书》)①

有的则二书文字完全相同:

1.(楚隐王玮)武帝崩,入为卫将军,领北军中侯,加侍中,行太子少傅。杨骏之诛也,玮屯司马门。玮年少果锐,多立威刑,朝廷忌之。

2.(东海王越)有令名,谦虚,持布衣之操,为中外所宗。②

以18条佚文对照《晋书·八王列传》,均能找到相应内容。文字上也大体相似,部分完全一致,不一致处多是笔法的细微差异或细节出入。可见《晋书·八王列传》在内容上确以臧荣绪《晋书》为本。

而臧荣绪《晋书》的西晋部分又多以王隐《晋书》为本。汤球辑有王隐《晋书》十卷,也收入《九家旧晋书辑本》,其中有关楚王玮、赵王伦、齐王冏、长沙王乂、成都王颖、河间王颙、东海王越的佚文30条。由于王隐《晋书》与臧荣绪《晋书》有关"八王"的内容都留存很少,难以直接判断关联,因此试将王隐《晋书》佚文与唐修《晋书》进行对照。部分内容明显具有因袭关系,如:

1.(楚隐王玮)临死,出其怀中青纸诏书,以示监刑尚书刘颂,流涕而言:"此诏书也。受此而行,谓为社稷,今更为罪。托体先帝,受枉如此,幸见申列。"颂亦哽咽。(王隐《晋书》)

---

① 汤球辑,杨朝明校补:《九家旧晋书辑本》,郑州:中州古籍出版社,1991年,第105—106页;《晋书》卷五九《八王列传》,第1589—1628页。

② 同上。

玮临死，出其怀中青纸诏，流涕以示监刑尚书刘颂曰："受诏而行，谓为社稷，今更为罪，托体先帝，受枉如此，幸见申列。"颂亦歔欷不能仰视。（唐修《晋书》）

2.（齐王冏）十二月，有白头老人之大司马府，大呼："有大兵起!"不出甲子旬，即收都卫。考竟，殉于内外。①（王隐《晋书》）

有白头公入大司马府大呼，言有兵起，不出甲子旬。即收杀之。（唐修《晋书》）

3.（齐王冏）初，同辅政。大安元年，有妇人诣大司马门寄产，吏驱之，妇人曰："我截齐便去耳。"言毕不见，识者闻而恶之。（王隐《晋书》）

初，冏之盛也，有一妇人诣大司马府求寄产。吏诘之，妇人曰："我截齐便去耳。"识者闻而恶之。（唐修《晋书》）②

但王隐《晋书》中也有一些情节不见于唐修《晋书》，如"齐王冏起义，孙秀多敛苇炬，益储麻油于殿省，为纵火具"③。另如叙述赵王伦起兵废贾后的过程，王隐《晋书》称"赵王伦欲废贾后，而门钥在侍中处。所部司马多木作，有利锯。至期，伦乃命三部司马以锯截关开门"④，而唐修《晋书》称"伦又矫诏开门夜入，陈兵道南，遣翊军校尉、齐王冏将三部司马百人，排阁而入"⑤，显然是另有所本，不是直接依据王隐《晋书》。从叙事和字句的相似程度来看，唐修《晋书·八王列传》与王隐《晋书》确有渊源，但大概不及和臧书的承袭关系那么直接。

从佚文展现出的相似性上可以推知，在"八王"的传记内容方面，唐修《晋书》确实以臧荣绪《晋书》为本，略作删减和增补，与王隐《晋书》也存在承袭关系。但现有史料尚无法证明臧荣绪《晋书》和王隐《晋书》也将此八王合为类传，实际上王隐、臧荣绪《晋书》与唐修《晋书》在具体的篇

---

① 《九家旧晋书辑本》作"考问，竟考死"，疑有误。该句辑自《开元占经》卷一〇三，《开元占经》四库全书本作"考竟，殉于内外"。
② 汤球辑，杨朝明校补：《九家旧晋书辑本》，第257—260页；《晋书》卷五九《八王列传》，第1589—1628页。
③ 汤球辑，杨朝明校补：《九家旧晋书辑本》，第257页。
④ 同上。
⑤ 《晋书》卷五九《八王列传》，第1599页。

目设置上还存在不少差异。"八王"佚文中有一条体现了此类编纂差异,"齐王冏为大司马。十二月,有白头老人之大司马府……"在《开元占经》注明引自王隐《晋书·惠帝纪》①,而这一事件在唐修《晋书》中被编入了《齐王冏传》。

(三)"八王"概念探微

尽管臧荣绪《晋书》是否设有《八王列传》无从确认,但"八王"的概念在唐代以前就已经出现了。《隋书·经籍志》著录有《八王故事》十卷,《旧唐书·经籍志》的"史部故事类"记为十二卷。作者卢綝生活于两晋之交,是成都王颖心腹谋士卢志的兄子,《隋书·经籍志》记载他还撰有《晋四王起事》四卷。两书均已佚,清代辑佚家黄奭从《世说新语注》《北堂书钞》等书中进行辑佚,并收入《黄氏逸书考》。

卢綝事迹在存世史籍中记载不多。王浚攻破邺城大败成都王颖时,卢綝与族人卢志、卢谧也在邺城。② 东晋初卢綝曾出任尚书郎③,后拜廷尉。④ 卢綝作为晋末混战的亲历者,且与政治风云人物有着密切关系,他的著述一定程度上可以反映同时代人对于八王之乱的认知。

《四王起事》的书名易使人联想到"三王起义","三王"即共同起兵反对赵王伦篡位的齐王冏、成都王颖和河间王颙,若从此说第四王无从确定。然而观其佚文,主要记载的事件有司马王越携惠帝征成都王颖、成都王颖携惠帝自邺还洛阳、张方携惠帝西迁长安,均发生于304年,这一阶段活跃且影响力大的宗王当数成都王颖和东海王越。《四王起事》的"四王"指谁难以考究,但内容应当叙述的是三王起义讨伦以来的宗王混战,也即"八王之乱"的第二阶段。

《八王故事》佚文涉及20余人事迹,其中既有西晋宗王,也有诸王僚佐等晋末政治人物,其中涉及宗王的有以下8条:

---

① 瞿昙悉达:《开元占经》卷一〇三,四库全书本,第977页。
② 《晋书》卷四四《卢志传》记载:"俄而众溃,唯志与子谧、兄子綝、殿中武贲千人而已。"(第1257页)
③ 《晋书》卷七一《熊远传》记载:"尚书郎卢綝将入直,遇协于大司马门外。协醉,使綝避之,綝不回。协令威仪牵捽綝堕马,至协车前而后释。"(第1887页)
④ 《隋书》卷三三《经籍志》记《晋四王起事》作者为晋廷尉卢綝。(北京:中华书局,1973年,第966页)

太康七年，正旦日蚀，诏公卿大臣各上封事，其咎安在。汝南王亮与司徒舒、司空瓘上言……

汝南王薨，诏赐冰五斛。

初，赵王伦将篡位，洛下童谣曰："屠苏鄣日覆两耳，当有瞎儿作天子。"于是商农通著大裁鄣日，伦实眇目也。

司马越字元超，高密王泰长子。少尚布衣之操，为中外所归，累迁司空、太傅。

东海王越治鄄城，城无故自坏七十余丈，越恶之，移治濮阳城南。

（长沙王乂）世祖第十七子。

司马颖字叔度，世祖第十九子，封成都王、大将军。

范阳王（虓）保于鄢坂，后于其上置关。①

其中汝南王亮、赵王伦、东海王越、长沙王乂、成都王颖都在唐代确立的"八王"之列，非"八王"的宗室仅提到范阳王虓。范阳王虓与东海王越同为司马馗之孙，关系紧密，是东海王越的重要助力，但论对局势的影响不及其他几位宗王，应当不会被卢綝列为"八王"之一。那么，该书的"八王"与《晋书·八王列传》所指的名目相同吗？佚文中有两条关于汝南王亮的记录，可知《八王故事》覆盖的时间段包含了宫廷政变为主的"八王之乱"第一阶段，若如此，楚王玮作为讲述贾后政变不可缺少的环节，在原书中也应占有不少篇幅。考察该书记述下限，应该到了永嘉年间，《世说新语》注引《八王故事》云"（王）玄为陈留太守，或劝玄过江，投琅琊王"②。从涉及的前后时限来看，参与政变的楚王玮、"三王起义"中的齐王冏和河间王颙应当在"八王"之列，连同佚文中提到的五位宗王，构成了一个可能和《晋书·八王列传》相同的"八王"人选。

无论"八王"具体指代哪八王，可以肯定的是，《八王故事》已经体现出将贾后政变与诸王混战联为一体看待的倾向，这是当时宗王势力强大

---

① 《卢綝晋八王故事》，车吉心主编：《中华野史》第1卷，济南：泰山出版社，2000年，第264—267页。

② 刘义庆著，余嘉锡笺疏：《世说新语笺疏》，北京：中华书局，1983年，第523页。

的自然反映。卢綝正生活于皇帝势弱、诸王混战的阶段，他的族人有一些正供职于宗王，这些现实境况想必会影响士人的思维方式与对政局的理解。范阳卢氏以儒学显，东汉以来累世高官，在这样兼有文学与政治底蕴的环境中成长，卢綝具有回顾并总结历史的意识。而在撰述过程中，他又以宗王混战阶段的定式思维和视角，思考不久以前发生的有宗王参与的宫廷政变，形成了跨时段将两部分事件联为一体的历史叙事。

对比卢綝撰写的两书，《四王起事》四卷叙述宗王混战，《八王故事》十二卷自汝南王亮时期写至惠帝末，囊括西晋转衰的十余年历史。卷帙的增加，叙事广度的拓展，笔者倾向认为后者写作时间晚于前者，是卢綝更深刻和成熟的历史认识的体现。在南朝，《八王故事》也较《四王起事》流传广泛。刘孝标为《世说新语》作注，引《八王故事》十余条。徐陵在《与王僧辩书》写道："校彼兵荒，无闻前史，八王故事，曾未混淆，九州春秋，非去祸乱。"①西晋司马彪撰写的《九州春秋》记载东汉末史事，此处与《八王故事》对举，是用两书书名指代西晋末和东汉末的乱世。

在唐修《晋书》中，除了《八王列传》，还有另两处使用了"八王"概念。一是《晋书》卷三八《文六王传》的"史臣曰"："天假之年而除其害……何八王之敢力一争，五胡之能竞逐哉！"②第二处是《晋书》卷六四《武十三王传》"史臣曰"："重以八王继乱，九服沸腾，戎羯交驰，乘舆幽逼。"③两次均出现在史论部分，考察语境，似是沿用习称。《八王故事》在唐初还存在，编修《晋书》的史官应当对这本书的内容以及已有的"八王"概念有所了解。

"八王"这一简洁而具概括性的概念，自出现以来三百余年仍相沿使用，可见其具有一定生命力。那么与卢綝同朝为官的王隐，或许会更直接地受到启发。东晋初王隐任著作郎，受祖纳赏识④，而卢綝任尚书郎，与祖纳同为范阳人。王隐可能与卢綝存在交游关系，并可能效仿《八王故事》在《晋书》中也将八王合为一传。

考察"八王"概念的起源，最早见于两晋之交卢綝撰写的《八王故事》，

---

① 李昉：《文苑英华》，北京：中华书局，1966年，第3485页。
② 《晋书》卷三八《文六王传》，第1134页。
③ 《晋书》卷六四《武十三王传》，第1725页。
④ 《晋书》卷八二《王隐传》记载："建兴中，过江，丞相军谘祭酒涿郡祖纳雅相知重。"（第2142页）

此时已出现将贾后政变与宗王混战两阶段联为整体的历史观念，其"八王"人选可能与《晋书·八王列传》一致。《八王故事》问世以来传播较广，王隐、臧荣绪等唐前《晋书》的撰写可能会受其影响，也将八王合传。无论王、臧书设有《八王列传》与否，唐修《晋书·八王列传》所用的材料是从以臧荣绪《晋书》为主的晋史中继承而来。

三、《晋书·八王列传》与贞观政治

囿于史料，对《晋书·八王列传》史料来源的考察尚有不少缺环，主要有三种可能的情况：一是臧荣绪《晋书》中即设有《八王列传》，唐修《晋书》沿袭；二是臧书没有将八王合传，唐初史臣参考《八王故事》创立《八王列传》；三是史臣沿用"八王"概念，但在人选上有所变更。但无论史臣面对的前代晋史是何种面貌，《八王列传》是沿袭或新创，都不应忽视的是其中唐代史臣的能动性。在《八王列传》的写作上，史臣一定是相当慎重的。唐太宗亲自为《宣帝纪》《武帝纪》撰写论赞，足见其对西晋史的重视，《八王列传》记述的事件紧接武帝朝之后，贯穿惠帝朝始终，其重要程度不言而喻，因此唐初正统、主流的历史观念会对《八王列传》起到决定性影响。

《八王列传》对于历代分封制、西晋衰亡原因以及八王，都做出了观点鲜明的评价，作为官修正史，这些政治性强的评论与当时的政坛风向息息相关。本章探讨贞观政治中与《晋书·八王列传》史观有关的事件，包括封建讨论与太子废立两个问题。

（一）唐初封建讨论

唐代史臣总结"八王"历史，认为君主的昏聩和宗王的自相残杀，是造成西晋崩溃的根本原因，八王的责任甚至更大。八王"煽其风，速其祸"，不仅没有成为支撑中央王朝的坚实力量，反而是祸乱的肇始者。"向使八王之中，一藩鳌赖……纵令天子暗劣，鼎臣奢放，虽或颠沛，未至土崩"[1]，唐代史臣举司马睿为例，司马睿"权轻众寡"，"匹马济江"，却能延续晋祚百余年，最终唐代史臣感叹"虽曰天时，抑亦人事"[2]。这与

---

[1] 《晋书》卷五九《八王列传》，第1590页。
[2] 同上。

近现代史家常从制度角度展开分析，将八王之乱归因于封国置兵或出镇地方的观点截然不同，体现了不同时代不同的政治历史观和思维视角。本节将考察唐前期关于封建的整体观念趋向，探求《晋书·八王列传》史观的现实根源。

魏晋南北朝是门阀势力逐渐抬头的时代，秦代确立的中央直接统领郡县的高度集权体制再次受到质疑，魏晋时期曹冏的《六代论》、陆机的《五等论》都是疾呼恢复封建制的代表，他们认为秦汉灭亡的原因就在于不立封建，应当恢复西周古制。时至唐初，这种观念仍然保持着较大的影响力。

唐太宗本人对于推行封建就较为执着，他一方面"始定功臣实封差第"，完善了分封制度的等级设置，另一方面意图扩大分封范围，曾前后三次提议封建。① 第一次在贞观初年，唐太宗问尚书右仆射萧瑀"朕欲使子孙长久，社稷永安，其理如何？"②萧瑀提议行封建之法，太宗欣然采纳，交由群臣讨论，遭反对而作罢。第二次是在贞观五年（631年）十一月，太宗下诏："皇家宗室及勋贤之臣，德行可称，忠节显著者，宜令作镇藩部，宣条牧民，贻厥子孙，嗣守其政，非有大故，无或黜免。"③两次推行分封的提议都遭到强烈的反对，李百药、长孙无忌、魏征等大臣纷纷上书反对恢复封建制，太宗只得罢议，但推行分封的想法其实并未放弃。第三次是在贞观十一年（637年），太宗又以"封建亲贤，当是子孙长久之道"④，下诏封诸王、勋臣为世封刺史，诏书分别见于《旧唐书》的《高祖二十二子传》和《长孙无忌传》。这次又遭到了众人反对，长孙无忌尤为激烈，他上言说："臣等披荆棘以事陛下。今海内宁一，不愿远离。而乃世牧外州，与迁徙何异？"⑤这到了"怨望"的程度，太宗不能强制功臣就封，终于放弃。唐太宗再三提议分封，根本目的在于"欲使子孙长久，社稷永安"的私心，也侧面反映了封建制在当时还具有相当程度的生命力。

对于唐太宗三次推行封建的提议，多数朝臣持反对意见。其中有立

---

① 参见赵克尧：《论唐初的分封》，《学术月刊》，1984年第1期。
② 刘昫：《旧唐书》卷六三《萧瑀传》，北京：中华书局，1975年，第2400页。
③ 宋敏求编：《唐大诏令集》卷六五《封建功臣诏》，北京：中华书局，2008年，第358页。
④ 吴兢：《贞观政要》卷三《封建第八》，上海：上海古籍出版社，1978年，第99页。
⑤ 《旧唐书》卷一五《长孙无忌传》，第1448页。

场颇为坚定者，如时任礼部侍郎的李百药在《封建论》中称"爵非世及，用贤之路斯广；民无定主，附下之情不固"①，魏征"意以唐承大乱，民人雕丧，始复生业，遽起而瓜分之，故有五不可之说"②，反对的态度很明确。也有语气较缓和者，如监察御史马周说"臣窃惟陛下封植之者，诚爱之重之，欲其胤裔承守，与国无疆，可使世官也"③，认为可以给予子孙世袭福禄，但不应授予世袭的实权，而应该具体视其德行能力而定。他以西晋八王之乱作为反面教材劝诫唐太宗："自汉、晋以来，诸王皆为树置失宜，不预立定分，以至于灭亡。"④颜师古的主张则较为折中："不若分王诸子，勿令过大，间以州县，杂错而居，互相维持，使各守其境，协力同心，足扶京室"⑤，主张分封与州县交错设置，同时又强调限制宗王在选官、礼法等方面的权力。此外，长孙无忌虽然反对分封，但完全是出于自身利益的考量，不愿"世牧外州"，觉得有如迁徙。持这种理由反对分封的人不在少数，贞观十一年诏下达后"群臣不愿封"⑥，功臣集体的反对最终迫使太宗于贞观十三年（639年）二月下诏停止世封刺史，且以后不再提封建之事。

唐太宗与朝臣围绕封建一事的拉锯战，最终以太宗在贞观十三年的妥协告终。朝臣中以李百药、魏征为首的反对者居多，也有如颜师古的折中者，和萧瑀这样的支持者。反对者中为数不少是出于切身利益的考虑，比如长孙无忌。在反对的声音中，现今史料仅见监察御史马周提到西晋八王之乱事，可见在唐初，八王之乱并不算封建制的典型反例。而以颜师古为代表观点在《晋书·八王之乱》中有所体现，传序点评汉代分封"矫枉过直，惩羹吹齑，土地封疆，逾越往古"⑦，既肯定了"矫枉"的作用，又批评其封疆过大。

（二）太子问题

唐太宗时期修成了八部正史，除南北史为私修外，其余六朝史都是

---

① 《贞观政要》卷三《封建第八》，第103页。
② 欧阳修：《新唐书》卷七八《渤海王奉慈传》，北京：中华书局，1975年，第3538页。
③ 《贞观政要》卷三《封建第八》，第110页。
④ 《贞观政要》卷四《太子诸王定分第九》，第113页。
⑤ 司马光：《资治通鉴》卷一九三，贞观五年，北京：中华书局，1956年，第6089页。
⑥ 《新唐书》卷九四《侯君集传》，第3827页。
⑦ 《晋书》卷五九《八王列传》，第1589页。

官修且集体编纂。齐、周、隋、梁、陈五朝史都是在贞观三年（629年）开始修撰，而仅有《晋书》是直到贞观二十年（646年）唐太宗才下诏修撰。

唐太宗在《修晋书诏》解释重修晋书的原因是"（晋史）十有八家，虽存记注，而才非良史，书亏实录"[1]，但这一解释只被岳纯之等少数现代学者接受[2]，更多的学者是从政治角度考察这一长达十七年的时间间隔。陈寅恪是首位关注到这个问题的学者，"唐以前诸家晋书，可称美备，而太宗复重修之者，其故安在？"[3]他从这一疑问出发展开研究，最终得出的结论是唐太宗重修《晋书》是为了尊扬皇室，证明其先世之渊源。李培栋则认为，促使太宗重修《晋书》的动因是当时一系列政治事件，一是皇位继承问题上的斗争，二是太宗对功臣的猜忌怀疑，三是太宗对于历史记载的恐惧。[4] 太宗对历史的重视和敬畏常为人津津乐道，在《修晋书诏》中也说"大矣哉，盖史籍之为用也！"[5]，贞观十七年（643年）刚围绕皇位继承人问题发生了巨大变故，贞观二十年至二十二年修成的《晋书》，若说是这个政治事件直接引发或可商榷，但史书中想必会留下当时政治气氛的烙印。对于《晋书》蕴含的政治性，日本学者清水凯夫细致探查文人传记《晋书·陶潜传》和《陆机传》对前代晋史的改修，揭示了《晋书》是"据太宗意图而有意识被改修"。[6]

贞观十七年（643年），齐王李祐谋反，牵连了太子李承乾的卫士纥干承基，纥干承基揭发太子也在策划谋反，最终牵连出了一连串的皇室宗王和朝廷重臣。李承乾早在太宗即位之初就被立为太子，但他患有足疾，而四子魏王李泰后来颇受太宗信用，在朝中结交了一批大臣，势力日重。李承乾担心被取代，便与汉王李元昌、兵部尚书侯君集等人串通，准备武力夺取皇位，不料事情提前败露，太子李承乾被贬为庶人。魏王李泰试图争取太子之位，也遭贬黜为郡王。"承乾悖逆，泰亦凶险，皆不可

---

[1] 吴云、冀宇校注：《唐太宗全集校注》，天津：天津古籍出版社，2015年，第525页。
[2] 岳纯之：《唐朝初年重修〈晋书〉原因新探》，《烟台大学学报》，2001年第1期。
[3] 陈寅恪：《李唐氏族之推测》，《金明馆丛稿二编》，北京：生活·读书·新知三联书店，2001年，第320页。
[4] 李培栋：《〈晋书〉研究》，《魏晋南北朝史缘》，上海：学林出版社，1996年。
[5] 《唐太宗全集校注》，第525页
[6] 清水凯夫：《论唐修〈晋书〉的性质》。

立"①，最终被立为太子的是未参与皇储位争夺的晋王李治。这件事对唐太宗造成了很大打击，他曾在长孙无忌、房玄龄、李世勣、褚遂良等重臣面前慨叹"三子一弟，所为如是，我心诚无聊赖！"②说完便向床撞去，又抽刀作自杀状。这不无夸张作秀的成分，但痛苦也是真实的，三个儿子和一个弟弟都牵涉进太子争夺阴谋，对通过宫廷政变上位的太宗来说无疑是巨大的震动。他事后也反思"我若立泰，便是储君之位可经求而得耳"。③李培栋认为，太宗要为自己辩护，为自己冷酷的处理方式找到合理性依据，晋武帝死后西晋丧乱的历史便成为有力的例证，因此，太宗亲自撰写了《晋书·武帝纪》最后的《制曰》。④ 在史论中，他着重强调了晋武帝用人的失当：

建立非所，委寄失才。

惠帝可废而不废，终使倾覆洪基。

夫全一人者德之轻，拯天下者功之重，弃一子者忍之小，安社稷者孝之大；况乎资三世而成业，延二孽以丧之，所谓取轻德而舍重功，畏小忍而忘大孝。圣贤之道，岂若斯乎！⑤

这些话有很强的现实映照性，唐太宗指责晋武帝"惠帝可废而不废"，与他自身当废即废的果决进行对比，将自己塑造为"拯天下""安社稷"的英明皇帝。这篇《制曰》明显体现了唐太宗的现实政治需求与历史观念。

晋惠帝当废而未废，"倾覆洪基"是结果，八王之乱则是导致此结果的过程。八王之乱的时间基本与晋惠帝在位时间相始终。唐太宗虽未亲笔撰写《晋书·八王列传》的史论，但两篇纪传史论的思想是一脉相承的。"西晋之政乱朝危，虽由时主，然而煽其风，速其祸者，咎在八王"，"虽曰天时，抑亦人事"⑥，也是强调人祸导致的王朝灭亡，而惠帝初年的人

---

① 《资治通鉴》卷一九七，贞观十七年，第6196页。
② 《资治通鉴》卷一九六，贞观十七年，第6188页。
③ 《旧唐书》卷七六《太宗诸子传》，第2447页。
④ 李培栋：《〈晋书〉研究》。
⑤ 《晋书》卷三《武帝纪》，第88页。
⑥ 《晋书》卷五九《八王列传》，第1589—1628页。

事都是晋武帝生前的安排。《晋书·八王列传》的编纂者或主动迎合太宗的观念，或身处政治余波，不由自主地带着现实关切反思西晋历史，在史论中体现了强调人事好恶的倾向。

四、小结

本文围绕《晋书·八王列传》展开研究。《晋书·八王列传》的传序和史论明确指出，"八王"没有肩负起勤力王室的责任，反而"煽其风，速其祸"，加速了西晋的灭亡，这是唐代史臣将"八王"合为一传的原因，也反映了唐代史臣对八王之乱性质的基本认知。

史料来源方面，《晋书·八王列传》内容上以臧荣绪《晋书》为本，与王隐《晋书》有承袭关系。而将贾后政变与宗王混战两个阶段联为一体的叙述方式，以及"八王"概念与名目，源自两晋之交卢綝撰写的《八王故事》。

贞观时期的政治观念与风向是本文关注的另一重点。在唐太宗三次提议封建和群臣三次反对中，仅见监察御史马周明确提到西晋之事，可见在唐初，八王之乱并不算封建制度的典型反例。《晋书·八王列传》立足于人祸的角度对晋末丧乱进行总结，这可能与发生在贞观十七年、《晋书》修撰前三四年的皇储位争夺有关。

[导师评语]

西晋"八王之乱"，我们耳熟能详，对"八王"的成立过程，学界却很少措意。本文从史学史脉络出发，探寻《晋书·八王列传》与王隐、臧荣绪《晋书》及卢綝《八王故事》的史源关系，推测"八王"的概念、人选及所指代的历史时段，或许起自两晋之交的历史叙述。此说可从。而唐修《晋书》中八王合为一传，这无论是沿袭旧史还是史臣新创的结果，其背后理念皆可深思。所以文章又联系贞观时期的封建讨论和储位争夺，指出唐初君臣带着现实关切来反思西晋历史，因而在史论中着意强调：导致西晋丧乱的原因并非分封本身，而是"人事"。文章逻辑缜密，考辨细致，文字简练清新。

宸心留眷：玄武门之变后宫府女眷的命运

作者：高鹤轩　　指导教师：游自勇*

一、绪论

（一）选题缘由

在传统的历史叙述中，男性一直是各类史传文献的主要编撰者和记述主体，而大多数女性的命运都在寥寥数语中草草带过，不知去向，不知归处。近年来，随着中古碑志材料的大量出土，我们得以获取新的材料来填补、校正传世史传的内容，从新的视角来进一步探求历史真相；同时，也使以往被忽视的女性形象在碑志材料的塑造下逐渐鲜活、丰满起来，将她们尘封已久的命运和记忆娓娓道来。通过考察墓志的书写，我们可以逆而求证史传文献中难以体现或明言的政治、社会问题，而非单纯地以碑石证史。因此，本文尝试结合史传文献和碑志材料，对重大历史事件的相关女性命运与历史书写进行统合研究，探究影响其命运和历史书写的政治、社会背景。

玄武门之变是唐初由太子李建成集团与秦王李世民集团之间的政治斗争而引发的一场重大军事政变，以太子李建成、齐王李元吉被诛，李世民集团取得胜利而告终。据两《唐书》记载，李建成与李元吉的子嗣都因此坐诛，但对于二人家中女眷的处置方式并未明言，传世其他史籍对此也未见只言片语的记载。近年来，太子妃郑观音、承徽杨舍娘、二女闻喜县主及五女归德县主、齐王女归仁县主、新野县主等女性墓志相继

---

* 作者：高鹤轩，首都师范大学历史学院中国史基地班 2017 级本科生，现为日本金泽大学人间环境学科东洋史专业硕士研究生。
　　指导教师：游自勇，历史学博士，首都师范大学历史学院教授、博士生导师，教育部新世纪优秀人才，全国优秀博士论文获得者。研究领域涉及中古正史《五行志》、中古宗教信仰、唐代家族、唐代文书制度、敦煌吐鲁番文献等。

面世，为这一隐书提供了考察的可能性。本文利用这批墓志，对政争失败者的女眷的整体命运进行讨论。同时，还将对比女性墓志与传统的历史书写，对玄武门之变及前后事进行新的观察与讨论。

(二) 学术史回顾

1. 玄武门之变相关研究

陈寅恪在《隋唐制度渊源略论稿 礼仪章》中对宫城建制进行讨论，认为在宫城北门(即玄武门)进行的军事交锋是决定李唐中央政治革命成败的关键。[①] 在《唐代政治史述论稿》中《政治革命及党派分野》中，他再次强调，李世民谋取玄武门的军事控制权是革命的成败所在。[②] 而以玄武门之变为代表的唐初中央政治革命以诉诸武力的公开战争形式实现，实则是关中本位政策延续的表现。

基于此，唐长孺在《读陈寅恪〈唐代政治史述论稿〉后记》[③]中对关中本位政策和地域集团做了进一步发散，认为玄武门事变实则是关陇集团与山东士族在关中本位政策下长期角力的产物。通过总结双方势力中主要力量的籍贯与集团归属，将兄弟阋墙的宫廷政争转化为地域之争。而李世民在依凭山东士族取得政变成功后，也逐渐将太子府中关陇集团的势力收于麾下，将两大集团的力量都化为己用。

关于北门军的作用，唐长孺在《魏晋南北朝隋唐史三论》中专节讨论《北门军的发展》[④]，同意秦王胜利的原因固然在于提前获得了北门军将领的支持，但与之关系最为密切的还是秦王府出谋出力的将士。唐长孺认为，北门军在事变后必定进行过一次调整，转由秦王府兵获得了北门的实际控制权，且逐渐由府兵制改为募兵制，战斗力日益下降。

循着相似的思路，孙英刚在《唐代前期宫廷革命研究》[⑤]将以玄武门事变为代表的唐初皇位继承斗争归纳为"一君两储三方"格局：一位实权在

---

① 陈寅恪：《隋唐制度渊源略论稿 唐代政治史述论稿》，商务印书馆，2011年，第70页。
② 同上书，第243页。
③ 唐长孺：《读陈寅恪〈唐代政治史述论稿〉后记》，载《山居存稿续编》，北京：中华书局，2011年，第312页。
④ 唐长孺：《魏晋南北朝隋唐史三论》，武汉：武汉大学出版社，2013年，第346—362页。
⑤ 孙英刚：《唐代前期宫廷革命研究》，载荣新江主编：《唐研究》第七卷，北京：北京大学出版社，2001年，第263—287页。

握的皇帝或太上皇，两大政治集团及其各自拥立的皇嗣，此三方互为制约，只有一方将其余两方同时消灭，才能取得革命的成功。不同于前述北门之说，孙英刚认为，玄武门事变中的北门军尚未获得左右成败的实力与地位，秦王的军事重点必在其余两方。在事变中，高祖受制、太子齐王受诛才是秦王取得胜利的充分必要条件。但他也认为，正是受此影响，秦王继位后迅速壮大了北门军，使其在后来的宫廷革命中发挥了举足轻重的作用。

此外，还有多位学者对玄武门之变的整体过程进行分析讨论。如曹印双《唐代政治文化研究论稿》[①]、《"玄武门之变"史事新解》[②]和李虎《李唐政治军事集团研究》[③]等文章，对李唐开国父子四人之间矛盾产生前后的全过程进行了剖析，细致解读玄武门之变的经过。亦有张欣《皇权政治视野下的"关陇集团"研究》[④]，对贞观朝关陇集团的凋零进行了考察。这些研究为玄武门之变补充了细节上的观察。

随着新墓志的出土，对于相关人物的个案研究也得以进行。胡明曌在《有关玄武门事变和中外关系的新资料——唐张弼墓志研究》[⑤]中对《张弼墓志》进行考释，从"前宫僚属，历从降授"入手，认为魏征、王珪和韦挺等人在被起用时都存在降授的现象。且张弼既有门第功名，更有出使丝路的功劳，然而最终仍只是七品黄安县令，可证李世民对于前宫僚属的任用确实有所保留。孟宪实在《论玄武门事变后对东宫旧部的政策——从〈张弼墓志〉谈起》[⑥]中，也就此事分别对东宫上层僚属、文官及得到重用的特殊情况进行了考察，认为不能由《张弼墓志》的记载一概而论。孟宪实指出，秦王府对于前宫僚属的处置存在一个转换过渡的时期，由建议"从坐籍没"到停止追杀，再到有选择性地起复任用乃至重用，但这种任用的范围和程度不应强行与秦王府旧僚并论。相对而言，李世民在史

---

① 曹印双：《唐代政治文化研究论稿》，陕西师范大学博士学位论文，2006年。
② 曹印双：《"玄武门之变"史事新解》，《历史教学》，2005年第6期，第66—69页。
③ 李虎：《李唐政治军事集团研究》，重庆师范大学硕士学位论文，2011年。
④ 张欣：《皇权政治视野下的"关陇集团"研究》，陕西师范大学硕士学位论文，2015年。
⑤ 胡明曌：《有关玄武门事变和中外关系的新资料——唐张弼墓志研究》，《文物》，2011年第2期，第70—74页。
⑥ 孟宪实：《论玄武门事变后对东宫旧部的政策——从〈张弼墓志〉谈起》，载荣新江主编：《唐研究》第十七卷，北京：北京大学出版社，2011年，第199—220页。

书中呈现出的大度形象仍不足以被推翻。

此外，黄震云、王晋南、李仁俞《〈程翰林墓志〉和程咬金家世生平——附〈唐纪平墓志〉》[①]、马雪芹《唐张士贵墓志铭考释》和张婷《新见唐〈窦师幹墓志〉录释》[②]等文章，对相关人物墓志进行了考释和解读，介绍了志主的家世与个人经历等基本情况。牛致功《〈安元寿墓志铭〉中的几个问题》[③]则通过墓志证经补史，重现了并未出现在史传文献中的志主在相关历史事件中的重要作用。隐太子及太子妃墓志公布后，王连龙和贾二强对其内容进行了基本的考释，分别形成了《跋唐隐太子李建成及妃郑观音墓志》[④]及《释唐李建成及妃郑观音墓志》[⑤]两篇文章，验证了隐太子改谥一事，并对郑观音的出身和生平进行了概述，然均未做进一步研究。吴小龙也就郑观音墓志发表了《唐隐太子李建成妃郑观音的命运变化探析》[⑥]一文，对郑观音的人生经历进行讨论，但在志文的解读上不够准确，所持观点仍待商榷。伏海翔、李超《新见李建成墓志管窥唐太宗的政治主张》[⑦]则通过隐太子谥的废改事件探究唐太宗的心理活动，是由碑志生成过程反推影响因素的典型案例。谢宇荣在其《从父家到夫家：李建成、李元吉诸女婚姻考》[⑧]中结合墓志与史传材料，对李建成和李元吉诸女的婚姻生活及人生结局进行了详细考证，然而其中仍有较多待发之覆，本文亦会论及。

2. 唐代女性墓志研究

近年，随着碑志材料的不断出土，女性墓志研究成果颇丰。对于唐代以前女性墓志的研究情况，司晓洁在其博士论文《北朝女性墓志考古学

[①] 黄震云、王晋南、李仁俞：《〈程翰林墓志〉和程咬金家世生平——附〈唐纪平墓志〉》，《文物》，1995年第10期，第84—87页。
[②] 张婷：《新见唐〈窦师幹墓志〉录释》，《文博》，2012年第3期，第53—56页。
[③] 牛致功：《〈安元寿墓志铭〉中的几个问题》，《史学月刊》，1999年第3期，第37—40页。
[④] 王连龙：《跋唐隐太子李建成及妃郑观音墓志》，《吉林师范大学学报（人文社会科学版）》，2014年第3期，第47—50页。
[⑤] 贾二强：《释唐李建成及妃郑观音墓志》，《唐史论丛》，2014年第1期，第229—236页。
[⑥] 吴小龙：《唐隐太子李建成妃郑观音的命运变化探析》，《河南理工大学学报（社会科学版）》，2021年第4期，第85—91页。
[⑦] 伏海翔、李超：《新见李建成墓志管窥唐太宗的政治主张》，《文博》，2013年第6期，第72—76页。
[⑧] 谢宇荣：《从父家到夫家：李建成、李元吉诸女婚姻考》，《唐史论丛》，2020年第1期，第283—299页。

研究》①中已有过较为全面的整理，本文不再赘述。

对于唐朝女性墓志的整体研究，前人已经做了较多努力。部分学者从墓志内容中探寻唐代普遍的妇女观，如苏士梅在《唐人妇女观的几个问题——以墓志铭为中心》②中对唐代妇女贞节观进行了考察，强跃、景亚鹂《论唐人崇尚的女性美德》③则从墓志所见女性的闺阁教育、婚姻生活、社会生活及影响等方面讨论唐人所崇尚的女性美德，马静《唐代女性道德形象的塑造——以女教经典和女性墓志为中心》④认为唐代女性道德形象是由以女教经典为代表的女性知识分子、墓志撰写者为代表的儒家知识分子和墓主本人共同塑造而成的。王卓英《唐代西州女性家庭生活探微——以吐鲁番砖志为中心》⑤和栗柠《从唐墓志铭窥探唐代女性音乐文化生活》⑥等文章则对唐代女性日常生活投去了关注。同时，唐代女性的宗教信仰也是整体研究中的一个重要话题，如万军杰《从墓志看唐代女性佛道信仰的若干问题》⑦、闫苏苏《唐代女性与佛教信仰的几个问题研究——以唐墓志为中心》⑧等，都从普遍的墓志统计中对唐代女性的宗教信仰进行了讨论和归纳。

此外，还有如李晓敏《唐代寡居女性生活探微——以墓志为基础》⑨、韩敏《唐代继室研究——以墓志资料为中心》⑩、孙华《唐代宗室女研

---

① 司晓洁：《北朝女性墓志考古学研究》，郑州大学博士学位论文，2018年。
② 苏士梅：《唐人妇女观的几个问题——以墓志铭为中心》，《洛阳师范学院学报》，2006年第4期，第102—105页。
③ 强跃、景亚鹂：《论唐人崇尚的女性美德》，《陕西师范大学学报（哲学社会科学版）》，2012年第5期，第96—100页。
④ 马静：《唐代女性道德形象的塑造——以女教经典和女性墓志为中心》，《西夏研究》，2017年第4期，第101—111页。
⑤ 王卓英：《唐代西州女性家庭生活探微——以吐鲁番砖志为中心》，《黑龙江史志》，2013年第21期，第47—48页。
⑥ 栗柠：《从唐墓志铭窥探唐代女性音乐文化生活》，《兰台世界》，2014年第27期，第107—108页。
⑦ 万军杰：《从墓志看唐代女性佛道信仰的若干问题》，《魏晋南北朝隋唐史资料》第19辑，2002年，第109—121页。
⑧ 闫苏苏：《唐代女性与佛教信仰的几个问题研究——以唐墓志为中心》，陕西师范大学硕士学位论文，2018年。
⑨ 李晓敏：《唐代寡居女性生活探微——以墓志为基础》，《内蒙古大学学报（人文·社会科学版）》，2007年第5期，第59—63页。
⑩ 韩敏：《唐代继室研究——以墓志资料为中心》，陕西师范大学硕士学位论文，2014年。

究——以县主墓志资料为中心》[①]以及孙利竹《唐代姬妾侍研究——以墓志资料为中心》[②]等大量文章利用墓志对特定身份的女性群体进行了群体性研究，为不同身份、不同人生阶段、不同人生经历的唐代女性提供了较为周全详细的群体观察。群体研究之下还有对于单方墓志的个案研究，如洪淑莹《故姬范阳卢氏墓志铭考释》[③]，陈瑜、陈朝云《唐故居士钱府君夫人舒氏墓志铭研究》[④]等，都从单方墓志入手，对个人的经历和命运进行考释梳理，形成个案研究。从以上研究来看，唐代女性墓志的研究视角比较全面。

对于唐代女性墓志书写的研究也值得关注。张艳在其硕士论文《唐代女性墓志的书写研究——以〈唐代墓志汇编〉和〈唐代墓志汇编续集〉为中心》[⑤]中，通过收集整理唐代女性墓志，关注其撰写对象、撰写者、内容及撰写特点，对唐代女性墓志书写做出了整体观察。2013年，上官婉儿墓志出土，引发了学界的广泛关注。陆扬《上官婉儿和她的制作者》[⑥]指出该墓志与张说撰写的《昭容上官氏（神道）碑铭》及《中宗上官昭容集序》中所塑造的上官婉儿形象大相径庭，一反碑铭、集序中与其文坛宗主乃至宰相身份相符的措辞，有意将其制作为一个纯然被动的贤德后妃形象。仇鹿鸣《碑传与史传：上官婉儿的生平与形象》[⑦]对上官婉儿的史料文本进行了整合归纳，结合各方史料对上官婉儿的生平和形象进行了新的释读，更加呈现出中宗时期宫廷政治的复杂性。以上文章为唐代女性墓志书写的研究提供了思路，这一课题仍需更多的个案研究来填补空白。

[①] 孙华：《唐代宗室女研究——以县主墓志资料为中心》，陕西师范大学硕士学位论文，2017年。

[②] 孙利竹：《唐代姬妾侍研究——以墓志资料为中心》，陕西师范大学硕士学位论文，2017年。

[③] 洪淑莹：《故姬范阳卢氏墓志铭考释》，《华夏考古》，2018年第3期，第85—88页。

[④] 陈瑜、陈朝云：《唐故居士钱府君夫人舒氏墓志铭研究》，《洛阳师范学院学报》，2021年第1期，第41—45页。

[⑤] 张艳：《唐代女性墓志的书写研究——以〈唐代墓志汇编〉和〈唐代墓志汇编续集〉为中心》，安徽大学硕士学位论文，2017年。

[⑥] 陆扬：《上官婉儿和她的制作者》，《清流文化与唐帝国》，北京：北京大学出版社，2016年，第264—282页。

[⑦] 仇鹿鸣：《碑传与史传：上官婉儿的生平与形象》，《学术月刊》，2014年第5期，第157—168页。

二、隐太子妃郑观音的命运

郑观音,生于隋开皇十九年(599年),卒于上元三年正月(676年),享年78岁。其人于史传并无详细记录,《册府元龟》仅载:"李安严与隐太子同取郑氏,因事东宫。"①其墓志《大唐故隐太子妃郑氏墓志》收录于西安文物稽查队编《西安新获墓志集萃》中。墓志高宽均71厘米,35行,行35字,共1185字。志文对其闺中、婚姻及遭变后的生活记载较详,借此可对郑观音的人生经历进行考察和梳理,从中探知玄武门之变后太宗对隐太子妃的处置态度。

(一)家世教育

郑观音出身于荥阳郑氏,为五姓女之一。荥阳郑氏自东汉末年逐渐发展壮大,历经魏晋至北魏孝文帝时已属豪门高族,与范阳卢氏、清河崔氏、太原王氏并称为"四姓",隋唐时又为"五姓七望"之一,被唐长孺视为"唐代最高门阀"。②志文借用高密郑氏"臣心如水"③与"吾道东矣"④的典故以伐先人,此为唐代士族墓志的普遍书写方式。据《元和姓纂》载其世系:"曾孙略,前赵侍中,生豁、楚。楚生温,燕太子詹事,生三子:晔、恬、兰。晔号北祖,恬号中祖,兰号南祖。晔七子:白麟、小白、叔夜、洞林、归藏、连山、幼麟,因号七房郑氏。"⑤据郑观音墓志,其高祖郑道玉与祖父郑谌皆仕于北魏,父郑继伯仕于北齐、隋、唐三朝。然而此三人并未留下史料信息,除《续高僧传·释智越传》中提及括州刺史郑第系伯⑥,与郑继伯似为一人外,余者于史传墓志皆无载。据《唐代荥阳郑氏家族·世系与婚姻关系考》中整理的唐前世系⑦,北祖七房中,

---

① 《册府元龟》卷七一五《宫臣部·忠于所事》,北京:中华书局,1960年,第8505页。
② 唐长孺:《论北魏孝文帝定族姓》,收入《魏晋南北朝史论拾遗》,北京:中华书局,1983年,第83页。
③ 《汉书》卷七七《郑崇传》:"臣门如市,臣心如水。"北京:中华书局,1962年,第3256页。
④ 《后汉书》卷三五《郑玄传》:"问毕辞归,融喟然谓门人曰:'郑生今去,吾道东矣!'"北京:中华书局,1965年,第1207页。
⑤ 林宝撰、岑仲勉校记:《元和姓纂》卷九,北京:中华书局,1994年,第1347—1349页。
⑥ 道宣:《续高僧传》卷一七《释智越传》,北京:中华书局,2014年,第650页。
⑦ 谢思炜、王昕、燕雪平:《唐代荥阳郑氏家族·世系与婚姻关系考》,上海:上海古籍出版社,2019年,第31—41页。

白麟房道僄、小白房道育、叔夜房道忠、洞林房道邕、幼麟房道昭,似乎与道玉属于同一字辈。洞林房道邕四子诩、译、诚、诠,又与郑谌同辈。道邕曾出仕北魏,而郑诩之子大业末曾为隋文城太守,后降唐。因此,不排除道邕与道玉或为兄弟的可能性。据目前所得材料虽难以证实两支有无亲缘,但犹可作一参考。

作为李渊的长媳,日后的国母,即便家世"贵逾卿族",本人仍需"质茂仙仪"。成长在这样一个钟鸣鼎食、家学渊源的贵族家庭,郑观音如其他五姓女一样,受到了悉心教养。对于观音的才貌及品格,志文着墨甚多。从外貌来看,观音从小便颜容姣好,及至长成,更是秀外慧中、仪态万千。在其家庭教育方面,观音接受过良好的女子教育,乃至"道协女师,声昭姆教"。而其才学亦可称道,"妃智融物表,识掩几先,综群言于素册,包众艺于彤管"。于诗书礼乐皆有所得,身在闺阁之中亦有令名在外。婚后,观音作为长媳及正妃,时时谨言慎行,戒奢从简,见事极明。不仅主持中馈,仁爱子女;亦宽厚待下,使妾室时作《小星》[①]之颂。孀居期间,观音守节不移,教养诸女,一生未曾于德行有失。志文称赞其"可谓令仪令德,不骞不亡",也是对这样一位为政治斗争的旋涡所裹挟而半生寂寥的美好女子投去的同情与惋惜。

(二)之子于归

关于李建成与郑观音成婚的时间和年龄,墓志中的呈现较为复杂。《易·乾》:"九四:或跃在渊,无咎。"[②]这一爻辞意为潜龙因时进退,跃跃欲试。乾卦九四,已近九五之尊。因此志云"我高祖或跃在川"当指李渊太原起事甚至已获封唐王期间。至于618年隋恭帝禅位,李建成被立为太子,而志文称其"将膺储副之隆",则据此成婚时间应在义宁年间。下句直言观音"嫔于大国,时惟二八之年",据其生卒年推算,当于大业十年(614年)出嫁。而后又称"继而南征不复,素车延轵道之殃;西怨方

---

① 《毛传》云:"《小星》,惠及下也。夫人无妒忌之行,惠及贱妾,进御于君,知其命有贵贱,能尽其心矣。以色曰妒,以行曰忌。命谓礼命贵贱。"阮元校刻:《十三经注疏》,北京:中华书局,1982年,第292页下栏。

② 《十三经注疏·周易正义》,第13页。

咨，黄钺誓商郊之旅"，借周昭王南征而不复[1]的典故指大业十四年（618年）隋炀帝于江南被杀身亡，再以子婴让位[2]借指同年恭帝禅位，李渊即皇帝位。而后句则以武王牧誓[3]喻大业十三年（617年）李渊于太原誓师，发布讨隋檄文，率三万大军起事入关。因此，若论先后，则后句誓师起事应在前句即位之前，而李郑婚事又在起事之前。

关于二人的成婚时间，贾二强[4]、吴小龙[5]皆以志文中"二八之年"一句，推测观音于16岁（614年）出嫁。然而若要确定其婚期，有一事件必须纳入考虑之中，即太穆窦皇后的丧期。窦氏生卒年于史无载，但可据李渊的官职变动推算出大致时间。据《旧唐书·高祖太穆皇后窦氏传》记载，"大业中，高祖为扶风太守，有骏马数匹。……未几，后崩于涿郡，时年四十五。高祖追思后言，……俄而擢拜将军……"[6]即窦氏应卒于李渊任扶风太守后、拜将军之前。《旧唐书·高祖本纪》："十二年，迁右骁卫将军。"[7]因此窦氏卒年应在此前不久，且需随李渊赴任于涿郡。大业九年（613年），李渊任卫尉少卿，"辽东之役，督运于怀远镇"。[8]隋炀帝三征高句丽，皆以涿郡为大本营及粮草中心，故而窦氏于大业九年随李渊赴涿郡上任的可能性极大，其薨逝也应发生于此时。因此，李郑婚事必须避开窦氏丧期。唐高宗以前，按周礼，若父在母亡，为母服丧一年除服后，需再服两年心丧。若观音于大业十年出嫁，则李建成当婚于心丧期间。《新唐书·于志宁传》："《礼》，女十五而笄，二十而嫁，有故，二十三而嫁，固知遇丧须终三年。……（衡山）公主身服斩衰，服可以例除，情不可以例改。心丧成婚，非人情所忍。"[9]由此可见，即便是心丧期间，

---

[1] 《左传·僖公四年》："尔贡包茅不入，王祭不共，无以缩酒，寡人是征。昭王南征而不复，寡人是问。"《十三经注疏·春秋左传正义》，第1797页。

[2] 《史记》卷六《秦始皇本纪》："子婴即系颈以组，白马素车，奉天子玺符降轵道旁。"北京：中华书局，1959年，第275页。

[3] 《尚书正义》卷一一《周书·牧誓》："时甲子昧爽，王朝至于商郊牧野，乃誓。王左杖黄钺，右秉白旄以麾，曰：'逖矣，西土之人！'"《十三经注疏》，第182页。

[4] 贾二强：《释唐李建成及妃郑观音墓志》，《唐史论丛》，2014年第1期，第232页。

[5] 吴小龙：《唐隐太子李建成妃郑观音的命运变化探析》，《河南理工大学学报（社会科学版）》，2021年第4期，第86页。

[6] 《旧唐书》卷一《高祖纪》，北京：中华书局，1975年，第2163页。

[7] 《旧唐书》卷一《高祖本纪》，第2页。

[8] 同上。

[9] 《新唐书》卷一〇四《于志宁传》，北京：中华书局，1975年，第4005页。

婚嫁也并非为时人所能接受的。建成既为李氏嫡长子,荥阳郑氏又是五姓高门,自矜礼法,应当不会做出在李母丧期嫁女之事,因此李郑婚期或可再做讨论。

一般而言,双数年龄称谓常常包括临近的单数年龄,"二八之年"在文章中多用以形容女子正当青春年少,未必实指16岁。既然观音16岁时正逢窦氏丧期,则李郑婚期只有两种可能,即窦氏尚在或丧期已毕。据《旧唐书·太宗文德皇后长孙氏传》:"(长孙氏)年十三,嫔于太宗。"①则太宗夫妇应于大业九年成婚。又据《册府元龟》:"十四年五月丁酉,帝追感高祖先后同忌,此月不御酒肉。"②则窦氏应卒于大业九年五月,二人具体成婚时间应在此之前。若李郑二人亦在此时成婚,则观音15岁,是为一种可能。若以守丧论,由先秦至汉晋,丧期虽称三年,实际上只有25—27个月。③ 因此,以窦氏卒月来看,李郑婚期最早可发生于大业十一年(615)后半,此时观音17岁,亦在"二八之年"可及的范围之内。然而若二人于九年初成婚,此时李渊尚为督运,正为炀帝猜忌而混迹自保④,似乎更符合乾卦九三"君子终日乾乾,夕惕若,厉无咎"⑤,建成更非"将膺储副之隆"。相较之下,其婚期应当更偏向于志文中大量临近起事的记载,且文中亦不见观音作为长媳有侍疾或操持丧仪等经历的叙述。因此,综合来看,建成夫妇应当成婚于窦氏丧期后,李渊太原起事之前,约为大业十一年(615年)。

据此,成婚之时,郑观音17岁,李建成27岁。以墓志记载统计,唐代女性平均初婚年龄大概为16.68岁,夫妇平均年龄差异为7.88岁;其中武德元年至延和元年女性平均初婚年龄为15.91岁,夫妇平均年龄差异为7.33岁。⑥ 而在16份提及男性结婚年龄的墓志中,唐代男性平均结

---

① 《旧唐书》卷五一《太宗文德皇后长孙氏传》,第2164页。
② 《册府元龟》卷二七《帝王部·孝德》,第296页上栏。
③ 李兆宇:《论"三年之丧"在晋唐间的演变》,《宝鸡文理学院学报(社会科学版)》,2016年第4期,第51页。
④ 《旧唐书》卷一《高祖本纪》:"九年,……时炀帝多所猜忌,人怀疑惧。会有诏征高祖诣行在所,遇疾未谒。时甥王氏在后宫,帝问曰:'汝舅何迟?'王氏以疾对,帝曰:'可得死否?'高祖闻之益惧,因纵酒沉湎,纳贿以混其迹焉。"第2页。
⑤ 《十三经注疏·周易正义》,第13页下栏。
⑥ 万军杰:《唐代女性的生前与卒后——围绕墓志资料展开的若干探讨》,天津:天津古籍出版社,2010年,第14—35页。

婚年龄为26.1岁。① 须知墓志本就是贵族用物,因此以上数据更多地展示了贵族男女的婚配状况。贾二强认为李建成"以贵家子弟初婚年龄论似明显偏大,此前有否婚姻不得而知"②,然而从数据上来看似乎也属平常。李郑皆为大族,其婚仪自然完备,志文中"席雁所归,河鲂是属"便涉及聘婚程序。若考虑到其婚事遇窦氏丧期而推迟,则二人定亲应在此之前,若能按时成婚,则至少不晚于贵族男女平均年龄。此外,二人年龄相距十岁,高于唐代夫妇平均年龄差异,确实存在观音为建成继室的可能性。然志文云:"良人伫伉,淑媛来仪。"伫有"久立、等候"之意,可见这桩婚事中应当有一段等待期。至于是等候窦氏丧期,还是元配早逝等候观音为继,抑或由于定亲较早而观音尚幼等候其及笄完婚,皆有一定可能。但志文既称其为"元妃",据《左传·隐公元年》:"惠公元妃孟子。"杜预注:"言元妃,明始适夫人也。"③因此观音为建成元配的可能性较大。

(三)遭变孀居

志文对于观音婚后夫妻生活的记载寥寥,而是着力将建成夫妇的生活作风进行对比,将李建成描绘为一位流连歌舞的太子,观音则是一位居安思危、务本守礼的太子妃,只能无奈且被动地目睹大厦倾倒、巢覆卵破。事变后,在太宗的关照下,郑观音"言依别馆,遽沐殊私",在别馆安身定居,抚养诸女,最终"薨于长乐门内"。王连龙认为:"观音却幸免于难,且居别馆,终卒太极宫,原因应与太宗眷顾及郑氏家族背景有关。"然而据隐太子承徽杨舍娘墓志记载,舍娘亦终于西宫别馆④,元吉女归仁县主墓志⑤中也称杨妃与其生母在宫中共同抚养其长大,可见这些宫府女眷在事变后都迁居别馆,而非观音一人殊遇。因此,这一安排是太宗综合考量后对她们的整体处置,并非因眷顾一人或为其家族所左右的结果。志文如此书写显然有意为志主及太宗增色,然而长乐门内并非"长

---

① 姚平:《唐代妇女的生命历程》,上海:上海古籍出版社,2004年,第97页。
② 贾氏按观音二八之年出嫁,建成夫妇于大业十年完婚论,则建成此时26岁。
③ 《十三经注疏·春秋左传正义》,第1712页中栏。
④ 《大唐隐太子承徽乐陵县主母故杨氏墓志铭并序》,载北京大学图书馆金石组编:《1996—2017北京大学图书馆新藏金石拓本菁华(续编)》,北京:北京大学出版社,2018年,第192页。
⑤ 王勃:《归仁县主墓志并序》,陈尚君:《全唐文补编》(上),北京:中华书局,2005年,第183—184页。

乐居"，观音的实际生活情况恐怕不如前人所想的那样乐观。《唐两京城坊考》记载："（太极宫）承天门东长乐门，长乐门内东左藏库。"①则观音身终之处应当邻近皇室仓库，吴小龙称此处"已不算差"，甚至得出"郑观音晚年还是享有一定待遇"的结论，似乎并不合适。在相似的命运下，章怀太子妃房氏"薨于京兴化里之私第"②，节愍太子妃杨氏"薨于京师太平里第之内寝"③，兴化坊、太平坊皆为权贵国戚居处，与之相比，同为太子妃的郑观音很难称得上享有优待，更谈不上"殊私"了。

　　值得注意的是，志文称观音"虽掌碎骊珠，而庭开虹玉；已绝倚闾之望，旋闻解瑱之欢"当指建成之子虽皆坐诛，却又有虹玉降临，以作解瑱之欢，据此可推测观音或建成的妾室应于别馆诞下遗腹子。而在事变结束后旋即诞生的建成子女，且能够承欢膝下写入志文之中，应当是女儿。墓志既称归德县主为"幼女"，那么这一遗腹女很可能就是归德县主。关于归德是否为观音亲生，前人皆持肯定态度。吴小龙在其文章中以"巢倾穴毁，重承胎卵之仁"断定观音事变时怀有身孕④，是为误读。胎卵并非指新生命的诞育，更多用以指代鸟兽，如《后汉书·卓茂鲁恭等传赞》："仁感昆虫，爱及胎卵。"⑤这也与前句"巢倾穴毁"相应。至后句"庭开虹玉""解瑱之欢"才涉及遗腹子的信息，贾二强、王连龙皆以此句断定孕者即是观音。但是建成子女出生后皆受观音抚养，且东宫女眷同居别馆，即便归德为妾室所生，观音也可"旋闻解瑱之欢"。归德并非在寻常时期降生，而是一个在东宫覆灭后侥幸诞生的新生命，因此写入观音志文中似乎并无不妥。只是以观音殡于归德宅邸来看，归德为其亲女的可能性极大，但若观音去世时诸女唯有归德在世，亦当别论。

　　玄武门之变后，观音立志守节，坚贞不移。唐初，寡妇改嫁之事屡见不鲜，结合元吉妃杨氏的遭遇，则观音或许亦曾有机会另抱琵琶，但

---

① 徐松撰，张穆校补：《唐两京城坊考》卷一，北京：中华书局，1985年，第2页。
② 《大唐故章怀太子并妃清河韦（房）氏墓志铭》，周绍良、赵超主编：《唐代墓志汇编》景云〇二〇，上海：上海古籍出版社，1992年，第1130页。
③ 张说：《节愍太子妃杨氏墓志铭》，熊飞校注：《张说集校注》卷二六，北京：中华书局，2013年，第1244页。
④ 吴小龙：《唐隐太子李建成妃郑观音的命运变化探析》，《河南理工大学学报（社会科学版）》，2021年第4期，第86页。
⑤ 《后汉书》卷二五《卓茂鲁恭等传赞》，第888页。

她最终还是如陶婴、梁寡一般，恪守本心，孀居经年。在此期间，观音的生活状态极为消沉，志文中"以为伯也执殳，则飞蓬在鬓①；君之出矣，则明镜生尘②"皆化用自思妇诗，妻子思念征夫尚且如此柔肠寸断，何况天人永绝。因此观音摒弃珍玩，玑珠不御，乃至心瘁魂销，形容憔悴。在其后数十年如一日的深宫生活中，观音作为嫡母承担起了教养诸女的责任，亲手将她们一一发嫁，眼望着年轻的新嫁娘们走出宫门，自己则在对亡夫的思念中度过了漫长的余生。

（四）子女情况

在子嗣记录上，志文并未详言，只称"（妃）仁为己任，七子均爱于桑鸠"，不知七子具体所指。若指建成儿女，史载建成有六子，长子承宗早卒，余皆坐诛。其女已知封号者有三位，数目不合，则应并非指所有儿女。若指建成之子，据《赵州瘿陶令李怀仁德政碑》③，李渊二哥李湛之孙李怀仁曾于贞观元年被过继给建成为嗣，以其"永徽元年，以宗室子弟敕授朝议郎"，过继时应年纪不大，或许亦受观音抚养，然观其志文中并无相关经历提及，因此可能性较小。若指观音亲生子女，则以二人成婚十年来看，似乎生育过频，且既为亲子，何须称其"仁为己任"？若指事变后建成尚有七女在世，受观音抚养，亦可直书"七女均爱于桑鸠"。由此观之，"七子"所指难以证实。

综合来看，此处"七子"很可能并非实指建成子女，而是化用《诗经·曹风·鸤鸠》："鸤鸠在桑，其子七兮。"泛指观音仁爱子女，并无偏私。《列女传·魏芒慈母》载曰："君子谓慈母一心，《诗》云：'鸤鸠在桑，其子七兮。淑人君子，其仪一兮。其仪一兮，心如结兮。'言心之均一也。"④志文应当是以此称赞观音将诸子女视为己出，而非对其子女的记录。关于观音的子女情况，志文并未明言，然而从"归魂幼女"来看，除非观音亲

---

① 《诗经·卫风·伯兮》："伯兮朅兮，邦之桀兮。伯也执殳，为王前驱。自伯之东，首如飞蓬。岂无膏沐？谁适为容！"《十三经注疏·毛诗正义》，第327页上栏、中栏。

② 徐干《室思》："自君之出矣，明镜暗不治。思君如流水，何有穷已时。"见欧阳询撰、汪绍楹校《艺文类聚》，上海：上海古籍出版社，1965年，第563页。

③ 《赵州瘿陶令李怀仁德政碑》，见董诰等编《全唐文》卷二九九，北京：中华书局，1983年，第3037—3039页。

④ 刘向撰，刘晓东校点：《列女传》，沈阳：辽宁教育出版社，1998年，第12页。

女皆亡于上元三年之前,只有归德县主可承担观音发表,否则至少归德县主应当为其亲女。至于其他子女,志文皆未有记录。

(五)本章小结

观音的一生,堪称贵族女子的典型案例,但因其身处政治斗争的中心,又显得极为特殊。王连龙、贾二强和吴小龙等人皆为其志文做过考释,对其父祖官职进行了较为详细的考证,进一步佐证其出身不凡;此外,王连龙和吴小龙都注意到观音与建成合葬高阳原隐陵,指出高阳原所葬多为获罪宗室,这也符合其人生经历。通过墓志的记载,我们基本掌握了她的家世、婚姻及遭遇,解答了东宫女眷在事变后的去向这一未见诸史的困惑。作为五姓女,她为自己的婚姻做好了一切准备,婚后也如愿成为一位品行昭晰的储后,才艺德行可谓尽善尽美。然而,由于建成集团在政治斗争中的落败,她在一日之间沦为庶人之妻,不仅近遭灭门,还要在仇敌的环伺之下含恨偷生,教养诸女。如同大部分的世家女子一样,郑观音的命运与其家族和丈夫的命运紧紧地联系在一起,出身高门固然是她的幸运,婚后亦有富贵荣华,举案齐眉,然而登高跌重罹受池鱼之殃,最终只能成为政治斗争的牺牲品。

三、宫府其他女眷的命运

玄武门事变后,太子与齐王身死籍除,诸子坐诛,府上的女眷则被安排在宫中别馆生活。贞观年间,太宗对二人进行了追封,其妻女也随之恢复了皇家名分,女儿以宗室女的身份正常婚配。在讨论女眷整体命运时,我们应当把其妃妾和女儿的命运分开看待。妃妾终生幽居深宫,其墓志的书写受统治者的影响较大;而女儿们在婚配后得以在夫家生活,身后丧仪也并非由皇室一手操办,因此其志文的书写方式及所反映的内容也与妻妾不同。

(一)妃妾命运

太子府中,除太子妃郑观音墓志出土外,太子承徽杨舍娘的墓志也得以重见天日。据《大唐隐太子承徽乐陵县主母故杨氏墓志铭并序》,杨舍娘(597—668年)乃北周大将军杨绍之后,与元吉妃杨氏同为隋观王杨雄侄孙女,武德初年擢升正五品承徽,为李建成诞有子女。其志文对于事变记载极略，只言及"前星寝照，重魄沦华"，意指太子去世。事变后，其遭遇与观音相仿，怀着对亡夫深沉的思念守节孀居，抚养女儿长大，于总章元年十一月廿日终于西宫之别馆，终年七十一。据墓志，观音薨于长乐门内，舍娘终于西宫别馆，二人应同居太极宫内，彼此慰藉。据归仁县主墓志记载："杨妃以亡姚之重，抚幼中闱；某姬以生我之亲，从萦内阁。"可见归仁县主在宫中由嫡母杨妃与生母共同教养，则观音与舍娘抚养女儿应亦如是。想来在遭受了夫死子亡、大厦倾覆的灭顶之灾后，女儿便成了她们得以继续生活的精神支柱。"一苇非遥，终切掌中之念；九重多阻，长乖膝下之欢。"而在女儿们出嫁后，她们的生活就只剩下了宫花寂寞红。然而这样苦涩的人生，观音和舍娘竟都以高寿而终，不知究竟是否算得上幸事。

与观音、舍娘不同的是，元吉之妃杨氏在事变后的命运十分精彩。隋唐时期，贞操观念对女子的束缚较为宽松，寡妇再嫁并不新鲜，太宗韦贵妃即二婚入宫，而唐朝公主更无此禁忌。《新唐书·太宗诸子列传》："曹王明，母本巢王妃，帝宠之，欲立为后，魏征谏曰：'陛下不可以辰嬴自累。'乃止。"[①]长孙皇后于贞观十年去世，魏征则于贞观十七年去世，则此事当发生于两人相继去世期间。此时距玄武门之变已有十几载，与长孙皇后去世也相隔数年，后位空悬，或恰逢杨妃怀孕，太宗由此产生了立后之意，但这份荣宠最终却因魏征之谏作罢了。

既然唐初改嫁为常事，且太宗宫中已有韦贵妃为例，为何魏征反应如此激烈？其原因可从"辰嬴"二字中约略窥见。"辰嬴"典出《左传·文公七年》："贾季曰：'……辰嬴嬖于二君，立其子，民必安之。'赵盾曰：'辰嬴贱，班在九人下，其子何震之有！且为二君嬖，淫也。'"[②]辰嬴是九人之下的媵妾，身份低微，先后得幸于晋怀公与晋文公，故赵盾以其"淫贱"。杨妃是元吉正妃，自然难称卑贱，因此"辰嬴"当是讽其侍奉二君。然而遍观李唐一朝，一女侍奉二君并非个例，为何只有太宗受到了"以辰嬴自累"的警告？其中症结在于太宗与元吉之间不可磨灭的政敌关系。晋文公重耳回国后发动政变，晋怀公被迫出走，旋即被杀。与日后的李武、

[①] 《新唐书》卷八〇《太宗诸子列传》，第3579页。
[②] 《十三经注疏·春秋左传正义》，第1844页。

李杨不同，太宗与高宗，玄宗与寿王之间并无激烈政争，更没有血腥杀戮，因此时人不会作辰嬴之虑。而太宗与杨妃之间横亘着一场玄武门之变、两个政治军事集团的流血冲突，则此时杨妃为辰嬴无误，使其进入太宗后宫无异于自找麻烦。

此后，太宗显然听进了魏征的谏言，不仅打消了立杨妃为后的念头，甚至连嫔妃的名分都不曾相予。陈丽萍在《贤妃嬖宠：唐代后妃史事考》中猜想杨妃即杨恭道之女杨婕妤①，并无有力证据。如前所述，"辰嬴"论的重点并非杨妃不堪为后，而是不应使其"嬖于二君"，尤其是如怀文二公一般有政治冲突的二君，因此无论为后为妃都是不妥的。杨妃诞下曹王李明，此子虽为李世民所承认，但杨妃在名义上仍旧是李元吉的正妃。名分虽无，可若真能深膺太宗恩宠，杨妃的生活想必也不会太难过。然而从记载来看，杨妃母子并未受到殊遇。因此，即便太宗确有爱护之心，在"辰嬴"的阴影之下，似乎也表现得十分克制，而杨妃的余生，恐怕也并没有她所希望的那样辉煌体面。高宗即位，曹王立刻被出为元吉之后，杨妃是就此迁出由曹王奉养，还是留在深宫终老，抑或早已离世，便于史无载了。②

（二）女儿命运

对于建成和元吉女儿的命运，本文的观察重点在于墓志所载其婚配状况及其教养性格，从中可探知统治者对她们的态度及其深宫生活的状况。《唐六典·尚书吏部》："皇太子之女封郡主，视从一品；王之女封县主，视正二品。"③据观音墓志，归德县主为建成第五女，亦是幼女，则建成的女儿应有五位。根据墓志资料，已知封号的有第二女闻喜县主、杨舍娘之女乐陵县主以及第五女归德县主，目前只有闻喜县主墓志面世。元吉之女有和静县主、寿春县主、文安县主、第六女新野县主及归仁县

---

① 陈丽萍：《贤妃嬖宠：唐代后妃史事考》，北京：社会科学文献出版社，2014年，第75页。
② 《归仁县主墓志》："贞观廿一祀，丁某忧。爰有中诏，称哀内府。"陈丽萍以"某"为杨妃，然而志文前述"杨妃以亡姚之重，抚幼中闱；某姬以生我之亲，从紫内阁"，并未讳言杨妃，因此"某"或为"某姬"。然而考虑到"中诏"一般指"诏自中出，不经门下者"（司马光编撰，胡三省注：《资治通鉴》，北京：中华书局，2011年，第3971页），若非撰者为墓主溢美夸大，则此处似乎为杨妃亦可。
③ 李林甫等撰，陈仲夫点校：《唐六典》卷二《尚书吏部》，北京：中华书局，1992年，第39页。

主，其中和静县主、文安县主、新野县主及归仁县主都有相关墓志出土，寿春县主的婚姻则于史有载。关于诸县主的婚姻情况，谢宇荣在其《从父家到夫家：李建成、李元吉诸女婚姻考》中曾有过详细的考证，本文将在此基础上进行进一步的探讨和总结。

1. 婚配状况

孙华在《唐代宗室女研究》中通过墓志整理，对宗室女的婚龄及婚配对象等内容进行了统计，计算出唐代宗室女平均婚嫁年龄为21.4岁，明显高于唐代女子平均婚龄。但观察其统计结果，宗室女婚嫁年龄众数仍在15—19岁，因此本文将以此为参考。同时，她还指出宗室女的婚配对象多为皇亲国戚、勋贵权臣、名门望族、归顺蕃将以及藩属之国。① 结合这一结论，可对诸县主的婚配状况进行观察。

据刘应道撰《大唐吏部郎中刘应道妻故闻喜县主墓志》②，闻喜县主李婉顺于龙朔元年(661年)六月六日薨于长安居德坊第，享年40岁，则其生年应为武德四年(621年)。婉顺17岁(贞观十二年，638年)受封县主，下嫁刘林甫之子、刘祥道之弟刘应道。以建成于贞观初被追封为息隐王，于贞观十六年(642年)被追复为皇太子③，则婉顺此时受封县主无误，且以唐代宗室女正常婚龄出嫁。

据刘应道墓志④，刘应道出身广平刘氏，将其祖上官职按照刘军对北魏士族的分类⑤来计算，则广平刘氏大概为二等士族，初唐时虽非甲族，但亦为公卿之后。《旧唐书·刘祥道传》记载："景先(刘祥道之子)自祖、父三代皆为两省侍郎及典选，又叔父吏部郎中应道、从父弟礼部侍郎令植等八人，前后为吏部郎中员外，有唐已来，无有其比云。"⑥据此刘氏应为当朝权贵，其门第在合理的宗室择婿范围之内。从个人任官情况来看，

---

① 孙华：《唐代宗室女研究》，第43—48页。
② 《大唐吏部郎中刘应道妻故闻喜县主墓志》，周绍良、赵超主编：《唐代墓志汇编续集》龙朔〇〇六，上海：上海古籍出版社，2001年，第121—122页。
③ 《旧唐书》卷六四《隐太子李建成传》："太宗即位，追封建成为息王，谥曰隐，以礼改葬。葬日，太宗于宜秋门哭之甚哀，仍以皇子赵王福为建成嗣。十六年五月，又追赠皇太子，谥仍依旧。"《旧唐书》，第2419页。
④ 《大唐故秘书少监刘府君墓志铭并序》，《唐代墓志汇编续集》开耀〇〇一，第250—252页。
⑤ 刘军：《论北魏士族的门第等级——以释褐为中心的考察》，《西南大学学报(社会科学版)》，2019年第4期，第183—200页。
⑥ 《旧唐书》卷八一《刘祥道传》，第2754页。

刘应道"年廿一，自弘文馆学生选为太穆皇后挽郎，再为太子通事舍人，出补梓州玄武县令"。则其成婚时当为正七品下太子通事舍人[①]，并不符合唐制"娶郡主，正六品上；娶县主，正七品上"[②]。然而这一制度在唐初的落实情况尚且有待考察，金乡县主之婿于隐，成婚之年四月"即授嘉州司仓参军事，又授蜀州司法参军事"[③]，仅为从七品下。[④] 金乡县主之父滕王李元婴虽然骄奢放纵，但与建成显然不可相提并论，因此，仅凭这一点很难断定婉顺婚事是否因受建成牵连而有所降格。综合其婚龄、封号、夫婿家世和夫婿官职来看，婉顺的婚事虽然有夫婿官品过低之嫌，但总体可谓差强人意。

杨舍娘墓志记载："承徽所生女，永徽年中封乐陵县主，适河南于善询，即安平公之孙，仓部郎中之子也。"乐陵县主生卒年不详，但按其永徽年中受封，则应为婉顺之妹；归德既为幼女，则乐陵应不晚于玄武门之变出生，即其受封时至少 24 岁，属于明显晚婚。乐陵县主受封之年，李建成早已被追复皇太子，然而乐陵依然仅仅获封县主，可见这一哀荣空有其表，于生人无益。关于早期宗室女晚婚，孙华认为与其受到政治斗争牵连有关。[⑤] 然而即使太宗以其父为恶，乐陵与众姊妹所受待遇也应当大体相仿，但目前所知的建成与元吉诸女皆在贞观十一年至十八年间婚配，因此，乐陵之晚婚当是个例。

至于乐陵夫婿于善询及其家世，谢宇荣在其文章中做了详细讨论。于善询为北周燕国公于谨之后，亦为簪缨世家，门第堪配。然而据其子于惟敬墓志[⑥]，于善询官品不显，且未袭爵，朝散大夫或为追赠，实职仅为温县县令，不过堪堪符合县主婿的官品，则二人成婚时恐怕官品更低。且据于惟敬生年（贞观二十三年，649 年），则于善询在婚前已有一子，由

[①] "梓州为上州，玄武县为上县。故玄武县令当为从六品上。虽然玄武县令或许更符合县主之婿的选择标准，但太子通事舍人为京官，与县主议婚当更为现实。"谢宇荣：《从父家到夫家：李建成、李元吉诸女婚姻考》，《唐史论丛》，2020 年第 1 期，第 285 页。

[②] 《唐六典》卷二《尚书吏部》，第 32 页。

[③] 《大唐故蜀州司法参军于府君夫人金乡县主墓志铭》，吴钢：《全唐文补遗》第七辑，西安：三秦出版社，2000 年，第 365—366 页。

[④] 《唐六典》卷三〇《三府都护州县官吏》："司法参军事二人，从七品下。"第 746 页。

[⑤] 孙华：《唐代宗室女研究》，第 32 页。

[⑥] 《大唐故朝散大夫泽州晋城县令上柱国于府君墓志铭并序》，周绍良主编：《全唐文新编》，长春：吉林文史出版社，2000 年，第 13675—13677 页。

于乐陵婚龄较晚，故为继室的可能性极大。因此，乐陵的婚配情况并不称心，甚至可以说较为糟糕，与婉顺相比亦然。若从个人情况来看，或许与其生母仅为正五品太子承徽有关。

元吉女和静县主，据《大唐故中书令赠光禄大夫秦州都督薛公墓志铭》[1]，其夫薛元超"年十九，尚和静县主"，则和静县主当为贞观十五年（641年）下嫁，按李元吉生卒年（603—626年）推算，此时和静至少15岁，至多亦不过20岁，应与薛元超年岁相当，属正常婚龄。薛元超出身河东薛氏，这一家族由于族源蜀地，初始不为中原士族所重。北魏时，薛氏凭军功奠定基业，至隋唐成为河东三姓之一，历代皆任高官。[2] 与其他县主夫家不同的是，薛氏并非仅是权贵之家，更深得太宗顾念。薛元超之父薛收为秦王府十八学士之一，随太宗起家，为太宗所重。《旧唐书·薛收传》："及后，遍图学士等形像。太宗叹曰：'薛收遂成故人，恨不早图其像。'及登极，顾谓房玄龄曰：'薛收若在，朕当以中书令处之。'又尝梦收如平生，又敕有司特赐其家粟帛。"[3]足见薛氏在太宗心中并非普通门第，仍有较为深厚的故君臣之情。

据薛元超墓志记载："十六，补神尧皇帝挽郎。十九，尚和静县主。……廿一，除太子通事舍人，仍为学士，修晋史。"则薛李二人成婚时，薛元超尚未授职，可能并无品阶，婚后三年才得授，这显然又与"娶县主，正七品上"相悖。然而墓志称薛元超自幼聪颖，有倚马之才，"太宗甚重之，令尚巢剌王女和静县主"。太宗既然肯让其重视的故臣之子尚和静，想来并不以和静身世为忌，此间或亦有杨妃之力，不得而知。由此亦可见，诸县主婚时的夫婿官职未达标准并不能说明太宗有意将她们降格下嫁，前述婉顺婚事也同此理，刘应道"童幼好学，遍涉百家子史。一经目，终身不忘"[4]，亦非等闲。则由此看来，和静与婉顺都以适龄嫁入当朝权贵门第，夫君皆是有令名的优秀人才，虽然其后仕途情况大不相同，但在婚配上没有受到刻意打压的迹象。

---

[1] 《大唐故中书令赠光禄大夫秦州都督薛公墓志铭》，中国文物研究所编：《新中国出土墓志·陕西（壹）》，北京：文物出版社，2000年，第83页。
[2] 张晶：《中古时期河东薛氏研究》，西北大学硕士学位论文，2015年。
[3] 《旧唐书》卷三六《薛收传》，第2589页。
[4] 《大唐故秘书少监刘府君墓志铭并序》，《唐代墓志汇编》开耀〇〇一，第250页。

同样出降于官宦世家的还有元吉第六女新野县主和归仁县主。新野于贞观十一年（637年）受封，十二年适河东裴氏、金陵县男裴思庄之子裴重晖，时年15岁，裴重晖时任从六品上膳部员外郎，属宗室女正常婚配。归仁于贞观十八年（644年）受封，适天水姜氏、长道县公姜行基次子，时年19岁。归仁受封出嫁偏晚，但尚不属于晚婚，姜氏父祖亦功勋之臣，家世堪配。然据谢宇荣推测，姜府君可能年龄较大[①]，二人年龄差距可至20岁左右，则归仁恐亦为继室。同样，文安县主于贞观十六年（642年）受封，时20岁，同年适纪国公段纶与高密公主之子段俨，属皇亲国戚。然据《大唐纪国公世子段府君夫人独孤氏墓志》[②]，段俨前妻独孤氏于贞观十二年去世，终年21岁。因此，归仁与文安受封稍晚，且很可能皆为继室，婚配情况与乐陵相似。余者，寿春县主适弘农杨氏、安德郡公杨师道与长广公主之子杨豫之[③]，生卒年不详。杨豫之其人虽非良配，但论家世亦属于皇亲国戚。归德县主的婚配情况，史传及墓志均未述及，然以观音殡于其宅来看，大概亦嫁至高门。

从以上县主的婚配情况来看，其婚配对象大多为当朝权贵或皇亲国戚，家世堪配。从其婚配年龄来看，除去成婚最早的新野县主与最晚的乐陵县主，其余县主的婚配年龄多集中于17—20岁，与唐朝女子初婚年龄及宗室女多数初婚年龄相比略有偏大。或许因为诸县主无父无兄，外朝无人，自然失去了早觅良配的机会。既无父母之命，又无媒妁之言，只能被动地等待皇帝赐婚。乐陵恐怕就是一位被太宗朝遗忘的县主，故而在高宗继位后才得以获封出嫁。从夫婿本人来看，初婚官品有载者虽大多未达到尚县主的标准，且多资质平庸或前有元配，但也应看到其中亦有优秀人才。这与太宗对东宫旧僚的处置态度极为相似[④]，所谓优待，是指在作为罪臣及其家眷的身份界定下，相对于更为不留情面的处置方

---

① "姜謇于武德七年（624年）以'老疾'致仕，以常理推断，姜謇第二子在贞观十八年（644年）娶归仁县主之时，年龄当较大。"谢宇荣：《从父家到夫家：李建成、李元吉诸女婚姻考》，《唐史论丛》，2020年第1期，第294页。

② 马先登、李朝阳：《唐独孤夫人墓志考释》，《文博》，1996年第6期，第70—72页。

③ "(杨师道)子豫之，尚巢刺王女寿春县主。居母丧，与永嘉公主淫乱，为主婿窦奉节所搞，具五刑而杀之。"《旧唐书》，第2384页。

④ 孟宪实：《论玄武门事变后对东宫旧部的政策——从〈张弼墓志〉谈起》，载荣新江主编：《唐研究》第一七卷，北京：北京大学出版社，2011年，第199—220页。

式而言的，而不应将期望值提升到与秦王旧臣或得宠的宗室女比同，甚至超越的地位上来，更不应强行以统一标准去看待。"就宗室内部而言，近支宗室较远支宗室在婚姻方面占有很大的优势。而就近支宗室内部来看，与皇帝血缘关系愈近，这方面的优势就越明显。"①近支宗室不仅拥有更多的主动选择权，且更受良家青睐，一般而言，这项规律是成立的。然而诸县主既为建成、元吉之后，这种优势反而就变成了劣势。即便太宗真的不以为忌，但高门权贵又岂能不对其二凶之女的身份加以斟酌。外无父兄加护，较好的婚姻资源自然很难轮得到她们，因此多有出为继室者，也就不足为怪了。

2. 教养性格

事变之后，诸女随其母迁往别馆，接受教育的时间大多也在此之后，直至出嫁。除了建成、元吉妃妾的言传身教之外，宫中还有相关机构提供教育，如掖庭局、习艺馆、内教坊等。此外，据文安县主志文："水移银箭，尚敷衽于师氏；灯灭金羊，已锵环于傅母。"②可见宫中亦有专职女师教导。又有新野县主墓志记载："太宗文皇帝乃神凝化齐，圣垂风以敦穆之，恩加鞠养。"③鞠养即亲自抚养，虽然志文不免有夸大之嫌，但可见太宗对她们亦有看顾。在这样的环境中，她们应当都接受了良好的教育，这一点从其志文记载中亦可见一斑。

《大唐吏部郎中刘应道妻故闻喜县主墓志》："（婉顺）少而志学，及长逾励。壸务之余，披省无辍。虽名家之说，未足解颐；而历代之事，其如抵掌。至于艺术方技，咸毕留思；诸子群言，鲜或遗略。雅好文集，特加钦味。每属新声逸韵，无亏鉴赏。至若目见心存，耳闻口诵，始窥文而辩意，未终文而究理，与仆并驱于畴昔，余每有愧焉。"④

《大唐文安县主墓志铭》："水移银箭，尚敷衽于师氏；灯灭金羊，已锵环于傅母。栖志图史，游心几律，盼萋叶而兴勤，听喈音而遗被，意

---

① 刘思怡：《墓志所见唐代宗室之婚姻》，载《唐史论丛》第13辑，西安：陕西师范大学出版社，2011年，第309页。

② 《大唐文安县主墓志铭》，《唐代墓志汇编》贞观一四七，第101页。

③ 《大唐新野县主李氏墓志铭》，拓片收入赵君平、赵文成主编：《秦晋豫新出墓志搜佚》，北京：国家图书馆出版社，2011年，第181页。

④ 刘应道在志文中对婉顺的才华、品行及妇德方面进行了大段赞誉，篇幅较长，此处仅取一端。

匠言泉之旨，飞云垂露之端。柳密妆窗，乍起流莺之赋；月含花簟，因裁捣衣之篇。……尸芳牖下，既奉宣平之羹；思媚诸姑，还侍河阳之帚。"

《祭和静县主》①："夫拜中令，昔同鲍妇；子升琐闼，今类冯母。举案如宾，阃门诫友，在贵能降，居贫施厚。"

《大唐新野县主李氏墓志铭》："中馈无违，纷悦之仪。……县主□□□好恬然自处。亲族去还，由是悚阔，遂乃归心觉路。翟景玄津，卷业雾于□门，开□花于□境。时披铣床，摇二谛之幽源；屡启琼箱，晤一乘之奥颐。于是情无妒悍，事绝猜嫌。式仰螽斯之美，遂奉开睢之化。凡厥侍儿，尽加严饰，绮罗艳目，粉黛交晖，无隔金夫，有同匹妇。远近叹异，咸称绝德者焉。"

《归仁县主墓志并序》："跃赪鳞于瑞浦，德合姜妻；吟紫鹤于仙楼，响谐秦媛。诸姬饮惠，争陶荇菜之篇；列娣迁规，兢缛椒花之思。凛凫钟于性国，濮郑终捐；栖鹊镜于灵台，铅华自屏。闺风永浃，南邻销反目之虞；阃则傍流，北里尽齐眉之好。"

可以看出，诸位县主都有着优秀的家教和德行，为其夫家及撰者所称道。然而，志文中的她们几乎都是醉心经史、沉稳持重的形象，抛开对其妇德的溢美，显然，长期的宫中生活对她们的性格还是产生了较大的影响。如婉顺志文："中外悬隔，言问罕通。虽于墙宇之内，亦必慎其游践。平居未尝临合，少长竟不窥园。近自家僮，卒无识者，斯亦匹妇之为谅也，终无夺鄙夫之志。"婉顺深居简出，即便在自己家中也谨言慎行，甚至连家仆都未曾得见，纵然是为了恪守妇德亦不免矫枉过正，这大概是由于她在宫中养成了自我封闭的性格和习惯。从志文的其他内容也可以看出，婉顺见事机敏，进退有礼，然而除了与丈夫研读经史以外，婉顺是一个循规蹈矩到近乎没有情绪起伏的模范主母。所幸刘应道不仅能够理解她的人生经历加以爱护，还懂得欣赏她的才学，故而婉顺的婚姻得以琴瑟和鸣，时有赌书泼茶之趣。

与之相比，新野县主则没有这样幸运。志文称其"亲族去还，由是悚阔，遂乃归心觉路"。幼年遭变、闭锁深宫的人生经历使她醉心佛法，时

---

① 熊飞校注：《张说集校注》卷二三《杂著》，第1145页。

以佛典自娱，探幽寻微。所谓"好恬然自处"，可能也只是对其喜好独处的封闭性格的美化，除了恪尽主母职责之外不问俗务。或许正是由于新野的这种性格，裴重晖才广纳妾室。至于志文称赞新野宽待诸妾，任由她们装饰越矩，远近"咸称绝德者焉"，恐怕亦有新野一心向佛、无意于妻妾争风的缘故。妒由爱生，新野全无妒忌，可见与其夫感情亦不甚笃，更遑论管束妾室，因此其婚姻恐怕实则貌合神离。

在归仁志文中，宫中亦非宝地："二尊齐养，诚周于造次之间；四德兼备，行满于危疑之地。"这句赞扬的背后，既是诸位县主在造次之间和危疑之地战战兢兢、如履薄冰的少年生活，也是二王妃妾的漫长余生。这些女眷何止是寄人篱下，更是生活在有血海深仇的仇敌监禁之中。这样窒息的生活环境也许并非出于太宗本人的主观意愿，然而其缘起和结果是无法改变的。在这种环境中，她们逐渐学会了如何谨言慎行、行事周全，形成了自闭内敛的性格，经史则成了她们为数不多的精神寄托和生活乐趣。然而"婉顺"常有，"刘应道"不常有，其夫家大概仅将她们视为加强与皇族亲缘的媒介，对其遭遇和性格并不多加体谅，而诸县主的婚姻大多不美满的缘故或许也正在于此。

（三）本章小结

玄武门之变后，建成和元吉妻女的实际命运就是常年幽居深宫。面对这样的命运，观音、舍娘及杨妃都承担起了教养女儿的责任，女儿也成了她们深宫生活的唯一慰藉。在其后的人生中，观音和舍娘选择了孀居终老，而杨妃或出于对命运的不甘，或出于为女儿婚姻的考量，虽有宠于太宗，却因"辰嬴"之虑终无名分。至于二王诸女，自幼在宫中接受女教，德才兼备，其婚配难称优待，亦未见受到明显的政治牵连，多以普通宗室女的规格待遇出嫁。但因无父兄护持，诸县主于婚姻上难免"怨家道之无庇，痛藐是之何托"[①]，难觅良配。此外，自幼的深宫生活也使她们变得谨慎小心、性情内敛，这也是造成她们婚姻悲剧的重要原因之一。

---

① 《大唐故文安县主墓志铭并序》，《唐代墓志汇编》贞观一四七，第101页。

四、宫府女眷墓志的书写

墓志的书写方式受到多方面因素的影响。时代背景与政治环境的影响固然是其重要因素，除此之外，为墓主人服务的根本宗旨、统治者的态度、丧家立场和撰者立场等因素，都或多或少地影响墓志的书写。传统的女性墓志，是基于男性妇女观对女性的评判，但对于这些身处政治斗争旋涡的女性来说，她们的墓志书写会受到更多因素的影响。在此，本文将以《大唐故隐太子妃郑氏墓志》《大唐吏部郎中刘应道妻故闻喜县主墓志》及诸县主墓志整体情况为主，探寻其背后的影响因素。

（一）郑观音墓志

由墓志可知，观音于高宗上元三年去世，"皇情轸悼，礼有加隆，丧葬所须，务令优厚"。其丧仪由太府少卿梁务俭、太子洗马萧沉负责。是时高宗游幸洛阳，长安由太子李弘监国，则观音丧仪也应由李弘监办。五十余年，观音已然变成了玄武门之变的一件遗物，她的去世更像是意味着往事的终结，高宗父子没有理由为难一位深宫妇人的身后事。从墓志的规格和整体内容来看，观音墓志内容丰富、文采斐然、凿刻精致。篇幅上明显长于中宗节愍太子妃杨氏墓志，措辞亦符合观音隐太子妃的身份，深具天家气象，与隐太子墓志形成了鲜明对比。

在家世叙述上，志文所使用的典故很值得关注。"邓训恩洽千人"出自《后汉书·邓训传》："训乐施下士，士大夫多归之。……四年冬，病卒官，时年五十三。吏人羌胡爱惜，旦夕临者日数千人。"[①]以邓训作比，称赞观音父祖为官造福一方。"马援身终五岭"出自《后汉书·马援传》："二十四年，武威军刘尚击武陵五溪蛮夷，深入，军没，援因复请行。……会暑甚，士卒多疫死，援亦中病，遂困……会援病卒……"[②]"五岭"即武陵，此典又将其比为良将，是称观音父祖于吏治军功上皆有建树。此外，邓训与马援皆有女为帝后。《后汉书·和熹邓皇后纪》："邓皇后讳绥，太傅禹之孙也。父训，护羌校尉；母阴氏，光烈皇后从弟女也。"[③]则邓训女

---

① 《后汉书》卷一六《邓训传》，第607—612页。
② 《后汉书》卷二四《马援传》，第418页。
③ 《后汉书》卷一〇《和熹邓皇后纪》，第827—852页。

为汉和帝皇后。《后汉书·马援传》："永平初，援女立为皇后。"则马援女为汉明帝皇后，所谓"福劭于后庭"也应是指其女福泽宫闱。据史，二后皆有才名，墓志以才女贤后作比，或因李建成已被追赠为皇太子，不需晦书其太子妃身份而溢美。但同为太子妃，在丈夫政争失败又重获追封的情况下，纵观《大唐故章怀太子并妃清河房氏墓志铭》与《节愍太子妃杨氏墓志铭》，也并未将二妃以皇后作比。因此即便是溢美之词，也足见在书写者眼中，观音的身份地位与寻常太子妃不同，而近似皇后。

以一般妇女墓志来看，妇女的婚后生活是志文的重要内容，涵盖了夫妻关系、子女教育及生育情况等信息，然而观音墓志中对此并无提及。墓志对建成采取了讳言的态度，即便不得不提及也只是将其作为观音身份的陪衬或观音品格的反衬，而其子嗣信息更加模糊。可见即便建成被追复皇太子，其事于太宗及其后人仍旧难以详说，撰者亦不知如何下笔得当，因此索性约略揭过。正如建成诸女未得郡主封号、观音身终长乐门一般，太宗给予亡者的死后哀荣多于对生者的待遇，追复行为的宣德意义高于其实际意义，只是用以"申骨肉之恩"[①]，彰显其仁厚宽容。因此，追复诏文中虽称其"陟彼岗而靡观，瞻同体而疚怀"，然而观太宗行迹仍有所保留，心中未必真的释怀。

志文对于玄武门之变的书写显然也受到了政治因素的影响。郑观音在玄武门之变中丧夫失子，乃人生一大变故及转折点，理应书写其中。而观音墓志中却以"祸构春闱，刑申秋宪"将事变经过隐晦带过，转而感怀太宗的"殊私"优容，使观音母女得以"栋折榱崩，更荷栖游之地；巢倾穴毁，重承胎卵之仁"。将玄武门之变描述成建成自取灭亡的后果，唯赖太宗接济，东宫女眷才得以保全。而后更是只见其悲，未见其恨，力求双方体面，却不符合撰者为墓主人服务的根本宗旨。由此看来，这一志文在叙述观音的人生悲剧时着意维护太宗一方的形象，如果必须推出一位导致观音半生凄凉的罪魁祸首来，那必然是不思修德的隐太子，而非不计前嫌接济孤女寡母的太宗。这与观音本人的情感立场自然是难以符合的，但符合统治者的政治需要。

---

① 《息隐王追复皇太子诏》，宋敏求编：《唐大诏令集》卷三一《皇太子·追复》，北京：中华书局，2008年，第123页。

与此同时，志文将观音塑造成一位对丈夫流连声色的行径心怀忧虑的德妇，尽力将她与无德的太子切割开来，以示其德行无亏。行文大量着墨于她的品格才华，赞扬她孀居期间的高洁品行，怜悯她对亡夫的深沉思念，对观音投以极大的同情与惋惜。一方面，志文对其丈夫和儿子避而不谈，甚至做出了负面书写，另一方面又对观音极尽赞赏之能事，将其比肩于皇后，这一看似矛盾的书写呈现出了撰者落笔时的斟酌考量，清晰地传达出了撰者的立场：观音完完全全只是一位受政治斗争牵连的可怜人，若非遇人不淑，则其家世人品堪为皇后。由于观音身份特殊，其丧仪应当经过高宗父子的审批，因此，志文所流露出的应当也是统治者对她的情感，即在政治的制约下对观音给予最大的同情和哀荣。

（二）李婉顺墓志

李婉顺是建成二女，也是目前所知建成最早出嫁的女儿。与观音不同的是，婉顺的身后事并非由宫中一手操办，其志文乃夫君刘应道亲手所书："余素阙词情，罕尝编缉，徒以心目所记，随第疏之，将假容于匠者，虑菁华以丧实。聊陈匪石，式备迁陵。余欲谁欺，敢虚其美。"[①]因此刘应道既是丧家，又是撰者。从新野县主[②]、文安县主[③]、归仁县主[④]的志文来看，县主的丧仪由宫中出资监护，然而夫家毕竟也在其中发挥了作用，如文安即是以段氏子媳的身份陪葬昭陵，和静也随薛元超陪葬乾陵[⑤]。婉顺志文的特殊之处在于，除却对其身世的必要介绍，刘应道并未对宫中事有任何提及。既无"亲族去还，由是悚阔"和"造次之间""危疑之地"等暗语，也未对皇室及长辈进行溢美罗列，更未因宫中抚恤而称恩自荣。或许是出于对婉顺的理解和爱护，刘应道未在其志文中提及相关人事，仅将她视为自己的妻子，而非皇室与己族之间的纽带和加恩道具。与其他县主的志文相比，婉顺志文朴素平实，但并无敷衍草草，

[①]《大唐吏部郎中刘应道妻故闻喜县主墓志》，《唐代墓志汇编续集》龙朔〇〇六，第122页。

[②]《大唐新野县主李氏墓志铭》："凶葬所须，诏以官给，赠绢布三百匹、米粟三百石，并应五人出家，仍令五品一人检校葬事。"

[③]《归仁县主墓志并序》："窀穸所由，恩旨随给。"

[④]《大唐故文安县主墓志铭并序》："有诏赠物三百段，米粟二百石，凶典所须，随由官给。仍遣司门大夫郎翁归监护葬事。"

[⑤]谢宇荣：《从父家到夫家：李建成、李元吉诸女婚姻考》，《唐史论丛》，2020年第1期，第291、295页。

反而字里行间深情隐现，忠实地履行了为墓主服务的宗旨。

《大唐故秘书少监刘府君墓志铭并序》："（刘应道）童幼好学，遍涉百家子史。一经目，终身不忘。……上元三年，迁秘书少监，又奉敕兼知国史事。……朝廷以府君文章高绝，仪凤中降敕，与中书薛令君及当时文匠数人，制郊庙乐章。府君所制祀黄帝青歌，并编乐官，奏于郊祀。俄又奉敕为门下省检校四部群书，广招四方硕学之士，刊定讹舛而进御焉。"据此，刘应道于文章学问颇有建树。然而，文章高绝的刘应道在志文中却对婉顺的才学人品表现出了极大的倾慕，甚至发出"与仆并驱于畴昔，余每有愧焉"的感叹。不同于一般女性墓志中所体现出的女性观，在刘应道眼中，婉顺博览群书、才思敏捷，但谦虚持重，这是比所谓妇德更值得在其墓志铭上大书特书的优点。

婉顺常常与刘应道探讨历代兴废之事，谈古论今，刘应道赞其"实有大丈夫之志，岂儿妇人之流欤！"这样的女子形象在墓志中是极为少见的。传统墓志对于女性形象的书写刻画，是以传统男性视角为本位的凝视，集中于女性为女、为妻、为母的德行，虽然亦重才学，但终究是为其德妇形象所服务。而刘应道对于婉顺个人才能和品格的赞美之词鲜少出现于女性墓志，篇幅也远远超过了对其妇德的描述，甚至于自比伯牙，在志文中更是罕见。由此可见，两人已超越了传统的夫妻关系，"友逾琴瑟，韵若埙篪"，成为有着精神共鸣的知己至交。因此，这一志文的书写是极为特殊的，它在撰者的主观意愿之下，在一定程度上跳出了传统的男性凝视，从一份唐代男性妇女观具现实例，变成了刘应道对知己的泣血追思。

据《大唐故秘书少监刘府君墓志铭并序》："先妣闻喜县主早见弃背，时以所居正室置几筵。府君即于此室东窗外架为小斋，广袤八九尺许，施一床、一小榻，寝处其中，历廿余年，不复迁徙。至于器物服玩，妾媵婢使之属，子侄承意候色，终莫敢有所营荐。"其情深意笃，乃至于此。有趣的是，刘应道于调露二年（680年）去世，终年68岁，则其应出生于大业八年（612年），贞观十二年与婉顺成婚时已26岁，二人年龄相差近10岁，恰与李郑婚姻相仿，而婉顺为刘应道元配当是无疑。不知观音在送婉顺出嫁时，是否会想起自己与建成婚时亦是这般年纪。岁月倏忽，建成早成泉下白骨，观音经年蹉跎，然而婉顺最终得遇良人、婚姻美满，也算是命运的告慰了。

（三）诸县主墓志

除婉顺墓志外，其他县主的墓志应大多为当世文人撰写，内容较为模式化，多有溢美之词。由于诸县主的丧仪由皇室及夫家共同主持，其志文的书写也多受其影响，但从其制作出的县主形象来看，亦可获得一些撰者的意图。

与婉顺志文不同，诸县主墓志皆以大段华丽辞藻描述其身世，无一不是龙血凤髓、玉叶金柯，自幼在宫中久沐圣恩，遂成天姿仙仪。在述及其丧仪时，也都记录了皇室出资几何、由何官督办，又言其夫悲怆悼亡云云，将其塑造为生有恩宠、死有哀荣、婚姻和睦的县主形象。然而据前所论，新野婚姻不谐，归仁与文安皆为继室，因此这些叙述的真实性需要大打折扣。之所以形成这种书写，除了唐人墓志一贯为墓主粉饰的风气外，亦关乎夫家与皇室的立场。诸县主大多作为联姻工具出嫁，并无多少选择余地，其婚姻对象也大多是权贵世家中资质较为平庸，或已有元配过世的子弟，虽然不至于降格打压，但也很难称得上"膺紫墀之宠命""其生也荣，宠服光于茂册"（归仁县主志文）。然而一如前述，在处理建成与元吉的相关事宜上，统治者惯用的手法就是予其哀荣大于生遇。因此，皇室在县主丧仪诸事上施以恩赏，不仅延续了太宗的追复态度，更对其夫家施以荣宠，再次紧密了皇室与贵族之间的联系。而志文中的粉饰堆砌，是意在将诸县主制作为足以光耀门楣的御赐象征，在为县主生平增色的同时，也发挥了她们作为联姻工具最后的作用。

除却这些浮夸的溢美之词，我们还是能够看到一些关于其父的记录。诸县主离世时，建成和元吉皆受追复，因此志文并不讳言"隐太子""巢剌王"之称，而将其作为县主尊贵身份的支撑之一，列入值得夸耀的父祖之列。王勃在追述归仁身世时称其为"皇唐高祖之孙，前齐大王之女"，更不用"巢剌王"，而称其旧号。文安县主的相关追述则有些耐人寻味："父巢剌王劼，珪疏奥壤，戚茂维城。"先称其父元吉被封拜于腹地，是为宗室近臣，为文安近支宗室女的身份增色。但下句"竭楚泽之雕云，聚淮南之仙气"则借西汉楚王刘戊及淮南王刘安叛乱事，明褒实讽，直指元吉为叛臣。按事变时三人身份来看，元吉并非站在反叛正统

300

的立场上,然《诛建成元吉大赦诏》①称建成"蔑弃君亲,离阻骨肉,密图悖逆,潜为枭獍",元吉则"协同元恶",将二人定性为"悖逆",元吉也就成了犯上作乱的贼子,从此便被视为刘戊、刘安一类的叛臣。

这一书写的出现原因可能有两个,其一,自太宗追谥建成、元吉以来,皇室于二人身后事及旧人不断给予体面,做足了宽仁的姿态,至贞观十六年追封建成为隐太子,彻底恢复了二人先前的身份。无论太宗内心的真实情绪是怎样,这一动向的目的就是给朝野发出信号:斯人已逝,既往不咎。其二,至归仁去世时,玄武门旧人尽皆凋零,高宗更不曾参与玄武门之变,是真的往事已矣,朝廷内外延续了贞观后期的态度,没有必要因为这桩陈年旧案去避讳或计较一个称呼。因此,随着时间的推移和东宫势力的彻底消散,父辈恩怨渐次消弭,玄武门之变对下一代的影响逐渐减弱,皇室对于"二凶"的态度也逐渐放松。但是无论态度如何放松,其追念的尺度也不能超过太宗的恩典,亦不能完全掩盖他们的劣迹。故文安志文还是写出了元吉的反叛经历,而归仁志文亦有"想维城而结欷,眷磐石而追怀。虽三王绝淮国之封,而五女厚梁园之邑"之语,叙述了太宗追复元吉及善待诸女的经过,并未完全将元吉洗脱。因此,除了单纯的夸耀之外,诸县主志文中关于其父的书写也应与时局之下的朝野共识有关。

(四)本章小结

郑观音墓志与李婉顺墓志都体现出了与一般贵族女性墓志不同的书写动机,然而两墓志的动机却不尽相同。同样是割裂的书写,观音和建成的割裂出于政治因素,婉顺与皇室的割裂则体现了刘应道的拳拳爱护。观音既为玄武门之变的见证者,又是建成之妻、诸子之母,离后位近在咫尺,因此政治因素对其书写方式产生了较大影响。如何在淡化事变和隐太子的同时,彰显其身份并给予最大限度的同情与慰问,这一思考的结果在志文的措辞中呈现了出来。婉顺墓志则更是特例,它深受撰者意志影响,跳出对女性以妇德为主的凝视,转而关注其才学品格,不以贤妻良母论之,而强调其言谈德行。至于诸县主墓志,由于撰者制作

---

① 《全唐文》卷三,第7—8页。

的模式化，整体情况大致相仿，其志文在皇室及夫家利益联结的需求之下层层粉饰，极尽哀荣。而从志文对于其父的追述书写中，亦可探知自贞观后期朝野内外对建成、元吉的缓和态度。可见影响女性墓志书写的因素非止一端。

五、总结

玄武门之变后，宫府女眷的命运都系于太宗的一念之间，不得自主。郑观音出身荥阳郑氏，自幼承训姆教，才艺双绝，素有令名。17岁成为李氏长媳，为李建成诞育子女，然而一朝祸至，巢覆卵破，夫死子亡。而后数十年，观音及其他女眷一同困居深宫，直至终老。她们中也有人曾对这样的命运做出过挣扎，如元吉杨妃，为太宗诞下一子，一度几近皇后之位。然而面对沉重的命运，这种挣扎无异于蚍蜉撼树。自幼成长于造次之间、危疑之地的县主们，虽然受到了良好的教育，却也都形成了谨慎内敛的性格，于婚配之事仰人鼻息，甚至被人遗忘，婚后生活也大多不尽如人意。成王败寇，失败者的命运本就记载寥寥，而其女性亲眷尤甚。因此，这些事实于史难寻，唯赖墓志面世，今人才能窥得一二。

从本质上来说，宫府女眷都是政治斗争的牺牲品，她们的人生是彻头彻尾的悲剧。身处政治斗争旋涡之中的女性，作为家主的附庸，命运无法自主。家主春风得意，则女眷也一时风光无两；而若一朝事败，她们也就失去了依靠。西宫别院就是她们悲苦命运的具象，即便想方设法要逃离，唯一途径亦不过是另觅枝头，杨妃如此，诸县主亦如此。她们的一生都受到时代和政治的裹挟，与家族命运紧紧相连。

生前事尚且如此，身后书写则更是她们无法掌控的事情了。观音墓志深受政治因素制约，违背了观音自身的情感立场，实质上是皇室对其的"奖励性"书写。婉顺墓志由其夫刘应道所撰，较为特殊，从丧家立场出发，摒弃以妇德为中心的评价模式，是为志主服务的书写方式。诸县主墓志的书写方式则较为相似，皆被制作为深受荣宠的琼枝玉叶，是皇室降恩于贵族的象征，体现出了宗室女作为联姻工具的悲哀。综合宫府女眷的命运及墓志书写来看，虽然她们一生受累于此，但随着玄武门之变记忆的淡去，其身世不再是李唐王朝的难言之隐。生前并未得到皇室实质性"殊私"的她们，身后事却在感怀太宗恩德的基调之下被操办得风光体面。综合来看，作为罪臣家眷，太宗对她们的处置态度已属宽仁，不仅在一定程度上了保留了宫府女眷的基本身份和生活，还使诸县主以正常规格食封婚配，哀荣备至，可谓"宸心留眷"。然而对于身似无根浮萍、一生都为他人摆布的女眷们来说，其命运之可悲不免令人唏嘘。

随着女性墓志的不断出土，学界对其内容的细分研究也在不断深入。女性墓志的撰者皆为男性，其评价标准及撰写立场也都由男性提供，因此，女性墓志的内容及书写常常反映出一段时期内社会或撰者个人的妇女观。然而，在具体研究中，我们不应忽视如婉顺墓志一样的特殊情况，而应尽量摆脱传统女性观对释读方向的束缚，厘清时代和历史事件对志文中女性形象塑造的影响，立足于志主本人，使她们能够焕发出真实的色彩。此外，当志主与重大历史事件相关时，影响其墓志书写的因素也会变得多样化。因此，要从墓志制作出的人物形象入手，顺藤摸瓜，探寻书写背后的真实动机。除了对单方墓志的讨论之外，我们也可以将目光投向重大历史事件中的墓志整体，从整体性和个体性上概括、对比其书写方式及影响因素，为重大历史事件的研究提供新的视野和观察。

[导师评语]

"玄武门之变"是唐史研究中的老问题，成果丰硕。本文从数以百计的唐太宗、高宗朝墓志中爬梳出了李建成、李元吉宫府女眷的墓志，在前人研究的基础上，对这些墓志进行了重新解读。作者立足于女性视角，将传统墓志考证与历史书写融汇在一起，综合运用新材料和新视角，揭示了贞观后期朝野内外对建成、元吉态度的变化，以及这种变化对宫府女眷命运的影响。文章问题意识明确，逻辑严谨，写作有文才，达到了较高的水平。